U0599646

德学释周易七十五讲

王爱品——著

华龄出版社
HUALING PRESS

图书在版编目（CIP）数据

德学释周易七十五讲 / 王爱品著 . -- 北京：华龄
出版社，2025.4. -- ISBN 978-7-5169-2952-0

Ⅰ. B221.5

中国国家版本馆 CIP 数据核字第 2025VT8957 号

策划编辑　董　巍　　　　　　　　责任印制　李末圻
责任编辑　郑　雍　谷慈音　　　　　装帧设计　郑博文　牛书磊

书　　名	德学释周易七十五讲		作　者	王爱品	
出　版发　行	华龄出版社 HUALING PRESS				
社　　址	北京市东城区安定门外大街甲 57 号		邮　编	100011	
发　　行	（010）58122255		传　真	（010）84049572	
承　　印	运河（唐山）印务有限公司				
版　　次	2025 年 4 月第 1 版		印　次	2025 年 4 月第 1 次印刷	
规　　格	710mm×1000mm		开　本	1/16	
印　　张	37		字　数	426 千字	
书　　号	ISBN 978-7-5169-2952-0				
定　　价	168.00 元				

前言 /001

上卷 达至理入大乘 /005

第一章 从象数理归德位 /007

第一讲 敬圣哲——从外身内述体系 /007

第二讲 象数理——取象定理齐十翼 /026

第三讲 体时位——错综复杂定关联 /042

第四讲 推卦序——盈虚变化展序位 /060

第五讲 断凶吉——德位法则推启示 /082

第二章 从全大体言治理 /103

第六讲 构秩序——建正序再感交通 /103

第七讲 系君子——匹夫有责身天下 /119

第八讲 养大正——明志双用共进位 /141

第九讲 化明夷——德教十政全大体 /159

第三章 从演法则定程式 /177

第十讲 天地人——五运六气宗性命 /177

第 十 一 讲　演法则——九易十德定程式　/196

第 十 二 讲　归体性——体性圆融说道元　/210

第 十 三 讲　说河洛——先天源流后天变　/226

下卷　卦爻德学精义　/245

第 十 四 讲　屯　卦——面难育德思构建　/247

第 十 五 讲　蒙　卦——用启蒙之道治蒙　/253

第 十 六 讲　需　卦——经济与民本气血　/259

第 十 七 讲　讼　卦——治争讼必限夺讼　/264

第 十 八 讲　师　卦——从王者之师治师　/269

第 十 九 讲　比　卦——从确制来通比道　/274

第 二 十 讲　小畜卦——礼与序政治联合　/279

第二十一讲　履　卦——确位定礼履亨通　/284

第二十二讲　泰　卦——往来法序治通泰　/290

第二十三讲　否　卦——应否当交感济世　/295

第二十四讲　同人卦——志通同人通天下　/300

第二十五讲　大有卦——归德而德服四方　/306

第二十六讲　谦　卦——以谦卑之质行谦　/312

第二十七讲　豫　卦——建礼乐德治之师　/317

第二十八讲　随　卦——唯变并唯善所适　/323

第二十九讲　蛊　卦——慎终如始而育德　/328

第 三 十 讲　临　卦——复正道阳舒阴疾　/334

第三十一讲　观　卦——行王道德化天下　/339

第三十二讲　噬嗑卦——恶佞作梗宜治刑　/345

第三十三讲　贲　卦——内外合德质相资　/350

第三十四讲　剥　卦——止剥当厚生安民　/356

第三十五讲　复　卦——修身健德复阳道　/361

第三十六讲　无妄卦——尚正道而治灾妄　/366

第三十七讲　大畜卦——蓄德治蓄通蓄神　/371

第三十八讲　颐　卦——内养神气外养贤　/378

第三十九讲　大过卦——健德养正皆不实　/383

第四十讲　坎　卦——坎陷须维心尽诚　/389

第四十一讲　离　卦——明照而服同天下　/395

第四十二讲　咸　卦——感物而虚我从心　/400

第四十三讲　恒　卦——固德恒养立恒道　/405

第四十四讲　遁　卦——以迁避存阳护德　/410

第四十五讲　大壮卦——内刚化外政而壮　/415

第四十六讲　晋　卦——合德而精气化神　/421

第四十七讲　明夷卦——避祸藏志而向明　/427

第四十八讲　家人卦——正家而伦序正位　/432

第四十九讲　睽　卦——治睽违使志相合　/437

第五十讲　蹇　卦——处蹇需反身修德　/442

第五十一讲　解　卦——破郁与正序复生　/447

第五十二讲　损　卦——损欲奉德而固阳　/452

第五十三讲　益　卦——益阳裕德行益道　/458

第五十四讲　夬　卦——共决建制思久安　/463

第五十五讲　姤　卦——履德制不正之患　/469

目
录
003

第五十六讲　萃　卦——聚气凝神行萃正 /475

第五十七讲　升　卦——升志得时位阶序 /480

第五十八讲　困　卦——辨质见修而解困 /486

第五十九讲　井　卦——以井道养民资治 /491

第 六 十 讲　革　卦——从革新到建革序 /496

第六十一讲　鼎　卦——立鼎制器凝使命 /502

第六十二讲　震　卦——立震器当知修省 /508

第六十三讲　艮　卦——安止内欲得止道 /513

第六十四讲　渐　卦——渐进升华写伦序 /518

第六十五讲　归妹卦——乱正当知守正位 /523

第六十六讲　丰　卦——行德政丰大天下 /529

第六十七讲　旅　卦——健全法制得正旅 /535

第六十八讲　巽　卦——进位节制行善政 /541

第六十九讲　兑　卦——用讲习启蒙教化 /547

第 七 十 讲　涣　卦——立宗庙以正涣风 /552

第七十一讲　节　卦——立德崇善行节制 /557

第七十二讲　中孚卦——治诚信取信天下 /563

第七十三讲　小过卦——矫正有过求无过 /569

第七十四讲　既济卦——诸体皆济思豫防 /575

第七十五讲　未济卦——未济当行志求济 /581

前　言

　　什么是德学？德学是从圣化凡与凡转圣之德性本理，探求如何证内圣并化外王的学说。在圣化凡与凡转圣之周易易周程式中言象法性，有德位法则贯通象之源，有九易法则周行位之元，有道体德性生化法之本。言"圣化凡"，旨在探求万物与生命从何而来；言"凡转圣"，旨在探索精气神之归宿；研究"德性本理"，将明了为何会有圣化凡与凡转圣这样的来去；从德性本理出发，探寻如何证内圣并化外王，旨在找寻生命之意义及赋予文明之使命。

　　德学立宗性之旨并确道体德性本体，立九易法则和德位法则为研究本体之方法，构建"七位定程式、八体立德位、九易述法则、十德全内外"之内容系统，用以描述内圣外王小大乘之实践路径。同时，将本体认识系统、法则原理系统与内容方法系统等均归入周易易周程式，从而得体性相用同体同载，且道→法→术→用→证法性贯通，以归德宗性得其"德性"的简易之名，既有小乘内证之利，又有大乘德教之全，从而实现小大乘并重与内圣外王并举。

确道体德性本体。何为道？"道"以其无所不包、无处不在，纳一切时空性却独立不改、周行不殆，并以其自然性与因果性主导、运转万物。莫之能说，却又处处可说，虽处处可说，又处处说不尽妙处、言不明真机；莫之能说，故"字之曰道"，借语言、文字、思维、见识，以能说和所说来强为名并述之于"道"。使"道"主导并运转万物，显所有能说与所说的就是"德"——大道之性，道德合相显能说之体与所说之性。道本无名相，以能说和所说之用，以"道"来命名并述之于形象，相对于名相"器"而言，"道"以能说之体和所说之性，主导"器"的能说与所说。作用道之所呈，能显各种是有是无、非有非无、即有即无、含有含无、一切自如来去彰显，不落于任何一处，却能达任意一处的真面目——就是德性。德者，性也；为"道"所纳、所显一切之本性；道纳德之性，德合道之体，道与德体性圆融并合相如如，常称道体德性。万物尊道贵德，全提道德。大道体性合相生化成道大、天大、地大、王大，而有道域、天域、地域、人域之道体四域，以及玄德、圣德、用德、证德之德性四体；玄德作用道域显"生化"特性，圣德作用天域显"母"特性，用德作用地域显"乾坤"特性，证德作用人域显"精气神"特性。唯体性合相唯一本体。

从道之体全德之性。从"德"的定义和德学内容不难看出，德学立德为旨，直入本性，且性不独用，以道体四域并德性四体而合相承载，以此确道体德性本体。十德系统皆围绕"德性"来释本体且贯通诸法则与方法系统，认为道本体与诸法则的变化源流，乃至与万物的关系，大到宇宙法则，小到经世济用，均是依"性"起用，万事万物皆宗其本性。只有把握了"性"这个根本，才能处处通达而无障碍，同时又把体性圆融看成整体，以道体德性之本体，扩展了前人之于本体论只述"道"的内容，以道体德性的体性本体，将本体论推向本原，所谓"从道之体全德之性"便是如此。

从象之宗溯理之源。言象要找到取象、用象、释象的原理与法则，从八卦本质——易道（阴阳）法则之于阴阳在天地人三才时位下的法序特性可以看出，其象之宗便是依德位法则和九易法则来序其象。虽言象由性显，但显什么象，用什么原理取象，以及用象的本原性原理如何，皆从法则而序出，故象之宗必言法则，且依法来法序之。法则者，乃德位法则和九易法则也，其中德位法则是以方法原理讲方法系统的法则，体时位是德位法则的方法核心；九易法则是以体性原理讲道法系统的法则，而德位法则是贯通九易法则的分析方法和认知途径。天地人三时位成体而演八卦，以爻象交互内外，内连法则入道体，外接诸象表事物，由此产生由象生理的取象定理之过程；圣人"近取诸身，远取诸物"以俯仰之察，观物成象，立象取义，使卦爻以"象"成，由象入，又由象出，由象传，又由象承。象，出于自然，因取象定理而入法则与本性的藏相之渊，象之宗应明性之本，故取象演法与取象定理都要围绕法序和本性，从诸方法系统洞开法则与法序正理，从而开德性大明，见象见性。阴阳与四象生成过程，便呈现了本体到法相的生化原埋，再经过类八卦而取类比象，建立了从本体到外象（万物）的联系路径，学易亦是取外象入法则而体证，从而回归本体。以"方圆、有无、藏相、顺返、阴阳、终始、动静、体用、生灭"九易法则述易道法序，以此推演道法本理，使其象数学有了夯实的法则体系与本理基础，这是解释象数原理和文辞本理的最佳系统。在九易法则之前，大多述阴阳，知动静，言体用，而《德学宗义》以九易法则之全貌来支撑象数原理，使其象数本理有了体系化的理论支撑。据象数所系文辞之义理，自然离不开九易法则之原理，故而文辞义理之源从九易法则找到了原理依据，再结合道体德性本体，以"九易十德定程式"之德学系统将本体与法则和盘托出，所谓"从象之宗溯理之源"便是如此。

从法之序正易之用。以"九易十德定程式"所建立起来的德学系统，来正象数之用，无论是术数、还是丹与医，尤其是六十卦皆大乘的德位治则，都能破其迷障，抓住要领。本书以讲义的形式，从体时位方法系统入德位法则来立德学释易；以上下两卷之结构，从归德位、明法则、言治理三大体系来解读《周易》内圣外王之思想，并阐发达至理入大乘之德学义理。在象数与义理分析上，创建了体时位方法系统与德位分析法，使其卦卦不离时位，爻爻不离德位，在本性通达的情况下，任何一用都符合法序本理，所谓"从法之序正易之用"便是如此。

宗性易学，以达至理入大乘述内圣外王思想，从小乘的丹与识证内圣，到大乘之德治化外王，再到法则与德位贯通的大小乘性命双证之道，皆成熟而系统，不仅以易会通易、释、道、儒、医诸家，且广集象数法理易、玄学义理易、理学宗儒易、道学丹道易之大成，又匠心独具开宗性易学之山。

上卷　达至理入大乘

第一章　从象数理归德位

第一讲　敬圣哲——从外身内述体系

敬圣哲，乃致敬易圣三哲以及在易学领域开创学派或集大成或立于易而通融他家之大哲，正是他们洞开大易之门，又不拘一格广为发扬开创，让易学既有了"灵"的继承又有了"肉"的丰盈，从而灵肉备俱，花果繁茂。

自十翼成书以来，易学著述之名流大家有千人之多，经与儒上的承继与发扬成为易学的主干和主阵地；郑玄引经学分析象数或用象数之理来释经学形成经学象数易，王弼引玄入易开创玄学义理易，魏伯阳引丹入易开创道学丹道易，周敦颐、张载、程颐等人达本理述易共成理学宗儒易，邵雍发挥数学专长扩展数学易，来知德用象图演法理形成象图法理易，王爱品集九易十德述易开创德学宗性易等成为了重要枝干和思想脉络。除此以外，还有扬雄著《太玄》，班固整理《白虎通义》，张遂（一行和尚）演历法，京图、徐乐吾、万民英等人说命理，郭璞、杨筠松等人说堪舆，刘完素以《素问玄机原病式》说医易等，都在易学体系里开花结果，各显其能。

易圣三哲，乃伏羲、周文王、孔子三位。伏羲以"一画开天"之圣功画八卦开大易之山，周文王演法定理作六十四卦并系卦辞与爻辞，孔子以确十翼范式助易成其"经"典。之所以言"圣哲"，除开他们里程碑意义上的开创之功外，更在于他们皆有达至理、入大乘、行教化之德。所谓达至理入大乘，在于由易之途径来达道体德性之根本，然后据道体德性之本来透法序、析外象，使其围绕性→法→象之法序化简而出，让大众皆能从简易得正理。以至理化简易立经行教化来惠万千之众，便是达至理入大乘之要，这也是立易成经的现世意义。

以"达至理入大乘行教化"言圣，在于达至理与行教化皆是"圣"的两条准则，何况两者同时兼备，易圣三哲之"圣"更在于他们是从普通大众中而来，洞悉至理立言成哲，以至理化简易行教化，再走到普通大众中去，使其人人皆能入简易得正理，并由所得正理来见性证道，再达乎道体德性之本来。更重要的是他们所行教化并没有宗教化，他们所立之言，包括他们自身可任其批判，乃至突破、发扬，这也是易学具有繁盛生命力之所在。

在象数理之内容核心中，言象，在于表象人人俯仰皆得；言数，在于象可用"数"来表述法序与规律；言理，把表象和法序之间的普遍道理约之以言并系之以绳。象数是从外象透法序达本来的过程，或知本来而借象数表达之，再阐明象数之理，使其深邃不可知的道体德性本来，借卦体、卦爻之象数系统简约示之，供大众来参悟学习而达到共同的价值认同，从而实现行教化的功能。

伏羲以"一画开天"之圣功画八卦开大易之山。伏羲，华夏人文先祖，又名宓羲、庖牺、包牺、伏戏等，常称羲皇，在易学领域创立八卦，成易学开山鼻祖，乃象思维开创者，象系统构建者，象→法→性系统始发者。《易·系辞下》曰："古者包牺氏之王天下也，仰则观象于天，俯则观法于地，观鸟兽之文，与地之宜。近取诸身，远取诸物，于是始作八卦。"从此文可知，伏羲作八卦与象密切相关，伏羲之于象思维的开创，在于无恒定之象亦不限定具象，乃万事万物皆可入象，从天地、鸟兽、诸身、诸物等皆可得。如何取呢？在于俯仰皆得，且远近适宜。至于取什么象，在于取什么法来归其外象和用其象。故而形成了取象、观法、取法、见性、类法序、归外象、成八卦的过程，也由此过程逐步演绎出了象和八卦相关联的象→法→性系统。

象→法→性系统是入"观鸟兽之文，与地之宜"内在规律的途径，其天之象，鸟兽之象，诸身象，诸物象等之所以如此显象，在于自然万物有其内在规律，正是有规律可循有法度可依，才能对规律和法度进行归纳总结，才能洞悉天地、鸟兽是按照一定的法序规律显象，而主导法序规律背后的，便是大道真性，也正是因为见了真性，才能对诸象随心所欲，俯仰皆得；也正因为见了真性，才能反过来类法序，归外象，从而作八卦来比类万物，也以此形成了性→法→象法序系统。由此，伏羲作八卦的原理在于取象定法，取象要遵循见性原则，定法则包括了如何观法、取法、类法序、归外象等，我们把这个过程叫作取象比类，这也是取象比类的内在原理与过程，正因如此，才有"以通神明之德，以类万物之情"的美誉，此"德"所指便是道体德性之本性，乃见本性之言，此"情"所指便是万物背后的普遍规律，乃遍法序之言。

从象→法→性象法系统到性→法→象法序系统，便是伏羲作八卦能"王天下"的秘密，也是伏羲"一画开天"之机，从纷繁的万物之象到八卦（乾☰、坤☷、艮☶、兑☱、震☳、巽☴、坎☵、离☲）之卦象，使其取象定法有了具体内容和形态。由阴阳组成的三画卦之卦象便是伏羲画卦之"画"，所谓"一画开天"，言"画"，乃画卦象，演万物类比之象，言"开天"，乃以"天"言性，言万物自然皆有其法序和本性，以"开"喻揭示、洞开自然规律和本性。一画开天，乃通过外象之画面达其本性，通过取象比类，画出八卦之卦象，故一画开天必是见性与外象的密切关联的写照，再延伸出八卦法序与万物象的象数系统。无性不能演法更不能取象而定理。从俯仰可得的万物象，再回到可比类的万物象，八卦的象数系统便揭示万物相关联的内在原理。正是这个"画"，推出了玄之又玄的象系统，也正是这个"画"，让我们跟随伏羲的象思维进入万物的本性。

伏羲所画八卦象数系统，乃取象比类后的总结，在八卦象数系统里，又蕴含着基于阴阳法则的太极、两仪、四象、八卦的内在变化。后世占卦得卦象与伏羲俯仰取象有着很大的区别，后世占卦所得的卦象乃是伏羲所作八卦之象以及文王所演的六十四卦卦象。后世之人无法如伏羲俯仰取象，便通过灵感之物来占卜、占筮，无论用什么样的方式方法，目的皆在于取象，通过占卜、占筮取象的方法，继承并发展了"画"方法下的象思维，也让画象有了可以重复操作并加以验算的基础系统和原理系统，也逐渐演变成人人皆可操作的象数模式，通过取象，取法，推演法序，终成八卦象数共同组成的"易"体，也逐渐规范了取象的方法系统，把个体的见性证道转化成大众皆能实现的由易入道，便是伏羲入大乘行教化之所在。

俯仰取外象，取象而定法，以此达易道，通易之本理，再推法演卦象，成其蕴含易理的易象之体，便是伏羲一画开天作八卦的过程与原理。究其根本，在于见万物之性，无性不能演法更不能取象而定理。

周文王演法定理作六十四卦并系卦辞与爻辞。周文王在易学领域推演六十四卦，乃卦名、卦辞及爻辞开创者，演法定理构建者，亦是周礼制度的奠基者。在上古伏羲一画开天作八卦后，便有着先天易、连山易、归藏易之流派，经过周文王的推演融合，演绎成六十四卦和三百八十四爻，且对卦赋予了卦名，亦作了卦辞及爻辞，使易体象数及部分义理初现，这是易体演法定理的重要阶段。

周文王的易学贡献皆围绕演法定理展开，尤其是发生了定理的重大突破和转折。演法之"法"乃对八卦象数的深入推演，是八卦系统的再发展，并以此确立了包含八卦系统在内的六十四卦象数系统，还因定理产生了六十卦义理的内容突破，使易学在象数理的内容体系上逐渐成熟。与其说是文王对八卦象数的再推演，不如说是文王用自身推演的方式方法（占、卜、筮等）入易学系统，这是对伏羲八卦的再验算和再肯定。虽然是继承和发展的关系，但如果方式方法多变，还是能对万事万物自然规律的归纳总结形成一致结论，并自然而然地归到伏羲八卦象数上，这就说明了伏羲八卦具备反复验证的普遍性，也印证了文王演法定理之"理"亦具有普遍性之所在。

周文王演法定理之"理"主要体现在为推演的六十四卦赋予了卦名，并为卦作了卦辞及爻辞。卦名是卦的象数义的直观体现。卦辞是对卦象和卦名的再解释，以及对卦象的占断，围绕卦名断语、卦德断语和吉凶断语，以卦德之辞、占兆之辞、叙事之辞来系辞。爻辞是每个卦爻所系的文辞，是对卦象和爻象的深入注释和解读，通常以卦爻义和凶吉断语组成，包括以占兆、叙事来表达的卦爻义，涉及狩享祀、婚嫁、争讼、战争、饮食、疾病等内容，还以季历伐鬼方、伯邑考被献祭、帝乙归妹、康侯用锡马蕃庶等历史事件来系辞，也正是因为文王演法定理使易有了成熟的文辞体系，这是使其发展成为经学的关键。

周文王达至理行教化体现在既演法定理用文辞义理普化大众，又用礼制德政惠及民众。周文王、周武王及周公旦共建周礼制度，让大众参与到与共的德政上，确立了行教化在确私和与共两方面的新形态。周文王在推演六十四卦和卦爻的内在法序中，从"体时位"的象数原理上发现了"礼"。从礼起源、以及礼的术、用到礼序，再升华到礼之于精神的意义，从而赋予了"礼"在制度法序和精神上的广大内涵。从德位法则而言，六十四卦和三百八十四爻因体时位而充满了礼的秩序，经小畜卦施礼、建礼、定礼，再以履卦安位序贯穿其他所有卦和爻，使礼序法则与德位之道成为贯穿在其他卦与爻的内在原理。也正是基于易体中所贯穿的礼序法则，使其言礼尚德的周文王将其用在国家与社会治理上，历经周文王、周武王及周公旦等人的努力，尤其是周公旦作《周礼》，使其在周朝建立之初始便确立了礼乐制度，让周礼发挥"经国家，定社稷，序民人，利后嗣"之功用，以一制（礼制）载万政新万德，从而实现以小见大的行教化之功。

正是制礼作乐建礼序成其行教化的伟业，将《周易》的重要功用呈现在国家及社会治理上，后《周易》被推为六经之首，在历史潮流中，很多特定时期被国家主流意识形态所接纳，成为治国理政之重器，尤其是周朝国家体制上确立礼制，便是《易经》礼序和德位之道的重要体现。周文王作为礼制的奠基者，以治道之小乘行全大体之大乘，乃最得法礼德三位一体的礼序本理。

孔子以确十翼范式完成了核理成经。他致力于教育事业，删修六经。在易学领域修订十翼，将文辞义理化，且以十翼之范式确立传世版《易经》，乃十翼范式确立者，核理成经开创者，达至理行教化之践行者。历经伏羲八卦和周文王卦爻的发展历程后，到了孔子这里，经他删修核定后，将十翼（上象、下象、上象、下象、上系、下系、文言、说卦、序卦、杂卦七种十篇）内容确定下来，将原本的象数部分也文辞化，且把象数原理以及推演逻辑蕴含在文辞之中；也正是十翼经文成型，便形成了顺沿文辞研究发展的脉络要远远大于象数的推演与再发展，使其在经、儒上的修正教化和参与国家治理成为主脉。

孔子核理成经，乃是通过对易理的推演来核准文辞，以此删修而确立十翼经文，虽然删修有周文王及周朝发展易学的"底稿"，但并不妨碍孔子通过学易而通达易道本理，也正是孔子确十翼范式对《易经》的贡献，才使"至圣先师"实至名归。孔子扬弃并糅合庞杂的占、卜、筮内容，让易理象数逻辑自然蕴含在卦与爻中，通过卦德断、卦与爻的凶吉之断等，将对事物的占与预呈现出来，根据吉凶程度来作出之所以要有修正与治理上警示，也正是他通过"易"达其易道本理，在卦与爻的象数逻辑中看到了法、礼、德的法序正理，将其升格在国家、社会及个人修身的治理上。所谓核理，一定是核算卦与爻之间的象数原理，再核定原有文辞所表达象数内容之理，从而做出增、删、修、改。

孔子推崇周礼，并为其付出了大量的精力与时间，在列国间奔走相告。然而礼崩乐坏，列国只为利益计，人心不能照周公，孔子也用前半生的苦难与失败告诉自己修经典的重要性。孔子五十岁后学易并修易，他亲自验证了从自然规律中制礼作乐建礼序的正确性和重要性，还再次确认了两大必不可少的价值与精神体系，一是提升了国家及社会治理在礼治、德治上的格调，且赋予了精神上的升华，还实际地给出了礼治、德治法理正确的象数发展过程即逻辑表达，如从礼与德的诞生、发展，到用礼、用德治理的案例，乃至建礼序与德序的宏大过程；二是《易经》中的众君子体系形成了君子学，君子学的成型让个人的人格修养也有了具体标尺和象征意义，尤其是不同的体时位有着不同君子含义，把单一的君子称谓变成与社会结构紧密联系的志君子，用志君子向不同的层级进发，从而修身与治国无止境。这两者赋予了《易经》精神与价值上的浩然正气，这种立君子再升志建礼制，或用建德制载万政教化万民的大乘属性，才是孔子达至理行教化的至圣体现，其教化功能远远大于带三千弟子亲自教导。后世对孔子的误读也正是因为无法在易学上建立正确的认知而造成的。

《易经》经伏羲取象定法、周文王演法定理、孔子核理成经的发展阶段后，注重占卜实用的发展为象数派，注重文辞理论的发展为义理派。无论是象数派还是义理派，都明显摆脱了巫术的束缚，开始向揭示自然规律的方向发展，且逐渐发展成为据自然法则而推演其哲理的经典。

到了汉武帝时期，董仲舒结合先秦阴阳家思想，将上古神学与黄老玄学结合，提出天人感应等学说，使崇尚黄老道的汉室转为独尊儒术，开始大力提倡经学，《易经》因而被尊为"群经之首"，开始了尊儒术为官学正统的新局面。面对后世易学大家层出不穷，有"汉代孔子"美誉的董仲舒虽有易学思想，但其缺少易学著作，这也是不小的遗憾。

汉魏易学对后世影响巨大，尤其是对照外身内体系而言，几乎全然成型。向外通过象数揭示自然规律，其卦气变化、天文历法等均已逐渐成型，也使其象数易成为当时主流，其孟喜、焦延寿、京房为代表的"京房易学"成为官方易学；向内将上古神仙家和道家结合起来，开始向内探求自然与人的关系，尤其是生命的奥秘，以魏伯阳的《周易参同契》为代表作，形成特点鲜明的道家易；还有王弼融合道家思想集引玄入易形成玄学易；立身言修身、齐家、治国，探求国家及社会的治理，形成以费直、郑玄为代表的古文经学易，他们广泛吸收诸子学说，将义理哲学化，极大限度地开拓了经学研究的视野和深度。

汉代易的开山祖为田何，他注重孔子易的训诂，以阐发易理为主。汉初的大批学者如周王孙、服生、项生、司马谈、司马迁等人，则是受古文易的影响较大。京房易学的代表人物包括孟喜、焦延寿、京房等人，他们的传承脉络清晰（孔子授易五传至田何，再三传孟喜，孟再传焦延寿，焦终传京房）。孟喜易以六十四卦分配气候，成为卦气说，他尤擅结合天文历法和自然变化来注重占验。焦延寿代表作为《焦氏易林》，将六十四卦的每一卦又变出六十四卦，从而变为四千零九十六卦，并在卦后配上占辞，极大丰富了覆象、旁通、互体、半象等易象，以及先天卦数、爻数、五行数、纳甲数、大衍数等易数。京房是西汉象数的集大成者，其易学著述丰富，开创了京氏易学，尤擅占验灾异，且常将其与大事件相联系。他突破了古代筮法及占卦的局限性，用五行生克、刑冲合害、旺相休囚等原理进一步发展了纳甲，并将十二支纳入八宫中。其易学理论后经殷嘉、姚平、乘弘等五经博士发展弘扬，形成了京氏易学。

随着君权神授和天人感应思想的盛行，谶纬学得到了发展。所谓

"谶纬"，乃"谶"与"纬"的合称。谶者，验也，乃可以占验吉凶，占准人政事之预言，由于恐天机大漏，常以隐言方式出现。谶有谶言、图谶等形式，如著名的"亡秦者胡也"便是此类谶言；由于谶言不讲究推理过程，也无法深究原理，常常单独言事，无体系化的理论关联，故而冠以神学色彩，又名"谶纬神学"。"纬"即纬书，是相对"经"而言，有"纬者经之支流，衍及旁义"之说。纬以配经，故称"经纬"，谶以附经，称为"经谶"，东汉时亦流传有"七纬"。谶纬学常以术数为要，托以神学，配以格调不高的经传内容，主推预测与占验，又以神秘化为主要色彩，使其神秘又多变，后世如张衡、王充等著名学者常揭露和批判谶纬的荒谬无稽。

汉代集经学和象数易学大成的代表人物为郑玄，他遍注群经，尤擅解易，著书数百万言，创立郑学，其注经的成就十分卓著，有"古之训诂学成就尤以郑玄为最"的赞誉。郑玄兼集义理与象数两家之长，在象数方面，他融合了孟费二氏易学，提出将卦爻与地支结合的爻辰说；在义理方面，他以自身深厚且博大的经学与训诂学基础，引礼入易，凡涉及嫁娶、祭祀、朝聘等内容，所注皆与礼经相合，这种引礼入易以及证礼法源于易理的做法，正是通融他家且集大成的体现。从郑玄用礼与易互通互证来解易及注经可以看出，他已深得易道本理，只有领悟了基于易体中所贯穿的礼序法则，方能得礼的法序正理。他的《三礼注》成为后世治礼学者所宗，孔颖达还以"礼是郑学"来赞誉他深得易道与礼道。后世王弼、韩康伯注易采用的是郑玄本，而孔颖达则采用王、韩注本，使其传世通行至今。同郑玄一样，荀爽也尊崇经学，重视礼制，是著名的古文经学大家。他兼顾象数易和费氏古文易，强调乾坤总领他卦，将阳升阴降的阴阳变化引入卦气。同郑玄与荀爽遍涉六经相比，虞翻则专精于易，他汇总并发展了卦气说，象数易在他身上得以发扬光大。

汉代王弼和魏伯阳当为易学开创性人物，王弼引黄老入易，开创玄学易，魏伯阳引丹入易，开创丹道易。王弼寿命虽短，但成就卓著，他既弃前人经说，又弃传统且繁琐的象数易说，尤其是扫除象数和古文谜障，把视野引领到宇宙本体和法则、法度上，开辟以老庄思想解易之玄风，使义理哲学化，并为本体与法则服务。避开陈旧迂腐的"圣人"论调，让义理在深度上直击本体与本原，且引大道本体之"道"来比较世俗狭义"道德"，将全新的认识论注入易理，开创解易玄风，成为魏晋玄学宗师式人物。魏伯阳集成道家易，尤其是神仙方术，将其神仙术思想借易体与易象言之，以系统而成熟的丹道理论开创丹道易，引丹入易，在易学上和内丹上皆有开创之功，所著《周易参同契》亦有"万古丹经王"之美誉。《周易参同契》以内炼言性命，将性命与天地造化联系在一起，既借易象、爻象言丹，又以乾坤、坎离、日月、铅汞、火候、炉鼎等词隐喻内炼精气神的诸多要诀、玄关。其丹道思想和丹术理论被后世所推崇，尤其是将零散且派别不一的内丹理论，用易体这个框架使其系统化和条理化，在解易特点上，既借易之象数言丹的理论，又用内丹理论入易言修炼方式方法，互借互用，使易与内丹融为一体。也正是魏伯阳导其源，正其流，才让丹道易和内丹有了强劲的生命力，在这条脉络上，涌现出了如葛洪、陶弘景、司马承祯、钟离权、吕洞宾、张伯端、俞琰等名流大家，无论是在教内还是在教外，都离不开《周易参同契》的启发和影响。

晋唐易学经王弼开玄风扫象后风行多变，大多陷入由郑王之争引发的象数与义理之辩，到底是据象数预变化，还是重得意而据义理，宗旨不一也争论不休。孔颖达将王弼、韩康伯二注融合，又充分吸收象数易之长，以"易合万象"之宗旨，采取"不可一类求之，不可一类取之"的原则，编纂《周易正义》，对玄学易既纠偏也补充修正，同时为象数易正名。这种调和义理与象数之举，既改变了持象数的经学派对得意望象的斥责，又在注重玄哲思想的同时，兼顾经学的厚重性和经儒的普及与教化功能，这使得易学因"正义"在孔颖达身上融合起来，形成继承与突破并存、融合与发展并重的局面。李鼎祚继承象数易学，编撰《周易集解》，汇集了虞翻、荀爽等三十余家的注、释、疏，同时还辑了汉以后至唐代如陆绩、干宝、侯果、崔憬等人的易学著作，这种编纂集解的做法，对汉代象数易及其作品得以传世起到了重要的作用。

宋明理学以易为宗，以儒为体，兼容吸收儒、释、道及诸子百家而自成体系，以周敦颐作太极图开山。宋明理学从本体论上存理，以揭示自然法则而探寻易理，无论是涌现出以先天图、河图洛书、太极图等图式说理，还是张载以"气"言理，邵雍以"数"言理，以及象数与义理共用体用说理，都试图探究本体与本性之理、法则与法度之理、本体与法则转化关系之理的理学原理，直到二程把外（宇宙本体）理与心（心性本体）理融合，以理一元论成本体，把理学思想形成理学体系。

周敦颐著《太极图说》，把《易经》中的太极原理和《老子》中的无极思想统一起来，提出无极而太极宇宙本体论，将基于本体的无极与太极运功观，以及阴阳五行的动静变化，以气变说联系起来；同时提出"至诚"的心性论，以"主静"言修养取真的方法；还以天道性命贯通心性修养来阐发内圣思想，同时将外王上升到经世济用应顺化自然法则而治理有序，力求从内圣通外王，是内圣外王思想的阐发者和践行者。

横渠先生张载以气一元论言理，又用"对、反、仇"演法，揭示本体与法则的源流变化，所提出"为天地立心，为生民立命，为往圣继绝学，为万世开太平"乃最得易道本理，从继往圣绝学达小乘身德之成，以体（天地）与性（心）圆融的哲学观为天地立心，再以明志（明德与志德）双用为生民立命，入生民万世太平之大乘，此大乘之愿、境正是往圣立象系辞德化天下的"天下大同"精神。横渠先生张载以体性圆融，法度有序，小大乘贯通的横渠四句发出了志通天下人的最强音，可谓四句齐宋明，理气贯万世，所谓达至理入大乘行教化便是如此。

程颐与其兄程颢共称"二程"，二程之思想乃以"天理"言道，以太极阴阳及变化之理说天理法则，且建立了"一物之理即万物之理"的哲学观，虽言理却以理言性，实则是一物通万物的见性之理，正因见性方能据本理而穷理。二程是继王弼后义理学派的又一高峰。在宋明理学诸子中，除了开山最难的周敦颐外，当属程颐水准最高。朱熹以二程理本论为基，融合周敦颐太极说、张载的气本论，兼收佛、道思想，再兼顾义理与象数，以广集大成之能尽释孔儒，将义理儒学化推向高峰，看似体系磅礴全面发扬，实则是缺乏易学思想创建，又因文辞不近本义又略显迂腐，使其后世只识儒朱，不知理子。在继承程朱理学的基础上，陆九渊、杨简等人把心与理从理学中分化出来，以心学派开始发展心易学，后王阳明习易解易悟道，根于易理发展心学。

邵雍续接陈抟老易相通的《先天图》思想，充分发挥数学专长，主张数生象或象中采数，不拘泥于义理束缚，其易学思想既探究本质起源，又推演化变迁，还兼问历史人事，在继承汉易象数的同时，又在占卜方式方法上大力改良创建，以"质诸天道而本于人事"强调易入寻常之用，用丰富多变"梅花易数"扩展入易的方法，既增强了易的实用性，也大力助推了易学民间化的进程。

俞琰承继丹道易学，深究老庄之道，推演象数之理，引丹道内炼之术，又穷探象数与义理来类比性命，理论深厚且见解精深独到，虽解、证《参同契》，实则在丹道易和道家易上有冥心独造，常超发前人之未发，其著作中既对神仙方术剔糟存精，又考疑证伪来正金丹性命之视听，试图借用所有卦体、爻象来推还丹和性命之道。对比魏伯阳开创丹道易而言，俞琰的著作更完整，理论架构成型且成熟，引丹入易和引道入易更精深；故而成为易道会通而独树一帜的人物。

来知德以"来知德易学图式"说易，溯圣人作易之原，探究阴阳消长变化之律，用图式将理、气、象、数相统一，且以"错综其数"再论卦爻之象，尤其是卦爻之间的必然联系；他从自然规律探究易之本理，再把道和法结合来研究卦、爻变化，可谓深得其要领与精髓，使其卦象与爻象的分析尽除迂腐牵绕之义理，而直达卦象与爻象本身说言的法理，来知德图式不仅用图演太极阴阳变化之则，还借用河图之数用数说法度，使其独立不改又周行不怠的法则法度大白于世，同时也为河图洛书、伏羲八卦、文王八卦乃至孔子象数演法存据。在历史众多易学家中，来知德凭其知其所以然的来氏法理易独领风骚。

区别于杨万里等人的以史证易，试图用考据学来引领尊重古训和史实的研究风潮开始席卷易学界，他们虚用"经世济用"而大弃道德与性命哲学，使其"实学"完全失识。王夫之擅长归纳与比较，主张象、彖、系、传等在象数与义理上应统一，试图将汉易与宋明易融合起来，虽言精推义理，又通象数，汇总百家所长，实则无统一的主旨以及兼容并纳的体系。黄宗羲入象论象，取古法以辨象学，又证太乙、六壬、遁甲，以辨数学，以抓牢象数来区别经儒。李光地以"折中"编修来推崇宋明义理，又兼收汉易及其他流派诸家学说，对思想学说的汇总和重要作品的传承保留起到了重要作用。

用外身内梳理易学体系可知，言外在乎本体与法则哲学，以及据自然法则在乎修正、教化、治理哲学。探寻道本体与本原，再据本体推演自然法则和法则内在变化之理，此为言象数与据义理的指导"精神"，若不明本体与法则，则不明取象定理所定的何理，自然对基于象数系统所系文辞之原理便模糊不清。只从文辞出发而不明本体与法则的，鲜有高明之论，易学之所以极难有所创建和突破，原因便在于此。周敦颐提出的"无极而太极"是本体哲学的代表，虽然《系辞》以"一阴一阳之谓道"言明了阴阳法则与道本体的关系，但能洞悉本体又能推演法则的，在几千年的易学史上只有周敦颐、俞琰、来知德几人。周敦颐、俞琰等引道家本体观来述易之本体，又知阴阳法则变化与象数的关系，故能不拘泥于文辞，而有所开创。

据自然法则在乎修正、教化、治理哲学。郑玄引经学分析象数学，得其经学与易学的双成就，这在于他所深入探究的经学本理与象数文辞之理同宗同源，揭示了卦与爻文辞原理的根源，也正因如此让经与儒的经世治理原理扎根于此。易有吉凶之占，卦、爻蕴含着吉凶变化之理，如何面对以及治理吉凶，是易学里非常重要的命题。对于这些患祸灾难之治理，需要推演出治理措施和趋吉避凶的方式方法，由于涉及某个或多个卦体的患祸灾难的时与位都非常大，通常不是某一个方法能解决，故而要从根本原理上修思永，并制定符合常理且适用于大多数人的优良制度。比如礼制的产生过程，便是基于卦、爻中充满了礼的秩序。履礼之位可化解"遇虎"之险，用礼的怀柔之术可以化解"密云不雨"现象下"血"的冲突，建礼制可以形成礼序政治联合而上下通畅，故而形成了施礼、建礼、定礼、序礼的必然原理与产生过程。体时位贯穿的卦体必因"位"而见德，析卦德可知吉凶之所生，吉凶之占在象，吉凶之知在理，吉凶之治在德，以吉凶之占见治道之德，得治则得吉，从当位、称位、配位其德位法则来确德治，以正德之能事而化凶为吉，这便是德位法则赋予的卦、爻中"德"的秩序，在六十四卦和三百八十四爻中，每卦皆言德，每爻皆见德，处处在在离不开健德、德礼、德序、德制、德教等"德"的命题，易言吉凶，在乎是否合乎正道，是否合乎德位，非正道者必不长久，德不配位者，灾祸自至。总之，经与儒的修正、教化、治理哲学的根源皆在易，既有本体与法则的总源头，又有经世治理的根本原理，这便是六经乃至诸子百家皆源于易的原因。

在易的外用体系里，还有据象数演术数一类。术数是建立在象数、数理、数学基础上的方术应用，言"术"则重日常用度，言"数"则重对事物的推演、计算和量化。《汉书·艺文志》将天文、历谱、五行、蓍龟、杂占、形法六方面列入术数范围，由于术数所含类别甚广，门类也杂而乱，且各种应用参差不齐，故我们常规地把太乙、奇门、六壬并称为术数三式，除了占星、房中、神仙、卜筮、医方起源和应用较早外，其他如命理八字、堪舆风水、相术等都是后来根据术数三式的演化和基于术数三式某一类别的具体应用。其原理基本上都是根据阴阳法则按照阴阳五行的生克制化原理，建立其数学推演、计算模型，从而对具体事物的前因后果进行分析和计算。在演术数这个类别里，可谓神机鬼藏、各显神通，各种能人异士层出不穷，但大多是世间和市井小用，而涉及军事、战争、占星、治国方略等就又属于真正的"帝王之学"了，自古以来能对术数三式有所心得且能熟练应用者，几乎凤毛麟角。当计算机和智能时代来临，术数基于象数和算法将焕发新的生命力。但由于学科和中西文化的隔阂，使得许多智能专家和学者未能将目光关注到这些成熟且系统的术数"算法"上。术数虽然重世间应用，但最终还是对自然规律的演化和总结，这有利于我们更深入地探求宇宙与生命法则。

外身内体系中的"身"在乎明德与志德修养。以个体言确私，在乎健身德立身；与共言邦、民大体，在乎身德有成再健志德，立志进位养政与行政养大善。同儒家言身德不同，易体中的健身德讲究一阳来复的阳德修证，乃以专修精气神阳德为主，讲究固阳之道。在《系辞》中十分明确地给出了九卦所呈"困→复→损→益→恒→井→巽→履→谦"的治君子九德系统，以此明确健身德的内容。内证阳德便是明德的根基，只有见性洞明才算真明，然后再以内明炼外明，通过明德君子九体，再在世事上洞明，从而达到知行合一。当阳富德裕而有身君子之成，身德有成，则在乎健志德，君子升志且志行，主德政同诸君子一起行德位治道，完成个体到与共之转变。经学与儒家所言的君子学范畴的道德义皆围绕于此，但大多数没有言及根本。既无法从从宇宙本体的本理去理解道德义——道体德性，更不知借用道家修证系统，而从世俗儒理卜谊理套道理，没有德位上的进阶路线，所说也空洞无物，弯弯绕绕而显迂腐，还严重障住了道体德性所承载的道德义。这是经与儒自身无法突破的重要原因。

外身内体系中的"内"在乎内健阳德并证德性，是丹与医结合的性命学的范畴，以如何内证性命成密钥。自古有医易同源之说，这个源就是吉凶福祸的原理，贯穿了人的生老病死，亦是吉凶的具体形式，故而生病之因及治病之则的原理就在易理中。易以宏大时空的五运六气之变论述天和人的生克制化关系，从而可知病因了病机，再形成治则与治法。在周易易周程式里，有周乾易坤的执妄迷失过程和正坤返乾的正阳进德过程。正坤返乾"易而周"正是内证德性而自性圆满的性命之道。以正坤返乾修真图为正阳进德之轴，辅以他卦呈现修真的路线与火候。乾坤总纲的性命双修以乾坤为总则统领其他六十二卦来相辅相成。在正坤返乾过程中，六位丹轮围绕精气神健中正德，为命功；其阳神还虚退藏于密证玄德，为性功。正坤返乾程式，乃乾坤总纲性命双修的内证之道。由于丹道中的金丹学讲究传承与秘诀，故而多发展在道教内，以魏伯阳、俞琰、陈致虚、张伯端、陈抟等为代表。他们的金丹学都离不开易学思想，并以易学体系来演丹道，首推魏伯阳开创丹道易，自魏伯阳之后，借易言丹或丹易同发者，当属俞琰阐释水准最高。

丹道易讲究尽性了命，是名副其实的内证成圣，也是基于性命而言的身德大成。以内圣之洞明，行"达至理入大乘行教化"的王化之道，肩负执天道行王道拯救明夷治理暗众之大任，以全大体的德政治理行王化之道，故而以内圣化王道的内圣外王才是大乘典范。所谓教化安民的德教十政便是十个卦体的德政治理系统，不仅如此，六十四卦皆言大乘之治理，卦卦言大乘，爻爻通全体，观易之全体，实乃以道→法→术→用之王道系统而行王化德政，以九易十德之系统融德政治道为一体。

王爱品在《德学宗义》一书中从本体、道性、法序、经世、证悟五位一体的本原性原理构建"德"系统,以健全的外、身、内证德体系,提出宗性说释易,处处不离德性,爻爻不离法则,形成了从道之体全德之性、从象之宗溯理之源、从法之序正易之用为特点的宗性流派。

在众多山峰耸立的大易门户里,瞩目着郑玄的经学象数易、王弼的玄学义理易、程颐的理学宗儒易、俞琰的道学丹道易、来知德的象图法理易、王爱品的德学宗性易之璀璨明珠,使人类的智慧之光和光苍穹。

第二讲　象数理——取象定理齐十翼

想要弄清楚《易经》是一部什么样的书，就要先明了何为易？从《德学宗义》云"以'体时位'之大方，呈天地万物之四易；一曰周易，二曰不易，三曰变易，四曰简易；以德位总枢之机，察实理自然源流之踪，见万变不离其宗之性"来言"易"可知，周易者，言大道体性也，体性周遍圆明无所不达；不易者，言法则与法度也，独立不改又周行不怠；变易者，言体时位之流变也，万变亦有所朝之宗性以及所尊之法则；简易者，言据源流变而化简之正理也，以德位总枢变化原理，所呈现的正是体性→法序→时位→正理的易道过程。

围绕易道来研究人和自然界的关系，逐步发展出了象数理内容体系，历经易圣三哲成书，冠以《易经》之名；故而《易经》是一部察实理自然源流变化而推法则启示，以及据法则治理诸不序来合法序的一部经典，从而形成了明易道法则和据法则言治理的两大体系。法则有自然法则和卦爻法则两种，方圆、有无、藏相、顺返、阴阳、终始、动静、体用、生灭之九易法则为自然法则，体时位贯穿的德位法则为卦爻法则；由于卦爻是呈现自然法则的象数系统，故而九易法则亦贯穿于诸卦爻中，或者通过卦爻呈现的体时位原理，以体时位方法系统入德位法则可知九易法则，这就建立起了象数理与大道体性、自然法序的通道。而恰恰卦爻又是诸事物比类之象，通过卦爻之时位便可知身边诸事物是否顺应自然法则而合乎法序，且万事万物皆有法序可依，只不过事物所应现的体、时、位不同，合乎法序的则吉，不合乎法序的则有凶，这便是推启示之所在。通过吉凶之启示，从而制定出趋吉避凶和化凶为吉的方式方法，而进入言治理的功用范畴，与共的国家与社会治理以及确私的个人治理成为两大治理主体。由于国家与社会治理是一个与共的公共命题，故而圣哲们要据法理化简而出简易之正理，让大众皆能明易道、晰法则而参与治理，从而有了文辞义理从象数延伸而来，也使基于体性的象数系统因出"理"而有了大乘属性。由此可把据体性、类法序、明法则、演变化、析时位、推启示、知正理、言治理、共教化融为一体呈现《易经》的九大功能系统。

《易经》的九大功能系统皆由象数理内容体系承载之，以象数理呈现四易原理，揭示事物变化源流以及治理诸不序来合法序。《易经》的象数理有伏羲的个人贡献和依占卜筮而逐步演变的两大起源，之所以言这两大起源，在于绝地天通事件前后呈现了两个截然不同的入易的状态。在绝地天通之前，易的象数是更高级别的星际文明的产物，还是赋予了伏羲"神"属性？这些仍悬而未解，而我更愿意相信伏羲人的属性，是通过见性证道而洞开的四易之门。

在绝地天通之后，人与神沟通交流的通道被断绝，"天意"缺席成为常态，在重大事件的决策和治理策略的制定上，是否顺应天道，是否合乎常理，是否合乎有关德范的设定等，统统成了未知状态。这个时候就需要能领悟天意的人来传达指示或启示，就这样沟通了天地神灵，能传达神、灵旨意的巫师（士）因此开始占据话语权。由于巫士们的巫术水平参差不齐，有的能请神以降直宣旨意，有的语焉不详、模糊不清，还有的需要依托灵感之物来占问……巫术的多样化使能加以验算和事后可验证的占卜走上正途，尤其是为了杜绝假借之口来擅专天意，借灵感之物来占卜的算筹术士们开始登场，这是从巫士到算筹术士的转变。这样就把消息占有的渠道扩大，把对消息处理的权限也放开，对诸事物的占验自然就排在了首位，有占验能力的算筹术士开始接管话语权。和巫师通过仪式直接传达天意不同，考究占验要以理服众，于是发挥媒介作用的灵感之物便走上前台供人观摩与分析，通过在仪式中灼烧龟甲观察兆纹的龟兆显象，成为占卜事件中的象，占卜术士视其象与龟裂之数来参详凶吉。随着占卜与占验的不断重复与总结，便有了占卜到占筮的转变（通常占卜用龟甲、牛骨、虎骨等，占筮用蓍草），即从兆象结合到数。占筮的到来让新的灵感之物——蓍草成为通用工具，并且在占卜与占筮上也开始有了卜官，开始规范占卜与占筮方法，根据占验来总结兆象和筮数的规律，尤其是兆象与筮数如何跟自然变化中的重大事件建立联系。虽然兆象与筮数并非直接的八卦象数，但这是八卦象数系统成熟前的基础与过程，正是因为对兆象的归类总结，对筮数的验算，才逐步地让随机事件演变成确定事件，且摆脱了巫的束缚，或者说算筹术士发展了巫对于"领悟"的功能，且建立并逐步完善了预示系统。

无论是伏羲"一画开天"取象比类画八卦，还是经过对占卜筮规律性总结的演变，都顺沿着象思维发展到八卦象系统上来。伏羲取象与术士们总结兆象，都是围绕"象"而确定象思维，顺沿象思维才找到内在本质，即阴阳与四象变化。正如《系辞》所言："易有太极，是生两仪，两仪生四象，四象生八卦。"易乃易道，太极生两仪，乃阴阳法则生阴仪与阳仪，阴阳再生老阳、少阳、老阴、少阴四象，四象生八卦（☰、☱、☲、☳、☴、☵、☶、☷）。

八卦的本质是什么呢？乃易道（阴阳）法则之于阴阳在天地人三才时位下的法序特性。天地人三时位的阴阳关系共成八卦之卦体，天地人三才时位共成三画卦，每一时位曰爻，三爻成卦。时者，乃阴阳刚柔变化之时；位者，人居天地间，上位乃天，曰上爻，中位乃人，曰中爻，下位乃地，曰下爻。何为爻？爻者，交也，察事物表象变化与内在阴阳法则的交互关系，外接诸表象事物，内连法则属性，以爻象来交互联系并交通之。何为卦？卦者，挂也，从卜，乃卜筮后悬象示之。《说文》曰"筮也"，为筮所示的象与数皆成熟于卜，是诸多规律总结后已然成型的象和数。它指向了八卦象数，通过卜筮得爻象，并把爻象悬挂示之以推变化。八卦以爻象反应了阴阳在天地人三才时位下的法序特性，正是因为有此法序特性，才能以八卦比类万物象；如何比类万物象呢？诸事物在易道法则所主下的刚柔特性，遵循乾健、坤顺、震动、巽入、坎陷、离丽、艮止、兑说原理来归类；正因有此归类，以卦爻象把外象与阴阳法相统一起来，从而建立了通过卜筮得到卦爻象便能知诸外象事物的变化规律，按照变化规律的后续发展便能占验诸事物的变化过程，从而八卦的占卜系统便成熟且固定下来。

在八卦象数系统未确立之前，灼烧龟甲之象谓兆象，后经过卜筮的发展与取象比类的总结，都统一汇总成八卦之象。八卦之象是比类诸事物外象后的法理之象，乃揭示规律变化的象，是新的成系统的兆象，以卦爻成象谓卦象。后来术士通过卜筮方法所占得的象多为八卦卦象，也就是伏羲观象且取象定法后确定的八卦系统。八卦卦象被确立的演化过程，便是围绕"象"以象思维走向了象系统的过程。

从卦象如何知变化或推启示呢？通常卦象易得，而变化或启示难知，这就得依赖决疑术士来决疑与占断了。在蒙卦，面对蒙体昏蒙之众出现求进、求通、求开明的发蒙求学之问，有发蒙三求（"匪我求童蒙，童蒙求我。初筮告，再三渎，渎则不告，利贞"）来解惑的决疑事件。昏蒙之众向用巫、卜来决断的占疑术士求解疑，在蒙卦中占决疑巫、卜是发蒙求学的神明之启。面对昏蒙之众自觉发动的开明三"求"，占疑术士以"初筮，告"完成。你求，我便用礼敬天地之"筮"法，把天意或对方存疑之处如实告之，童蒙求我，有求必应是教之天理，求是求知，以发昏蒙，应是决告，欲决所惑；尽管如此，蒙体还用复惑、再三告知我们，昏蒙草昧之众还是什么都不信，包括对占疑术士仍有怀疑。从而发生了烦渎的倒蒙事件，倒蒙与渎蒙之所以发生，除了可能涉及巫通作弊的嫌疑外，更重要的是术士决疑的能力以及所决疑的内容是否能经得起检验。面对草昧之众的复惑、再三的昏蒙常态，在比卦言"原筮元永贞无咎"解决了这个问题。所谓"原筮"，言筮，乃卜筮也，《周礼》三卜中有一兆象曰"原兆"，为考之以筮，以供决断卜度。原者，先也，有"先王"之义；又再也，有重再之义；重再者，必再筮，而检验是否能合乎决断。在蒙卦有"初筮，告"之言，这里言"原筮"的意义，在于建立了决疑的求贞正长久之途径，关键是如何将偶然和随机确定下来，经得起他人重复并加以验算。依"原筮"决断而告之，是一种显比，求问占筮，却不行巫通作弊，而诈谋骗取，且光明正大而无隐伏，以显对隐，而有显德。以强调"原"——先王原筮之占来启发"显"的无私，原筮之信可查可究，非自作"事故"。从初筮后告之被烦渎而倒蒙，到察原筮后有"元永贞无咎"之信，这便是决疑术士们发展了基于占筮象数系统下的"理"的过程。决疑的和检验的并非一模一样的卦象或兆象，而是确定并发展了"理"，开始呈现兆象背后的变化规律，且根据卜筮后的规律通道，从卜筮结果走向了共理，经常卜卦的人应该知道，出现完全一模一样的卦象很难，但不同的卦象和卦爻会指向共同的结果和理。当理系统逐渐丰富，便带来了摆脱巫术与迷信，使其转向义理和哲学发展的变革。

占卜演化了象，占筮引入了"数"，决疑发展了理，便是象数理的发展过程。从象思维走向象系统，使卦象把外象（兆象）与阴阳法相统一起来，从而深入到法则与本体上来，也逐步建立了象→法→性的密切关联。象，出于自然，因取象定理而入法则与本性的藏相之渊。在之后的易学发展进程中，以什么样的象思维进入易系统，便决定了什么样的流派走向，但无论如何演化，都离不开象之宗应明性之本，故取象演法与取象定理都要围绕法序和本性，从诸方法系统洞开法则与法序正理。故而学易终要抛开世俗术用，去开德性大明，而见象见性。阴阳与四象生成过程，便呈现了本体到法相的生化原理，再经过类八卦而取类比象，建立了从本体到外象（万物）的联系路径，学易亦是取外象入法则而体证，从而回归本体。当象系统呈现的内在法则难以捉摸时，数的引入填补了八卦逻辑与数理的空白，从术数三式和其他的术数类别而言，顺沿数系统的发展要远远大于象系统的。

易学所言之理，乃根据象数理而有五大原理，即天地人三才统一之理、干支纪法与循环算法、五行生克制化之理、吉凶推断之理、八卦九宫应用之理。

天地人三才统一之理。八卦的三画卦因取象天地人三才，据取象而有天地人三才统一之理。人居天地之中，以人统乾道与坤道于一身。以天言性，在地言自然法则，以人全息连接先天与后天。

干支纪法与循环算法。天一，地二，天三，地四，天五，地六，天七，地八，天九，地十；天数五，地数五，五位相得各有合，天数二十有五，地数三十，凡天地之数五十有五。以天地之数行变化而有干支纪法。甲、乙、丙、丁、戊、己、庚、辛、壬、癸称为十天干，子、丑、寅、卯、辰、巳、午、未、申、酉、戌、亥称为十二地支。十天干和十二地支按顺序相配，形成六十一周期，组成干支纪法，用干支纪法周而复始并循环计算、记录，以应循环往复之理，形成干支纪法的循环算法。干支纪法与循环算法，乃据数的应用而有的计算与记录原理。

五行生克制化之理。太极生阴阳，阴阳生太阳、少阳、少阴、太阴四象，四象和中，而有五行。太阳阳气盛，性取炎上，曰火；少阳气主生发调达，性取曲直，曰木；少阴阴气伏藏，得转换之机，性取从革，曰金；太阴阴气凝聚，性取润下，曰水；四象和中而有生化、承载、受纳之机，性取爱稼穑，曰土。以木生火，火生土，土生金，金生水，水生木，而有五行之相生；以金克木，木克土，土克水，水克火，火克金，而有五行之相克。五行遵循生克制化原理而周流循环，是取象与据数之综合，既可以按五行之性比类归纳万物，又可按数理用于计算，还可按生克原理分析诸事物动态转化等。五行中含万物生成之数，乃天一生水，地六成之；地二生火，天七成之；天三生木地八成之；地四生金，天九成之；天五生土，地十成之。一为水之生数，二为火之生数，三为木之生数，四为金之生数，五为土之生数。六为水之成数，七为火之成数，八为木之成数，九为金之成数，十为土之成数。万物有生数，当生之时方能生；万物有成数，能成之时方能成。五行之数即五行之生数，水一、火二、木三、金四、土五，其中一、

三、五为阳数，其和为九，故九为阳之极数；二、四为阴数，其和为六，故六为阴之极数；阴阳之数合而为十五，故化为洛书则纵横皆十五，乃阴阳五行之数也。

吉凶推断之理。体时位贯穿的卦体必因"位"而见德，有德而吉，无德有凶，故凶吉推断之理乃德位法则之理。在吉凶悔吝系统中言吉凶，有占吉凶、知吉凶、治吉凶之过程。吉凶之占在象，吉凶之知在理；言占吉凶，便是据象而占其是否当位，以及时位体综合之兆，但占象不能确吉凶，可以有为之德治来确吉凶之果和吉凶转换之道。凶吉推断之理是入卦爻文辞系统之钥，若不明卦德所占断吉凶之原理，便无从解卦知其义理。世人凡不知吉凶推断之原理者，大多从文辞上套道理，则谬误千里。

八卦九宫应用之理。将八卦与九宫结合干支纪法、五行生克制化、吉凶推断等原理加以应用，多注重以数来推演、计算和量化，其太乙、奇门、六壬、命理八字、堪舆风水等术数多是利用此原理之应用。

先天八卦与后天八卦。先天八卦歌诀为乾三连，坤六断，震仰盂，艮覆碗，离中虚，坎中满，兑上缺，巽下断；其卦序为一乾、二兑、三离、四震、五巽、六坎、七艮、八坤；其方位是乾南，坤北，离东，坎西，兑东南，震东北，巽西南，艮西北。后天八卦卦序为坎一、坤二、震三、巽四、五为中宫，乾六、兑七、艮八、离九；歌诀为一数坎兮二数坤，三震四巽数中分；五为中宫六乾是，七兑八艮九离门；其方位是震东、兑西、离南、坎北、乾西北、坤西南、艮东北、巽东南。

十翼，传世版以彖上、彖下、象上、象下、系辞上、系辞下、文言、说卦、序卦、杂卦十篇定十翼。何为彖？彖者，言乎象者也；彖，既总括又连接，总括卦爻象而总一卦之义，首推以卦德统卦义，以总括而连接卦爻之象、卦名义，使其成为整体。象上传又称大象，象下传又称小象，主阐释卦象与爻象。系辞上和系辞下，多结合易史来通论易理。文言、说卦、序卦、杂卦四篇都是单篇，其中文言主言乾坤二卦；说卦解说乾、坤、艮、兑、坎、离、震、巽八经卦所象征并比类的各类事物；序卦阐述六十四卦卦序原理；杂卦对比序卦而顺序交杂，主言一卦之旨。

在六十四卦所系文辞中，又蕴含了丰富的万物之象，或取象、或立象，或借象等，既通过所系文辞言取象用象之理，又通象数背后的法则原理，使其能洞悉取象原理来明易道法则。圣人"近取诸身，远取诸物"以俯仰之察，观物成象，立象取义，使卦爻以"象"成，由象入，又由象出，由象传，又由象承。总之，以"象"全圣人"以通神明之德，以类万物之情"的作易之道，尽以卦爻呈现，他卦亦法如是。如履卦取"虎"象，未济取"狐"象，渐卦取"雁"象，巽卦取"床"象，鼎卦取"鼎"象，中孚卦立"豚鱼"象，解卦上六"射隼"之象等。

在履卦，取"虎"象与以虎触礼；"虎"者，乾三阳为虎象，上六为虎首，九四为虎尾。以遇虎"履虎尾"言其危，在定礼为序前，取虎之危象。虎为刚强之兽，性凶且能伤人，故人皆惧虎。乱虎、凶虎者，乱邦伤人，其乱邦伤人之祸，重在失序、无序导致的"欲"望横行，不加管束与教化，进而失己位进他人位，成凶害之险。取虎喻欲，再以虎言慎。克欲，君子当自省，为政者当有所作为，据"虎"之危象而思安虎之法——当建序克欲。也正是因遇虎而发生触"礼"事件，以"履虎尾"言安分其欲与安位其序而确礼序。在履卦，六三履其九四之位尾，六三阴柔，九四乃至上乾体皆阳刚，为"柔履刚"之象，本有"履虎尾"且履者危之虑，但终未发生咥人事件，为"说而应乎乾"，以六三阴柔之性应乎乾阳之志，从而以六三与九四两者之"位"，发乎出礼。介于六三与九四两者而言"位"，此为以辨上下之明——"位"出，以此定"位"，位礼，发乎其天理自然之端，为"位"的道法之序德，呈现出"礼"。履之六爻取眇象，以"眇"之视言明德，诸爻中阳爻有明，皆能明位序知礼序，以阳明之德履柔故而见吉，阴爻有暗，虽卦辞言善，但终以履刚有凶。

未济卦，离上坎下，离中六五阴为小，坎中九二阳为大，故而成前小后大的立狐之象。狐者，前小后大，狐性多疑，每渡冰河，且听且渡，以且听且渡确认冰下无水安全后乃渡。狐渡水而冰未成，狐之老者多疑，善履冰而听，惧其陷，但小者尚未练就老成，只能以壮勇而往，结果因不察而导致濡其尾。渡水濡尾乃未得其时，致未济。未济全卦取小狐濡尾而未济成象。小狐者，乃阴类稚嫩者，尚未练就履冰而听的老成本领，乃未得成长之小时，以"小"言之。其壮勇之汔，乃小狐自壮其胆，以无知而盲勇，未能畏慎，故勇于济，再经过几济之努力，仍濡其尾不能济。小狐未像老狐老成而勇于济，乃不知行慎而盲勇，为阴而不明；经过几济仍濡其尾，乃成济的条件未能具备，其时不与、位不当、体有终等因素成其未成之果。未济阴"狐"之类，乃德政难以教化使其从正之类，以及治刑理狱之道难以驯服之类，阴妄刚强不识正道才不能从正道，阴而不正且又不从正，才是未济之因，纵然经过"几济"努力之过程，却未走在成事的正确道路上，其方式方法皆与正道相背，故而难改未济之果。濡其尾，乃未济之果；濡者，沾湿，取坎之水；尾者，初之位也，未济卦之初六，初六阴柔，居坎

上卷一达至理入大乘

之下，上应九四而欲行，以盲勇强行事，而濡尾殆身而失济道。

渐卦以鸿雁设象，以女归立意，而女归出嫁成家又必依"雁"为礼，以独特的雁礼，言婚嫁之礼序，为依礼有序而不越序，卦中以干、盘、陆、木、陵言渐进之序。《白虎通·嫁娶篇》曰："礼曰，女子十五许嫁，纳采、问名、纳吉、请期、亲迎，以雁贽。"《仪礼》中说婚有六礼，分别为纳采（提亲义）、问名（合婚义）、纳吉（定婚义）、纳征（过礼义）、请期（择日义）、亲迎（过门义）六种礼节。"以雁为贽"者，"取其随时而南北，不失其节，明不夺女子之时也；又是随阳之鸟，妻从夫之义也；又取飞成行，止成列也，明嫁娶之礼，长幼有序，不相逾越也"。在渐卦，坎居北，离位南，巽象鸟，春分北来，秋分南往，知时守节且进退有序。艮阳巽顺，随阳之鸟，雁也。巽为雁，艮为手，雁在手中，而象雁礼。初六以阴居下，上复无应而失位，君子始进于下，犹雁之在水。渐诸爻皆取鸿象，鸿之为物，至有时而群有序，为不失其时序。大曰鸿，小曰雁。雁，往来有时，长幼有别，先后有序，每飞不远，取雁象言渐进之义。六二中正，上应九五，鸿渐于磐比之鸿渐于涧，又渐进之义，而坡，渐不求速，为进之安裕者。磐者，石之安平者。九三阳刚，居渐之时，志将渐进，上无应援，当守正以俟时。三在下卦之上，位艮体之终，犹鸿进至于陆。六四阴柔居正，进而据九三阳刚之上，而九三上进则不能安处于四之下，所以四之位非可安居之地，如鸿之进于木，而木渐高，处不安之状，鸿之趾连，不能握枝，故不能栖于木。九五居尊，六二正应在下，为鸿渐于陵之象，二五虽中正以应，但为三四所隔，非能遂遇，而成三年不孕之义。上九益进，升进到至高之位，且出乎常位之外，在人则超逸常事之外，在鸿而言达于至高其羽毛可用为物之仪表，因可贵可法而有吉。

鼎卦以鼎立象，在于为卦下阴为足，二三四阳实为腹，可受物在其中，五阴为耳，上阳为铉，故而成鼎之象，以上下二体示之，离之中虚在上，可盛物，下体巽有足以承之，亦为鼎象；有鼎成象于体，又以巽木入离火而致烹饪，成鼎之用，烹饪者，乃"变腥而为熟，易坚而为柔"之革物变化，在于以烹取新，欲取新以治，唯贤以从也；唯贤、从贤乃至亲贤，必先养贤，故立鼎以烹行"大亨以养圣贤"的养贤之鼎，养贤之鼎，就在鼎象本身。鼎卦上离为目而五为耳，有内巽顺而外聪明之象，耳聪目明者，唯圣贤也，继以烹养贤，便要举贤并从贤以治，以贤养正，而成全鼎之养正之体。同时立鼎象器，大器大用，健君子使命、王道使命、文明使命、德位使命、道德使命五位一体之使命以此通天下大同之志。

取象、用象、释象的由象生理之过程，正是六十四卦爻的取象定理之过程。和八卦取象原理不同，六十卦爻的取象多以六爻在不同时位下的刚柔变化而组合成像，取象的目的是用象来言卦爻的时位关系。故而六十四卦爻可有多种不同的取象原理，可据现有的十翼文辞系统取象用象，也可不据。至于用什么样的象思维进入卦爻，并没有定论。六爻整体取象后，再以卦立象，如鼎卦以六爻的时位关系象鼎，故而卦之整体立鼎象。当取鼎象再以卦之全体立鼎象后，六爻再次紧密结合鼎象分位言象之局部，此为六爻不舍全卦之象的六爻合象。很多卦之全体立象后，六爻不据所立之象而单独言之，此为六爻舍象。

六爻合象，多借象言法则，如履卦借"履虎尾"言"位"的原理，又以位来言"礼"之所出，而位与礼皆是自然法则，自然礼序；如鼎卦借鼎象言大器大用，既用鼎的养贤功能，又用鼎的象征意义而致远，把鼎象推向"五位一体之使命"的使命法则。

六爻舍象，多借象言理，如未济卦立狐象，而爻象多离狐象言其他未济之理，尤其是以小见大的未济之艰难，狐濡其尾乃日常不多见之小事，而九四的"震用伐鬼方"以及六五的"君子之光"乃国之大事，如果不用此种以小见大的六爻舍象之用象法，诸多叙述还停留在狐象和狐事的话，则不能概卦之大立意。

从六十四卦象系统而言，每卦皆有不同的取象思维和立象角度，尤其是用象述卦义，再系文辞表达卦爻义，使象、数、理循序渐进，逐步展开，从而形成完整的象数理内容系统。很多人问，从象直接通理了，怎么不见"数"的参与呢？其实六爻的时位关系就是数的直接参与，无六爻时位关系便无从取象立象，而且还关联到与其他卦爻的错综复杂关系。六爻之数，上下卦的八卦九宫之数，以及错综复杂卦的关联之数，取象比类后的五行与天干地支之数等，皆是数的直接应用，如果没有"数"的连接和逻辑约定，象和理便杂乱无章。

解象与用象，既有"舟楫"之利，又有"豚鱼"之祸。在风泽中孚卦，取先天八卦与后天八卦的坎兑同宫，坎为猪，兑亦为猪，取豚之猪象，泽水在下，泽之金生水，泽水相生又生木精，风行之而感于水中，感于水中为鱼，故取鱼象。从豚鱼之由来，可知身边万物皆可类豚鱼。豚鱼之用，在于至信可感豚鱼，只是取木作舟，又以舟之用虚而达实意；舟之用虚便是取象而立意后，其舟之用已完成，用虚反而更利致远。舟楫之利者，震为乘、主虚，巽为木、为舟，兑为泽，木在泽上，外实内虚，而成乘木虚舟之象，内虚可载人，外刚则浮于水，以刚柔相济，而乘舟利涉大川。在卦中，以"虞""燕"察其志，以"鸣""音"循其声，以"鼓""绝"寻其迹，以"孚""挛"体其愿，皆是立诚而感应之道。观象而立意,立意而通辞,一体同观,分而察之,以"乘木舟虚"之利,利涉大川且孚以化邦。利涉大川在于万物可用感诚,以诚之小,通大川之大,持正道,占凶吉,才能真正执孚诚而无所不达,应乎于天;中孚之吉,吉在持中正之道,健孚信之德;吉在持豚鱼立象,得感格之道,吉在以小诚通大德,以大德范大邦。中孚立"豚鱼",萃与涣皆立宗庙,故以庙尊贵区别于豚鱼之隐微,在于示礼之品格。宗庙多用在祭祀、册命、重大礼仪、议政、卜筮等国家仪礼上,以礼之庄严,象征国家政权的崇高。其宗庙与豚鱼皆是借用之器物,宗庙高大上,豚鱼隐微低,在术用上也形成了重用与简用之别。宗庙多用在国家仪礼上,以国器有用之重,豚鱼比宗庙以微而常见而有用之宽广。宗庙与豚鱼皆能通诚取信,亦是涣卦与中孚卦皆言"乘木"之所在,中孚卦以"乘木舟虚"将豚鱼致用,涣卦以"乘木有功"将宗庙致用,皆是通诚立信而达孚信的借用之物。宗庙与豚鱼之用,皆是"乘木"之象,从豚鱼之由来,可知身边万物皆可类豚鱼。至于如何取象以及取什么象,只是取木作舟,又以舟之用虚而达实意,所谓"至信可感豚鱼"。只要建立示诚之仪礼,致诚之通道,专而诚之敬意,便能随时随地感诚。故以此"乘木舟虚"之利,虚实相济,以诚信感格四方得中孚之道,再有"乘木舟虚"的感应之用,君子便掌握了行王道且致远之利器。

解象与用象,既有"舟楫"之利,又有虚假解象与用象的"豚鱼"之祸。在兑卦行讲习之教,教导明夷暗众群体学习以专诚驱动获取孚信的过程,必然要举"豚鱼"之器,豚鱼隐微低,有用之简便,与宗庙皆是致感应的借用之物不同,由于暗众不能理解宗庙重器之大用,故以豚鱼之简祭教之,目的在于以专诚之用而得至信可感豚鱼。关于豚鱼之用，暗众群体明白了个大致意思，欣然领受，悦然而散，这便是"说而后散之"之过程。其实"乘木舟虚"之用，堪比禅宗顿悟之境界，连一般明君子都无法乘舟致远，何况明夷的暗众群体。豚鱼之行简，越用简越难，要以见象到破象再到入法序之功，穿越物象之屏障，以取象比类的法序联系而达专诚之本质。这个过程完全是明心见性的感通过程，昏蒙无比的暗众群体怎么可能从豚鱼之教而领悟乘木舟虚之功？故而这种欣然领受并悦然而散，便是"说而后散之"之患，为豚鱼之祸埋下了致涣散的祸患。从暗众群体离开讲习所便开始发酵，自以为掌握了简物致通、致远的豚鱼虚舟之利。这群愚昧暗众，开始从中孚体与大涣体大行其豚鱼之用，他们不以专诚为目的，却以"乘木舟虚"之虚妄，望文生义，借而兴风作浪，以此在涣体以风行水上刮起豚鱼之祸风与致涣散之祸"风"。涣散从暗众群体离开讲习所以有形之聚散开始，逐渐发展兴起豚鱼之祸风，而起无风亦有浪的涣体见祸旅程。涣小人得伪作孚信之利，在于孚信的以小见大之用，尤其是作为能升迁当位之凭，在涉大川行王事的善政与德教过程中，必然被涣小人群体视为进阶之捷径，故而行"中孚可以人伪为之"之事，在中孚卦之上九，翰音登天者，声闻过情，无孚而做作其诚，便是伪作孚信之事。

从豚鱼之祸到涣散之祸。昏蒙无比的暗众群体自认为领悟了豚鱼之教，从"说而后散之"悦然而散到兴起豚鱼之祸，涣小人以华美外扬的翰音飞天而人伪中孚，以不文且无质的"乘木舟虚"伪作孚信之事，得进位升迁之利。待中孚君子揭露伪作中孚事，并试图纠正且终止涣小人得利，反被涣小人起无风之浪中伤及迫害，刮起涣体风行水上之祸风。一旦非"乘木舟虚"之实，而只是望文生义，则将掀起风浪。泽之起浪，必兴于风，风行泽上，无风不起浪。风行泽上而感于水中，却容易借兴风而作浪。此"感"无诚，且非诚非信，这便是反中孚之道的兴风作浪。"乘木舟虚"一事容易被小人利用，容易空穴来风，闻风而奏，继而煽风点火，忠诚之人被"风浪"所害。

取象用象本有舟楫之利，却最终带来了豚鱼之祸，故而由豚鱼之祸所受的启示便是解象虽简却至难。从取象、用象、释象的由象生理之过程可知，象并非只凭一个表面现象来探究根源和本原，也非一个浮于表面的道理可以尽释其义。如果不知取象原理，不明用象大义，便无从释象，更无法探知卦爻更深的法则，也无法解析易道真谛。这也是为何易学发展几千年，却鲜有人在象思维和象系统上有所创建，大多只能顺沿既有之象来解读和阐释，且大多数人都只能从文辞上来道理套道理，却不知早都已离题千里。

如何利用好取象并用象的舟楫之利呢？其要点在于治明，以健明德为根基，以称位身君子之质，立足于离灾难、明法序、化无明、转内识、同归德的明德五位，向明君子进发，从而明心见性，使其以内明炼外明而内外皆洞明，才能知象解象，在明德未具时，切忌少用不明就里的"口头禅"来示"小聪明"。

第三讲　体时位——错综复杂定关联

言体时位，乃分析卦、爻、卦与卦、爻与爻，以及卦象和爻象而常用的体、时、位三者之方法，以此构成析易的体时位方法系统。体，有本体、总体、大体、小体、个体之汇，虽因"体"的取用不同而呈现的位域对待不同，但在同体位域里，诸体皆汇，故皆言体；时，有大时、小时、卦时、变时、具时之分，因"时"之变化而以盈虚消息贯穿，且盈虚而有动静，以动静见其位；位，有德位、序位、体位、卦位、爻位之别，体不同，时不同，则位必然有差别，无论是卦中言位，还是卦与卦交易，以及爻与爻变易，皆依位而言，故而位域差别而德位不同，又以"位"的当位、称位、配位属性而有德位法则，成为分析位是否得正的重要法则，尤其得吉、凶、悔、吝之占而系其辞。

易之本体，乃周易易周程式下的周易、不易、变易、简易四易系统，四易系统并非单一取用，而是彼此交易联系且共同作用，以能达其本而见易之性，故而有"本体"之称。若能明晰以性起用之妙，则任一之易皆能见其本体。通常言本体乃大道之本体，即道体德性本体，其性、法、象、用齐备，也跟四易系统契合。周易以周遍圆明言性，不易以九易法则言法，变易依源流变化而言用，简易化简而出言象。

易之总体，乃六十四卦体与三百八十四爻体，以及基于八卦而取象比类的诸多交易联系之体，但万事万物总体皆能归入六十四卦体与三百八十四爻体，通常以六十四卦方圆图通纳易之总体，无论是"圆"统纳，还是"方"的特指，都是易之总体的内容。以卦爻比类万物，故而易之总体通万物之总体。

易之大体乃在六十四卦内基于某种主旨属性的类分组合之体，如秩序七建、小人七难、灾祸八体、君子九德、君子九明、交感五通、养正七建、德教十政等，皆是围绕某一主旨而重构的体系。由多个卦组成，形成新的易之大体，大体乃总体下的类分，集合诸多卦之小体而着重言明特定主旨。一类大体表达一种主旨属性，如言秩序构建的以秩序七建表达，言君子修健身德的以君子九德表达，言德政治理的以德教十政表达等。易之大体通常是卦体之间在某一主旨或方向上的汇同，通常一个卦体有多个主旨方向，把相同的主旨进行归纳，如言"志"的卦重新归纳，便形成新的大体之汇。我们知道虽然不同的卦皆言志，但因卦与爻的时位不同，所言志的内容与内涵皆不同，故而这种大体之汇不仅不会主旨重复与重叠，反而会让我们更好的去理解体时位之于卦旨的重要性。

易之小体，常为卦体，多以单独一卦为体，在遇到具体问题时，也有以一卦之中的某爻为体而辨其时、位，且因时、位而联系其体，让时位成贯穿卦之小体而联系诸多卦体。易之个体，乃卦之小体中某爻之体或具体一事、一人、一象之体。从易之本体到卦之小体以及爻之个体，都遵循着同体位域而一体承载之原则，任何一事、一人、一象之个体，都能见本体，而诸事物又亦是从本体所出，乃本体所显的具象。

之所以有本体、总体、大体、小体、个体之别，在于界说位域所指不同；界说位域，是藏相系统中以大道体性内容结构，从道生之的"生"联系道体四域和德性四体的"位""域"内涵，因位而言域。其位域的界说是一种分析方法，之所以可以分位域来界说，在于既可以是整体观，又可以在整体观下的界定位域而具体对待，并且可以从整体到局部再联系整体而见本体。由"体"呈现的同体位域，从界说位域方法上，建立了以道、法、体、用、证的多位域体系。并以"化"和"转"变易其中，又交易其中，从而建立"体"之间的内在联系。

易之大时，乃法序之时，如阴阳盈虚变化过程中所呈现的"时"状态，便是大时。阴长的过程与阳长的过程特定为大时。从周乾易坤的乾→姤→遯→否→观→剥→坤执妄迷失过程可知，阴妄从乾体生，离乾体而一阴成姤，随阴势浸长而至坤体，整个执妄迷失过程以时成轴，呈阴长而阳消之大时。反之，正坤返乾"坤→复→临→泰→大壮→夬→乾"正阳进德过程呈阳长阴消之大时。此大时被阴阳法则所主，以独立不改其常度的不易特性，直指阴阳法则，阴阳法则不易知，但可通过时位变化而知阴阳盈虚。如在周乾易坤的乾→姤→遯→否→观→剥→坤执妄迷失过程里，每一个"时"的变易皆联系着不同的位，从而呈现不同的卦体，因时位见刚柔的盈虚变化，在刚柔盈虚变化的体时位整个过程中便可知阴阳法则。

易之小时，乃大时法序之中的小时，小时通常便是卦体之时。在周乾易坤以及正坤返乾过程中，每一个卦体阶段皆是小时贯穿之体，正因大时被小时串联，才形成了体时位的交易变化。大时赋予小时盈虚过程，小时成为大时之体位，随阴阳盈虚之动静。时变则爻位变易，爻变亦致使卦体易变，时变之前处卦的交易状态，变后以交易成新卦体。在周乾易坤过程中，小时被大时赋予，阴妄自是而长，一阴在下而成姤体，后随阴妄渐长，阴浸阳而盛大，被大时赋予而渐生遁、否、观、剥之体，直到纯阴之坤体，其姤、遁、否、观、剥便是周乾易坤大时中的小时，小时成体而生姤卦、遁卦、否卦、观卦、剥卦之卦体。反之，正坤返乾"坤→复→临→泰→大壮→夬→乾"正阳进德过程亦是。

小时之卦体以"体"便成为大时之位，所谓六位时成，大时之成，必被小时以卦体之"位"贯穿，从而六位集时又集体，以时位体系统之位域而有大时之同体，大时一体承载小时的体时位系统再以自身周行来合道体之位，在更高的位域成小时。在乾卦言"时成六龙以御天"，所御之"天"，乃阴阳法则所主之时，大时赋予小时盈虚变化之法则与法度，小时以时位体贯穿大时而言"成"，在阴阳盈虚过程之"龙"形里，可见卦体之迹，可以卦位探卦体。

"姤之时义大矣哉！"姤以时成，言时，又值时，在时轴上有位而成姤体，故而姤以时、位、体备具而成卦。时者，为成姤之主轴，姤之阴，长在乾，阴从气形质的过程长成而有位，成长在乎时，阴之质与阴之位皆以"时"成，正是阴之质与阴之位成，才成其姤体。姤体成方有柔遇刚之势，姤因时义方成其姤义，尤其是周乾而易坤的乾→姤→遁→否→观→剥→坤执迷妄失过程，从乾到姤的开端赋予了"时"轴之起势。故而姤之时，既是姤成体之时，亦是执迷妄失之大时。正是这个姤之小时，成了其柔道牵乾、迷失道坤的心性被阴妄遮挡之大时，亦是细妄流注之妄识如何阴长而盛大，成昏蒙坤众而乾坤颠倒失明之过程。值姤有不正之阴，众阳皆有制阴之任，以正散伏阴，以正固去不正之姤，故而以正固制阴成己命。五阳正固且制阴者，以履德制来施德化之政，以制之刚而制不正之阴，从而发布政令，昭告四方，使众皆能自察其弊，自觉其阴。

卦时，特指消息卦之卦时，大时赋予小时，以小时之位，使卦必有具体所指之时，或必有卦体居卦时之位。小时与卦时的区别就在于卦时以卦体呈时，乃具体"时"之所指，而小时虽立卦体言时，但包含了爻位交易与变易的整个"时"的过程。故而不单单使卦体之时，还有交易与变易过程中所含的时，也就是在每个具体卦时之间有中间过程，而这个中间过程"时"交易着其他众多卦体。

在周乾易坤和正坤返乾过程中，随阴阳盈虚而有十二消息卦，阳去阴来为"消"，乃阳消，阴去阳来称"息"，为阴息；十二消息卦亦称十二辟卦，"辟"者所主也，乃以卦体主卦时之义。十二消息卦配十二个月，每一卦主一月之时，复卦一阳动息而主子，乃十一月之时，临卦二阳生息而主丑，乃十二月之时，泰卦三阳开息而主寅，乃正月之时，大壮卦四阳壮息而主卯，乃二月之时，夬卦五阳决息而主辰，乃三月之时，乾卦六阳全息而主巳，乃四月之时，姤卦一阴遇消而主午，乃五月之时，遁卦二阴浸消而主未，乃六月之时，否卦三阴来消而主申，乃七月之时，观卦四阴大消而主酉，乃八月之时，剥卦五阴尽消而主戌，乃九月之时，坤卦六阴全消而主亥，乃十月之时。

十二消息卦被阴阳法则所主，精气贯大时，卦体贯小时，卦时主盈虚，变化呈动静，演绎出时令更替和变化，连续连贯独立不改又周行不殆循环往复。周乾易坤和正坤返乾过程乃阴阳法则所主之不易，精气贯大时乃时空所居，以不易之法性而有神。大时赋予小时而有小时贯大时过程的盈虚动静，此乃卦体小时的变易之道，因变易才能贯通，使小时动而不居，时成大时。小时之变易，在不易之阴阳法则下变动，其消去息来井然有序，在时令更替与变化中，见四季更替与日夜变化乃入其简易，其大时、小时、卦时皆又随时交易，取一能贯其他，动一而动全身，皆乃交易之力。

十二消息卦以大时连续连贯循环往复，独立不改又周行不殆，又以小时变动不居，大时乃小时之体，小时乃大时之位，又贯穿卦时，使体时位在同体承载过程中灵活变动而得神。周乾易坤易而周，正坤返乾周而易，以此入周易易周程式，乃周易统领其不易、变易、简易、交易之性，既用于四时显四季更替，更超越时令更替而作用任何生变易之事物。所谓卦体贯小时合精气贯大时，其贯大时之精气乃太素至精与五天五云气，源于生而未分分后循生之先天，流变于太极浑沦生变易而呈后天，卦体小时之精气正是后天藏象祖气，独立成体，又以神主气精而与先天法序相连。

变时，指卦中六爻之时，六爻值"时"而变，故六爻之时变动不居，既在本卦变动，又变易成他卦而交易相连。六爻之变时以卦时为体，其"时"之所指虽不超乎卦体时令之外，但因变易又连接其他卦体，故而变时既在卦体之内又超乎卦时之外，如同言"复卦一阳动息而主子，乃十一月之时"，其主"子"之复卦，并不单指十一月。所取时空位域不同，则时令所指不同，在同体位域中，所取"体"不同，则体时位皆不同。知变时，有利于厘清在"体"不变的情况下，因变时之动而呈现事物发展的过程，若再能联系变易之时以及卦之小时，则能判断事物在时轴上的走向，再在变动之中根据体时位而知吉凶悔吝。

具时，乃卦或爻呈现的具体所指之时。蛊卦有"先甲三日，后甲三日"，乃值蛊卦应推原先后，虑之深，推之远，而思治蛊之道；甲为十天干之首，取"甲"言蛊为造蛊祸之端，从"甲"以记，先甲三日，为"辛"，借言新，以尚新、取新而言治；后甲三日，为"丁"，借言叮咛、叮嘱，以叮咛之嘱咐言防祸于未然。临卦有"至于八月有凶"，乃知先前之弊祸，临体先有凶，或其凶祸存于临体之先，临卦二阳临四阴，从时令消息而言，至"八月"其阳有道消之患，故而阳消阴又长，使其原本阴之不正之祸更盛大而成"凶"，故言有凶；临卦以"至于八月有凶"立戒，在于警惕阴又盛长而使阳道消之弊。复卦有"七日来复"，乃阳气复生于下，以一阳来复而七日阳气刚壮出震，以内阳刚壮之震示阳道之成，正道复立，七日者，乃逢七生变，为阳蓄成刚而出实质变化之时。损卦与益卦皆有"与时偕行"，乃日益万阳而蓄德之谓，损益修身之道，皆因时制宜，损其当损之物，益其当益之事，益阳而万物进益，育德亦如是。

以取象言时，取象之时多为具象之时。丰卦以"日中"，晋卦以"明出地上"言时，其"日中"和"明出地上"皆取象，乃以"时"取象，借时取义而言辞。丰卦"日中"取象，乃丰卦以明为主，以日中之明，照而无所不及，连幽隐亦能照；日中照幽隐，便是去忧患之故，丰主明，而生明之法在于有德，且"日中必昃"，故丰以雷电皆致立象，警示处丰要行有明之德照，不能行丰而无实以及尚大假丰之政。晋卦以"明出地上"取象，离为日，性明而照，六五主晋，以柔履尊，柔进而上行，有顺而丽乎大明之德，明出地上，乃万物进长之时；易有晋、升、渐三卦，晋如日之方出，其义最优；取"明出地上"为象，言内阳能以外德入内阳之进，以内外合德之功，明出地上而有离明以照。

在六十四卦中，犹在《彖辞》中言"时"，有豫卦、随卦、颐卦、大过卦、遯卦、解卦、姤卦、革卦、旅卦等言"时义大矣哉"，又有坎卦、睽卦、蹇卦言"时用大矣哉"。"豫之时义大矣哉！"豫之时义乃法序之时义与豫体治理之时；法序之时义，以日月四时顺动之理，知法序见天地，洞悉"顺以动"之至理，以及在豫卦所呈现的天地顺动→日月四时顺动→圣人顺动→建侯君子顺动→民众顺动等顺动位序之理；法序之时义，既有大时又贯穿小时，又有卦要之具时——其九四从隐伏地中健德行健到雷出地上，必以"时"成，被时所赋予；豫体治理之时义，乃治豫需时，从君子行谦建侯到治豫生豫乐，皆需时；"豫之时"为治豫需时以及以制礼尊德之德治而可见德果之时，尤其是德服之德果产生之时，更非一日可成；治豫需时，从行谦到治豫，既待君子修身健德，以及志行进位，又需待制礼崇德的治之时，制度建立并完善，以及民众从制与履制皆需要相当长的过程，而这个过程，便是"时"。

"随之时义大矣哉！"随卦以唯变所适主随，只有以随物应情之过程而明心见性，才能成其心能辨物而不被迷惑，故君子师泽中有雷而随物应情之象，宜静养而不宜妄动，心神宜入宴息一念不起，而不宜随识妄动以妄逐妄；只有自强不息修身健德，方为大利贞正的随"时"之道，只有阳足德固的随时之生息，方能成一念之随时，一事之随时、一物之随时……从而心不随境转固守心阳，得其妙明真心才能治随道有成。

"颐之时义大矣哉！"以颐道成颐体而具颐养之时，时者，人按时进食，并以"时"的随处可见而随时可用，随时随地都有"自求口实"的颐事，故颐之事关乎天下大事；从颐之时求颐道来养万民，便是颐德，既是颐的卦体之德，又是颐义自身之德；君子知颐时，通颐德，进颐养万民而正邦之志，行颐养术用之正而大行颐道之时。

"遯之时义大矣哉！"遯有大时亦有小时，大时为周乾而易坤的乾→姤→遯→否→观→剥→坤执妄迷失过程，此为阴长成势之时；小时，为卦体之时，卦体之时以位成体。大时不可与敌，遯以行避藏志应对之，显遯体之明。大时之法序可夺任何卦体使其失体，但此种之"夺"为"浸而长"，其"时"是宏大时空的时概念，或已然超脱常规时概念，存在于不同法序体系里，只能以"震"网通大小法序而通之，从小时贯大时，再从大时降小时，必通易的时、位、体以及震传德承序之大器。

"姤之时义大矣哉！"姤以时成，言时，又值时，在时轴上有位而成姤体，故而姤以时、位、体备具而成卦。时者，为成姤之主轴，姤之阴，长在乾，阴从气形质的过程长成而有位，成长在乎时，阴之质与阴之位皆以"时"成，正是阴之质与阴之位成，才成其姤体，姤体成方有柔遇刚之势，姤因时义方成其姤义，在周乾而易坤过程中，从乾到姤的开端赋予了"时"轴之起势。故而姤之时，既是姤成体之小时，亦是执妄迷失之大时。

"姤之时义大矣哉！"革卦以"治历明时"犹言革时，乃以治法序之知而健明德，以明德知革时与革势，使当革之时方革。革卦以"巳日乃孚"言革信与革时，革者，处革当取革信于先，革时，为当革之时方能革，不能强革为祸。巳，居天干之中，后序庚辛，以万物辟藏诎形而言万物有始发之义但仍隐伏；以巳言始，后序庚辛，从始发而发育，继而成变革之体；庚者，犹更也，辛者，言新也，以庚辛言更新、去故之变革。革变，要经过一个周期的检验，既不能一蹴而就，又要循序渐进。革时以度、以数、以位言孚信，当如日、月、列星般有序，以信之正序来言革始于自然法序之革序；历者，示天地法序之历数，以日月星辰各行其度，亦各有其数，皆为示之以自然法序，君子观四时之象，以历法裁定并推演天地之革数，既授人时，又可以此历数察革时，实则以治"历"而明法序之要，法度之质。君子以治历明时，从治历而知历，以知而察，以察而明，以明通法序之本，德性之地，从而明德彰显。以"顺乎天而应乎人"之天时、地利、人和齐备而生革，再以革变出新，以新序治于邦，从而以革新民。

"旅之时义大矣哉！"观卦之全体来言，正因山上有火，才有行羁旅之事，卦中柔暗者行羁旅，连九三与上九有刚且用强之人亦受火在而不得不行旅，只有九四、六二与六五能正旅，旅体继丰体，从丰体穷尽而来的旅体，定是先有羁旅之实，才有正旅在后，特别使六二以柔居艮，以中正柔顺之德出诚于内，才是旅卦有羁旅与正旅的分水岭，故六二出诚需时，六五治明顺刚亦需时。在旅卦有刚明君子与柔暗小人因德位差别而分野之事，君子与小人位域分野，正是由卦时所呈现的羁旅与正旅治道之别，羁旅之旅应祸履灾，正旅之旅治离明而升华法制文明。

"险之时用大矣哉"。坎卦言"时"，在于坎难发生过程有"时"义，从初应难到陷难，又从陷难到陷之又陷之重陷，从重险之难到坎难至深重，再到维心君子济难，皆依时而成。尤其是遇时位得体时方有维心君子出，亦时位得体时才能使维心君子正位居体。且中间还贯穿了君子三习三炼之过程，以及"行险而不失其信"治中孚健信的过程，皆依时、待时而成。不知"时"之变，不明出入无期究竟何义。时者，处坎体乃正道之天时，唯有孚维心者能通天时。之所以有"时用"便在于三习三炼出有孚维心君子必用险时，以重险坎难之用，而习教事，唯自健德方能出重险之难而自升。

"睽之时用大矣哉！"睽有时义，亦有时用之义。睽之时义，在于睽体从内违到外离的过程，需睽时所赋予再以动成用，家道并非一日可穷，乖张之性情亦不能一日致两体离散，皆需"时"所赋予。睽之时乃睽体内之时，在睽体内可见因"时"不同所致的家道穷而睽违之变化。睽之时用，乃睽体必行其用，无论是成体之时用，还是治睽求同之用，皆有时用义。治睽求同之用，正是天地睽而其事同、男女睽而其志通、万物睽而其事类之理，立新事势可统一违合，无论是天地、男女还是万物，要用其建新序而求同之时用，立新势而生趋同内体，待时、位皆不违而相和时来正位且建序。时用，乃待时而用，且用而需时；待时而用，乃用其二女性情之动，用而需时，乃治睽求同需赋予新的体、时、位，使其在新体、时、位条件下能变违有同。时用与时义的区别便在于时义只需顺承其特有属性而顺延"时"之发展，时用以其"用"则能变易其体、时、位，使其卦体进入新的卦体阶段。

易之体位。因"体"在总体、大体、小体、个体的取用不同，而有"位"之差别。体位者，乃因体而有位，其"体"为位之体，如在治君子九德系统之"体"里，其九卦任何一卦皆是九德系统之体位。体位，被"体"所赋予，时常在易之大体里言位，时常超出六十四卦而言自然法序。

易之卦位与爻位。卦由爻组成，因爻位而成卦，爻位成而卦体成，爻位定而卦位定且卦序亦定。卦位，卦体所处的位，通常在卦序中言，卦序非既定不变，故卦位亦根据"体"而变位。卦以爻成，阴爻言六，阳爻言九，其卦爻的个数便是爻位，由三爻所成之卦为经卦，有八经卦；由经卦成体而两两组合成别卦，有六十四别卦；经卦在别卦中居上者为外卦，居下者为内卦，而外卦与内卦便是别卦之位，内卦常称内体，外卦常称外体。爻位变则卦体变，卦体变则卦位不同，所变之爻位亦不同。爻以时成，自居有位，以位呈体，卦体以时位体成，且卦体又呈卦时，自身又有卦位，因卦时、卦位而交易他卦成序，而有易之大体或序体，故而皆体时位成卦与成序也。

六十四卦中尤以履卦言位。履卦取"虎"象，乾三阳为虎象，上六为虎首，九四为虎尾。以遇虎"履虎尾"言履位重要性——安守虎尾之位，若杂乱无序不加管束与教化，进而失己位进他人位，则有凶害之险；进而据"虎"之危象而思履位之法——当履位序克欲，克其失位之欲与无德之欲，使其归其位序，继而守其位礼与位德。虎有虎序，虎尾有虎尾序，各安其分则能组建其各安其分、各守其位的邦体共序，自然是处处亨通的，不仅危象自消，且因位序通达，而发生"不咥人"的位果和序果。在履卦有六三履其九四之位尾的"柔履刚"之位光明象，六三之柔履九四之刚，以此两者"辨上下"而有尊卑"位礼"之实，使"履虎尾"之危象，转为安象。辨六三与九四两者上下而见位，当履位而定礼，则六爻位位清晰，礼礼分明，德位尊卑有序，同体承载又体性各域，而有"位"光明象。履卦以"亨"通光明象通其他所有卦，履卦之所以有"元吉"的吉祥之兆，便在于履卦确"位"序定礼序，各安其位，无比亨通，不乱己位，不侵他位，井然有序。以一卦通所有卦，以一爻贯其他爻，履卦确位序定礼序的核心在位，思想在德，在德位法则统领下，贵在践行，故而因践履而见德治，这也是言"盛德"之所在。

在既济卦，以事之既成，时、体、位皆济而有既济之定，先定位，再以位定序，使六十四卦体得时得位而次序井然；既济之体，六爻各正其位，八卦各守其分，守其本位尽其本分，不相逾矩又可互用，使其时、位、体皆得其常度，而不生违和之感。既济一卦得济，便能以正位正序之能，来济通所有卦体。易体以显诸仁、藏诸用而谋盛德之大业，故而每一卦或每一事都不能舍既济，尤其是君子行德政之治道，遇到不得时、不得位，君子无位，民众无明亦无志时，尤其渴求既济来相济，君子执大正之道全正大之事业，更需事、功、德，皆能既济。既济卦济通所有卦体，在于行其定位与定序之能，尤其是定序一事，事关重大。一卦正序能够际出，一个卦体世界便能得清明，德政顺畅，民生之功业也能恰如其分而得到期望；反之，那些灾难深重之卦体，皆因混乱无正序，使明德与志德不能行健，德政不能依制依序拯济灾难。

在家人卦，得位并履位才是正家序之法宝，才能以家之正位主体，纳内外、上下、左右而成家人之序，言"序"必依位而履位，不然则无以成序，同时得位则能得治序之法。当家人得法、礼、德三养则自然得正，天下之正者，无外乎法、礼、德三者且三位成序，家人得正，在得正的过程中，需履位才能正，故而"位"是养家人、正家序最重要的法则。离开"位"之法则，则无以谈养家人、正家序、履伦理。家内之道，得"位"则养，亦据"位"才有家人的人伦关系，以"位"的尊卑上下，行法、礼、德之养，才为执家政得法。

在升卦以阶序之道言"生"。卦中六五爻言"升阶"，阶者，为天子登阼阶以临祭祀，履步登阶以上，在卦中亦言位阶，以位阶之序值升，而有阶序之道。虽然升阶之象言六五，但阶序，取升卦之升义以及诸爻升且履位之状态。在升卦，时、位阶有阶，尤其是为什么有升，必然得时或得位，或两者兼有之，就在于它之一种基于位的礼序。升而有序，正是升卦文明的写照，尤其是"柔以时升"义下得时与得位，将阶序之道呈现的淋漓尽致，以积小以高大之训，促德文明升其品格。在升卦的德位法则里，以"上"来确立位，位之上曰位域与品格之升，位之下曰根，曰基，曰刚。在卦中，柔以时升，为柔者安其时，顺其位，在升卦得时又得位。升得"位"，君子升志进位，以"用见大人"之利，得其"位"之当位，再因德蓄为基，升得其时，使升之"位"有称位之能，得其称位，升卦君子巽以顺德，进位积善政、由善政蓄德，成其积小以高大之升，健德有实而得其配位。以当位、称位、配位的德位法则属性，升而有养德之笃实。

体时位贯穿四易体证呈现错综复杂系统。错综复杂乃由体时位方法系统贯穿的两卦或多卦之间的变易、交易关系，主一卦到另一卦的错卦、综卦、复卦、杂卦变化关系，以体卦与错卦、综卦、复卦、杂卦交易相互而成错综复杂系统。本卦是不变之卦，错卦、综卦、复卦、杂卦便是由本卦的变易之卦，故而错综复杂言变易之"变"，而错综复杂系统中多卦交易相互，既能互通彼此，又能触类旁通他卦，从而形成一卦与六十四卦系统紧密相连。

错卦，乃两卦互"错"，阴爻与阳爻完全相反而错，爻位求反而卦体相对，如天风姤的错卦便是地雷复卦，姤卦主阴生，复卦主阳生，阴生之体与阳生之体完全相对，且卦时亦因变而不同。错卦与体卦位位相反，各自走向自己的对立面，所谓双方递相否定又在错变中予以肯定便是如此。

综卦，又称反卦与覆卦，把六爻翻转颠倒而成的卦，把体卦的初爻作综卦的上爻，以此类推，二爻与五爻互颠，三爻与四爻互颠，如天风姤卦之综卦为泽天夬卦；如果说错卦是完全否定而达肯定，综卦便是换我作你与换你作我而又不全盘推倒，所谓"覆"，并非反而倾覆，而是交换立场。

复卦，乃交互而复合，亦称交互卦或互卦；把体卦的第二、三、四、五爻按照第三、四、五爻为上卦，第二、三、四爻为下卦，先交互再复合，使其重新成为一个卦；其中第五爻下连到第三爻，下连为交，第二爻上连到第四爻，上连为互，以此交互后再以上卦和下卦重新复合。如火雷噬嗑卦的交卦为坎，互卦为艮，坎为上卦与艮为下卦交互复合而成水山蹇卦，故火雷噬嗑卦的复卦便是水山蹇卦。复卦乃体卦之内在，交与互不同，不同在爻位不同和时位亦不同，以不同的时、位交互联系，把内在交易联系放在另一个崭新位置，这个崭新的位置便是先取交互再使复合的复卦。

杂卦，既有将本卦的内卦与外卦互换而成杂卦，乃上下二体的体位交杂，使其成为一个新卦之说，如师卦的杂卦为比卦，又有将交互卦再进行错、综的分析而得到互卦的错综卦，使其杂糅众卦。或者将本卦、变卦、错卦、综卦、复卦杂糅到一起分析，使其多角度看待问题。

变卦，因爻变而成变新卦，爻变者，乃遇老阴、老阳而生变，乃卦中一爻变或多爻变，多在占卦时用，乃遇极生变，老阴是阴之极，阴极而变阳，老阳是阳之极，阳极而变阴，所变之爻为变爻。变卦乃卦中爻变而成卦，故本卦向变卦基于爻变的直接变化。

错综复杂主变，其"变"产生了新卦体，新卦体与本卦又成为整体，在整体下变，以此相互联系，既能更加全面认识本卦现状，又能根据变化看到事物的发展状态。错综复杂既是变易思维，更是整体思维，如错卦与综卦既因变化而组成两两的关系，又超越两两而错综复杂其他，建立由一卦变八卦以及他卦紧密相连的变易系统。错综复杂系统有利于去固化思维，且有助于建立多面看问题的系统。变卦为事情发展的直接变化或变化后的结果，错卦是与本卦完全相反的角度的卦，综卦是从另外一种角度思考本卦而看变化。

错综复杂系统是不易、变易、交易在卦上的直接呈现，在错综复杂的变易中看体时位，会发现体时位灵活多变，不拘泥于固定形式。错综复杂是基于卦与卦之间的关系而言，但根本上还是卦体中"时""位""体"之变，错卦的阴爻与阳爻完全相反乃时变，因"时"而阴爻与阳爻相错，综卦与交互卦乃位变，杂卦以内卦与外卦互换乃"体"变，故而错综复杂系统以体时位主变而变易相连，再交易相互。以错综复杂所定关联，正是基于变易相连又交易相互的周易、不易、变易、交易之四易系统。

周易者，从"易"而言，乃周遍之易，是"易"一种内容和形式；从"周"而言，乃以周易总枢易理，以周易总持不易、变易、简易、交易等一切易之特性，且包罗易理内容。不易者，万变言易，不易的正是万变所朝之"宗"——自然法则。自然法则以不易之特性，使万物尊法则而变易，所谓因生而易与依易而化的生化原理的背后，正是法则所主，自然法则为变易提供变之理和易之度。自然法则之所以不易，乃独立不改之特性，正因独立不改，方能主万变而不离其宗，虽言不易，却又在周易易周程式里，以"方圆、有无、终始、阴阳、动静、体用、藏相、顺返、生灭"九易法则作用于任何宏观、微观和盈虚变化的事物，乃周行不殆之特性。独立不改又周行不殆，乃易道以不易呈现的"易"的特殊状态，不易非恒定不易，而是以法则主变易之特性来尊法序而序易。言独立不改，是从变易来言不易，以法则之易理主其变，如阴阳法则，主导阴阳盈虚变化。随阳消阴盛在卦象上呈现乾→姤→遯→否→观→剥→坤执妄迷失过程，再随阴消阳长，在卦象上呈现"坤→复→临→泰→大壮→夬→乾"正阳进德的正坤返乾过程，阳消阴盛与阴消阳长皆是阴阳消息的变易过程，而这种变易正是遵照阴阳法则所变化，在执妄迷失于正阳进德的过程中，阴阳法则以不易之特性，主阴阳盈虚一切之变易；在正阳进德过程，其一爻阳长到二爻阳盛，乃至六爻阳全，皆乃变易之度，其法则又显其法度。尊法序而序易，乃周行不殆之变，是从周易易周之总持动态而言，乃同体位域下的不同位域对待。之所以是九易法则而非唯一法则，乃九种不同的法则各主其同体位域下的变易，不易之易，正是由法入性再由性起易呈现的变易。事物并非单一法则所主，乃九易法则共同主其不同位域下的变易，以及自身尊法序而序易，九易法则以交易杂糅在一起，虽有多种法则共同作用，但混杂而不乱。

变易。万事万物皆在周易易周程式下变易，正因有变易，才赋予了大道"道生之"变易的源。卦爻变易之理通万物变易原理，卦爻之变通常以爻变而呈现卦变，爻变乃阴爻变阳爻，阳爻变阴爻，当卦中六爻因阴阳爻之变而使卦体亦变；一卦因变易且交互而关联其他六十三卦，不同的卦体因变易发生着千丝万缕的联系。在卦爻中因时、位时刻变化而变易，

简易。以取象比类"简易"之法而达乎深入浅出之用。圣人设卦观象，立系辞言明吉凶，刚柔相推而见变化，正是行简易之法，使本质与外象之间产生必然联系。其八卦取象以"乾健、坤顺、震动、巽入、坎陷、离丽、艮止、兑说"为原则，对宇宙万象从八卦八个内涵属性上进行系统的类比和取象。其取象有相对取象、相反取象、相因取象等方法，经"取象比类"而化繁为简，归入八卦之类，既御并归类万物，又行变与简的"简易"之法，使外象诸事物万变不离其宗。

正因取象比类，使人与宇宙万物产生全息交易的联系，同时宇宙中的任何一分子又反过来都与其他全息交易相互，行"简"则能窥自身而联系其他，行"变"则能以一卦变八卦，再以八卦的错综复杂关系而知其他。故而呈现全息时空性，以天人合一全息元象就能找到大生命的必然联系，如人体经络子午流注，从人体内部的时空体视野把天地外时空体融合起来，从而形成完整的人体内外历法，把人的生命律动与自然大道融在一起。八卦取象比类的简易之法，是藏相法则的载体，其主导变易的本性与作用变易的法则为并不可见之"藏"，而诸外象易见，以内藏外象呈现藏相内外的交易联系，所谓"妙万物而为言者也"便是如此。

第四讲　推卦序——盈虚变化展序位

推卦序，乃《序卦传》中的卦序。以阴阳在六爻中的时位变化来描述万物（含社会、人事）生、变、易历程。万物生生，以时成轴，以位取体，成卦体有象，取象述义成卦名；各卦依体时位知盈虚消长消息，从盈虚知动静变化，从动静变化知卦之体貌（卦象）及发展规律，再结合上下之体和内外之资，共同呈现宏观时空源流以及微观卦体状态，重点描述社会与人事从无序、建序、治理、有序、扬升以及连接更大的共同体再治理的变化过程。

《杂卦传》所述之卦乃舍卦体发展源流，只专注卦内变化，再杂糅卦体与诸爻之象，直取该卦内诸现象成义，形成以同相类、以异相明的特征，可与《序卦传》互补与互相印证。

屯，秩序发端前的混乱与困顿。屯卦，坎上震下，刚柔始交云雷兴而不雨之象，有无序之难。《序卦》曰："有天地，然后万物生焉，盈天地之间者唯万物，故受之以屯，屯者盈也，屯者物之始生也。"屯体之生在于"盈"。"盈"者，自然充盈道性，且法象齐备，正是具备了道体德性之本原动力，因"生"内健而动出震，震动并生水，云雷之兴，成水雷之屯体。《杂卦》曰："屯见而不失其居。"见者以草木言诸象的万物之状可见，不见者，使其能生屯体草木诸象内在动力——道体德性与自然法序不可见；屯卦虽无序且无共序，但仍"不失其居"，在于万物虽弱且小，万物也不离本性；所谓屯见而不失其居，知进退存亡而不失其正，正是屯卦萌发之机，也正因为混乱不堪，故而要以"居"言静来忌妄动，从而自健德成草昧君子。

蒙，物、众与邦体之蒙昧、幼稚状态。蒙卦，上艮下坎，山下出泉之象，行启蒙之道。《杂卦》曰："蒙杂而著"，杂者，紊乱；著者；显著，乃言明蒙卦昏蒙显著，昏蒙无秩序，未知所适且不明方向成其紊乱之根。《序卦》曰："屯者物之始生，物生必蒙，故受之以蒙。"山下有险，退则困险，进则阂山，进退两重险，无所"识"从，成为蒙体的主险，为草昧民众集体"识"的昏蒙盲从，不知进退。

需，养物之所需，卦之当体为养需。需卦，坎上乾下，为云上于天饮食之象，行养需之道。《序卦》曰："物稚不可不养也，故受之以需。需者，饮食之道也。"童蒙已发，就要论养，以养信、养税、养民、养贤、养性为养需之道。《杂卦》曰："需，不进也。"需卦以蒸润之象言民众供"润"于邦体，民众供则邦体取，但亦强调"须待"之义，从待时义而言，为必先让民富，时间和时机成熟才能有"蒸润"；从对待义而言，为取和用的意图与手段。以"不进"言明民必先自养，且在需卦要建立"取"与"用"通道和秩序。

讼，犹争也，因争辩而有讼。讼卦，乾上坎下，为天与水违行之象，行治讼之道。《序卦》曰："饮食必有讼，故受之以讼。"其争辩之因埋在需卦"饮食"之须中，养需政策出现上体凭借制度和经济政策以强硬之刚取下润，下体民众对现状不解、不平引起纠纷，从而兴讼。《杂卦》曰："讼，不亲也。"从争讼而言，纠纷与兴讼皆为己私而争，乃人性之陋习，不察妄己，自以为私，故而陷入争讼则不言亲比和睦。

师，众也，无众不成师，成师先是"众"象，地中聚水众。师卦，坤上坎下，为地中有水而众聚之象，行治师之道。《序卦》曰："讼必有众起，故受之以师。"夺讼强损民权、民利，不治讼则会引起对夺讼制度的刚反，兴师之因在讼，乃在讼制中放任微妄而至大习气。《杂卦》曰："师，忧也。"师卦为地中有水而众聚之象，众者聚而成师；聚众无章法且无统领之核心，则乱，乱则让人忧，以乱言"毒"，则是聚众毒天下，若聚众毒天下则是师卦言内险之所在，故而言师必避险行正义之师。

比，亲辅也。比卦，坎上坤下。为地上有水而相载相融之象，行确制之道。《序卦》曰："众必有所比，故受之以比。"众人亲辅之比，要如地上之水亲密无间，必作无害、无争、无危之体制，以供共享其亲，任何害、争、危之制皆自害于天下。比卦为地上有水之象，意为地载永、众者亲，地水者，相载相融也。《杂卦》曰："比，乐也。"比卦之精神为"元永贞"，为作体制"修思永"的长久意识；正因如此，才是比卦言"乐"之所在，既有亲比润融之乐，又有体制长久之乐。

小畜，蓄聚、蓄止、定序也。小畜卦，巽上乾下，内健外巽，为风行天上——礼序微入邦、民而怀柔之象，行德礼之道。《序卦》曰："比必有所畜，故受之以小畜。"比卦九五以阳、中、正统领众阴，秉"元永贞"之精神，治有比道之大成，出现了其比相聚，其志相蓄的润融而畜的局面，故而成畜体。《杂卦》曰："小畜，寡也。"寡者，少也，不多也。卦中阳大，阴小，柔得位而有小畜，为以小畜大，且蓄势小而寡。

履，践履也，人所履之道也。履卦，乾上兑下，内悦外健，为上天下泽尊卑其位之象，行德位之道。《序卦》曰："物畜，然后有礼，故受之以履。"在小畜卦虽蓄之微小，但从"礼"的术、用到礼序，使其依"礼"而有位序，依礼、依位才能践履。《杂卦》曰："履，不处也。"处，居家不仕，隐居；不处，乃不隐居而履位为官。上天下泽之尊卑言德位，处"位"之当位则言位礼，各归其德，各演位礼，万物皆有其序位，如树陈列，根、干、枝、叶位域分明，各舒其礼，各正其德，正是积极志心向帮而建功立业之时。

泰，安也。泰卦，坤上乾下，为天地交泰而亨通之象，行交泰往来之道。《序卦》曰："履而泰，然后安，故受之以泰。"民依礼制安分其欲与安位其序，践履舒泰，进退有礼，正是交通往来之时，故而有泰，泰则交，天地、上下、内外、阴阳皆相交而和，和则安泰。《杂卦》曰："否、泰反其类也。"否卦与泰卦皆言往来。因"往来"而有四重位域交通原则，天地以气交；天之阳气下降，地之阴气上行，天地气交而生万物，呈天地之泰，反之，为天地之否。阴阳以气合；阴阳二气相交则阴阳通，万物生，内阳，生之源，外阴，成于物，反之，不交不生，物不能成。处泰体必明泰通之体用，顺其秩序往来则通，反之则不通，交通则泰，不通则否。

否，塞也，闭也。否卦，乾上坤下，为天地不交而否闭之象，有交通否难。《序卦》曰："物不可以终通，故受之以否。"从无体到共同体，从无序到正序，交则泰，天地、上下、内外、阴阳皆相交而和；相反，不交不通，相互隔绝，则否塞，呈现不交不通之否势。否卦言大往小来，大往者，阳健居外，天气上升；小来者，阴柔居内，地气下沉，此为外阳而内阴的否之质泰极则否，否极则泰为道之所呈，法之所运，皆道法气数也。唯睹运体而思治理之道，泰体时常改革时弊以防否势，否体时常健德以提升气运而打破阻隔。

同人，应乾而同，有众人同，亦有志同、宗同、异同、德同、服同之无所不同。同人卦，乾上离下，为天下有火而同人之象，行志通之道。《序卦》曰："物不可以终否，故受之以同人。"同人卦与大有卦皆有取"野"象，同人野之所起者为由野济否。在野君子从由野济否始，继而由野进德，以通天下之志而合群济否难。《杂卦》曰："同人亲也。"同人以乾阳健不舍离明，而有亲比和同之义。同人之亲，亲在宗同，以同人于宗的宗法关系超越朋党结党趋利之关系；同人之亲，亲在志同，以正大事业之同升华到德文明精神之同；同人之亲，亲在德同，从崇德推明中正大观天下到离明以照天下，皆以德贯穿本末和内外。

大有，德服天下，盛大丰有；大者，阳德之大；有者，德化后德服之有，为德被四野，无所不照。大有卦，离上乾下，为火在天上而大有之象，行德服之道。《序卦》曰："与人同者物必归焉，故受之以大有。"同者归也，四野所归归而尽有，故成"大有"；大有者，至无所不归而无所不有；大有继同人，乃继同人通志之同所生的德同。同人通志而志同，"志"便是贯穿求德之同的重要器用，乃大器大用，进志求德乃德同的核心驱动力。《杂卦》曰："大有则众也。"众者，多也，众之大者，乃天下之众也。大有以"众"立意，乃以德同之有，为众谋福祉，为天下治太平，大有卦有"众"与"天下"，则应治众使其"大有"，众之大有乃身德同有和德序统其有。

谦，谦敬、谦始、谦卑、谦让之谦义四体呈谦谦之道。谦卦，坤上艮下，为地中有山而法谦之象，行谦谦君子之道。《序卦》曰："有大者不可以盈，故受之以谦。谦体以艮承坤，以屈己下物而有谦之象，艮承坤者，坤顺乎外而艮止乎内，故大而不盈，成谦。《杂卦》曰："谦，轻。"轻，虚己而敬人，乃谦敬也。在谦卦，下体为山，为山势退而居地下，上体为地，为地越居山上，地者，承、顺也，在谦之时，以健德有成，德高而崇，地以承德故居上，居上者下济，为以德济下，虚己下物。谦体四域者，为天、地、人、鬼神四域，谦德四体者，为与谦体四域相对应的谦德，为益谦、流谦、福谦、好谦四德。

豫，乐也；万物随同雷奋而挺出，顺以动，应礼序而通畅和乐，成豫乐之态。豫卦，震上坤下，为雷出地奋顺动而豫乐之象，有顺动之明。《序卦》曰："有大而能谦必豫。"豫卦享有谦道在修身、养德、治世各方面的德果，无谦不成豫，豫乐之因在于继谦体而享谦道修身于治世之功，安适快乐之豫乐更偏重于修身有成，以身君子称位而身心安适。《杂卦》曰："谦轻而豫怠。"值豫卦以制礼尊德之德治时，易警惕豫乐之懈怠。豫乐易使人懈怠，当不明豫之"顺"理而享其盲顺，不知行健则生怠。

随，外悦之情发自内之动，为外情随内心触动而自发情随心动之随义，乃随物应情而唯变所适。随卦，兑上震下，为泽中有雷而随物应情之象，行随物应情之道。《序卦》曰："豫必有随，故受之以随。"豫者宽裕安舒之乐也，故而能迷惑心境使随物应情；随物应情者，为心随境转，以此成随。若情盛而爱动，则有迷惑由是而生，故豫之乐取与随之应物，皆发乎于乐于世俗之欲心，欲心妄动而障碍真心，故随之情为世俗之性情，皆由境转。《杂卦》曰："随则无故也。"无故者，无有顽固之陈设，也不拘泥于法规旧陈，以随破陈，则随物应情。君子师泽中有雷而随物应情之象，宜静养而不宜妄动，从而心不随境转固守心阳，得其妙明真心才能治随道有成。

蛊，蛊惑、蛊乱也，因蛊惑而生惑乱，又因蛊乱而有坏乱之蛊果。蛊卦，艮上巽下，为山下有风而行蛊之象，有蛊惑之祸。《序卦》曰："以喜随人者必有事，故受之以蛊。"随者，随物应情，能随者在于"喜"出于心而迷乱与情，此"喜"是超出常随之情的喜好之欲心，不正之妫风遇阴势之逦山回转而行蛊，当不正乱情，蛊惑伤正，因蛊乱产生坏乱之蛊果而成祸。《杂卦》曰："蛊则饬也。"饬者，整饬，治理也。蛊惑成祸已久，必治蛊之不正而使正道复立。《序卦》呈致蛊之由，《杂卦》论治蛊之政。

临，临者大也，乃刚长而大；临者，临民临事，凡所临皆是；有阳临阴与尊临卑的法序之临和德政临民的经世之临，亦有以正道临不正之道。临卦，坤上兑下，为泽上有地而德政临民之象，有知临之明。《序卦》曰："有事然后可大，故受之以临，临者大也。"临卦之所以继蛊卦，在于临卦必临蛊事，而蛊事随阴势浸长则会生祸事，临蛊事必治蛊，以临治蛊则需以阳克阴，故临之二阳势长克匹敌蛊阴之长；使其能扶阳抑阴，尊尚正道。《杂卦》曰："临观之义，或予或求。"在临卦，临刚长，君子予明德，暗众求脱凶，地民众陷阴之凶亦求拯济，予求两相交融。

观，俯仰观察。观卦，巽上坤下，为风行地上而修德行政之象，行王化之道。《序卦》曰："物大然后可观，故受之以观。"言物"大"，在于伦序履正，而无外乎渐养成其大，进位升其大，蓄德壮其大，正是以阳道渐大之理。《杂卦》曰："临观之义，或予或求。"观则言予，予有予政与予德。之所以临有余而观不足，在于震施艮求之象，临有震体，震主布施，以其阳长而余；观有艮体，艮主欲求，以其阴长而求，民求则君予；观卦以俯仰之察，察"大观在上"之天地之道，再以"顺而巽"入法序之要，师法、效法、取法自然法序而"中正以观天下"。

噬嗑，噬者，啮也；嗑者，合也。乃口中有物间之，啮而后合之，为有间啮而合之之象。噬嗑卦，离上震下，为离火照震威而用刑狱之象，有恶佞之灾。《序卦》曰："可观而后有所合，故受之以噬嗑。嗑者，合也。"四阴之观，小人成群，阴中生恶，必然与恶佞为战，言噬嗑，其大观之力必将作梗之恶"物"噬之，此为噬嗑卦继观卦之所在。《杂卦》曰："噬嗑，食也。"为卦上下两阳而中虚，乃颐口之象，九四一阳间于其中，为进食而有梗，必啮之而后合，不食无以知梗，直到食后被梗，方知为恶之本性，乃得其阴恶中伤后方知阴之危害。

贲，文饰、文明也。贲卦，艮上离下，为山下有火贲饰文明之象，行文明之道。《序卦》曰："嗑者合也，物不可以苟合而已，故受之以贲，贲者饰也。"物之合则必有文，文乃饰也；物相合而后有文章，因"文"无色而求"饰"之有色，有本末之相成、文质相资之义，正因有本质之质地，方成其贲之文明。《杂卦》曰："贲，无色也。"无色者，贲之体也，贲有德为核的内阳之体；有色者，贲之用也，贲有以制、序养外政之用阳德者，无色且有质，通乾天之性，性本无色，且能照有色见质使其无色。见有色之用，明无色之理，在于以用达体而明心见性。

剥，剥消、剥离、剥裂、剥落、剥乱也。剥卦，艮上坤下，为山附于地而剥落之象，有剥落之灾。《序卦》曰："至饰然后亨则尽矣，故受之以剥。剥者，剥也。"贲卦六爻饰以文华又务本求质，当四阴共浸，使阳止受损，且被至阴剥落而成颓剥之象，便成剥体。《杂卦》曰："剥，烂也。"阳被阴剥落，贲失阳而致剥，为贲阳先落，成剥卦后，在剥卦因阴势盛大而继续败坏，成烂。以阴盛浸阳，使阳"落"成剥，剥落

后再落而后烂，以烂言，言灾祸之程度犹深。

复，刚反也；以一阳来复阳刚出震，动而顺行，阳道以升，以此泽济天下。复卦，坤上震下，为雷在地中震往坤来之象，行性命双修之道。《序卦》曰："物不可以终尽，剥穷上反下，故受之以复。"物无剥尽之理，故阴极阳生而剥极复来；以复对剥阴阳消息可知，岁十月，阴盛既极，冬至则一阳复生于地中，故为复。《杂卦》曰："复，反也。"反者，为阳复见善之义；一阳复反，阳气复长，君子之道复长，君子之道复长则见善，阳复而反，则善返。

无妄，有无望，不妄，诚望，无妄之义，亦是无妄卦渐进之过程。无妄卦，乾上震下，乃雷行天下履刚制而无妄之象，有无妄之灾。《序卦》曰："复则不妄矣，故受之以无妄。"一阳外来成复，则应履刚制去阴妄而正天行、正欲望，外来之刚居外成乾体，当灾难深重，民众妄动，有乾之刚制驾驭于震动之动，以制其妄，乃动而有节制，故而言"不妄"。《杂卦》曰："无妄，灾也。"无妄之灾，言灾之因在于有妄，故无妄之体以乾之刚制驾驭阴类妄动而制妄，使其成正望之体。

大畜，蓄者大也；有蓄聚、蓄止、蓄通、蕴蓄之义。大畜卦，艮上乾下，天在山中而大畜之象，行蓄德之道。《序卦》曰："有无妄然后可畜，故受之以大畜。"无妄刚自外来而为主于内，阳实阴虚，因有"刚"而有实，刚来富且实，实则有蓄势。之所以能蓄，在于刚来而富实，君子当道，万民得养，天下从正，以国富民强而刚强，言大畜。《杂卦》云："大畜，时也。"时者，有待时义、值时义和蓄而有时义。当以养正行渐养之道渐养多时，成其当蓄之时，当蓄之时方能蓄，且以渐蓄蓄而有时。

颐，养也；取象口食物以自养，故成其养义。颐卦，艮上震下，为山下有雷而观颐自养之象，行养正之道。《序卦》曰："物蓄然后可养，故受之以颐。颐者，养也。"物既蓄聚，则必养之，人之养生、养形、养德、养人，皆颐养之道，利用颐养而后厚生可以颐养万民全大体。《杂卦》曰："颐，养正也。"颐口腹者，养其小体，颐正气者，养其大体。在颐卦，通过养身与养气、养神而养性，继而有颐养万民之颐道。

大过，乃大者过，且过于常也；以"大"言阳过中而盛，以"过"言大盛壅滞而致过。大过卦，兑上巽下，为泽在木上的灭木致过之象，有大过之难。《序卦》曰："不养则不可动，故受之以大过。"凡物养而后能成，成则能动，继养而过之，使成之动过积不动乃至灭没于物，成其"泽灭木"大过之所在。《杂卦》曰："大过，颠也。"颠者，填而塞也，满而滞也。中通之位被四阳所填，以致满而塞，塞则不通，使中通成否势，否则无以担当泰之栋，否弱之资无以成泰栋之才而致过，将本来泰通往来的局面打破，导致政务瘫痪，使其重新滞塞，犹如栋"桡"，酿成误国误民之弥天大祸。

坎，陷也；坎体以重险立卦，以陷取义。坎卦，坎上坎下，为阳陷阴中而重险之象，有重陷之难。《序卦》曰："物不可终过，故受以坎。坎者，陷也。"大过因栋桡而使王道壅滞，因害正道而大过至极，过极必陷，陷入重难之坎险，此坎所以次大过。《杂卦》曰："离上而坎下。"坎为水，水曰润下，水以润下之性，使坎体下陷。坎卦四阴，居上与处下皆有阴，阴者无阳不实，足踩阴而不实，根基不稳，使其陷下而愈深；头顶阴而无明照，明德不具，昏蒙而暗至极，使其伤而陷，陷而重险，成其诸难最难之体。

离，丽也，因大明而丽；又以离明之照，生德文明之丽。离卦，离上离下，为明两作而照之象，行德照之道。《序卦》曰："坎者陷也，陷必有所丽，故受之以离，离者丽也。"阴阳互根，陷极必丽，离之火动出于坎水之陷，重陷而聚，聚而生势，阳从阴出，阴盛则火旺，乃负阴抱阳之理。离体以内外合德而全离明之精神，方能使离明久照。《杂卦》曰："离上而坎下。"离为火，离者，明也，阴丽于阳，其象为火，火性炎上；重明者，上下体皆离也，上下者，内外也，为内外皆离，内外皆明，以内外之无所不包和无所不达，离之化，根于生化之性，又履法序之正，成离久照之源。

咸，感也；以物之随而感，感以随物应情之情，以感于物再通于物。咸卦，兑上艮下，为山上有泽而山泽通气交感至感通之象，行感而遂通之道。《序卦》曰："有天地然后有万物，有万物然后有男女，有男女然后有夫妇，有夫妇然后有父子，有父子然后有君臣，有君臣然后有上下，有上下然后礼义有所错。"以感于物而通物象所在的规律与本质，言物之规律者，乃法序也，而诸物正序者，天地也，天地交感以阴阳二气化生而生万物，故天地为万物之本；师法天地万物之本序，乾道成男，坤道成女，男女交感且交合而成夫妇，故夫妇则有人伦之始；父子有尊卑之始，君臣有上下之始；万物本序与人伦之始皆是感物再通物后的"序"结，其尊卑、上下皆是之于男女、夫妇、父子取象比类的类序。之所以要从万物本序之序到人伦之序，为师法万物本序而类分人伦之序，为有本序原理可依。类序便是对物、物象感而通的归类与总结，且依"位"而类分，而"位"之差别是以德来赋予的，这也是为何言咸之感通时，皆从"德"之本上言，以"德合出震"以震之动发乎成气，从而有交感、感通的过程。《杂卦》曰："咸，速也。"咸之所以"速"来言，在于感于物再通于物有"速"的"感通"状态，以通道之速和感而通之速成其通速之义，成其在乎心，发乎识，以气行，以神知，以意达，以情悦，以速应，以见合随物而通物的感而遂通感之过程。

恒，久也；雷风相与而恒益，刚上柔下刚柔相应而恒久。恒卦，震上巽下，为雷风相与而恒益且久之象，行德固恒养之道。《序卦》曰："夫妇之道，不可以不久也，故受之以恒。恒，久也。"雷风相与使之，犹如夫唱而妇随，雷风相与而有恒益；恒卦次咸卦，咸以交感而应，恒益恒常而久，咸者男女之初，恒者男女之成。《杂卦》曰："恒，久也。"风雷有益，益而恒养，则有恒固而久矣。在恒卦，以雷风相与，取男女和合立象，以此示"恒"，为取法象示常道以恒。

遁，避祸，身隐而退避之。遁卦，乾上艮下，为天下有山而君子行遁之象，有避祸之明。《序卦》曰："恒者久也，物不可以久居其所，故受之以遁。遁者退也。"当恒养与久居多时，阴势从姤渐长而盛，恒卦德养之明，必然避其锋芒，以保阳存德而遁之，故以保阳存德之明行遁义，继恒能知遁者，乃有避祸之明也。《杂卦》曰："遁则退也。"卦中二阴浸长于下，阴长将盛，阴长则阳消，君子避其阴长之势，行退避之让，为有存阳护德而避祸之明。避祸有明，行藏有志，君子行迁避，小人行逃遁，皆互畏其势。

大壮，刚壮曰壮，以内壮和外壮皆有刚且势大而成大壮；大壮卦，震上乾下，为雷在天上蓄大而壮之象，行正大之道。《序卦》曰："遁者退也，物不可以终遁，故受之以大壮。"以遁者主退，壮者主进，而全动静进退之道。之所以言壮，在于刚壮，集阳壮、德壮、健壮、志壮、政壮、善壮于一体，成其"刚"，亦成其"大"。《杂卦》曰："大壮则止"，大壮刚盛在内则"刚以动"，动则反静，违背守静而正固原则，刚以动，在于壮盛而过，故壮不可过，需止健并平衡内外，寻求动静有常的内外平衡之道。言"止"，为任何违背静守的内动、逐妄之动，都要被制止，这是心不外驰、神不外散的真如体所赋予的正道。

晋，进也，乃明出地上万物进长之义。晋卦，离上坤下，为明出地上德进成晋之象，行光明之道。《序卦》曰："物不可以终壮，故受之以晋，晋者进也。"晋者，进也。晋之进，基于大壮之进，以大壮升华之进、夬制刚进、升晋之进为刚壮升晋之过程。《杂卦》曰："晋，昼也。"为明出地上的白昼之象，依大壮→夬→晋的路径，从四阳并进到五阳决阴之进，阳刚壮化明而成日出地上之晋。言"白昼"在于晋有明德而光明以照。

明夷，明入地中昏暗，明被阴伤而明夷。明夷卦，坤上离下，为明入地中昏暗有夷之象，有无明之难。《序卦》曰："进必有所伤，故受之以明夷。夷者，伤也。"进而伤，非进而不知退，明夷主暗，卦中上六为暗之主，不明反晦，使暗而犹暗，五爻皆被所伤，为明夷至暗之时、位，虽暗至深至重，但亦主明而不息。《杂卦》曰："明夷，诛也。"以阴耗阳，阳体被大阴体消耗，为大阴诛阳、昏蒙诛明、迟钝诛志、否塞诛序、险困诛身、大过诛位的明夷六伤，以"诛"言阴暗众对待阳君子的态度与方式，也因为"诛"式讨伐，独照昏昧。

家人，家内之人；巽妻坎夫，夫妻相亲，举案齐眉，家人之象。家人卦，巽上离下，为风自火出而家人之象，行伦序之道。《序卦》曰："伤于外者，必反于家，故受之以家人。"被"难"伤于外则必反于内，反于家而被家养，归家居家而得其身安，仁、义、亲比皆具，让伤者心安。《杂卦》曰："家人，内也。"家人，言家之内事也，养家人、正家序、履伦理为家之内事，而治其过、平天下、正教化为外事与王事，所谓思修齐与平天下并举，以内理人伦，外存王道成其家人安身立明之大义。

睽，以睽违、睽乖、睽外成义，家道穷于内并乖张见于外乃成睽之因，以离兑同体而成睽体。睽卦，离上兑下，为上火下泽同体而睽异之象，有睽同之明。《序卦》曰："家道穷必乖，故受之以睽，睽者乖也。"家道以"正位"而正家，家道之所以穷，在于正位而正家之"位"不正，以乖张之性乱其和合，性情乖张家不合则家道渐穷。《杂卦》曰："睽，外也。"家道穷于内，乖张见于外，穷于内见睽违，家道之穷难并不能明见，而乖张致离散之"异"却能明见，以睽外发乎外使其背离之情状见于外。

蹇，难也，因难行而进退维谷。蹇卦，坎上艮下，为山上有水艰复有险之象，有险困之难。《序卦》曰："睽者，乖也，乖必有难，故受之以蹇。蹇者，难也。"内外不交谓之睽违，上下不济谓之蹇难，睽乖之时，必有蹇难。蹇之难，在于止于险中，足不能进，而不进，坎险与艮阻所迫，而犯身困险难。《杂卦》曰："蹇，难也。"蹇体主言险难；对比其他卦体言难不同，蹇体之难在于险难，且险难成势，内外迫之，使其艰而难行，难上加难。

解，以患难缓解成义，以缓解、破解、解散、生息、尽解为解难之过程。解卦，震上坎下，为雷雨交作而患难缓解之象，行破郁交气之道。《序卦》曰："物不可终难，故受之以解。解者，缓也。"物不可终难，天道往复有自振之机，得雷雨交作之当时，雷继以震动，雨则灌养生育，雷动使积郁得以舒展，雨作使万物得以生养，以此成郁发并新生的解之用。《杂卦》曰："解，缓也。"诸难之解，不可顿时尽解，只能缓解，故缓为解义，从缓解到尽解，需迎天道气数，健感德以治理。

损，失与得也；损泽之深而益艮之高。损卦，艮上兑下，为山下有泽损下益上之象，行损修固阳之道。《序卦》曰："解者缓也，缓必有所失，故受之以损。"诸难缓解，则泽处山根，剥其山体而损下，"所失"者为下，能导致所失者，皆为败德之欲，为陋习，故取其下；能增益者为上，能使其益并益而愈高者，为德之尚，健德增益，取其上。《杂卦》曰："损益，盛衰之始也。"损下益上以及自损以益人，为盛之始，而损人以自益，终必自损，乃衰之始。

益，利与得也；雷风二物相益，以两相帮助而相增益。益卦，巽上震下，为雷风相益而损上益下之象，行益阳裕德之道。《序卦》曰："损而不已必益，故受之以益。"雷风相益而相帮，风雷相益而万物生发，损上益下，以下厚而上安。《杂卦》曰："损益，盛衰之始也。"损，损阴疾而当阴衰之始；益，阳裕固其本元而当阳盛之始。

夬，决也，以刚决柔而有决性。夬卦，兑上乾下，为泽上于天扬于王庭之象，行德决之道。《序卦》曰："益而不已必决，故受之以夬。夬者，决也。"益不可极，益之极必决而后止，益之则有溃决之忧；卦中五阳在下，阳长且刚健将极，众阳上进决取在上一阴，所以成夬。《杂卦》曰："夬者，决也，刚决柔也。君子道长，小人道忧。"夬者，刚决也，众阳刚进而决去上之一阴；阴在上，类众阴之"首领"，当首被决除，阴小之类则可根除，以阴小类除阳刚共进而当君子之道。五阳共决，以五阳之刚共履刚健夬制而决阴。

姤，遇也；一阴主内而遇五阳，使五阳听命于外而成姤体。乾上巽下，为天下有风柔遇刚而姤之象，有不正之患。《序卦》曰："决必有遇，故受之以姤。姤，遇也。"刚决柔而使柔退，是以刚主内共决之，无论是刚决柔，还是柔遇刚，均有刚柔之遇合；从夬决阴使阴退，而阴不可灭，又以一阴返下，复遇五阳。《杂卦》曰："姤，遇也，柔遇刚也。"一阴方生，求遇于阳，自是而长，柔遇刚，以柔成主，以遇成体，一阳在下而成姤。"遇"是结果，而"时"才是主导夬、姤成体的主轴。

萃，聚也，收也；萃卦，兑上坤下，为泽上于地萃而聚之象，行聚气凝神之道。《序卦》曰："物相遇而后聚，故受之以萃。萃者，聚也。"物以类相遇而后萃聚成群，再群以类分而萃集；类者，为履咸正之类序，也是之所以能交通而交感并感应相与成类的原因。《杂卦》曰："萃聚而升不来也。"能感通相应且相与的同、求同、志同，有此三同辅其萃义，使萃之来而聚集，成其萃体。萃之聚为气来而聚，心识不外驰，在交感并感通之际，行舍识弃意虚我而从心之道。

升，进而上也；因升而进。升卦，兑上震下，为地中生木而积小高大之象，行阶序之道。《序卦》曰："萃者聚也，聚而上者谓之升，故受之以升。"从萃正之聚始，贯穿阳气升、政通之升、君子志升、精气神之升，使其阳刚笃实再蓄而必刚健而升。《杂卦》曰："萃聚而升不来也。"升之上，始于萃之聚，以萃聚正固之基，蓄德刚上而升，成地中生木之升象。木升长在外，却根在地中，故而势不来，亦为刚升而阴不来。

困，道穷也；道穷力竭，不能自济，因交困缠绕而道穷路尽。困卦，兑上坎下，为泽中无水之象，行辨质见修之道。《序卦》曰："升而不已必困，故受之以困。"困卦中坎如室，巽者木，为室中生木而当困，所谓"穷而不能自振"，卦体坎刚为兑柔所掩，为小人掩君子之象。《杂卦》曰："井通而困相遇也。"处困境而得修身健德之志，以此"志"济困而通，故而出困有道。

井，穴地而出水之处。井卦，坎上巽下，为木上有水而汲井之象，行德养之道。《序卦》曰："困乎上者必反下，故受之以井。"井者，井养而不穷也，为木入于水下而上乎水的汲井之象，汲井以养，而成养之地。《杂卦》曰："井通而困相遇也。"通者，以井养而通善，以善养而通德，以德之能养而通德之地，以德之地而通立"井"之大义。正因为井地有德，方能以"井"养物之不穷而取井德。

革，去故取新而变革；变革是过程，革新才是目的，以变革之路径生革。革卦，兑上离下，为泽中有火金火锻炼变革之象，行革新之道。《序卦》曰："井道不可不革，故受之以革。"井之为物，久存则污秽而败，处井则渫污、甃井（修井），以及变革井养之能事，故处井不可不革。《杂卦》曰："革，去故也。"革新，则需去故，去除否塞不通之蛊乱宿疾而通泰一新，以革之出新并取新之成果，来以革化风气，以革文明而促德文明之健。

鼎，器之重且大者。鼎卦，离上巽下，为木上有火之象，行使命之道。《序卦》曰："革物者莫若鼎，故受之以鼎。"革曰去故，鼎曰取新，以吐故纳新并常自新而用鼎，鼎之用，为"变腥而为熟，易坚而为柔"之革物变化，是鼎所以次革。《杂卦》曰："鼎，取新也。"鼎卦立以烹养贤、以贤养正、以正立法、以法正序、以序命德五种释义取新；立"鼎"象，健君子使命、王道使命、文明使命、德位使命、道德使命之五位使命，从而正位居体。

震，动也，起也，阳刚出也；震卦，震上震下，为洊雷而动之象，防失志之患。《序卦》曰："主器者莫若长子，故受之以震。"鼎者，传国之重器，震有鼎象，在于震立于体而成大用；从震传德承序之重言长子，取相继之义。《杂卦》曰："震，起也。"震，一阳动出二阴之下，有雷出地奋之"起"象。震之起者，有起势、起气、起神、起礼、起德之起。震势起，依时、依位而起势，乃履法序而起震。

艮，止也，有静止、止蓄、安止之义。艮卦，艮下艮上，为重艮止极不进之象；防人死身灭之大难。《序卦》曰："震者动也，物不可以终动，止之，故受之以艮，艮者止也。"艮体互震且次震，震行艮止，先继行再言止，乃以止言以静止动，以艮背义，取门庭象，以重山坚实不动之功，言安止内欲，从艮之全体，来止其根源，得止道精髓。《杂卦》曰："艮，止也。"一阳止于二阴之上，阳自下生而上升，阳升极而止；阳下二阴凝重，下陷不生阳而阳无根当止，阳止则阳之升象亦止。居艮卦要行时行时止之道；尤其是从安止内欲来止其根源，当无欲来乱其心，则得止得安。

渐，进也；渐而进，依次序而进，为进而有序。渐卦，巽上艮下，为山上有木之象，行渐进之道。《序卦》曰："艮者止也，物不可以终止，故受之以渐，渐者进也。"艮止渐进，一屈一伸，应屈伸之消息，一伏一飞，应动静之状态；止之所生言进，为在静中取动，以动静二相应法序而动，依序而进，止下顺上，进而不速，进而有缓。《杂卦》曰："渐，女归待男行也。"婚嫁之礼，必待新郎循六礼亲迎始成，婚嫁齐家，依法序而出礼，履礼行婚嫁，而有得位正与行进正之利贞之美。家人言正位，正位之得，在于以渐进履礼序。

归妹，归者在"妹"，妹从男而归于人，非长男来取，乃少女以说而动且动而相说的动而不当之体。归妹卦，震上兑下，为泽上有雷而雷震泽动归妹从之之象，又乱正之祸。《序卦》曰："进必有所归，故受之以归妹。"在渐卦以女归立意，言履礼而序之"渐进"过程，而归妹主言妹娣动而不当之不正，以娣自媒自荐之归，动于男先。《杂卦》曰：
"归妹，女之终也。"归妹以乱正位乱正，则乱其家人之序，再波及伦
序共理，可谓害之大矣；归妹以女之不正有终言"女之终"，在于不正
得治。

丰，丰大也；民众富丰大，德政制丰大，天下人健明德光大，王
与王道德丰大，四种丰大成一体。丰卦，震上离下，乃雷电皆致行丰
而警示之象，值丰体行中丰之明。《序卦》曰："得其所归者必大，故受
之以丰。"物所归聚，必成其大，故归妹之后，受之以丰；丰以归聚成
其大，若从归妹之"归"而丰，则丰中有患。《杂卦》曰："丰，多故
也。"从归而丰，则多忧患。何以去忧而主丰？乃离明主政，震动主德，
震离同用，使其德与明同功，则能致丰且保丰。

旅，羁旅、众旅、迫旅也；旅卦以刚明者正旅和柔暗者羁旅成旅
义。旅卦，离上艮下，为山上有火而羁旅又正旅之象，行止丽之明。
《序卦》曰："穷大者必失其居，故受之以旅。"丰多故，穷大之丰，则
必行旅。《杂卦》曰："亲寡，旅也。"羁旅在外，漂泊无依，正是既失
本居，又离散亲众而亲寡之局面，羁旅又居无定所，山止于下，火炎
于上，山止其所安无居而迁，火行又不能居，只能违去不处而成旅。

巽，风也；巽取风入、节制、消散无迹之义；巽卦，上巽下巽，
为随风而王化无迹之象，行进位节制之道。《序卦》曰："旅而无所容，
故受之以巽，巽者，入也。"以巽继旅，在于旅而无所容，无立足之地，
而寄于市井，一阴在二阳之下，巽顺于阳，以其巽入也。《杂卦》曰：
"兑见而巽伏也。"一阴潜于二阳之下有巽伏象，为以阴伏阳。阳入阴
使阴散，阴散而阴不消再与阳合德，合则潜之于下，阴者居下也，以
阴节制其阳；以阴制阳之象，为巽申命行事之体。

兑，说也，悦也；以悦与说共主兑义，兑卦，兑上兑下，为行讲习说教而生丽泽和悦之象，有讲习之明。《序卦》曰："入而后说之，故受之以兑。兑者，说也。"在巽卦，一阴伏于二阳之下，阴受阳利，阳舒阴疾气血盈达而和悦。《杂卦》曰："兑见而巽伏也。"一阳见于上，欲轻妄小，顽习渐除现阳明，小人跟随于君子，被君子教化，为兑。巽卦，乃小人治身德修德进业之地，兑卦，乃君了教小人而讲习布道之所。

涣，散也，离也；散而远之成"涣"。涣卦，巽上兑下，为风行水上而水遇风涣散之象，行宗庙之道。《序卦》曰："兑者说也，说而后散之，故受之以涣。涣者，离也。"众受讲习，受用于精神并悦然于心，后散之，以"离"义成散，再继而涣散之。《杂卦》曰："涣，离也。"散而不离，有形之聚散但精神仍未相离；离而有凝，凝而聚之，从凝精神到使有形离散之重聚。

节，止也；治也；泽所容与水能节成上下互节之体。节卦，坎上兑下，为泽上有水而行节制之象，有节制之明。《序卦》曰："物不可以终离，故受之以节。"值涣散而离之际，必然要止离使合，若没有止离而合，则涣卦与旅卦的卦体治道则失去卦责。《杂卦》曰："节，止也。"以节行止，在于止涣散之离，使节而合，以节言治，乃治道所赋予。节其妄动，制其过常，苦节其陷，乃节制之思路。

中孚，中实诚信；以孚之破出正求又以信笃应而感应，持中正之道，健孚信之德。中孚卦，巽上兑下，为风行泽上而诚在其的中孚之象，行孚信之道。《序卦》曰："节而信之，故受之以中孚。"节者，以制节使不得过越，在于以节言度，而衡量是否过越之"度"便是节制之信物，如同符节言信物一样，节而后有信，上能信守，下能信从。

《杂卦》曰："中孚，信也。"卦中取"豚鱼"之简祭示专诚，以专诚之德，以信求感，再以信应，以见孚贯通咸出萃入之气机过程。通篇贯穿如"鸣鹤""翰音"等取"信"之象，鸟随季迁，春来秋往，不违其时，专言取信。

小过，小事之过与过之小也；以阴伤正，使其动而"过"其常度。小过卦，震上艮下，为山上有雷而声过其常之象，有小过之祸。《序卦》曰："有其信者必行之，故受之以小过。"小过卦以飞鸟遗音取象，卦体内实外虚，声闻过情，华而不实，且小过伤正更加无孚，无孚而伪作其诚，未动便是过，行而动更加致过。《杂卦》曰："小过，过也。"小者，阴也，阳大阴小之谓，为卦四阴在外，二阳在内，内实外虚，阴多于阳，为小阴过阳；过者，过其时、位、序之常度也；过错小，未及祸变，为伤正尚轻。

既济，事之既成，乃济时济位而有既济之体，时、体、位皆济。既济卦，坎上离下，为水火相交而既济之象，行豫防之明。《序卦》曰："有过物者必济，故受之以既济。"治无孚而动且过其常度之小过，必矫其过使其正，遇正得中，正是既济之事。既济之体，六爻各正其位，八卦各守其分，守其本位尽其本分，不相逾矩又制互用，使其时、位、体皆得其常度，而不生违和之感。《杂卦》曰："既济，定也。"既济之定，乃先定位，再以位定序，以序再定他卦之体，使六十四卦体得时得位而次序井然；定位得序，显诸仁，水火得用，藏诸用。

未济，事之未成，乃事经过"几济"后仍未成，因时不与、位不当、体有终等因素成其未成之果。未济卦，离上坎下，为水在火下而未济之象，有未济之患。《序卦》曰："物不可终穷，故受之以未济。"诸事既济则物之将穷也，易体往来不穷，非有固穷之理，故既济之后，受之以未济而终。未济者，终了之卦，虽言终了，却变易而不穷；有终了之体，亦有变易不穷之用。《杂卦》曰："未济，男之穷也。"言男之穷，非阳之穷，在于"男"在未济卦并非阳类，乃阴类之谓，阴类不得正且不从阳，故而成未济之因。为卦火在水上而不相为用，济乃时不与、位不当、体有终而事未成之义。

第五讲　断凶吉——德位法则推启示

德位，乃"位"之性，依"位"的当位、称位、配位属性而确"位"之德性。当位者，法序之位与礼序之当，乃位任所系；称位者，当位之任与职责所当，乃称职所系；配位者，尽职之位与善政之当，乃德果所系。以当位言卦中之位，以称位言当位之任与职责所当，以配位言位的尽职之当和当位之德。

当位。当位之"位"几乎处处可见，犹以当中位或当尊位而著称；如同人卦六二"柔得位"而当位，比卦九五以"位中正"当尊位。同人卦之六二以阴居阴，得下卦之中，又与九五正应而得位，六二以"柔得位，得中而应乎乾"成同人之主；同人九五刚健中正居尊位，二以柔顺中正得其正应，为皆得其中德与皆居其中位，二应乎乾，为既应志又应阳德；二得中成离，火德离明且炎上；中则联系上下，成同人的天火之象，同人者，阴者皆同；天火者，乾阳明丽，而阴者亦燃，燃者火德升华而阳明；以"柔得位得中而应乎乾"的天火之主，成其独特的阴者皆同、阴者亦燃的同人之象；在爻中，同人六二以宗法之咎道治理众同人君子，得其治同人之密钥。比卦九五以阳居中而当尊位，比卦之君乃为君之典范，既得益于比卦君主的确制之圣功而称位，又显著于他崇高之君德而配位；九五安位有法，治有安邦确制、安民求亲比、安位限王权不徇私、安服含容设礼、安德以德化天下之五安之术，以当位、称位、配位之范让其成为志明、法明、为明、显明、德明五明圣君，从而产生"上下应"之德服。

称位。多卦均有当位而能称位之爻，如师卦九二以当位治师有功而称位；亦有小畜卦之六四因得位而称位。在师卦，六五君主以"德"凭行任用之道，对比"长子"当位且健德以及"弟子"失位且无德的现状，锡命九二为帅师，九二阳爻为众阴之主，以刚居下卦之中，又应于五，以阳中统众阴而为统帅"师"之"丈人"；九二以"位"德和"丈"能成军队统帅，以治军齐律之典范，行王丈之德范，而称位其能，九二成王丈亦决定了军队在开承后行治师以政的思想，又得称位之德。小畜卦六四以阴柔得位，成小畜卦之主，在卦中，众乾阳君子志心向邦，政治联合"密云"已成，但政见协商未成而"不雨"，六四以一阴蓄止众阳，通过以柔蓄乱以及以柔蓄志化解矛盾，继而以礼怀柔、以礼定序、以礼蓄大等术用，以政治联合之共体，行小畜德政之实，再以礼序而微入邦、民，出现"既雨"的亨通状态；小畜之六四得位提出了礼，并发展了礼，从"礼"的术、用到礼序，再升华到治于精神，乃称位其能，不仅使小畜卦得治，又以德礼之道沉淀德文明而有称位之德。

配位。常以当位之位行称位之能而有配位之德。在鼎卦，以九二成"贤器"和六五成"德器"而有得其配位之德。九二以刚居中与五相应，得正且阳刚有实，为鼎有实之象，九二以鼎有实之象养贤，以两相虚位之贤器际出来静待圣贤；五柔二刚，举鼎以贤，鼎器便成贤器，鼎体便成贤体，既利贤就位且当位，又利王鼎安其位有实，使鼎体重新成序，以纳新而出新。君王既有去故之决心，又得出新取新之方法，更有使鼎体成为贤器之大气度，这便是鼎体能大治且治天下的原因所在。六五以虚中履尊，有"鼎黄耳金铉"之象，在鼎卦以"耳"言尊，全凭尊位之大德，离明中德以照，使呈黄离之色，故而尊位中德昭著。除了尊位有其中德外，鼎之全卦，从立"鼎"象而健君子使命、王道使命、文明使命、德位使命、道德使命这五位使命，从而使天下君子正位居体，健德于身，进位以位，行善以政而凝重天命，使精气神畅于四支，发乎事业，以此凝"命"而通天下大同之志。犹鼎器之重而不可移，从而以尊位之当位，称位全卦，且配位"鼎"之大德。

德位法则。以当位、称位、配位来解析体时位所成之卦体，可依"位"而见时体，又能见四易体证之过程，故而呈现出德位法则。在六爻中，六爻皆相互交易其位、时，又有取象之简易，从简易入法象而析位，以位见时，见时而见其变易之过程，因变易而得错综复杂之卦体，卦体之间又彼此交易相互，使其"位"不仅是六爻之位，乃交易相连的错综复杂卦体所关联之位。以德位法则析卦，主要从时、位之变而见其"位"德，再由位德见卦体所呈之法序以及卦体之治道，卦体因治道而有卦德，从卦德可知卦在法序之位，以及由自然法序所呈的天地之大德，既入大道本性，又让我们见自性而合道。

从卦德而言，以元、亨、利、贞四种本体德位统领所有卦德。元者，始也；"元"之当位，以周易易周本体论，入道"体"德"性"本原之"元"，以道→母→器程式构建的玄德、圣德、用德、证德之德性四体而称位；尤以秩序发端和治理初始成"元"之端始，虽言始却不利本性之源。亨者，通也；"亨"之当位，以道生德蓄的生化本质、生化原理、生化过程之"生"的本原——大道恒顺生势道生之通德"性"

的源动作用，以精气神生化亨通而称位。利者，和也；"利"之当位，以体性本体无所不化据生化之德与生养之性，利益"性命"之全部，以各正性命而称位。贞者，正也；"贞"之当位，从"藏相"法则步入法序系统，从天、地、人三才关联人体内外时空，统一在"天地人五行经络"运相系统中，以天人合一全息元象称位。

当位其位、称位其能、配位其德的德位法则乃见治道并见德之利器，但亦有位不当，或当位但不能称位其能，或能称位但无配位其德者。如大壮卦之六五，六五阴柔居尊，值阳壮之体其性柔则为离阳而居，故言六五位不当，但位中得正，又居尊位，以得中和得尊化解了其位不当之忧虑；尊位赋予了六五将执中正之道而护大壮全体，值大壮之四刚刚盛大势下，六五以尊位治其过，以柔化刚，用和易之术防其大过，故而六五有称位之能。虽有称位之能却无配位之德，六五以和易之术防其刚壮之势大过，将危害化解，但大壮卦之所以有从大正到正大的升华，便在于以德化之功，使内在刚壮之德外化成政。尊位之君若不能主导从大正到正大之道，则失尊位之德，就算六五有化危之功，但无使善政、德教普施之能。六五仅治其无悔，却无内刚化外政之功，为以尊位仅行中道，却未执正大之道，若不能以内之刚盛来壮外之大政，则不能全大壮养大体并全大体的养正理想，故六五虽有称位之能但却无配位之德。

《系辞》曰："天尊地卑，乾坤定矣。卑高以陈，贵贱位矣。动静有常，刚柔断矣。方以类聚，物以群分，吉凶生矣。在天成象，在地成形，变化见矣。是故刚柔相摩，八卦相荡，鼓之以雷霆，润之以风雨；日月运行，一寒一暑。乾道成男，坤道成女。"从体时位贯穿四易体证解析之，以尊卑之"位"所"定"的乃天地人三才本体，以乾坤天地定尊卑，按体性来说，天地指道体域，则乾坤指道性域，这个"定"是整体观的定，即大道体性圆融一体同体承载，同时又体性各域。那么尊卑何位呢？为德位，德为道性，故为道性作用的道体内容与阶段不同，而有尊卑，乾作用天，显圣德，坤作用地，显用德，圣德为体，用德为用，坤为乾化，用为体出，故乾天圣德显尊位，坤地用德显卑位。立于体用法则和体用相上，便能将性体之位界定，又能定尊卑之位。

在同体位域上，卑与高皆同体承载，如六爻卑高之位，源流之体主生变易而得流变之体，其源流之体因生化之源，显"贵"义，流变之体因被生化而显"贱"义，万事万物莫不由卑下之近而知高大之远，以取象陈列在外而知藏相之内，外象易知，而主外象之法则与性难测，但因同体承载之"位"而能藏相内外，贵贱与尊卑皆可知，故而知尊卑，在于同体位域中的源流与流变之位，乃德性在不同的位域呈现的不同德位特性，从天地人本体而言，乃以道体四域见玄德、圣德、用德、证德之德性四体而位。

动静之"常"，乃主动静之法则显"不易"之特性，因法则独立不改之特性而为常道。动静能断刚柔，无外乎阴去阳来为"息"，阳来而刚，阳去阴来为"消"，阴来而柔，消息盈虚以时贯穿，爻位之时变而见刚柔，爻位之时再主卦体小时，小时见精气，精气动静而贯大时，故以刚柔动静之精气而见大时之气神，大时者，九易法则周行之时，其大时皆由刚柔动静同体承载，之所以能"断"，在于爻位之时位皆生成有数，有外象之物成，必有藏相之气数交易贯穿。

吉凶之"生"。乃体时位贯穿的卦体必因"位"而见德，有德而吉，无德有凶，有德乃向阳从正之果，无德乃阴妄不正之果；位有德则体有德，时成而能类聚党同者，位无德则体必占凶，若不待其时变而从正，必被时位群分，以别于有德君子。方以类聚，物以群分，物之类聚与群分，乃取象比类简易之法，通过类聚与群分之特性，推现象之变化而立吉凶。类聚者，党同也，群分者，志异也；之所以言"方"，在于使其类聚与群分之治道也，治道有为而见德，乃以位以德见吉凶之髓；群分的乃君子与小人之类别，小人常因趋利而类聚成阴类，君子有大志，虽党同却并不轻易结党。以吉凶之占见治道之德，乃吉凶之道；吉凶之占，先占其位，再占其治，位有吉凶两者，得治则得吉，非治则凶，其占并不生吉凶，乃占后之治方生吉凶之果，故而"治"乃吉凶之变，如小人阴而不正，再妄行趋利必凶，治身德可成君子，故可从凶得吉。

变化之"见"，乃通过外象与藏象的源流之推而生大知之明，因明而见。变化者，生变易所主之变易，因生变易而有源、流、变，外象可见，外象乃同体位域下的外象，同体承载而变化相连之源，便是不可明见之藏象，见外象可相推源流而明藏象，此"明"便是建立在藏相法则下的大知之明，大知乃知藏相法则，因藏相法则主藏相内外而明外象与藏象之间的联系，故而见变化便知联系。在乾藏界、相虚界、坤形界的藏相系统中，天象为乾藏界之藏象，地形为坤形界之外象，从外象而知藏象乃藏相法则主之，以藏相内外而知变化。在同体承载的源流与流变的生变易关联，见一处而知其他，亦知其变化之源，外象之成，必是藏象所生，而贯穿其中之"变化"便是变易所主之生化，以生化源流变而见变化。藏相内外所土的源流为体，生变易之流变而有位，变易依时而成，故而气数充满，变化可相推而见。

雷霆与风雨皆为可见之外象，从寒暑之时令而知日月之法度，日月运行被阴阳法则所主而呈寒暑更替之法度，其寒暑便是日月运行法序上的"位"。寒暑之时令便是小时贯穿日月运行之大时，而日月之行被阴阳法则所主，以不易之体独立不改且周行不殆，虽阳来阴息与阴来阳消呈刚柔相摩，故而时、位、体齐备，在刚柔动静之间呈太阳、太阴、少阴、少阳四象，继而以体时位交相变化而有八卦相荡。所谓体时位交相变化，阴阳法则为日月运行之体，日月周行乃寒暑时令之体，寒暑时令生雷霆与风雨，"体"变幻而时、位亦变，以此体时位不断在同体位域中变化，使其有八卦占位而知时令。鼓之与润之乃八卦"组合"后呈现的卦体动静变化，如风雷则益之，雷风则恒之；所谓的"组合"便是体时位再次进行同体位域相联，使其能一以贯之，在同一属性下变动。

言"相摩"，乃阴来阳消与阳来阴息之消息，在变化中以刚柔之性而动静分明，摩者，阴来阳消，有阴势浸、剥、战，阳来阴息，有阳势浸、壮、决；"浸"便是阴阳消息发生相摩之动静，阴与阳势长皆用"浸"，乃"浸而长"势，再随势长，阴势强则剥阳，继而战阳，阳势强则阳壮，再继而决阴。故相摩以小时之位而贯穿大时，八卦占小时与大时体时位之位，在刚柔相摩的动静中，从大时之体来看，大时体中的八卦之位呈现动荡不居之态，这便是时空中由气数曲线呈现的"涟漪"。

在大时之体中，因阴阳消息而相摩出曲线涟漪，其八卦之位更两两交易来主变易，故而在大时体的曲线中呈现八卦相荡之态，也正因在法序内在出现八卦相荡，才生雷霆与风雨等外象，使藏相内在与外象发生必然的联系。在法序所主的大时之气中，由体时位同体承载的气、数位符之单元，便是八卦；此位符单元遇时成体，由小时贯大时，两两相荡而成卦体，既显外象，又联系内在而知藏相，便以此呈"道"。因"道"之所呈，法之所在，而上下同体连贯且内外贯通，将外象之"男"类比到乾，将外象之"女"类比到坤，并以外象之生成而知生化男者乃乾道，生化女者乃坤道，其道之所呈，法之所在，同体位域的生化源流变皆依性起用；性者，德性也，道体德性同体承载，大时之体合道体，被德性起用，法则所主而生德位，继而位位连贯，再以体时位在各种"体"中变动盈虚，且由一个位符单元而节节贯通而法性遍知。

体时位贯穿四易体证呈现吉凶悔吝系统。体时位贯穿四易体证必因"位"而见德，又从错综复杂卦而相推变化，故而可知吉凶；言吉凶，乃吉凶悔吝系统中的吉凶。设卦观象可占吉凶，圣人系辞明吉凶而可据辞知吉凶，又以刚柔相推之变化而知吉凶之发展，故而在吉凶之果尚未落定时能治吉凶。吉凶之占，因位而见德，有德而吉，无德有凶，治吉凶便是以"德"而治，所占之吉凶非吉凶之果，因"占"而是吉凶之征兆，在德治之后的吉凶方为吉凶之果，以吉凶之占见治道之德，乃吉凶之道。在吉凶悔吝系统中言吉凶有占吉凶、知吉凶、治吉凶之过程。

《系辞》曰："是故，吉凶者，失得之象也。悔吝者，忧虞之象也。变化者，进退之象也。"之所以有吉凶悔吝，在于有得失忧虞且含进退变化，得则吉，失则凶，吉凶相对，而悔吝居其中间，所谓吉则象得，凶则象失，悔则象忧，吝则象虞便是如此，忧虞虽未至凶，但足以致悔而取羞。古凶悔吝也自有其循环系统，悔了便吉，吉了便吝，吝了便凶，凶了又悔，以此进退变化而杂糅相间，有悔为吉之渐、吝为凶之渐之说，在于悔吝为吉凶进退转换之间。悔吝居其吉凶中间，在于忧虞未至于得失，故而悔吝不入吉凶，所谓"事有小大，故辞有缓急，各象其意也"便是如此。

吉凶之所以有进退变化而循环不定，在于以德确治可以趋吉避凶，使其而互为进退，言"治"多在于化凶转吉。言吉凶之失得，失得者何？乃德也，有德为得，无德为失，乃以"德"定吉凶。在占吉凶、知吉凶、治吉凶的过程中，以德治来治吉凶，用正德使其有得而入吉。从当位、称位、配位其德位法则来确德治，可以有为之德治来正德，使其称位其能且配位其德，自然以正德之能事而化凶为吉。言占吉凶，便是据象而占其是否当位，以及时位体综合之兆，但占象不能确吉凶，可以有为之德治来确之。若称位其位，能化非当位之位，有悔而悔亡，亦可使有咎而无咎。若称位其位，则必然有配位之德，配位之德乃正德之得，必然化凶为吉。

吉凶之占在象，吉凶之知在理。象者，体时位之变化也，占象能知畸形，在于占象知理，乃以理言吉凶。吉顺自然法序和体时位之理则为顺理之得，逆自然法序和体时位之理则为背理之失，衡量得失之标杆便是是否顺应了自然法序与体时位之理，顺之则为正，背之则为不正。得顺理之吉更要行敬慎之道，占背理之失又可以德治使其得正，故而确吉凶全在于有为之治。

在未济取"狐"象，离中六五阴为小，坎中九二阳为大，成前小后大的立狐之象，从象占之，狐乃阴而不正，其占亦不能得正，全卦再以时不与、位不当、体有终之体时位呈现诸多不正，不仅难以成吉，遇他卦还将呈凶。在未济卦，狐渡水而冰未成，狐之老者多疑，善履冰而听，惧其陷，但小者尚未练就老成，只能以壮勇而往，结果因不察而导致濡其尾，渡水濡尾乃未得其时；同时又处雷电合章而惩恶制阴之时，其善躲藏之性造就无暇顾及危险，故行壮勇冒进之行，反而濡尾，致未济，此乃时不与。未济之卦火炎上与水下润，水火两不相交亦不相济益，相交且济益者乃既济之卦，既济与未济之别便在于水火之位迥异，上下卦体失位，六爻亦皆失其位，位不当则不能称其位，更不能成其配位之德，践行诸事最终将因福德不足而未济，此乃位不当。以未济卦列六十四卦体之终，既在于阴类行未济之事本有终，又在于以未济继承其复始之义；本有终者，在发生"几济"之过程来振济，依然呈未济之果，便应该思考其本因，改变其策略，而启复始之道，此乃体有终。未济卦因时不与、位不当、体有终等因素成其未成之果，使诸事未济，若再以未济一卦交易且联通他卦，使诸卦皆有履灾遭难之恶果。未济事不成，才能纵观易体而探寻不易之至理，未济必有因，从因上治理来达其既济之道。

是否顺应自然法序与体时位之理而生吉凶，那么悔吝如何生呢？悔吝在践理过程中生。占吉凶在象，知吉凶在理，知吉凶不一定能得正德之果，在于知理且顺理而践行之，以践行得正且有称位之能而得正有吉，为知行合一方能得正见吉，生确吉之果。在知理而践行过程中，知理且顺理之行，为气盈之为，若不行敬慎之道，常有悔，乃过阳过正而有错失，错失生悔；不明理且背理之行，为阴妄所主的气歉之为，虽有为但难顺正理走正道，常不能达其常，而生吝，同时气歉则生节制，有拘谨又猥琐之义，因识不明而不能光明正大，乃节制之吝。错失生悔，以知悔而困于心且衡于虑，呈忧象，吝在不正之先，识不明不知何为而陷于安且溺于乐，呈虞象。

吉凶悔吝如何相间转化呢？通常吉了便吝，因知理明正而敬慎得失，故而行顺理明正的节制之吝，此为吉吝；行吝之节制长久，则难称位其位，故而从吝转凶，有凶则又将生悔，以此种种进退变化而杂糅相间。吉吝不会立马生凶，乃行吉吝有过则从吝转凶；吉吝同悔吝不同，悔常自凶至而有悔，有悔再不吝则必凶祸犹甚，故行悔吝又能化凶而趋吉，通常以悔吝来立凶之戒。形成吝自吉而趋凶与悔自凶而趋吉循环往复之态，并与刚柔进退相贯，所谓进退相贯，乃进自柔而趋乎刚，退自刚而趋乎柔，如《周易本义》所言"柔变而趋于刚者，退极而进也。刚化而趋于柔者，进极而退也"。从而刚柔相摩主进退，与体时位共同形成吉凶悔吝循环系统。在吉凶悔吝系统中，占吉凶、知吉凶、治吉凶全在乎"位"，而位以爻象呈现，由六爻递相推动而生变化，以此由浅及深，由卦体贯本体，由卦时贯大时，结合六爻之位，而总推天地人三才之道。所谓"三极"乃道源无极，先天太极，后天无极而太极；三极之道，乃道体德性合相之体，主源流生化，为道之体，以天地人三才对三极，有三才之道，为道之用。

吉凶之治在德。《系辞》曰："八卦定吉凶，吉凶生大业。"吉凶之定在于八卦之象，占象而知理，所以能定凶吉；治吉凶所生之"业"乃立德性德治之大业。治道有为而见德，乃卦德之髓，顺理明正且知行合一，有德得正而吉，背理失正则凶，虽有吉凶之占和吉凶之理，但确吉凶之果全然在治，以德治可使不正得正，故而吉凶之治乃趋吉避凶为养正之道。正者，在德文明体系里，赋予了阳正、大正、正大、德文明之同正之义。阳正者，乃身德修持诸卦体，通过治君子九德系统，健德修身而有称位君子之阳正，以称位君子之成，有阳正君子成。大正者，乃卦之小体的贞正之道，亦是居小体的德政之治道，以德政治理卦体，而得卦之小体之大正。正大者，从大正之道全大体之德政王道，所谓正大之事业正是以小体之养正而全大体之同德同正。德文明之同正，乃同人之正，内有明志双正，外有王道德政之大正，为内外精气神皆同。以"正"为标尺，便知不正何在，以及如何通过有为之政使不正得正，从而化凶为吉。

在姤→遯→否→观→剥→坤执妄迷失过程中，以阴势浸长主刚柔之变，故而呈现了诸多不正之灾祸；君子在姤体、遯体失阳正，从一阴始生浸阳至二阴势长，阴势渐长，阳正渐消，且不正之姤风遇阴势之遯山而回转成蛊，蛊惑伤正，又贯穿于归妹之乱正，使阳正无以制阴继续恶化；君子在否卦失位，否卦主小人道长，君子道消，并因阴势否塞，致使否体无法与大秩序交通往来，而生不交不通之否难与小人当道之难，小人当道则君子失位；君子在观卦失时，阴长阳消而阴有余，君子虽然予政与予德于民，以风行地上遍触万类而化德政，奈何四阴在下使君子已失大观中正之时；君子在剥体，失阳正，无位又不得时，阳又被阴剥丧，且烂落在地。从剥落之灾可知，失阳正，失位，失时，再以众小体之失，烂落在剥卦而成灾。德政之体，最重时与位，时未至，位不仅非正还将不存，阳不能及阴，出现姤卦不正之患、蛊卦蛊惑之祸、归妹卦乱正之祸、小过卦小过之祸、剥卦剥落之灾……非君子八灾而在所难免，若不正之凶得不到治理，将祸乱深重，还将出现如屯卦无序之难、蹇卦险困之难、坎卦重险之难等难体。

值阴而不正之卦体，必然有患、难、灾、祸之凶，故而要行德治之道。治不正使其得正，必行制阴与止阴之法，制阴与止阴者，在姤卦五阳皆有制阴之任，犹以"以杞包瓜"和"包有鱼"言制阴之志，谓以"包"行制阴之法；在遯卦，虽有避阴势为主体，但依然从"刚当位而应"来应阴，行阳当位之责；在蛊卦与归妹卦，皆行"止"道，祸在前，治在后，以"止"通正；小过之治，更依制阴之法与止不正之道，尤其行以有过求无过的纠过得中之道。

经过德治，不正之诸卦皆能从不正有凶而达养正有吉。在姤卦以中正德制正不正之柔，而有风物德化大行四方之象；在蛊卦成其不正有终，得正而大正有始，全其终始之义；在剥卦行"止"道，知天之厚生之道，而行安民之法厚待百姓；在归妹卦"止"不正而通正，使其有归妹初九与九四有守位之典范，九二与六五有正位之典范。

以德治趋吉避凶之能事，犹以涣卦呈现了卦体应涣难，立宗庙摄众志与凝人心而制礼治涣，通过立宗庙之道治涣达收神制礼正风气而得正，终以倡德风且立德范而行王化之政得亨通，完成了从凶到吉的转化，而这个转化过程便是涣卦德治之过程。涣卦以风行水上水遇风涣散立象而占吉凶，占涣象可知涣卦有涣散之难，入涣象而知涣因，乃涣体刮起风行水上之祸风，致使柔顺在中孚君子身边的暗众亦逐渐离散，不仅涣体有难，还因涣体呈现出小人趋利而害正道之本质，而伤其他卦体；观涣象与知涣因便能明涣理，故而值涣体的涣散之祸要治涣；治则从涣因起治，止"风"则止涣，立宗庙之重器以正魂魄、聚人心、摄众志而却风止浪，再收神制礼正风气，使其诸多不正经德治而得正，最终达到凝精神且治于精神之目的，并以正邦礼器成王道德化之大器而正风化，使涣体从涣散之难中因德治而得亨通。

涣卦历经了涣难有凶、立宗庙礼器之德治、最后达到了得亨通而趋吉的过程，且在涣难有凶时，立宗庙之道收神制礼从涣因治不正，便是从涣难悔过，悔过且治过，乃悔自凶而趋吉的过程，通过行之有效的德治，使其终得吉；由涣卦呈现了宗庙之道，以德治的称位其能，而配位"亨"与"王假有庙"之卦德。从卦序有位而言，以一卦得治而交易他卦，使其因"位"之治而位位得亨通。

涣卦从涣难起治，以宗庙制礼舒难疾得亨通而趋吉的过程，立德治趋吉避凶之典范，可见有为德治才是吉凶悔吝系统转换之器。有为德治，在于有为和德治两者，有为乃识"易"有变易之特性，知变而通，且主动求变，寻求得亨通而趋吉之道，卦体之吉凶随时、位、体而多变，且无时无刻不在变，知变而通，以德治通，必然能在吉凶悔吝系统中找到趋吉的路径；德治，便是得亨通而趋吉的路径，德治内容众多，且吉凶因"位"见德，乃德位法则主之，至于用什么样的方法乃卦体所赋予，如涣卦立宗庙、中孚建孚信、颐卦言养正、离卦言德照……皆不一而足，不胜枚举。

故而，若占象有凶，处位与卦理亦凶，遇凶时、凶位、凶体若不积极有为，寻求出凶之道，放任自流必然凶上加凶，从小凶而应大难。以剥卦剥体三凶灾为例，初六剥床以足、六二剥床以辨、六三剥床以肤，从足下，辨中，外肤，言剥灾之渐进，亦是凶灾之渐重之状态；剥自下而上，以阴剥阳，随阴渐长而成势，不仅阳被剥落且阴更灭阴，连六二以中德亦不能辨阴而失明。剥卦占象有凶，爻理系辞亦凶，又不知修持健德而从阳道，故而失为又失治。

失为乃不知修健身德，失治乃不知从正举善，其身德修持不进则退，无有安逸可言。不执向阳从正之道，则退而履灾难，在剥卦当阳落无以剥时，其阴更灭阴，使阴从足下、辨中、外肤之位，尽被灭，直到剥床及肤，身死垂亡之际，仍然不能脱剥体，这便是遇凶象和见凶理而不积极有为的后果，只能任其堕落而履灾应难更深重，其惨状可知。在坎卦初六下欲重，上九上无明，行欲与无明在坎体以重险之难显现，且陷之又陷，故而成履难最深重者，在易体中很难出现如初六、上九这种死路一条之人，只有在困卦上六困于"葛藟"之极困悲惨如此，导致如此悲惨现状的原因皆在于遇凶象和见凶理而不积极有为，不知健德从正寻求变通之道。

德位法则犹在明暗术用系统中言治理之用。在周易易周程式中，以周乾易坤周而易与正坤返乾易而周，被阴阳法则所主，以消息盈虚之大时贯穿成体而呈现明暗系统。周乾易坤的乾→姤→遯→否→观→剥→坤执妄迷失过程，以阴势渐长主暗系统，以正坤返乾"坤→复→临→泰→大壮→夬→乾"正阳进德过程，以阳势强劲主明系统。

暗系统以"执妄迷失"为旨，执妄阴便势长，迷失则失明又失志，出现乱正又伤正、小人当道、君子烂落、昏蒙暗众等不正现状，且犹以不正言害，害君子、害正序、害正道、害德文明等。暗系统阴强妄大主患、祸、灾、难，因无明而有妄小人七难，又因失志而有非君子八灾。暗系统以小人得势而肆意妄为，小人具有强大的破坏力，尤其是履难破坏正序后贻害大众，使大众皆遭大难，在明夷卦有大阴诛阳、昏蒙诛明、迟钝诛志、否塞诛序、险困诛身、大过诛位的明夷六伤害正序与正道，造成善政难为、教化难行、阳德难积之明夷大难，且患、祸、灾、难系统的诸卦亦有此类特征。

在姤→遯→否→观→剥→坤执妄迷失过程中，其"柔"起于姤风之"柔"，盛于否卦之长，变于观卦之时，成于剥卦之刚，故柔变刚，有渐变之过程，且伤害之力亦随柔变刚的过程而增长。姤风之柔，并未成害，以不正之风渐长，至二阴成遯时，才在蛊体伤正，继而又在归妹乱正；三阴成否后，柔因小人道长而渐生难，以否难之成，可知"柔"已然成大势；四阴成观，且在观得时而变，正因阴势强盛，阴阳战，正是正道消退不可不观之时，以中正观天下，可见阴伤阳致大不正，而观卦之正已然去之甚远，柔之变，使德政亦变，不得不行观之治，由此可见柔已有刚之力；五阴成剥，阴柔之势强盛成刚，已能消阳致使阴体与阳剥离，通常在正不伤的情况下阳强阴弱，阳大阴小，阴势既然能消阳成剥，必然阴势强大，破坏力十足，从君子失位与德政失序可见，其柔刚之力已非同寻常；六阴成坤，正道被剥落而沦丧，正序因烂落而失效，民众彻底丧明，不知天道更不明心性，无有法阴阳变造化之志，更无立君子健身德之实，阴妄弥漫而柔势强盛，致使善政难为、教化难行、阳德难积，君子亦是稀罕之物。

明系统以"正阳进德"为旨，秉正阳便盛长，健明德又进志德，呈现阳正、大正、正大、同正之正而序的文明状态，且犹以健德成身君子而有身德之治道，以身德为基，走向大正，再从大正之道全大体而走向正大著称，明系统中内有明志双正，外有王道德政之大正，且以法、礼、德三者同建而健德文明以正。之所以有内阳化外政之诸卦体，便是明系统肩负着对暗系统的治理，尤其是君子以大乘之进，执天道行王道进诸如明夷卦之难体，以德政治理之养正，行全大体之同德同正之理想。

在"坤→复→临→泰→大壮→夬→乾"正阳进德过程中，阳气刚壮于复卦，以一阳来复之刚出震复立阳道，阳道之事，事关君子治身德之重任，君子治身德，从一阳来复起修，以正固之利进阳裕德，经治君子九德之修健，以身德君子之成，使刚复阳气渐盛而成临；二阳成临复正道，临卦既临蛊惑伤正，又临正气正固，最终以知临之明行德政临民而振民凶，临卦治明德，又治政德，以施善政惠民而复正道，使其"阳"因正道复立而大盛；三阳开泰复正序，泰卦复立天地、上下、内外、君子与小人四重位域的往来秩序，使其天地交而万物通，重要的是因交通往来秩序复立，君子在泰卦当道，裁节调度并施为有方而大行德政，以交易之质和往来之实，既安其位序，又立德政；四阳壮盛于大壮，升华与转机亦在大壮，四阳壮盛使其有以德大之健动，行内刚化外政的转化之能，不仅执大正之道使天下大壮，亦以大正之道执天道行王道而全大体，从大正到正大乃大壮之升华，全大体在于正大成序，大壮卦铺垫了正大之序的基础；五阳成夬，正大成序必先建制，而决制在夬决，卦中五阳共决于王庭，建夬制而根除涣散，拯济明夷，夬制德大而厚生王化之政，使其能内外合德而文质相资升华内文明，并外照德政；六阳全乾，以德为核，内精气神升华阳德全圆而无所不照，又以法、礼、德三者成制载万政，内外合德而合功，使其天下德同而德服天下，既有盛大丰有的大有之境，又有纯粹精神的大治之功，乾君子统领天下所有君子，使君子文明和德文明各正性命而以乾化坤。

明暗术用。暗系统与明系统皆被阴阳法则所主，阴之大时主暗系统，阳之大时主明系统。暗系统以阴之大时为主轴，阴主不正，故阴妄暗众贯穿诸卦体，以小人当道猖獗其中，以患、祸、灾、难贯穿诸卦或关联诸卦为特点，能连贯起如妄小人七难、非君子八灾而成灾祸系统；暗系统以阳之大时为主轴，阳主正，故君子贯穿诸卦体，且多有大君子主其治道，君子当道而小人不能主政，阳正、大正是其主要属性，以复阳道、复正道、复正序、立正大、建德制、同德同正为特点，以养正七渐、德教十政而有养正与德政系统。

明系统中君子健明德亦进志德，肩负起制阴与治阴之任，故而君子志在进位并当位，且通天下君子之同志而践行大同理想，通过德文明以健全正大之事业，从大正走向正大的首要责任便是治阴之不正，救小人与暗众出患、祸、灾、难，这便是德位治则言"术用"之所在，治"暗"有术且达其所用。为何要治理？从暗系统来说，暗众与小人履难，因失明又失志，很难自救，非小人之坤众虽不及小人深陷阴妄，亦有昏蒙、草昧、欲多、妄强之特性，亦难以自出难体，何况正序被小人当道打破、剥落，难以助暗众修身健德，故需救苦救难之君子助其出难；从明系统来说，君子志在大同更需积大善，身德君子可自修自健，而位德君子必依善政，最好的善政便是建法、礼、德三者成制，又以法礼德三者成一制正序，以一序统所有，既载万政又积万善。

德位治则下的术用系统。在践行大同理想的路径上，明系统诸君子以治君子九德系统，通过困→复→损→益→恒→井→巽→履→谦的治君子过程，修身健德而治身德，以身德君子称位而区别于暗众和小人。身德君子以身德修健之终，走向进位德之始，君子进位且当位必先养正，通过革→渐→家人→颐→大畜→升→大壮的养正七渐系统养正气，再执抱元守一之精神，以内之精神化外在之政，外政便是君子担当匹夫之责教化暗众之德政，君子主德政必行大乘之进，进明夷体、进患、祸、灾、难之卦体。德政教化当以德教十政，通过观→中孚→涣→夬→晋→离→贲→鼎→同人→大有的德政治理，从大正之道执天道行王道，以中正养大体并全大体，使天下所有体皆能正大，再建法、礼、德三者正序以德序统所有，以德文明正大之治道，治天下同服。

化裁变通而举措推行。《系辞》曰："化而裁之谓之变，推而行之谓之通，举而错之天下之民谓之事业。"之所以有德位治则下的诸多术用系统，在于围绕德之核以及德位治道来化裁变通，形成德位治则的新体系，并以序德系统、身德系统、明德系统、志德系统、感德系统、养德系统、化德系统来举措推行，使"化而裁之存乎变，推而行之存乎通"的易道思想能唯变所适，不拘定式而能万用。

德位治则下的明暗术用系统自身亦有循环转化体系，小人亦能进步，君子亦会堕落，小人能通过治君子九德系统健德成为君子，君子若不养正且正固，不进远大之志，与小人为伍行妄逐欲，亦会入暗。明系统可治暗使不正皆正，暗系统和与暗系统交易的诸卦，在德政治理生卦体治道的基础上，会因阳利而紧随君子，并效仿君子。尤其是法、礼、德之正序保障民生，会逐渐使不明者渐明，无智者有智，在诸多不正之体中因德治会德化出君子。同坎卦经过重险之难炼出维心君子一样，法序之内在自有转换之机，何况德政教化之力，以德力之牵引，既能行小乘之利，又能践行大乘之愿。

一体两观。观卦为暗系统趋明的内在转换之柄。其身德系统，明志双健系统，皆能成为暗众、小人健德成为君子的转换枢纽，不仅明系统可以使暗众与小人驱明，在暗系统也有内在转换之柄，便是观卦。言德政治理，既要洞悉观卦乃暗系统不正之体，又要习观卦行王道以教而德化天下的风化之道；若以"正"来看待观体，则有观卦之"欺骗"性，之所以有"欺骗性"，便是不正主观，观卦被阴之大时所主而四阴成观，从否卦小人当道后，不正势长，且在观卦主中正观天下之德政后，其阴势仍盛长，既有恶佞作祟，又有暗众驱阴且阴势难以回转，德政在阴势强盛下将失去治理效力，继观卦的噬嗑卦生阴恶作梗而有恶佞之灾，变时继观之不正而继续发酵，故不能从表面看中正观天下行王化之道，阴妄丛生、恶佞滋长才是观卦主体。也正是观卦被阴之不正所主，且阴势盛长而渐成剥体，观卦观阴妄之生且观阴妄致祸，阴势盛长致灾祸如此，不得不行观道治之，观卦正是以众卦未有的制阴教化之力，才得德化制阴与修德行政之典范，在暗系统中以德化之力尽观体之责，正是因为观体德化之责，成为暗系统趋明的内在转换之柄。

同观卦一样，诸多卦体皆有一体两观的两面性或多面性。我们言复阳道在复卦，复正道在临卦，复正序在泰卦，立正大在大壮卦，建德制在夬卦，同德同正在乾卦。其"阳"之复与"正"之立，皆离不开六十四卦体中每一卦来交易其中，共同呈现德政治道的德化之力，况且每一个患、祸、灾、难的卦体，皆有德位法则所主的德政之治道，任凭不正之状况多变，其德政治道之样式亦多变多样。

《系辞》曰："通其变，使民不倦，神而化之，使民宜之。易穷则变，变则通，通则久。是以自天佑之，吉无不利。"民何以有倦？乃民履患、祸、灾、难众卦体，在灾难中被灾难所陷而苦难重重，既无济困之道，又无脱身之途，难以自持而疲于奔命而心神涣散，更有灾难深重者，流离失所且漂泊无依，不仅亲众离散，还随时有性命之忧、饿身之害，这种身心皆苦时时刻刻伴民左右，故而身心皆疲，变动劳倦。"通其变"便要治灾祸找到出入灾祸的方法和途径，而"神而化之"便是变通法则，以变通化之而有治理之神功，且以知变、求变、通变、最终能适变而有神。

所谓"穷则变，变则通，通则久"，乃知变、求变、通变、适变贯穿的变通原理。变，有理变与求变之义；理变，乃事物无时无刻皆变动之理，亦乃万物的变易之道，万物唯一不变之理便是变；求变，乃识变易之道而顺理施为，吉凶之道重在有为德治，所谓求变，必然遇凶或想趋吉避凶来寻求变通之道；求变必顺自然变易之理，更要识体时位变动不居之态以及错综复杂之变化，乃理通才能求通。通，有理通和变通之义，理通，乃求变的过程中寻找变通之理，识变易之道而通变动之理便是理通；求通，在体时位交相变易过程中自有转换之机，识得此机便找到了变而通的路径，当求变而不能致通，乃理未通，亦求通不得其法。理通且求通之"通"，乃阳舒阴疾、清患除难之通，不仅有亨通之理，还有变通且致亨通的方式与方法，多卦立"亨"为卦德，便是卦体自有致通之道。

通则久，在变易之道中与体时位同频共振而达恒久之道，之所以能"久"，便是相机应变或变动于先而"适变"，适变者，乃唯变所适而与变易同变，或料变于先而率先制变，使其不为"变"所困。适变乃知变、求变、通变的最高境界，万事之变机尽在掌握，洞察于先而能神而化之，故而才能自天佑之，吉无不利。之所以"吉无不利"，便是顺天理自然法则，在体时位变动相摩中能知变、求变、通变且适变，既通变易之理，又有诸多变而能通的方式方法，自然就能在吉凶悔吝系统中找到趋吉的路径。"自天佑之"的"天"不是哪个老天，正是能在吉凶悔吝系统中趋吉避凶之德、以位见德之"德"，唯德才能济通而通达所有，修德自健便能以德性通天而福祸自主。

易之事业，最终要走向简易，最终要以简易通达天下，要使天下人皆能从简易而得正理，天下人行简，可亲贤、养贤、从贤，从贤人与君子处受教而知易理。从简的得正理之法，便是知体时位方法系统，并识德位法则和德位法则所主的德位治则。一个"位"字是诸事物的方法，一个"德"字是诸事物的本性，易之至理化简而出无外乎德位也。

第二章　从全大休言治理

第六讲　构秩序——建正序再感交通

所谓构秩序，乃构建帮体共序以及在帮体共序上再构建治理秩序，且以经世治理通自然法序。这里探讨的构秩序乃是从混乱无序到有序的过程，亦乃秩序构建的本原性原理，尤其是言治理秩序上，以乾、坤二卦总纲秩序本原和道法本序来言治理逻辑。所谓建帮体共序则是从混乱无序的屯卦状态思治而建序，通过秩序七建的建序过程而有秩序成，再结合乾坤同治使其上下内外皆泰通，以感交通使得天地人和，气机往来畅通。

之所以要构秩序，在于易体有患、祸、灾、难系统，既有屯卦无序之难、蹇卦险难、困卦身困之难、否卦不交不通之难、坎卦重难之难、大过卦难得作为之难、明夷卦无明之难，又有蛊卦、姤卦、归妹卦的不正之祸，未济卦、小过卦、剥卦的不达之祸，噬嗑卦、无妄卦、震卦的失德之祸等。诸多患、祸皆因失志和阴之不正，失志有患，且又因失志呈现灾祸八体。若不健德成为君子，从"妄小人七难"与"非君子八灾"可知，非君子因福德不足而自身处灾难难以自拔，既无法于诸灾难中脱身，更难以自明寻求出难并济众的途径。振济灾难，据体时位扬升德文明，就得从患祸灾难推启示而思治理。

屯卦有无序之难。屯卦之难正是无序之难，所谓"刚柔始交而难生"正值屯体，正是"屯"以无序之难而始艰难。在屯卦，一切从冥昧状态出发，尤其是草乱无伦序，以及昏昧而不明，所谓"草"者，便是无文明的沉淀与样式。当屯难当体时，草昧昏昧，一切都处于毫无秩序的混乱状态，且该有的道法秩序由于没有构建和治理，所有一切皆无伦序，更无邦国和社稷共体之谈。

蹇卦主言险、困之难，困卦主言道之艰。蹇难在于见险且阻，以不能蹇行而有行难，呈现进亦难，退亦难，难中有难的状态。相比处蹇之见险与行难，而身困之难多在困卦，困体坎刚为兑柔所掩，为阴柔掩刚的光明掩蔽之象。光明掩蔽又多困因交困缠绕，既无济困之道，又无脱身之途。在困卦，困以柔掩刚立象，主体光明被掩蔽，君子被小人掩蔽，初六、六三、上六三阴因身困而穷乏异常，九二、九四、九五三阳君子，因本性蒙蔽，再加上名利与官途加身，便不知所困，困于酒食、金车、赤绂，为困在富足，富伤其图奋之心志。虽有福，却才德浅薄，德不当位更无法配其当位，处困局而不自知，无出困之心，更无济他困之志。

坎卦有重险之难。坎以陷义主险，当阴阳皆陷于坎体，上下皆坎，陷之又陷，是为重险，重险之难便生。卦中阳实阴虚，阳虽实但阳为欲重妄沉之实，欲、妄之沉重与重陷堆积，又值上下无据，足踩阴而不实，头顶阴而无明，使其陷之又陷，所陷者不仅是阳陷，阴亦沉陷，尤其是坎之阴无明以引，无德政以教化，自己无明亦无志，以欲当政而堕落自伤，越陷越堕落，以阴上加陷而成险，应难不及而疲于奔命。更有甚者，坎卦重险之难集诸难于一体，坎之重险从大过过极而陷，因过阳塞满中位栋桡，泰通成否势使王道壅滞，否弱之资无以成泰栋之才，虚而浮夸之"阳"随德政系统的崩溃而皆沦为小人，不仅造成大过之难，还以否塞不通致否难与小人之难。处坎难尤引援之人亦无助援之体，使坎之陷众苦难深重矣，故而难至重且昏蒙而暗至极。

否卦主言交通与小人之否难，乃不交不通之难和小人之难。夹杂塞卦险、困之难以及困卦以光明被掩蔽之难，诸难深重难行，尤以否难常常出入无期。在否卦，卦之当体与大秩序不交不通，相互隔绝，成否塞之势。否之当体无法与大秩序交通往来，出现不交不通之难，是之基于否之当体描述与大秩序的外在关系，为否之外部状态，而小人之难则是否体内部小人当道的内在状态。大往小来，为否塞之势的根本，也是小人之所以昏昧而当道的原因。小人之所以能成否难，在于小人先无明继而无志或变志，多行小人变志且奉君之丑径；小人奉君则为以求济其为身之利；小人为身之利，则会上下相欺且合交以害正道；小人害其正道，则不重天道、不知阴阳、偏居偏安且妄作非为乱其位序；小人乱其位序，则好欲而以欲当政，行败亡之政，乃至兴师好战，伤民误国。由此可见，不交不通之难为否难之根本，而小人之难，以难而有实，成难之深重矣；还有一种否难，为泰极否来之难，依从物极必反之道，使一切内外与往来皆可此消彼长，使泰极呈否势而陷否难。

大过卦有难得作为的大过之难。在大过卦，中通之位被过君子之激阳所填，使激阳充实于两阴之间，以阳塞满而滞，使中位之泰通成否势，否弱之资无以成泰栋之才而致过。其因在于否弱失资的过君子，自视过高，言过其实，浮夸妄动而充当栋梁之大任，以过君子之质地行称位君子之表，通过激进事件，占位以政；以德不备、才不具、功不成、行有过之资占位，又以智昏不明自视过高而担当栋梁大任，再以志大才疏之昏昧行盲政、昏政，虽据位而不通政，无良政以疏通邦体民众之往来，将本来泰通往来的局面打破，导致政务瘫痪，使其重新窒塞，犹如栋"桡"，酿成误国误民之弥天大祸。

大过之难是过君子群体以虚而浮夸的非君子行为所造成君子文明之大难。值大过之难，别说有所作为，称位君子及民众唯恐避之不及，或卑以居下，或远遁阳外，使本来鼎足支持之群体，成弱而无力之人，能如初六保其自洁就已不错。最终德不备、才不具、功不成、行有过的过君子群体，以健德有虚、养正不实、自视过高、言过其实、浮夸妄动的过君子之质，违背事物正而序的发展规律，行其泽灭木之大过，以害称位君子、害位、害政、害王道、害民、害泰通文明之桡，造就君子文明之大难。在大过卦欲作为却致大过而难得作为，本来在大过卦，以"大"可行大事，以"过"有阳过中，是以得阳而行大事之良机，却奈何其阳不实为虚而无实之激阳，所行大事亦为无德政甚至无良政的激进之事，以激阳激进用过据位以政，既冲击了称位君子，又冲击了原本泰通往来之政，既使称位君子远遁避祸，又致王道壅滞，鼎足不强，成其大过体。

明夷卦有无明之难。在明夷卦，明入地中取象，以"伤"立意，上六象暗主，执暗却自耀其独明，夷伤他明，五爻皆被其伤，呈现以大阴诛阳、昏蒙诛明、迟钝诛志、否塞诛序、险困诛身、大过诛位的明夷六伤成其明夷大难，暗众群体以欲当政而堕落自伤成明夷难之主体，亦有处明夷行德政与教化难、君子艰贞且正志难等诸难。明夷有昏蒙草昧与刚强众生居明夷而蒙明夷大难、处明夷德政与教化难、君子艰贞且正志难的三大"难"系统。暗众群体居明夷因以欲当政而堕落自伤，成明夷的主体之难，暗众因昏蒙且欲妄刚强，无明亦无志，无明识德政系统，使其德政难行，德教更难，再加上无志难以正志去积善累德，故而难上加难，成其仅次于坎卦之大难。

除了诸多难体以外，还有因失志和阴之不正的灾祸八体。以灾祸八体之现状见失志之患，从而坚固正志之心；君子失志且失德于祸患八体，无非是阴而不正使志不固，志不固而受阴蛊，阴惑而乱正，乱正则小过，小过则使剥落，落而剥将失德，失德则刚外来，刚外来则灾妄致恶，恶佞为祸则诸事未济，以此形成了不正之患、蛊惑之祸、乱正之祸、小过之祸、剥落之灾、无妄之灾、恶佞之灾、未济之患的祸患过程。

以姤之不正领起不正之诸祸患。在灾祸八体里，其姤卦与剥卦乃阴主大时"乾→姤→遯→否→观→剥→坤"执妄迷失过程之卦体，乃阴来阳消而主不正之体，从而以"不正"贯穿在灾祸八体的其他卦体，使其成为有灾祸之因。不正起于姤风之"柔"，阴妄从乾始，阴求遇于阳，柔遇刚，以柔成主，以遇成体，至姤一阴在下有位而成，使阴有质且有位；姤之不正乃"姤之时义"赋予，为周乾易坤的暗系统所主，以执妄迷失为路线，暗系统以"执妄迷失"为旨，执妄阴便势长，迷失则失明又失志，出现乱正又伤正、小人当道、君子烂落、昏蒙暗众等不正现状，且犹以不正言害，害君子、害正序、害正道、害德文明，因无明而有妄小人七难，又因失志而有非君子八灾。

灾祸八体。姤卦一阴方生有位成柔主而主不正之患，蛊卦以不正之姤风遇阴势之逅山回转行蛊而生蛊惑之祸，归妹卦以归者在妹且乱位乱正而成其乱正之祸，小过卦以内实外虚伤正害中孚而言小过之祸，剥卦以柔刚剥阳而阳消落言剥落之灾，无妄卦以灾因在妄且妄动成灾而言无妄之灾，噬嗑卦以恶佞为祸和谗邪作梗而言恶佞之灾，未济卦以阴类行未济之事而言未济之患。

在姤卦，柔遇刚并浸刚体而生不正之姤，不正之风祸乱诸卦体，犹以不正之起因致使小人当道而害正道；在蛊卦，正之姤风遇阴势之逅山回转而行蛊，以女惑男行欲生蛊事，不正乱情，蛊惑伤正，众人受蛊生坏乱之蛊果成祸；在归妹卦，妹自媒自荐动于男先来归，柔乘刚与位不当而失礼、失时，归妹不正又双失，致使双凶并至；在小过卦，山上有雷而声过其常，四阴在外，二阳在内，内实外虚，以上逆下顺立凶吉而言过；在剥卦，阴柔渐长盛极而变刚，柔刚剥阳而阳消落，众小人皆来剥丧君子，使君子失阳正、失位、失时、失剥之小体，继而被戕身落难且烂落在地；在无妄卦，灾妄起始于剥落之灾，随正道与正序剥落而无制妄止欲之器，民众行欲妄动，致使无妄卦以"妄"为体，且妄动成灾；在噬嗑卦，恶佞之徒以恶佞之内行伪善之表，从而蓄意作梗为祸德政，致使败坏德风并致灾生难；在未济卦，阴类行未济之事，因时不与、位不当、体有终等因素成其未成之果，阴类不从正致使诸事未济，且恐致使诸卦皆有履灾遭难之恶果。

从无体到共同体，从无序到正序，一切萌发之"始"自屯卦，有草昧君子从自然秩序中走出，以明振乱而振济屯难，通过立君、合群、建侯等初始政治活动，以此为基石朝构建更稳定的公共关系以及更大的邦体出发，而言经纶天下。在屯卦，有走出昏蒙状态的草昧君子自明之始，有合群活动与建侯事件的政治萌发之始，有草昧君子明道法秩序而立"经纶天下"之志始……正是诸多的萌发与开端，尤其是草昧君子之明以及济邦之志，是构建秩序的利器。屯卦走出草昧君子，草昧君子起始于建序之初，且贯通了秩序七建之过程；使其在比卦确制，纵观易之全体，比制最终在夬卦有建制之成，比卦以"元永贞"之精神所作比制之愿景终成于夬体，一制载万政而厚万德，成其正序之功。

秩序七建，为蒙卦、需卦、讼卦、师卦、比卦、小畜卦、履卦所在的七卦，成为秩序构建的七个阶段和步骤，自屯卦秩序构建萌发之始，历经由蒙卦、需卦、讼卦、师卦、比卦、小畜卦、履卦共同呈现秩序构建过程，以秩序构建而振济无序之难。由每个卦体既解决卦体本身重点矛盾之治理，又七卦相互联系而逐步走向共同体整体之构建。

从蒙卦的启蒙之道、需卦的养需之道、讼卦的治讼之道、师卦的军政之道、比卦的确制之道、小畜卦的德礼之道、履卦的礼制与德位之道不难看出，每个卦体都有重点需要治理的地方，也是邦国构建中重要矛盾之所在，完成为政治理则能找到治道，从而沉淀治理文明。

每个卦体自身的矛盾之所以能解决，就在于每个卦体本身的本原性法则，洞悉法则就能找到治理之道，这是能使亨通的根本，也是寻求解决之道的途径。有了在蒙卦的启蒙之通，才出现民众供"润"于邦体，对"财"的取、用，产生了饮食之需，而有需；经需卦取财与用财之通，而成养需之道，要使邦民进一步皆得其养，使诱发了争辩与纠纷，则需治争，而有讼；经讼卦解决纠纷之通，而成治讼之道，可危讼有害，害而动众则兴师，而有师；经师卦行正义之师治强权之通，而成军政之道，王道之师容民得众，则言亲比，而有比；经比卦以"元永贞"思想言亲比之通，而成确制之道，比制正固，既润融亲比，又相比附蓄聚，而有小畜；经小畜卦施礼、建礼、定礼之通，而成德礼之道，小畜卦虽蓄者微小，但从礼术到礼序，需安位其序，而有履；经履卦健礼成制之通，而成礼制与德位之道，又以法→礼→德三者一体德树构建，成治礼道之大成。

建序治无序之难，正是以秩序构建完整之有序而振济无序之难，历经蒙→需→讼→师→比→小畜→履寻求治理之法，沉淀治理之道，以卦体自亨通而成其秩序七建的共同体之亨通。亨者，嘉之会也；从无序之难到秩序七建，既是各卦体形成治理共同体相互关联的构建之会，又是各治理之道继而形成邦国治道之会；既是德位治则呈现在不同卦体之会，又是同体位域方法论分析不同问题以及解决问题之会。所谓建序之德，其德在乎"秩序七建"建序之治理，更在乎以德位确礼，更以德统礼，以德制之成而一序刚万德。

秩序构建后，历经夬体、晋体、贲体三次更新与升华。夬卦以"扬于王庭"而有夬决之象，为扬说国之大事，使待决于朝堂，经过朝堂之决，而夬于王庭，以决之大和决之重，共同商议决策，且以五刚决一柔的"刚决柔"之共决赋予了决之公共性；从决之内容上，五刚经过共同商定，从决性上下功夫，找出了以"制"之刚来决祸患，从因上入手，从根上根治，以"刚"性成制，以制之共序来决，而有决之全面。夬卦以"柔乘五刚"之决果，使其能去祸患之根，而有终结旧制来建制的取新之决。故而君子观泽决于上而注溉于下之象，师法夬卦体根除宿弊而恩泽万民，以优良的制度秩序布恩泽于生民。

晋卦经过大壮升华之进、夬制刚进、升晋之进为过程，使纯粹精神之内阳从坤地升而进，以明出地上至日中成晋体。君子升志借位阶履志，以君子升位而广施政德施，化四方之善，此种君子大乘之愿可借夬制之进而得其所有，所谓一制决所有之功便是如此；夬制之进，以一制决所有之特性，使"一"有通万变之能和载万法之体，那么此制便是以法、礼、德三者成制，又以法礼德三者成一制正序。夬制所言的一制决所有的"一制"便是德制。夬制进在晋体，以崇德推明来新晋体，以夬卦之小体，德决出载法、礼、德万政之制，成在晋体，以适用所有体而全大体，这也是晋卦言三次升华之所在，尤其是德驱内外，升其神通，华其万用的精气神三全之升华。

贲卦言文明，终以集诸文明之成而建制成序，以法、礼、德三者成制，又以法礼德三者成一制正序，而一制便是德制，一制正序便是德序，从一制决所有升华成一序载所有。德制之建，起建于比卦，成于夬卦，升华于晋卦，成序于离卦，以贲卦文明之成，而成德序。诸文明有成，全在于德序之功；或建德序于卦体治道中，或被德序所载而成其内外大治；皆围绕"德"为核，守正固之利，得大正之道，成其正大之志，君子健身德进位德，治明并升志，内能正固其德，外能行德政教化，内外能精气交感而以神感通，又能执养正之功蓄养内外，终以德固治其内，德制治于外而内外合德，汇通成德文明。

贲卦以聚王道之德政成山于外和集内德刚壮而成阳火于内为内外卦体，养正蓄德在于精气能聚，而精气之萃聚在于是否与大秩序建立天人合一全息元象"动态"交易联系，贲卦行萃集成山之聚，故而因精气通泰，而有交感文明。言交感，有以泰卦统领解卦、随卦、咸卦、萃卦形成以交感五通系统来治理否之不交通。

否卦主言交通与小人之否难，乃不交不通之难和小人之难。在否卦，卦之当体与大秩序不交不通，相互隔绝，成否塞之势。否塞则气郁，气郁则气机不能畅达，气机不畅则逐渐否闭，使其卦之当体与大秩序逐渐失去交感之能，以此渐成否难。否难主言与大秩序不交通而所产生的秩序之难，以及在不交之否势下小人当道的治理状态。

当否难形成，使其当体秩序无法与天地、上下、内外、君子四重位域的大秩序产生交通。继而交汇构建，使当体陷于否塞且孤立的状态，无法与大秩序建立天人合一全息元象"动态"交易联系，使否之当体因不交之否塞而成孤立之体。孤立之体无法在大共体里引援而助益，其"体"无法自养，其卦德无法自健，逐渐丧失秩序之明而使昏昧当道。昏昧之邦、民则不守位履礼，出现以乱位序而使礼序、德序皆乱的混乱状态，从履卦所构建的法→礼→德三者一体之德树光明野将荡然无存，继而使邦制弊病再次显露且缺乏有效的治理。邦体之位被阴柔小人占据，君子逐渐隐遁，因否塞的不交不通之难，继而出现小人当道的小人之难。

应难则思通，物无终难之理，天道往复有自振之机，难极则必散，故受之以解；在解卦，以雷雨交作立象，以破郁交气为解道思想，使诸难从缓解、破解、解散、生息而至尽解。之所以能解各种难体夹杂之难，便在于天地人三阳合德致气机交感出震以动，秉破之功而行郁塞，再以雷雨交作灌溉使清气换浊气，逐渐在解体迎来了生息休养与正序复生的大好局面。天地人合德交感而破郁交气的解道思想，是感通之髓；而万物与雷出入，正是感通之随；在随卦，得益于气机交通，以交而感，感以随物应情之情，随之气为心物相交成气，再感而生情，正是以精气神三者合德的气机交感之用，成其以随物应情并唯变所适成随道思想。以物之随而感，感以随物应情之情，以感于物再通于物，有感通之咸体；在咸卦，既感物之法序，又通物之本性，再以洁静精微之感而感于心，成其唯变所适而心能转物的咸之道，感而遂通履咸正之序，是咸体以心寂然不动得心境大光明，守真如而妙化万有的咸道境界。以感而遂通交感通物，行舍识弃意虚我而从心凝神固守，使气来而聚，得萃聚；在萃卦，以神之内守得正固之利，在凝神聚气、聚气养德的萃正过程中，逐渐完成君子以类，贤才当聚的尚君子、尚贤、尚德之萃聚；当萃正之序从否乱失序、物之类序、萃聚而集序逐渐养成，由萃集走向泰而通的过程也渐成。

交感五通。为解卦的破郁交气之通，随卦随物应情之通，咸卦感而遂通之通，萃卦萃气正序之通，泰卦交泰往来之通。在解卦，以破郁交气之道，使生息休养与正序复生；在随卦，以随物应情之道，而唯变所适并唯善所系；在咸卦，以感而遂通之道，能感物通物并虚我从心；在萃卦，以聚气凝神之道，行正固之利和萃正之教；在泰卦，以交泰往来之道，行德政内外之治道。其交通五通，"交感"是气机从否塞行而交、交而通、通而感、感而同、同而聚、聚而序、序而泰、泰而往来之过程，"通"是卦体治道之结果，经过解卦、随卦、咸卦、萃卦、泰卦治否之不交不通的过程，则必然有通而泰的结果。

通泰则能往来。泰卦与否卦皆从天地、上下、内外、君子与小人四重位域有超越邦体的大秩序往来状态，只是否卦否塞不通，无法与大秩序建立天人合一全息元象"动态"交易联系。值泰卦，以茅的牵连相引之象，意在言明并强调大秩序整体相系牵连的关系，人类社会与文明时刻处在更大的秩序系统内，而且无时无刻不全息交易在一起。天地交而万物通，这是基于道法根本的"动态"交易，这个"动态"便是人与宇宙的天人合一全息元象交易，体现在天地同律、人天同构、人天同类、人天同象、人天同数，宇宙与生命的相互收受、通应，共同遵循"四象五行"的对待协调、生克制化的法则。所谓道生之、德蓄之，大道以其道生德蓄而体性一如，发生全息交易，道生德蓄便是天地、万物、人与自然发生交易产生法序的根本。除了根本法序外，就是属性秩序，在泰卦和否卦里，分别以乾坤、阴阳、君子与小人等统一在乾性与坤性的属性秩序里，乾性阳而健，坤性阴而顺。乾与坤处其"上下"而显"志"，志同通泰则振邦，乾阳与坤阴处其"内外"而显刚柔与正邪；内健而外顺者，小往大来，精气升腾，君子道长；交易者，精气也，天地交易移精变气；往来者，德行也，社会往来建礼正德。

泰与否正好构成事物的两仪，也是秩序治理两种截然相反的现状，从君子与小人的阴阳盈虚过程，以德政治其君子与小人而正正邪之序，使其通泰时以促万物生化、交易，使否势时可养德辟难。从泰否两种文明状态的交易法则与往来秩序出发，裁节调度并施为有方，大行德政。尊其交易法则与往来秩序，当泰通往来则应思治理，由患祸灾难所推的启示便是以德位法则行德治。

思蹇难与睹身困之难，在于处难当知治困而脱难之道。处蹇之时，在于能知蹇势，明了蹇之难在于"势"迫之，知蹇势方能以"知"蹇而寻求出蹇之道；处蹇之责，既知安身立命之责，又知反以修身之要；济蹇之事，进以尽经纶之本分，退以从贵而能宣君德。处困之时，从处困的外在因、内在因、本因以及呈现困象的因果之道可知，其困象，只为未健德之表象；德，方为济困、济通之本，唯德能通所有，能济所有。

"有孚维心"乃坎卦领起健明德之因。坎难虽大陷，但终有刚中之维心君子从坎体炼出，维心君子通过习坎通坎以"维心亨"而明心见性，从三习三炼居坎难而达大明。三习三炼，便是坎炼维心君子的过程，也唯维心君子能习坎，从水流不安众求安，从坎之悲苦中求乐。当维心君子从坎难中炼出，君子内圣外王时，才是维心有用武之地时，方是君子之时位，方能君子正位居体而拯重险之难。

蒙大过之难，必依养正七渐正固而渐养之，使其德刚体壮，不受大过侵扰，能执天道行王道，谱写天下正大之序。值大过体难得作为之难与大过之难，必然先行革变，再图渐养；先革而后养才是振济大过之路径，不革除过君子的大过之政，其虚而浮夸的激进风气无以从新，社稷鼎足之君子和民众无以回归，且不革则不能养，别说养正以渐，任其大过之体横行，则将面临无以生产，温饱难以自足之灾变。纠其原因，过君子造成君子文明之大难的本质就在于健德有虚、养正不实，继而才形成无明德以辨事物本序和时局状况，才形成激阳与激进事件。

治明夷大难以及其他诸难在于德教十政行德化之功。在明夷卦虽有明夷大难，但仍以"正"为体，以"进"为用，并非只见避祸，而不见济夷之道；明夷全卦、爻以文王、箕子而引史证辞，既举明夷"利艰贞"之卦德，又言处艰难以正志之用，使明志互发而固守时艰。举圣贤之事例，在于以史为鉴而治明，师法圣贤之精神而正志，以圣贤的言传身教，日新其学，学以致明，以致修身、亲贤、正固之利用，立志蓄德济天下；最终成其明夷体以纯粹精神且抱元守一的内光明行刚壮而化外的正大之进，使其内文明隐于内，暗众柔顺于外，终显内阳化外政的治理之功。

立震器统领失志之患。震卦非言失志而成患之卦体，而是立震之大威德，使人惊恐并知惧，以震之威警示失礼丧德之违震，尤其是失志一蹶不振，处灾祸八体若不正志而进志，则陷入不正之灾祸，且灾祸日重。震卦以传德承序之重器示警，要见震得神，知进志升志且谋进取。不识震之大器而非用，且居德而小用，会致祸生，值祸变时不知反省修德，继而失志，将引起更重之灾祸，震以传德承序之大器，君子师之，应立齐地而通天之志。

正志防灾祸八体。灾祸八体之所以致灾应祸，皆有在不正之因的基础上继而失志，任其不正在阴性属性中发展，背离正道，遇灾祸八体必知灾祸之因，在于阴而不正且以不正为祸致使失去拯济阴妄之志，故而治不正之先，必先正志，以正志来固志继而固正。诸体不正，皆因遇阴浸正不固而失志，失志则需固志，且只有做好固志才能更好地固正，而正志与固志之利器在乎震，君子师震，应立齐地而通天之志。以震器大用，立拯济万民之志。在对灾祸的描述中，其患、祸、灾、难乃灾祸程度由轻到重，灾祸八体虽有患、祸、灾之灾难，但尚未真正涉"难"体，故而言"防"，通过正志或德治，防患、祸、灾，若不加治理，恐陷入如坎卦和明夷卦之难体。如同小过卦过错尚小、伤正尚轻一样，小过错和小祸若能及时纠正将从不正得正。值灾祸八体的患、祸、灾之凶，需从阴而不正的灾祸之因起治，治不正使其得正；治阴必制阴与止阴之法，在灾祸八体之诸卦君子以及当位之阳皆有制阴与止阴之任。

姤卦以中正德制正不正之柔，姤体以承继乾文明之姤同为主体，五刚之中，仍有二五之刚居中正，以中德主姤。虽不正有祸，但阴弱祸小，故而正大的德化之风正从姤体施行，以正大之事业来正不正之姤。不仅如此，诸爻犹以"以杞包瓜"和"包有鱼"言制阴之志，谓以"包"行制阴之法。

蛊卦以"巽而止"行"止"道整饬治蛊，且慎终如始而振民育德。蛊祸在前，蛊治在后，从成蛊之因，到治蛊之法，经过整饬治蛊，根于不正之因而使蛊体得治，且成其蛊体"不正之终，大正之始"的终始之功。

归妹卦以乱位乱正成其祸，且祸患事关伦理风尚与礼制大体，有伤德政，故君子睹归妹动而不当之祸，必以"止"通正而治之。归妹之终始，正是正位序、正家人之序的呈现，亦是从归妹之乱位之不正，可见天地位序之正，以此以小见大，以"正"来振民，使民众皆能明礼序之正，行婚嫁与家人之正。

小过卦上逆下顺以有过求无过，乃治小过矫过得正之法；小过卦致过之因在于阴浸阳之弊，阴盛而阳消致使正固不利，故而止过在于制阴与止阴，止其坏德政风尚的不正之风，小过之治，更依制阴之法与止不正之道，"止"不正而通正，尤其是要纠过得中，以有过求无过。

剥卦的烂落之灾，使君子烂落在剥体，君子尚且如此，民见剥落之灾，灾如火临宅，突如其来又灾难深重，必当临剥而安民。安民必先止阴，虽不可与敌于阴之大时，但尚能治剥卦之小时，知成剥体之因，从因上治理，明大时，而治小时，应师法众卦的制阴与止阴之法，使其形成剥卦的止阴之道，当安民得正，剥卦可得治剥安民之道。

无妄卦知妄因而治妄，以灾为体，立灾为用，先有灾，后治灾，再定序，形成从有灾妄，再主不妄，最后行正望的治理过程，使正序得复，正道可立，从大亨以正至实理自然而通元亨；以不妄言安，乃戒其妄动，宜动而有所制；从不正，通正，再到得大正，以无妄一卦，实则担其诸多卦体之责，乃灾祸治理之典范。

噬嗑卦观噬磕之象，借观卦之力，以刑入礼，再立刑从法序，惩戒恶佞，以"噬嗑"之法治天下之大用，以离火之明照雷震之威，用刑惩恶去其梗间，惩戒恶佞，以雷震之威大器重用，强力战恶，再以雷电合章而引刑入礼，兴法制建法序让邪恶知其所畏；用刑狱治乱之已生和恶之既昭，弃柔和之观，值乱世用重典，待梗间去之，再当复以教化。

未济卦诸事未济当进志使志行，以未济之体与震体相呼应，师震之大器大用而立奋起之志，唯立从正之志，健德从正，方可从未济致远而达既济。从震立失志之患警示，到灾祸八体之诸灾难启示，未济正需以不忘敬慎之体，进志从正且志行履正，才能真正做到以正止邪，以阳正阴。

第七讲　系君子——匹夫有责身天下

　　所谓系君子，乃以诸君子来担当匹夫有责身天下之任。围绕"德"的修证与教化，赋予君子之使命，再以君子之质地行德化，赋予德文明之使命，使其践行正大之事业与全大同之理想。

　　君子是贯穿建序与全大体之德政的重要枢纽，无君子之担当和作为，便无以建正序，更无以践行德文明丰有而大同之愿景。正是通过健身德之正位、明德之正位、志德之正位、交感之正位、养正之正位等治君子过程，方能赋予随君子升格而有德政扬升之实质，使君子成为谱写治道文明之利器。

　　何为君子？君子者，以通本性之明而履法序之要，求治于精神，并健德于内外；既健全人格之意义，又扬升文明之使命；既健德以立身，又进位以为政，同履序以合道，能教他人有德，使天下同德。治道者，以君子承载德文明使命而产生的德治之道。所谓实现大同理想，乃践行大正之道，全正大之事业，以"执大正之道→全正大之事业→达天下大同"为路径，实现天下归德且健德文明之成的大卜大同——德文明与共愿景，"天下大同"并非不可触及之理想，而是有实施和实践之路径。君子赋予人的使命与意义，而德位恰是君子进"位"行德教之政而赋予"位"的使命与意义。君子取法天道行健与地道载物，以强健之体，行厚德之本分。六十四卦每卦皆有德君子，因卦爻的时位与体皆之不同，故而赋予了诸多不同的君子含义以及时位所在的君子使命。

系君子则当先确君子。如何确君子？所谓确君子乃确身德君子，即通过九卦所呈治君子过程健德成为身德君子；九卦所呈从困→复→损→益→恒→井→巽→履→谦的治君子过程，形成治君子九德系统。通过困卦以辨质见修之道，呈现德之辨；复卦以性命双修之道，呈现德之本；损卦以损修固阳之道，呈现德之修；益卦以益阳裕德之道，呈现德之裕；恒卦以德固恒养之道，呈现德之固；井卦以善地井养之道，呈现德之地；巽卦以进位节制之道，呈现德之制；履卦以履位制礼之道，呈现德之基；谦卦以谦谦君子之道，呈现德之柄。立于身德之修健，以及进位且当位之位进，再健配身、位之德，以九德共健，使其能称位君子。

辨质见修者，为辨明本质而知处困本因，从因上着手，以此健德而修持。性命双复者，先复其体疾而能立身，为健德修身以立身；再复志疾以上行立位，继而以见天地之心而见性，见道并证道，以道（性）、法、术贯穿健德见修之路。德固恒养与善地井养者，恒益德固与恒养阳善，犹如井之食养，需有水源，而德性便是生水之源。德者体也，井者用也，体用一如，治君子方能制胜，以阳固修德，以井修善政，使养者受阳之惠，使困者得善以济。在巽卦有基于井而进位之象，进位者，利见大人，巽也；进位而当位，践礼以守位，履也；巽者，德之制，为养而有节制，履者，德之基，为节制而履礼、履法。在巽卦，一阴潜于二阳之下有巽伏象，为以阴伏阳，阳入阴使阴散，阴散而阴不消再与阳合德，阴阳合德而和巽德。在履卦，以履礼行节制之道，各安其位，各舒其礼，各正其德而合于正序。以阴节制阳是巽卦之主体，既是节制阳耗散的固阳之道，也是阳温阴相辅相成的善政之地。巽卦以风入之象取风入生教化，而言王化无迹，以治于精神而制欲。节制之道大者，为履礼共序以节，且制之于位与法，以位履德而使德正固，当值履时，以"与共"的属性完成个人到与共的大转变。

谦谦君子者，立谦卦以三种格局收谦义四体，以修身健德之最而有治君子之成，用德之柄以谦道驭德，以谦卦统领其他八个卦体，使其在谦卦融会贯通，有处一谦卦而修其他八个卦体之会，形成从困→复→损→益→恒→井→巽→履→谦的治君子过程，谦卦以统领和贯通而兼具身德君子、进位君子、当位君子等修持内容与特点。处谦卦，以法序之柄通法序之正，以统领之柄而通治君子之正，以健德与有德之柄通君子德健之正，以身君子与位君子之柄通大乘之正，以君子与大同文明之柄通天下君子之正。法序之柄是处谦第一机要，不明谦之法序，便不入谦卦之门，诸卦皆言法序，但从未有如谦卦从天、地、人、鬼神四域齐言法序者。故除乾坤二卦外，从未有谦体这般四通八达，谦体之所以四通八达，就在于谦卦建立了属于自己的体性系统。以众多法序能明谦之"盈"以及能盈之本性，是法序之柄发挥的作用，借谦而入道法之质。

《系辞》曰："履，和而至；谦，尊而光；复，小而辨于物；恒，杂而不厌；损，先难而后易，益，长裕而不设；困，穷而通；井，居其所而迁；巽，称而隐。履，以和行；谦，以制礼；复，以自知；恒，以一德；损，以远害；益，以兴利；困，以寡怨；井，以辨义；巽，以行权。"

在履卦，履位制礼而生和，谓以位序自和，尊位履礼以和道行之，践位序也。在谦卦，谦谦君子以劳谦之义行尊卑之健，当身德称位，有德而光；劳谦有德在于知尊卑，尊卑在于制礼，履位且制礼则有谦谦君子。在复卦，一阳来复阳虽小，但足以阳之质而辨修健之理，且以小见大能见天地之心；阳复在身内而自知，明辨质见修之理亦自知。在恒卦，行德固恒阳之道，固阳之事莫过于见善，善常以事为，故杂而不厌，多多益善；恒以一德，乃使万善归于一德，乃入内之阳德，方能长且久且恒固之。在损卦，惩忿窒欲遏止习气总是难事，当能损欲，便能益德，此乃易事，损欲在前而益德在后，乃先难而后易；行损道虽不只益德，但损陋习窒欲妄，终将远害。在益卦，以德之修来损欲而益德，只求德能长裕，益阳裕德之事应行广大不设之道，故凡益之道，与时偕行；助益之道在于兴利，行舟楫之利而广相助益，且化益为教，使大众皆能得益。在困卦，众多困因交困，必能从困而辨明，所谓困穷而通，乃德辨而明；遇困守节不移，不怨天不尤人，是无怨于物，故称寡怨，处困当思济困之途以及治困之道，做到能辨质见修，而非被困所困。在井卦，以德之地立井，要知立善地来养善固阳，居其所而迁，在于有立于身德之健而行外善以养人，立足之井地入世迁善，为大众有养而谋善；以"井养而不穷"辨养善之大义。在巽卦，当以进位节制之道行修健，便能履"制"而自养，所谓"称而隐"在于以制自养，让大众皆能自养，以自养行隐养，既称位又隐伏，实乃大养；巽以行权，在于以制度行节制，乃建德制来行德化，以制度行养，在乎德政，在乎当位者行位权。

从九德治君子过程可知，成就有德真君子非谦卦或九卦中任一之卦单独支撑，故而建立九德系统来言君子的治理。九德系统谦卦之君子者，从身德君子、外德君子到位德君子皆是一个"真"君子之质地，既有刚明之才，又具阳刚之德，是同人卦"同人于野"野之所起的那种君子，可以由野济否，而通往大同文明，皆在于居于邦体之中的核心源动力——劳谦君子。谦卦君子的转换，支撑了君子个体与邦国大体之间的联系，更加强了小人健德而有所作为的示范。正因唯德能通所有、能济所有，健德成为治君子之范式，这是发乎德性之"元"而利永贞之首要之事，方能以自健"小乘"之利，行使小人有德且天下同德的"大乘"之愿。

身君子是通往其他君子之基石，只有以身德称位，方能在卦爻中担卦责，出现如中位君子、尊位君子等能治世的大作为君子。当不能称位君子者则是非君子和过君子，非君子则有无的患、祸、灾、难，非君子易辨而过君子不易识别。"过"君子为出现在大过体的独特"君子"现象，他非有称位君子（身德君子）的德之实，却又非有小人无志、无德的阴柔之害，虽言君子，但又有小人之质，言小人又行君子之志，又具阳之属性，故为介于称位君子与小人之间的过君子。过君子的特质便是：德不备、才不具、功不成、行有过；过君子是违背了养正之正养的群体，以养而动表象之成，自以为有称位君子才德之实，以此妄动而往，求进位且当位，益虚而空的内在，欲充当大任，从而致过且有大过的群体。过有多大，在于所充塞之位的高低与责任之轻重。位高、责重过君子之质行称位君子之表则大过，才德越虚，过则越大。言过君子，并非已有过，而是以过君子之质，进而动则会致过。故而，过君子为健德有虚，养正不实，自视过高，言过其实，浮夸妄动必将得致过的群体。过君子健德有虚是其不能称位君子之重要原因，在治君子九德系统里，历经修而健过程，从而治有身德之成，以身德修健之终与位德修健之始而称位君子；身德者，君子私德，君子私德以身德修健之终有成，而身德君子只是衡量君子的基本条件，过君子连这个基本条件都修建未及而致虚。养正不实是过君子不能治明德而称位君子的原因，不能治明德在于过君子对养正之理解有重大偏差，误以为人、物外在之养而成长便是养正且有德的标志，而养正在乎内，以专诚、守静的正固之利行萃正之道，在于心不外驰凝神聚气的萃聚而正养，以阳裕德健之动，方为养正之动，过君子无明以知养正之大义，把浮夸无实的外在之成长当成养正之成。以此谬误，既违背养正之正养，又继再行妄动之举。过君子效仿称位君子志向远大，志在当位以政而健位德，谋求以大善济邦，以此自视过高，并言过其实，认为称位君子能当位而政，自己也能独当一面。要知道养正之义，除了养之利，还有正之序。养之利在乎内之养，我们说天地人三才合德以及精气神三者合德以阳出震，而有震之动，此为内养，非人的长大成人外在之长动；而正之序，为履法、礼、德三者之位序，这是君子进位、向邦与共育位德之必要条件；除此以外，还有在养的过程中履正，如心神驭气之正，以气养神志之正，以志进而求位之正，有当位以政而健序之正等，才是养正之大义。对养正大义理解的偏差，是无明德的结果，而明德又是与身德之健息息相关的，故而形成了连环误差。正因为过君子健德有虚和养正不实，又无明德洞悉称位君子健位德的基础、条件、内在规律和规则等，从而自视过高，造就妄动之因，以志大才疏之志，进而妄动，以自视过高自期望欲担当大任，谋求超越己才之位，纷纷激进上求；而这种志大才疏之志正是过君子激进之志，正因为激进，又不切实际，才造就四阳填满中通之位，此四阳正是有称位君子之表与有过君子之质的过君子之四阳。过君子四阳以激进之志求谋位，又以同类之激进使称位君子失位，导致中通之位填而塞、满而滞。过君子虽然占位，但无才德以为政，自视过高终究是自视过高，使其政务瘫痪，空有其位，而无良政以疏通，连之前的泰通往来的局面也被打破，使其重新窒塞。

诸难卦君子。屯卦出草昧君子，"草昧出君子"出的是自明君子，屯卦初九草昧君子育德思构建而振济屯难。坎卦出维心君子，坎难先炼出表阳君子，出维心君子，维心君子明心见性习坎通坎，从三习三炼居坎难而达明，君子再在坎难中炼难救众。大过卦出避祸自保君子，值大过体栋桡之盛时，应审时度势，以"遁世无闷"避祸自保，同时以扎实而实在之修持为过君子群体立下健德、养正之典范，从而进退有度。明夷卦出艰贞君子，卦中道与时违，内阳隐于明夷之中，无论是行精神，还是践德政，皆是艰辛、艰苦甚至艰危之路。艰贞君子之所以有利艰贞之言，时至暗而体至艰，圣贤与众君子为正大与大同而来，必持大正而原始要终。正因难行而能行，才立志以内养照外明，崇德政贵教化，从而坚守正固，守其贞正之德，方有内文明而外柔顺的教化之功。蹇卦与困卦出修德君子，处蹇体当反思蹇难和身困之难而自求脱难之道，为从处难的外在因、内在因、本因以及呈现难体、难象的因果可知，其难象，只为健德与否之表象。唯德，方为振难、济通之本，正是唯德能通所有，能济所有，只有反身修德方能脱困。

序君子。在"序德"系统里，从屯卦中走出草昧君子，草昧君子通身德君子，且以维心之炼，使其有称位君子之质，草昧君子从一开始便志心向大邦，立志从无序中建序从而打破混乱不堪之局面，使无序之灾难能因建序而归常。序德系统有草昧君子和比卦尊位君子之显著，草昧君子起始于建序之初，且贯通了秩序七建之过程，经过蒙→需→讼→师→比→小畜→履建序之治理，使其在比卦确制。序德系统之德政便是建序之政以及确制之政。比卦尊位君子经过蒙卦、需卦、讼卦、师卦等诸卦体之考量，初建比制；在比卦确制的基础上，又通过小畜卦确礼且健全礼制，而建礼制之法全在乎德位；故而德位法则贯通所有卦体，成为建制且全序之器，正是以"德位"法则贯通他卦，使其能在夬卦有建制之成。

明君子。在"明德"系统里，从坎卦走出维心君子，维心君子通过习坎通坎以"维心亨"而明心见性，从三习三炼居坎难而达大明，正是基于草昧君子和维心君子两者，才有患、祸、灾、难系统中的诸卦体在最危难且难以拯济之时，能以草昧君子和维心君子际出而逢时运之转机。正因维心君子以"维心亨"之质地通豫卦制礼崇德之大君子，使其生豫乐之大治。志德系统有坎卦维心君子和豫卦豫乐大君子之显著，其德政在于以维心之明行制礼崇德之治，且在法礼德三者一制正序之"制"的载体上更加崇德治，使其豫体生万民悦服的和豫之兆。明德系统因"明"成为君子首要品格，维心君子明心见性而能出最难之坎难，豫乐大君子以小乘之明行大乘之教而生德服；所谓不明不足以健身德，进位德，不明不足以执大正全正大，正是明德通天下君子使君子自担使命。君子健明德方能达德化天下大治之功，正是以遁卦的避祸之明、临卦的知临之明、睽卦的睽同之明、丰卦的中丰之明、旅卦的止丽之明、节卦的节制之明、兑卦的讲习之明、豫卦的顺动之明、既济卦的豫防之明来立君子九明，使其依明而治，来健君子明德与卦体善政大德。

志君子。在"志德"系统里，以失志所致的灾祸八体呈现正志之必要性，灾祸八体的每卦皆有正志君子，体现在值灾祸八体的患、祸、灾之凶，需行制阴与止阴之法来治理卦体之凶祸，若不正志且志行固志，则无以制阴和担负其治理卦体之任，故正志与志行君子皆在卦体本身，这是从患、祸、灾、难系统能走出草昧君子与维心君子之赋予。志德系统有蛊卦大正君子之显著，其德政在于制阴与止阴之政，从阴而不正的灾祸之因起治，治不正使其得正。灾祸八体之诸卦皆有灾祸在前，治灾在后，治不正之先，必先正志，以正志来固志继而固正，故志德系统立震器之用，使志行君子皆能师震而立奋起之志，从不正走向治天下之大正。

泰君子。在"感德"系统里，以泰卦君子当道而有众君子行德政治道，亦正是从否卦小人之难走出泰通君子，方知小人害正道是致使秩序不通与善政难行之因。交感在于通，通而致泰方能成其感德。感德系统有感通君子、萃正君子以及泰通君子之显著。感通君子以随物应情并唯变所适立交感思想，再以咸正之感行萃正之实，使其以神之内守得正固之利，故感德系统之政，在于内正固与外往来；首要在于行舍识弃意虚我而从心凝神固守，正固之事乃君子恒常之利，只有通过正固内健阳德方能外化行德政，才能值泰通君子当道时，通过裁节调度并施为有方而大行德政。

大正君子。在"养德"系统里，君子通过养正七渐之颐养，逐渐从养小体走向全大体。养德系统之君子执大正而全正大，乃君子内质之升华与外品格之扬升；之所以要行"养"，在于大过之难以及诸灾难之伤，尤其是大过体造成的君子文明之大难，既冲击了当位君子，又冲击了原本泰通往来之政，而致王道壅滞，不养不足以复元气，不足以执天道行王道。感德系统有革正君子、渐正君子、伦序君子、颐正君子、蓄正君子、升阶君子、刚壮君子之显著。养之政在于渐养，君子养正才能在内刚壮之基础上升华来化外政，通过内养刚壮而有内德，通过内刚壮化外政而有善政之德。在养德系统里，革卦以革新之道而有革正，渐卦以渐进之道而有渐正，家人卦以伦序之道而有家正，颐卦以养正之道而有颐正，大畜卦以蓄德之道而有蓄正，升卦以阶序之道而有升正，大壮卦以正大之道而有壮正；以此七正渐养，得其养而能固，固而能蓄，蓄而能刚，刚而能升，升而能壮。养正七渐之神妙，在于内刚外化，大壮卦之刚壮君子以内之精神化外在之政，践行君子的理想志愿，君子治身德、健位德，升志当政，便是以治君子之范式，行教小人有德且天下同德之使命，升卦与大壮卦成为君子升华之体。养正七渐建立了正大之序，以精气神正固而抱元守一，使纯粹精神而终能治于精神。

德治君子。在"化德"系统里，明夷君子自升卦与大壮卦而来，使其明夷体虽有难，但仍以"正"为体，以"进"为用，通过治君子之成，无论是健身德，还是养内德，皆奠定了君子执大正而全正大之质。治明夷之难以及诸卦体的患、祸、灾、难，乃德君子之理想，故而德教十政君子皆为践行大乘之愿的德君子，正因德君子正大之进，终显内阳化外政的治理之功。化德系统有观卦的中正君子、中孚卦的孚诚君子、涣卦的宗庙君子、夬卦的德决君子、晋卦的光明君子、离卦的德照君子、贲卦的文明君子、鼎卦的使命君子、同人卦的志通君子、大有卦的德服君子之显著；以王化德政、孚信德政、宗庙制礼德政、夬制德政、光明德政、德照德政、德文明德政、使命德政、志通德政、德服德政而见德化之大德。德教十政之功，既在于治明夷大难以及诸卦体之难，使有患、祸、灾、难的诸卦因德治而脱灾免难，更在于德教十政以卦体之治道行小乘之德治，再执正大之精神，行全大体求大同的大乘之同治；既有小乘治道之利，又有大乘之德教之全。德教十政，集序德系统、身德系统、明德系统、志德系统、感德系统、养德系统、化德系统诸卦德政治道为一体，立"德"为核，以德固治其内和德制治于外而内外合德，以德教系统之大成而有德治文明。

以乾坤二卦言君子与德教之道，有从坤到乾修而健治君子以及从乾到坤治而教行德化之程式。从坤到乾，以修而健治君子，并不局限于使小人健德成君子，更以草昧君子、进位君子、当位君子、在野君子、尊位君子、得道君子、失群君子与卦爻相配，以身德君子之身位修健德政，使君子执政事行教他人健德之大方，赋予君子更高职责与使命。从乾治坤，以治而教行德化，以君子担当的匹夫之责，立君子健德并执德政之典范，立世并入世健德，再以德范行德政教化邦、民，达君子全大体而大同之愿。

草昧君子由坤健乾。在坤之初六，言霜，为阴气所结，阴之始凝而为霜，阴盛则冻成冰，履霜则当知阴渐盛而至坚冰，以霜为阴之可见的消息，取"霜"与"冰"象在于言阴阳消息，此消息君子知之，当明从阴中健阳，从履霜到坚冰的过程，是阴长而盛的过程，但孤阴不长，必有阳在其中作用，就是此"阳"之存，是由坤健乾之关键。以履霜而知坚冰之消息，明盈虚消长之大义，取法自然法序，便走出了草昧君子。霜地与坚冰之地，犹如昏昧不明之草昧众，正如屯卦"刚柔始交而难生"，霜与坚冰皆阴凝之难，有此阴凝之难，以坤通困，则爻困而无出路。天造草昧，在于有阳依存，以阳致明，从昏蒙中井明，便是由坤健乾的初始草昧君子，从坤之初始育阳，亦有处困而始修健，修健者，阳之复也，在此通复。复者，阳复也，以"驯致其道"通复卦"反复其道，七日来复"之修健。由坤健乾的结果，便是从履霜坚冰之阴凝之地，取阳而健阳，走出草昧君子。草昧君子者，以阴阳盈虚消长之消息而健明德，明阳之所存当复阳以健，走出自明草昧君子，之所以以"草昧"言，在于坤之初处下而无伦序，如处屯难。

潜龙君子从乾治坤。在乾之初九，龙潜于渊，不宜施行而见用。潜者，藏也；龙者，阳物也，以"龙"言阳气变化之迹；初阳在下，未可施用，故其象为潜龙，潜龙者，为阳气方萌之始物之端；"勿用"者，为"圣人侧微，若龙之潜隐，未可自用，当晦养以俟时"。由坤健乾有草昧君子出，为以坤境来度乾阳，以此言坤境阴寒之地且无伦序，当立于乾来度坤，在乾之初六有潜龙君子。潜龙君子为从草昧君子健阳而成，草昧君子为阴中阳刚，而潜龙君子为阳中阳刚，草昧君子是正序文明的初始和萌发状态，而潜龙君子为德教文明的初始状态，这两者文明状态皆不在同一位域上，不能以草昧君子直接对等潜龙君子。由草昧君子走向潜龙君子，为君子自建诸德，阳裕德足且刚，使君子当道。君子当道当行德化之教，德化者，以阳化阴，在此通巽体，阳入阴象而化阴，以阳养阴而行"驯致其道"，阳化阴则耗阳伤己身，故曰"潜龙勿用"。言"勿用"者，在潜龙君子，潜龙君子不可用是因为潜龙君子为阳中阳刚，若以阳化阴，必被阴所伤，被妄所沾染，故要坚持至日闭关，商旅不行，后不省方，以健阳而使龙德出，且龙德要稳固，要以"不易乎世，不成乎名，遁世无闷，不见是而无闷"之明来健其阳，其健阳的标准便是使阳气到"确乎其不可拔"，不会再被阴所侵，被妄所污染，而出龙德，故潜龙君子的使命在于健龙德。

从乾治坤的德化之教如何施行呢？为潜龙君子以合群君子的身份，行以阳化阴的驯致之道，合群君子，合群而不党，且在坤之初亦无党，

只能以自健、以立身来示范之，从己身作健阳之表率，同时以合群君子合群，激励草昧众大行其积善之道，并在昏蒙众中健纲常伦序使其明自然法序，以履正序而积善。激励草昧众大行其积善之道者，"积善之家必有余庆，积不善之家必有余殃"，以余庆与余殃的福德凶吉观，言说积善之能事，以及用善因和善果来劝善。在昏蒙众中健纲常伦序者，以"君臣"与"父子"之消息言说纲常伦序，在屯卦之所以昏昧就在于无伦序，有自然之法序而不明，不能健伦序与共序，使其文明状态低下。《坤卦文言》曰："臣弑其君，子弑其父，非一朝一夕之故，其所由来者渐矣，由辩之不早辩也。"君臣、父子乱序，因其不明序，更不能师法其序而健序，不能治明是昏昧与文明低下的原因，不然不会以"驯致其道，至坚冰也"来形容教化之难，在屯卦，以"君子以经纶"言说君子之使命，君子当以合群构建纲纪，此为合群君子之善，以健伦序使昏昧者明，便是以序德行教化之道。教化之初在于启蒙，君子治蒙之道，需辨而使其明。如何辨之？为建立"君臣"与"父子"的消息系统，以及余庆与余殃的福祸系统，方能使阴寒之众，逐步走出昏昧，逐渐从法序中学习并成长，开始积善来养德，当能履序以及养德时，便是阳气升起时，也是健德修君子之时。潜龙君子只是以乾为当体转换了身份成合群君子，合群君子未用阳化阴，为"勿"使他用，故阳不伤，且还能自健。在从乾治坤的教化之道中，合群君子又要充当启蒙君子、教化君子以及健序君子。

进位君子由坤健乾。坤之六二居中履正，为坤之主，六二之动，明牝马之性顺而健，牝马象为取象十此，静为坤之常，动为坤之变。以"不习无不利"之功德，健德有成，而成"直、方、大"之功，言直言大，皆为健德之成，以阳固而通乾之德，又阴辟成方，为坤之德方，以为乾之功，所谓"乾，阳物也，其静也专，其动也直，是以大行焉"。六二以柔顺且中健德，为独得坤道之粹者。值六二以柔顺且中健德，在此通复之六二，复卦六二以柔顺中正近初九，能下从阳，行复之休美之道。休复之道者，只是以中位近阳，但未有阳以养，而坤之六二已有阳德以养，且阳德有"直、方、大"之功，修健之路也从克己复礼转变到"不习无不利"之修习，能顺其动静之道而自然养德，或以动静之道健阳德。明动静者，为从动静二相明了复卦阳气刚复之本，从一阳来复而知归根曰静，以"静专动直"护其念，守静笃而致虚极，以动静之道健阳而出动静君子，动静君子者为坤六二之健所成君子，明动静使其健阳之道。

　　进位君子从乾治坤。乾之九二居中，有中德而无位，又与九五同德相应，以"利见大人"而成进位君子。乾九二之进位君子为从坤六二动静君子进位而成，在乾见"田"，为以乾道见地道也，值地道动静而进，也是进位君子之写照。进位君子者，在于既见田，又见九五之位，见田能"耕耘"其德，见九五位能见当位之位德与为政之大善，既与九五同德，故九二欲进位与九五当位一样有位，为九二进其志，以志进位；言在田者，君子在野也，为在野君子进位，故曰进位君子。进位君子在此通巽卦的进位之象，从井之地到巽之风，风行地上，以风入为用，故取上，而井在地下，为从下而上的进位之象，九二进位君子为效仿九五当位而进位，因仿效而成仿效君子。仿效者，在于进志，君子治其志德。在巽卦以进位言利见大人，而乾之九二自身却有大人之象，进位在己身，大人之象亦在己身，便是乾之君子与他君子之比照，在九二言"利见大人"在于从乾治坤的教化之能，"利见大德之君，以行其道。君亦利见大德之臣，以共成其功。天下利见大德之人，以被其泽"。以见龙在田，而行德施普之道。九二动为乾之离，乾离皆日，并日为普，故谓"德施普"。九二以进位君子欲当位以行"德普施"之德政，但九二无位，故言进志，虽无位但能养善，养善之地为有"田"。"田是地上可营为有益之处，阳气发在地上，故曰在田"。在田养善如井之德地，故在此通井卦，以"井养而不穷也"立于井之体、井之德、井之用言德之养地。见龙在田，便是在野君子养善之地，以养善继而进位成进位君子，以养善而行普施，九五为政之大，是九二养善之小之对比。从动静君子见"龙"在田，以动静之道健阳，使其阳德有乾阳之龙德，九二之初的在野君子便是龙德已健的君子，在野君子以田养善，"龙德而正中者也。庸言之信，庸行之谨，闲邪存其诚，善世而不伐，德博而化"。如"井养而不穷也"以养善之实和进位之志，而成进位君子。进位君子以"德普施"再行"直、方、大"之功，九二"德普施"在乾体无位时对比九五政之大而有善之小，但立于坤体来说乾九二进位君子之善功，为"普施"之大，故德普施之言为立坤体而言乾九二进位君子养善之道。从乾治坤的教化之道中，进位君子历经在野君子、仿效君子、进志君子而在九二利见大人，再立于坤体言进位君子的德普施，而成由乾养坤的普施君子。所以坤之九二既能自行健德，成动静君子，又得普施君子之养善之利，又是阳善之得利者，故"地道光"，因健德自照和德普照而光，健德自照和德普照而光在此通同人卦，从同人于野到天火照之四野。

　　当位君子由坤健乾。坤之六三居下体之上，为得位者，阴阳杂而生文，阴不先唱，乢小过君，为臣之道，当含晦其章美，有善则归之于君，因时乃发，故曰"含章可贞"，可贞者，可贞固守之，而无悔咎。坤之六三以"上无忌恶之心，下得柔顺之道"而得位，走出得位君子，六三虽得位，但不如二与五当政，故或从上之事，不敢当其功，只能尽职奉事而守终。为何言六三得位呢？含者，取象坤之功，章者，取象坤之文，有文有功，表明六三"或有王事"可居位行政，只不过六三不像其他当位君子行政且主政，六三只执行从上之政令而行政。何为当位主政呢？如小畜卦六四以"柔"之功与"位"之德，以一阴蓄止了众阳之亢化解了"血象"矛盾，而成蓄主，并制礼成术推而广之而成治世之良臣。六四既得位，有当位主政，还因制礼成术得当，使卦体走向蓄聚之路，更得君主信任而增富六四，使小畜之礼术成为国策。相对比小畜六四得位且当位主政，坤之六三仅以得位行上峰之政令，以"弗敢成"不贪功且不居功，守职以终其事，谨守为臣之道，以守臣君子著称。

乾阳当位君子从乾治坤。乾之九三居下体之上，为乾体之人位，以居不得中而不称大人，三处忧危之地，处忧危之地当思危惧，故曰"夕惕若厉"，夕惕者，谓至向夕之时，犹怀忧惕。阳而得位，故称君子，乾之九三亦为得位君子，虽得位但实有危厉，当危惧之时，唯自强不息，当终日乾乾。终日乾乾者，日日精进健阳固德，时时养善而治坤，故有乾乾君子。乾乾君子以"反复道"健德，"反复道"通复卦"反复其道"，以一阳来复之消息，至日闭关而固阳健德。同复卦一样，终日乾乾的消息，在于当位君子"或从王事"，以当位从王事成终日乾乾之消息，九三治坤，以阳统阴，故含章。乾阳当位君子主事，行当位之政，虽不主政，但当位行政事务繁重，受人指挥而疲于奔命，又要做好守臣之道，忧惕贪功、居功犯上。故既有身体之消耗又有心神之耗散，耗则损阳，损阳则德失，容易作"无成"之事。无成之事则无善功，既不能以政益坤阴，又不能以善养健己德，故而夕惕若厉，同时坤之六三言"无成有终"便落于此。"无成"在于若不终日乾乾健阳修德，则容易被当位之政损耗阳气，阳气得健过程的艰辛与艰难，得位君子与乾乾君子均明此理，故要终日乾乾，日日精进，就因为精进健阳固德，而"有终"。所以，君子得位必然履其位序，守其位德，行当位之政，但当位之政损阳耗气是造成"无成"之因，当位君子以乾乾君子日日精进固德而"有终"。有终，还在于君子行惕厉之道，时时忧惧，谨小慎微，以忧惧君子而获无咎。其谨守为臣之道的守臣君子，又通谦卦之谦谦君子，谦谦君子虽处谦之卑下，却健其德，同守臣君子一样，既以不居功犯上守臣道，又乾乾日新，恐惧修省而健德。从乾治坤的教化之道中，得位君子又以乾乾君子、忧惧君子、守臣君子等身份既"或从王事"以行政健善，又终日乾乾以"反复道"健德。均在于君子治"明"，既明本理又明事理，还能通融其理而行君子健德之道。

在野君子由坤健乾。坤之六四居上之下而近五，虽近五而无相得，故括囊，扎紧袋口，结囊口而不出。括者，结也；括囊者，以结口不出而言隐而退，没有灾殃，也没有庆誉。六四值上下闭隔之时，以括囊之象言贤人隐遁之时，故而从六四走出了贤隐君子。贤隐君子者，贤在于以己位识闭隔之实务，从括囊之象而知隐，所谓"天地变化，草木蕃。天地闭，贤人隐"。当隐之时则隐，为有知隐、藏之明。

进退君子从乾治坤。乾之九四处上体之下，进可助九五，如君临天下，退可藏初九，乘桴浮于海。或，为疑之辞也，取象巽之为犹疑、进退不果；跃，飞升也，取象震跃；在，伏也，取象巽伏；渊，取象震反艮之渊类谷。"或跃在渊"，可进可退，居乾体而有进退君子。九四之所以成进退君子，在于既有可进可退之机，又有进退未定之时，此两者赋予了进退君子之现状。九四以阳居阴，本非躁进之资，但进退君子遇贤隐君子，便转变成在野君子。在野君子之于进退君子而言，可进可退选择了退而隐，进退未定而定为退，选择在乾阳君子治坤之时完成，其进退未定被贤隐君子之"贤"左右，既如贤隐君子识闭隔之时务，又能从见括囊之象而知隐。在野君子隐在何处？既隐在渊，又时而作在田；隐在渊，以遁而不被人识破，故下于渊深藏之，隐在田者，以进德修业之劳作养君子之肉身，再济身边之人，从括囊之布口袋乃田间劳作之器可知，在野君子时而作在田，并非以田间人隐之，故见田并不见在野君子。在野君子识闭隔之时务，值时有否泰之时，用之则行，舍之则藏，故而"上下无常，非为邪也。进退无恒，非离群也。君子进德修业，欲及时也"。既然是君子便并非隐而自弃，而是行进德修业之能事，在野君子之隐，在此通否卦小人当道以阴逐阳，治世君子既无位又不得天时，故而皆隐遁于野。以括囊之象隐而退，成"上不在天，下不在田，中不在人"之独特的在野君子。

在野君子并非自弃，"进退无恒，非离群也"，而是待时择机而进，进则言位，退则言志，君子之志也，穷则独善其身，达则兼善天下。在野君子又以"或跃"之姿态进志，而成进志君子。进志君子由野济否，并在此通同人卦"同人于野"的野之所起——由野济否，当否之久矣，必有否极泰来之时与天地、阴阳转换之机，当天机与天时具备，君子以自明进志，并以此进志通天下君子之志；众君子志通，则刚健阳气不断被输布，在同人之初，成就复否成泰之治。所以在野君子以进志君子进志但身退、位退，既健志德，又健龙德，又恰好做成贤隐君子。在野君子又以进退君子、进志君子、贤隐君子健德养善，既"慎不害"，又"进无咎"。

尊位君子由坤健乾。坤之六五以阴居尊，中顺之德，充诸内而见于外。黄，取象坤土之色，及六五居中之位；裳，取象坤之为布、为身、为下、为母，下身之布，是为裳也。裳以蔽体，母以庇子，皆坤之功也。黄裳者，居中处下，言有信，行必笃，居有敬，内含文，外达理，故曰"黄裳"，此为六五治坤有功，以尊位治坤，又率坤健德，以其健德如此，如《文言》曰："美在其中，而畅于四支，发于事业，美之至也。"坤为文，以五居中，故有"文在中"。文在中，为坤之文德写照，以文德彪炳坤之功绩实已为文明，元者，大也，德大而育龙德，故在坤之六五走出文中君子。

阳神君子从乾治坤。乾之九五刚健中正以居尊位，"九五中正，具足大人之德，动静举止，皆不失正，体乾出治，代天理物，所谓大德必得其位"。飞龙在天者，阳德已盛而阳神化出，精气化神而见精舍，精气化神明心达性，以阳功达之，非以理见之。大人者，以大人履序、安位言九五飞龙在天阳神出而见法序，"大人造"者，以法序之合而造化大人，大人当位、就位皆需履位序，皆是法序在位序上的成象和缩影，所有大人之位，皆由法序所造。见者，自明而自见。飞龙在天者，走出阳神君子；利见大人者，走出自明君子。无论是阳神君子还是自明君子，皆在乎九五之大德，故而九五能得天之尊位。阳神君子者，以阳功达之，自一阳来复始，至飞龙在天，以水火既济与金木交并出虎啸龙吟之阳神丹象，所谓"同声相应，同气相求。水流湿，火就燥，云从龙，风从虎，圣人作而万物睹"。阳神功态之写照。阳神在天，自见"本乎天者亲上，本乎地者亲下，则各从其类也"。以各从其类而法序自呈，以法序自呈而见大人造之法序井然之境，大人皆不过以履位序而践自然法序。阳神尊位君子以自是大人而体乾出治，乾尊见坤尊，两尊对位，在乎德之大，政之善，两尊相比，乾之尊者阳德最大，以至于能出阳神在天，有精气化神之功，而坤之尊者善政最大，以致以文中君子而彪炳史册。一个阳德至大，一个善政至大，两种截然不同的有为境与无为境，在此相遇。乾之阳神君子升华在无为境，而坤之文中君子享誉在有为境。文中君子在位为六五尊位君子，在政为黄裳君子，以黄裳君子，黄中通理，着黄裳的坤之君子有通文德之理之功，实为功大比天。坤之文中君子以善政之大，黄中通理，故能见飞龙在天之龙德，在体为文中君子，见乾，有龙德君子。以坤尊见乾尊，使坤之六五成反位君子，相对于反位君子，乾之九五以飞龙在天而成逍遥君子，反位君子者，无论是处乾，还是处坤，皆不用担心反位君子之戒，以乾天坤地之对比，乾君还是君，坤君还是臣。乾之阳神君子虽处无为的逍遥境，但需效法坤尊大行善政，以阳化善，行温养圆满之功，而扬升整体文明，乾尊大君子之使命，必以小乘之利，行教他人有德使天下同德的大乘德教之实，德教共同体呼之欲出且显而易见。

失群君子由坤健乾。坤之上九阴盛之极而以阴从阳，然盛极则抗而争，两败俱伤。龙战郊外，血色黑黄；龙亢有悔，龙战生凶。从坤之上九走出龙战君子。乾之上九阳极于上故亢，亢者，阳过于上而不能下之义也。九五中正者，得时之极，过时则亢矣。上九至于亢极，故有悔也。乾之上九走出亢龙君子。

亢龙君子从乾治坤。龙战君子与亢龙君子之所以"战"的成因，在于乾尊与坤尊之遇抢功争德，乾尊以德大亢极，坤尊以善大阴疑，坤尊只见善，而不见阳，睹乾尊阳大必疑，"阴疑于阳必战，为其嫌于无阳也，故称龙焉"。两者皆自居功大而互不相让，更互不相容。当两尊相战，乾尊则自降位域，无为境降域争善功，自讨无趣，而坤尊盲从尊大，以善大疑天，在于未能如阳神君子见法序，未见法序而不明乾上坤下位域尊卑之分，之前说君子治明，此处之"未明"在于虽有理明但却无阳神君子般以功态证悟而明，故为未明。亢龙君子以"亢"而战，为忘却阳之所出，忘却以清冽寒泉之井养人，更忘却立井、渫污、修井、汲水等艰辛过程；龙战君子以"疑"而战，为忘却"履霜"温养化冰启蒙之艰难，更忘却了处巽时阳入阴而化阴之善小，处巽时，君子虽进位但尚无当位，只能行阳入床下卑难微小之事，床下位卑且阴邪滋生不去，但君子为了能养善健阳而乐行之……这等忘却，使龙战君子与亢龙君子因忘恩而成忘恩君子，忘恩君子必失群，而成失群君子。之所以战，在于两者皆不知进退，不肯进退，"唯圣人知进退存亡而无过，则不至于悔也"。转凡化圣原本可在此完成，奈何他们虽以"龙"言，不过争强好胜而无自知之明的凡夫。草昧君子以君子进志，而始于合群；忘恩君子以龙战失志，而终于失群，失群君子并非只在阳亢与阴疑时出现，而是以妄自尊大随处可见。亢龙君子虽以阳神在天，但忘却了阳固之理在于蓄阳而固，当只在乎战而忘却了蓄阳之道，故"盈不可久"，其阳神必衰。龙战君子盲自尊大，以"贵而无位，高而无民"继而失民，又以"其血玄黄"之象失其气血，气为阳，血为阴，乾天玄，坤地黄，失天玄之气又丧地黄之血，气血衰败无以化神。

永贞君子由坤健乾。坤之用六，固守生生不息之正，走出永贞君子。

得道君子从乾治坤。乾之用六，阳无终，阴无始，法序如环循环终始，唯刚柔相济而群龙无首，走出天德君子。永贞君子与大德君子，均为得道君子，从无为境入无不为境。无为者，纯阴、纯阳而自转化也，虽无为而自有为之极；无不为者，因得道入而无不为境，在无不为境，以得道而无处不用，故曰"用"，因得道得本体而生用，以生生之谓易，乃成其体用。因得天德而得用贞，天德者证道之德，其用显玄德的"生化"特性。永贞，在此通比卦之"元永贞"，以"元永贞"之精神，作"修思永"之长久意识，以"元"言哲学当出于自然法序，符合道法本理；以"永"言同体与位域秩序分明，"系统"稳固；以"贞"言天下正道，配位"正"德，以其贞正行德化天下。

第八讲　养大正——明志双用共进位

何为明志双用？在无明与志未光的交困状态下，立志健明德，当身德初健，则以明志双用而升志并志行来治德位，从而践行大正之道，全正大而大同之事业。明志双用有明德五位与志德五体的明志共同演变之过程。

何为无明与志未光的交困状态。对比有明，阴、妄太过的过阴之体则为无明，在个体而言，智昏而未发则为无明，大昏而冥昧，且昏昧足够深，难以被合群、被安政、被教化、被激励的群体或个人，习气顽固，以阴强妄大显著。明夷卦言明入地中昏暗有夷之象，明夷无明而昏暗，明伤昏暗，万物夷伤，志亦被伤而志未光，且无明是导致志未光的根本原因，当过阴之体无明再加上个人昏昧，就能难益智而正志。对比观卦上九因有更大的德化天下之志向而言"志未平"来说，困卦九五受困言"志未得"便是陷入了交困状态，九五之困为志困，虽有受劓刖之刑之象，却不言劓刖之困，而言困于赤绂，在于赤绂不来共济天下之困，而使九五困于有济天下之志而无济天下之行，乃行与志皆受困。

当无明缠绕，不仅志未光，还必然陷入患、祸、灾、难而交困，使其志乱。居灾难之体，若不立志健明德，则常常出入无期，还因阴妄熏习而陷入灾难更深的卦体，在如坎卦、明夷卦、大过卦这种灾难深重的卦体中，就不光是志乱伤志那么简单，祸患交杂、流离失所不说，往往还会有性命之忧。

何为志德五体？为进志健身德、升志识法序，志正识丹心，志通施德政，志同性命全之志德五体；何为明德五位？基于志德五体，立志在前，志行贯穿其中，明德以健在后，而有离灾难之立身首明、明法序之君子当明、转内识之真人洞明、化无明之同人大明、同归德之内圣同明之明德五位。

在志德五体与明德五位的关系上，因无明交困故而进志健身德，以称位君子之质而得立身首明，从而知患、祸、灾、难之因，而能离灾难。因身君子明交困之因，故而升志再深入探究导致交困的本因——阴阳大时而得识法序之明君子。当明君子能识阴阳之大时而明法序，则当明无明之根本在于阴妄熏习并遮挡真如放大光明，故而再次正志要断妄求真，以真如之刚阳化阴妄之习气，转内识成智方能断妄求真，以志正识丹心得真人洞明而明心见性。明真心之所在，知阴妄之所出，当以内圣之质外行王道，以纯粹精神且抱元守一的内光明，化外政教化昏昧暗众，志通天下君子而同施德政，以达至理入大乘之德治，化无明而得同人之大明。此志通在乎明君子皆志同以及天下人皆志通而同，当昏昧暗众皆明志双用而践行大正之道，以全正大而大同之事业行志同，则天下人皆归德性而同明。

从明德五位与志德五体的进程可以看出，从志乱到志同，从无明到归德性同明，明和志皆有从阴到阳的转变过程，乃据阴阳变化之时而明志同演变。无明德进位，则志德不升，当进志无基并志行无体时，则明德不进位，故而明志双用方能同健。

《大学》曰："大学之道，在明明德，在亲民，在止于至善。"明德者，天地万物尊道体德性得常运转之至理，君子健身德且进位德之利器，以及行德治以明治暗全正大事业而求大同之重器，亦乃明心见性而证道之大器。所谓"明"，乃明晰"明德"之至理，以及健明德而致明的途径与方法；君子修身健德以称位君子健明德在身心，必以大学之道明道体德性之至理，明万物独立不改周行不殆的法序之理，明举大善谋万政当行德化全大体之理；君子立身德且健明德来致明，用"明"行德治之功而厚万德，方显与共之大明德。个人健明德、与共行德政有为学之大，而有"大学"之谓。大学之道，乃君子健明德而致明之道，亦乃圣人以讲习之明行传道、解惑、授业的讲习之道。言"亲民"者，乃君子正位居体，发乎从正大到大同之事业，谋善政与教化临民，以德治之师、文明礼乐之师大器大用，行德化亲民，教民有德，使民皆能有明，既有小乘治道之利，又有大乘之德教之全。言"至善"，乃德之大者，唯有全大体求大同的大乘之同治方言大德；至善之德，乃德文明丰有而德服四方之德，乃明心见性有德升于"精神"而精神圆明之德。言止者，以至德之本性行圣德之妙化，达德化天下大治之功，实无止境。

进志健身德之立身首明，便是确身君子，通过九卦所呈治君子过程健德成为身德君子，以九德共健，使其能称位身君子。身君子升志，当以君子九明治明德成识法序之明君子。君子九明，乃以豫卦统领遯卦、临卦、睽卦、丰卦、旅卦、节卦、兑卦、豫卦、既济卦，形成君子健明德的君子九明系统。以"致明来通君子九明"为旨，所谓致明，必先健个人之明德，立身德且健明德方能致明，致明后用"明"治卦体有功，方显与共之大明德，尤其是行传道讲习而教他人有明，方是明德彰显之所在。

遁卦君子避其阴势行退避之让，且以迁避之明得存阳护德之功；在遁卦，君子行迁避，小人行逃遁，以两义并存而成其"遁"义；避祸有明，行藏有志，乃遁体君子之明。遁有正固养阳与固德之先明以及存阳避阴之后明，避祸之明紧随遁之先明，为察时势而明盈虚用度，此为遁体之所以知遁之所在。正因有遁之先明，以明照见阴势之长，遁知阴势在先。恒因去阴养阳而得恒，遁必以保阳存德而继恒，见阴势长于遁体，必避阴势以存阳，这是遁之先明所赋予的识阴妄渐长之势。遁卦祸从阴起，以阴之势长，君子因阴、妄之浸，而有失志之虞，卦体陷溺与君子失志，皆是遁卦应防之祸变。言避祸，既避阴势渐长将所致之祸，又以避阴之势而存阳固德，避其祸端，行存阳固德之实。君子避祸有明、行藏有志正是居遁之要，君子有明知阴祸，又行避护行藏之法，值阴势藏阳必知阳之贵重。

临卦阳临阴必临蛊惑之祸事，但以知临之明复正道而阳舒阴疾；在临卦，以知临之大明，成临民布德政之典范，使临之阴类得阳正启蒙而渐明阳之利，及时舍阴从阳，以正道匡直阴妄，践行知临之明而育明德。临卦有知临之明。阳临阴，以临体继蛊，必临蛊惑之祸事，临蛊事而知蛊则有知蛊事之明；德政临民，值临卦二阳长而大，阳长刚盛之际，正是以阳复阴而立正道之时，民众受蛊事之累久矣，急需德政临民，德政与民若地水之亲比，民期望德政下临，而德政必将临众，两相亲比，方使正道有根基，不正之蛊事只会祸民，只有正道临民方能阳正而大正。知临有明，治临有明德，乃临卦"大亨以正"之所在。知临有明，乃临卦之明，如同遁卦有避祸有明、行藏有志一样，临卦有知阴蛊成祸之明以及有德政临民而振民凶之明。临之明，皆在乎阳长且阳刚壮而盛，阳盛自然德裕，而此德裕仅在临卦初与二爻，二以中正当位，再以德政全临体，则为以小乘全大成，当德政惠民众，则有"说而顺"的治临之功。临卦既治明德，又有政德，便在于九二当位，以中正之德，行大亨以正的天之道。

睽卦二女同居且以乖张之性情乱其和合，以睽同之明治睽违而相合；在睽卦，治睽取同且习御时合睽之道，以睽之时用变易其体、时、位，使其进入新的卦体阶段而生睽合；睽生时用，六爻皆有先睽而后合之象，睽时背离而生离散，御时合睽则能合而成体，合而丰大。处睽体当知生睽之因——家道穷于内并乖张见于外；家道穷于内，虽见睽违而有同体，乖张见于外，虽有同体而背离有异，使其内生家道穷难之忧患，外生志异之背离。睽同之明既要明其睽因，又要从睽因处明"睽"体之存乃天地之理，天地有正位且尚正序，必然存睽而有违之体，如何从睽而有违之体建法序才是正位而皆正序之关键。无论是睽违、睽乖还是睽外，皆以离、异成睽，值睽体，内外用同，乃睽同之大明。天地之大，包罗万象，必存睽违之体，天地有睽同睽卦之体一样，其位并非总正，总有相睽之时以及成睽之体；男女以正位而立家人之道，男女位正则皆能治家，当男女位睽时，必以志通而谋外事，以志之同来同其性情之异。治睽体，要取体中之同以及异中求同，使其和合来制其违离，以家人伦序之道正其内，再以健德同志来节制其乖张性情，使其能克性情之欲而正志，以正志来正睽违，乃治睽取同之明。

丰卦"动以明"能致丰，但对丰而无实以及尚大假丰要行中丰之明止其危丰；在丰卦，以"民众富丰大、德政制丰大、天下人健明德光大、王与王道德丰大"四种丰大立其"大",然而丰中多故,卦中有日中见斗与日中见沫之暗,只能先立法治,再健全法制,用法制清幽隐,行法制明照丰大天下。何以致其丰且大?乃王者行王道致天下丰且大;王者致其丰,王道乃致丰之本,王与王道同用,则能使震离同功而致丰。行丰大之政治丰体,乃以中实之道致丰,将丰而有实,当丰而无实时,则要中止其托大生故之丰。在治丰体而治丰的过程中,必然生多故之患,丰卦之王非圣王,虽然有明,但不是如晋卦、离卦、同人卦等大明,明不足以照天下,在丰卦明德乃治丰利器,丰卦主明,必依明德,丰卦用明德才能走上正确的致丰之道,亦才能察坏丰之患。在丰卦言明时,虽有日中之照,但必有非日中之时,尤其是光明暗淡或光明被掩蔽时,丰卦则不能持盈保泰,尤其是丰卦九三折其右肱而不可大事,以及上六阒其无人而三岁不觌之弊,都将暴露无遗。故而值丰卦行致丰之道必然要有中丰之明。中丰者,行中正之道实其丰使丰而有实,为中肯其致丰之道,乃正丰;行不能正确致丰而致虚丰且托大之"丰",则要止丰,中止其不能丰大之政,以及不切实际之虚丰。丰卦以雷电皆致立象,乃行致丰之道却立警示之象,警示丰而无实以及尚大假丰。

旅卦有柔暗者羁旅与刚明者正旅之两力存卦体,以止丽之明使其诚明合功而正旅;在旅卦,柔暗小人畏惧森严法制之"火",只能行羁旅而避其灾,刚明者崇德主明且健全法制治旅体,以诚明合用之功正旅,行崇德贞正之道。止丽之明,乃诚明合功而行旅正之明。值艮离同体,应借丰旅合用之卦时,先止柔暗之危丰,使柔暗之众行羁旅远离旅体,再行诚明之丽。止者,终止危丰之前者,诚明正旅之后者;先终止不能丰大之丰政,尤其是明与暗不能合功引援,反而有折其右肱又自损其身之拖累，如丰卦初九与九四相互奉彼此为"主"，能相须相用实在少之又少，也正是有丰卦初九与九四离震同用且明动相资之范，才能有效形成德政之治道而强丰，故而止丽之明，在于先终止非"明"之政，丰卦正是明不足以济，才需能生文明德政之离明，而非柔暗之幽明。从丰见旅，必然出现堕落与升华位域差别出现，刚明君子与柔暗小人所居卦体已然分明，正旅丽明之体，正是刚明君子行诚明之丽而用功之时，故而可得小亨与贞吉，亦是行强丰而振丰衰之时。止丽之明，应取诚明合功之明，艮出诚于内，离主丽明于外，诚于内继刚明再行健并健德有实，使其德足明壮，发乎外再主明，使其明上加明而有丽明文明之象，如此诚明合功之明，自然可以强丰，行大正之道，全正大之事业，且奠定大同之基，尤其是君子明志双用而志通天下之同。

节卦以水泽之体若不节则生祸患，节其妄动，制其过常，苦节其陷，以节制之明立德而节又以制行节；在节卦，确立了立德而节又以制行节的节制之道，使节卦发生从苦节到甘节的重大转变，节卦立德而节的治道思想，成为节卦转化危与险的舟楫，亦是节卦以德济通所有而致亨通的根本。在节卦行节制之道，应以节制之明立德而节又以制行节。节卦以"说以行险"而需节制之道，行节制之道，先治节制之明。要从"节其动"明节因，欲存于内而妄行于外，乃至过其常度，遭受不节之苦；要从"节其过"明制因，欲动存于内并行妄发乎外，必要节其过常，超越常度使水体与泽体两相不能节制，则致祸患丛生；要从"苦节"明节制的方法，行苦节止息，内息神识欲动，外制妄行，内外合用而水泽互制，方能节制有功。以节制之明立德而节又以制行节，卦中以"当位以节"立德而节，又以"中正以通"以制行节。以制行节，乃以制度行节制之道，最好的节制，乃以"制"节，用优良的制度行节制之道，以制遍众人，让天下民众皆能行节制。以制度行节，乃是不伤财不害民，且使民富与民有智的节制之道，从而发生从制度他节进步到有明而自节，所谓的自节之明，便是能履制度如常而自行节制，通过德之健能内息其欲，外止其妄，再从治君子系统健身德，从明德系统健明德。所谓的制节之制度，乃旅卦的法制以及涣卦的礼制，此乃立德而节的节卦德政。

兑卦以讲习之明行讲习之道，集各卦启蒙、德政、教化为一体，通过讲习的方式，传道，解惑，授业，启民智于发蒙之际而健明德。兑卦以讲习之明行讲习之道，集各卦启蒙、德政、教化为一体，通过讲习的方式，传道，解惑，授业，启民智于发蒙之际而健明德。教小人修身健德于治君子过程而使小人立身进位，布德政于各卦所崇法、礼、德之政而使制度能立以及正序得建，行振济于阴盛阳消且民众遇祸遭难之时而助涉险困，行养正于进志蓄德颐养正气而行得正大……践行大正之道，全正大之事业，尤其是王化天下德被四方，终离不开讲习之道贯穿所有。所谓实现大同理想，达到德被四野无所不照，德服天下无所不服的德治盛景，正是从君子行讲习之道教化民众开始的，唯有把启蒙与教化"见"于实处，才有天下大同的实施和实践路径。故而兑卦以讲习之明，行使治明的启蒙功能，正志的励志功能以及养正的教化功能，使兑卦以讲习之道贯穿所有卦体，上接天地圣道，下应万民之情，可谓既贯通天地，又遍应民情，能见善行于微小，还见德长于毫末，从而生丽泽和悦之大象。

豫卦以顺动之明行顺天应人之动，建礼乐德治之师治豫，使其动而和顺且万民悦服；既济卦以豫防之明，从大处着眼，放眼易之全体而行居安思危慎终如始之防。在豫卦，以顺动之明崇德制礼，建礼制以供众人，应众人之共理，以一制而位天下，健法、礼、德三位一体之德序，民众顺圣人所建之制安分守己，无有违和，随德治日深，豫之时日久，从万民悦服的和豫之渐生德服。豫之顺动乃顺天应人而动，豫卦以雷出地奋之动而顺天应人，所谓"豫顺以动，故天地如之"，便是顺动之明的真实写照，豫之动，乃法天地、顺人心之顺动，师法天地之顺动而治豫之动，乃豫动之明。明者何在？必先明天地顺动之所在，"天地以顺动"乃道之所呈，性之所化，法序与位序使然；再明圣人应法序而制礼序之动，应众人之共理，以一制而位天下，无外乎德位法则下的礼制，制礼确位，尊位而守序，则合天地之道。处豫体当再明顺制而动，制者，坤众之共序也，唯顺制才能存理；顺制而动，再尊位健德，方是豫卦君子与民众处豫之道，亦是豫体之所以有安和悦乐之所在，处豫明豫乐与和豫之源，再明共理之存，便能得其顺动之明。

在既济卦，以豫防之明，居安思危慎终如始，以一卦得济来济通所有卦体，且以正位正序之能使德政皆能和济；既济卦以正位而正其他卦体，显诸仁，以水火得用而八卦齐用，藏诸用。居水火互制互用而安其位的既济之体，更应居安思危行豫防之明。既济立初吉而终乱之戒，若能值初吉时防微杜渐，慎终如始，便能在处吉时行用，进德修业，以贯通他卦亦能得其既济。在卦中濡尾曳轮或可保济，终止则乱，上六濡首将返未济而不可救。所谓豫防，乃从豫而行预，豫卦乃君子进位建侯有大作为之时，且豫卦以顺动之明建礼乐德治之师，以盛大的文明礼乐之象成为迈向"大同"之基石，豫体治世有成，不得不行豫防之明，在豫卦就要治豫怠，使其豫卦全体能进德精进，持盈保泰，切莫失去豫乐文明的大好局面。所以言豫防之明而非行"预"防，便是预防皆小事，而豫防则是立豫体而治大世。既济卦的豫防之明便是从大处着眼，放眼易之全体而行居安思危慎终如始之防。在建序系统里，要预防草昧君子被无序之混乱埋没，不能建侯合群再走蒙体行制度启蒙，贯穿秩序七渐而最终建成制度与秩序核心的便是君子，从屯卦的草昧君子到比卦建制的君主，皆离不开君子的核心作用，也正因如此才有豫卦顺承先王美制而德治天下生豫乐大象。在身德系统里，要防止不能持治君子修健之路而一以贯之，最忌半途而废不能以身德之成而立身，从而立身进位走向更大的治理卦体。在志德系统里，君子和民众最易被灾祸陷身而失志，以灾祸八体言志德，便是要在灾祸中励志且正志，这样方能在任一灾祸卦体脱灾免难，且能立救济他人之志。在明德系统里，要预防君子失明，君子失明则卦体失治，明德系统通常贯穿了卦体治道，失明将不能依法序顺正理，亦将失去一切根基。在交感系统里，要预防随物应情之感被欲、妄左右，被欲左右便不能得感通之道而交通往来，不能以洁静精微之感感于心。在养正系统里，养正需渐进而养，当预防不能革新而渐养，无论是蓄德、升阶，还是走向正大之壮大，急功近利都将导致失养。在德教系统里，当预防虽有德政而不能建德制和德序，唯德制载天下所有德政，若某一卦体的德政之功不能升级建德制，则终将失功又失治。

　　君子九明系统之所以由豫卦统领，在于豫卦制礼崇德有功，不仅如此，还以传道之师行大乘之教教他们健德致明。豫之卦体，正是"时"所赋予的德果享有者，之所以有豫乐，便在于完成了行谦到治豫而生豫乐之过程，此"德果"之成，乃先王制礼崇德之功。明豫之时义必明治豫的载体——法礼德三者一制正序之"制"。先王以"元永贞"之精神当位，称位"修思永"之长久意识而作制并确制，正是豫卦顺承先王美制而德治天下生豫乐之因。正因有教天下之健明德的思想和方法，使其在豫卦不仅有明，还因制正而不伤志，且还能时时正志且升志，以豫之明再通志，使其能明志双用而共进位。

健志德亦有从阴到阳的演变过程。因交困遇明夷而立志出困，困之因在于无明缠绕，故而需健明德打破无明，遇损卦与益卦而正健身德之志，通过九卦所呈治身德君子过程立志，值巽卦行进位之志继而进志；当身德乃健，志德有明，则以小畜卦行蓄阳之志而志行，当阳蓄德足，则在升卦升志，升其品格扬其德治精神，使其因德治生豫乐，在豫卦建礼乐德治之师治豫再使志行，志在教天下人共健明德和志德，当一制位天下而秩序通泰，万民行顺天应人之动而气机皆通，则在泰卦因通泰言志同，从泰通之志言同者，乃正大事业之同，大同理想之同，德文明精神之同，故以志立鼎，用志作鼎，以小全大之大器，在同人卦志通天下君子的大同之志。在从阴到阳的志德演变过程中，以志德五体成为进志而志行的五个重要时位。

立志出困。处困体之难，以辨质见修而得君子修身健德之志。困卦为兑金坎水，兑金生水，故兑金为生水之精，而水之精为志，故言得"志"。处困境而得修身健德之志，以此"志"济困而通，故而出困有道，再者兑主言，以君子之志而言，并通天下君子之志。从塞、困之难的外在困象，到通达治君子之成果，正是困而得志贯通所有，而促使其有"志"的原因在于德之辨，所辨明的德之本因，故治君子九德系统乃是解困之法和脱难之路。正是因为有德性本来的大明之体在，才有立"志"济困的光明在，亦才有治君子九德所在的健德之路径。

若不正志健明德且继而失志，则又将以失志呈现灾祸八体。以灾祸八体之现状见失志之患，从而坚固正志之心；君子失志且失德于祸患八体，无非是阴不正而使志不固，志不固而受阴蛊，阴惑而乱正，乱正则小过，小过则使剥落，落而剥将失德，失德则刚外来，刚外来则灾妄致恶，恶佞为祸则诸事未济，以此形成了不正之患、蛊惑之祸、乱正之祸、小过之祸、剥落之灾、无妄之灾、恶佞之灾、未济之患的祸患过程。本卷以一正通八邪，借震器之用，宜识本体而致大用，警醒若不进志致升则遭祸患，师震而立奋起之志，立重器与大器之志，既可致远，又可升格，而非重器非用与大器小用。

以姤之不正领起不正之诸祸患。在灾祸八体里，其姤卦与剥卦乃阴主大时"乾→姤→遯→否→观→剥→坤"执妄迷失过程之卦体，乃阴来阳消而主不正之体，从而以"不正"贯穿在灾祸八体的其他卦体，使其成为有灾祸之因。不正起于姤风之"柔"，阴妄从乾始，阴求遇于阳，柔遇刚，以柔成主，以遇成体，至姤一阴在下有位而成，使阴有质且有位；姤之不正乃"姤之时义"赋予，为周乾易坤的暗系统所主，以执妄迷失为路线，暗系统以"执妄迷失"为旨，执妄阴便势长，迷失则失明又失志，出现乱正又伤正、小人当道、君子烂落、昏蒙暗众等不正现状，且犹以不正言害，害君子、害正序、害正道、害德文明，因无明而有妄小人七难，又因失志而有非君子八灾。

立震器统领失志之患。震卦非言失志而成患之卦体，而是立震之大威德，使人惊恐并知惧，以震之威警示失礼丧德之违震，尤其是失志一蹶不振，处灾祸八体若不正志而进志，则陷入不正之灾祸，且灾祸日重。震卦以传德承序之重器示警，要见震得神，知进志升志且谋进取。不识震之大器而非用，且居德而小用，会致祸生，值祸变时不知反省修德，继而失志，将引起更重之灾祸，震以传德承序之大器，君子师之，应立齐地而通天之志。

灾祸八体。姤卦一阴方生有位成柔主而主不正之患，蛊卦以不正之姤风遇阴势之邅山回转行蛊而生蛊惑之祸，归妹卦以归者在妹且乱位乱正而成其乱正之祸，小过卦以内实外虚伤正害中孚而言小过之祸，剥卦以柔刚剥阳而阳消落言剥落之灾，无妄卦以灾因在妄且妄动成灾而言无妄之灾，噬嗑卦以恶佞为祸和谗邪作梗而言恶佞之灾，未济卦以阴类行未济之事而言未济之患。

在姤卦，柔遇刚并浸刚体而生不正之姤，不正之风祸乱诸卦体，犹以不正之起因致使小人当道而害正道；在蛊卦，正之姤风遇阴势之邅山回转而行蛊，以女惑男行欲生蛊事，不正乱情，蛊惑伤正，众人受蛊生坏乱之蛊果成祸；在归妹卦，妹自媒自荐动于男先来归，柔乘刚与位不当而失礼、失时，归妹不正又双失，致使双凶并至；在小过卦，山上有雷而声过其常，四阴在外，二阳在内，内实外虚，以上逆下顺立凶吉而言过；在剥卦，阴柔渐长盛极而变刚，柔刚剥阳而阳消落，众小人皆来剥丧君子，使君子失阳正、失位、失时、失剥之小体，继而被戗身落难且烂落在地；在无妄卦，灾妄起始于剥落之灾，随正道与正序剥落而无制妄止欲之器，民众行欲妄动，致使无妄卦以"妄"为体，且妄动成灾；在噬嗑卦，恶佞之徒以恶佞之内行伪善之表，从而蓄意作梗为祸德政，致使败坏德风并致灾生难；在未济卦，阴类行未济之事，因时不与、位不当、体有终等因素成其未成之果，阴类不从正致使诸事未济，且恐致使诸卦皆有履灾遭难之恶果。

正志防灾祸八体。灾祸八体之所以致灾应祸，皆有在不止之因的基础上继而失志，任其不正在阴性属性中发展，背离正道，遇灾祸八体必知灾祸之因，在于阴而不正且以不正为祸致使失去拯济阴妄之志，故而治不正之先，必先正志，以正志来固志继而固正。诸体不正，皆因遇阴浸正不固而失志，失志则需固志，且只有做好固志才能更好地固正，而正志与固志之利器在乎震，君子师震，应立齐地而通天之志。以震器大用，立拯济万民之志。在对灾祸描述中，其患、祸、灾、难乃灾祸程度由轻到重，灾祸八体虽有患、祸、灾之灾难，但尚未真正涉"难"体，故而言"防"，通过正志或德治，防患、祸、灾，若不加治理恐陷入如坎卦和明夷卦之难体。如同小过卦过错尚小伤正尚轻一样，小过错和小祸若能及时纠正将从不正得正。值灾祸八体的患、祸、灾之凶，需从阴而不正的灾祸之因起治，治不正使其得正；治阴必制阴与止阴之法，在灾祸八体之诸卦君子以及当位之阳皆有制阴与止阴之任。

　　姤卦以中正德制正不正之柔，姤体以承继乾文明之姤同为主体，五刚之中，仍有二五之刚居中正，以中德主姤，虽不正有祸，但阴弱祸小，故而正大的德化之风正从姤体施行，以正大之事业来正不正之姤，不仅如此，诸爻犹以"以杞包瓜"和"包有鱼"言制阴之志，谓以"包"行制阴之法。蛊卦以"巽而止"行"止"道整饬治蛊，且慎终如始而振民育德。蛊祸在前，蛊治在后，从成蛊之因，到治蛊之法，经过整饬治蛊，根于不正之因而使蛊体得治，且成其蛊体"不正之终，大正之始"的终始之功。归妹卦以乱位乱正成其祸，且祸患事关伦理风尚与礼制大体，有伤德政，故君子睹归妹动而不当之祸，必以"止"通正而治之。归妹之终始，正是正位序、正家人之序的呈现，亦是从归妹之乱位之不正，可见天地位序之正，以此以小见大，以"正"来振民，使民众皆能明礼序之正，行婚嫁与家人之正。小过卦上逆下顺以有过求无过，乃治小过矫过得正之法；小过卦致过之因在于阴浸阳之弊，阴盛而阳消致使正固不利，故而止过在于制阴与止阴，止其坏德政风尚的不正之风，小过之治，更依制阴之法与止不正之道，"止"不正而通正，尤其是要纠过得中，以有过求无过。剥卦的烂落之灾，使君子烂落在剥体，君子尚且如此，民见剥落之灾，灾如火临宅，突如其来又灾难深重，必当临剥而安民，安民必先止阴，虽不可与敌于阴之大时，但尚能治剥卦之小时，知成剥体之因，从因上治理，明大时，而治小时，应师法众卦的制阴与止阴之法，使其形成剥卦的止阴之道，当安民得正，剥卦可得治剥安民之道。无妄卦知妄因而治妄，以灾为体，立灾为用，先有灾，后治灾，再定序，形成从有灾妄，再主不妄，最后行正望的治理过程，使正序得复，正道可立，从大亨以正至实理自然而通元亨；以不妄言妄，乃戒其妄动，宜动而有所制；从不正，通正，再到得大正，以无妄一卦，实则担其诸多卦体之责，乃灾祸治理之典范。噬嗑卦观噬磕之象，借观卦之力，以刑入礼，再立刑从法序，惩戒恶佞，以"噬嗑"之法治天下之大用，以离火之明照雷震之威，用刑惩恶去其梗间，惩戒恶佞，以雷震之威大器重用，强力战恶，再以雷电合章而引刑入礼，兴法制建法序让邪恶知其所畏；用刑狱治乱之已生和恶之既昭，弃柔和之观，值乱世用重典，待梗间去之，再当复以教化。未济卦诸事未济当进志使志行，以未济之体与震体相呼应，师震之大器大用而立奋起之志，唯立从正之志，健德从正，方可从未济致远而达既济。从震立失志之患警示，到灾祸八体之诸灾难启示，未济正需以不忘敬慎之体，进志从正且志行履正，才能真正做到以正止邪，以阳正阴。

君子健明德又进志德，明志双用需明志双养，才能使其德刚志壮，不受大过与阴妄侵扰，故而必依养正七渐正固而渐养之。

养正七渐。革卦以革新之道而有革正，渐卦以渐进之道而有渐正，家人卦以伦序之道而有家正，颐卦以养正之道而有颐正，大畜卦以蓄德之道而有蓄正，升卦以阶序之道而有升正，大壮卦以正大之道而有壮正；以此七正渐养，得其养而能固，固而能蓄，蓄而能刚，刚而能升，升而能壮。在革卦，从法革到序革而成革文明之健；在渐卦，从渐进至升华而谱写伦序；在家人卦，从正固正家到伦序正位；在颐卦，内养神气外养贤并养德居正；在大畜卦，蓄德治蓄功与蓄志通蓄神；在升卦，刚上升柔而时位有阶；在大壮卦，内刚化外政使天下大壮；七卦同体又各位域自专而共同用事，以卦体小体之养而得正，来全养正七渐的大体之功。在养正七渐的过程里，革新以去故取新成养正转变之基，亦是养正之始，从革处始养，在于无革不足以取"正"；渐养是之所以能养正之路径，不激进用事，亦符合养而得正的原理和自然规律；家人是得养且养而有序之基，亦是养之序从小走向大的关键转变；颐而能得正是养正的思想，是从颐养而通修齐治平的路径，颐而不取正、不得正又将成为祸之源；养德从革之初，到颐正而大畜，皆是贯穿养正七渐的核心，亦唯德能全其正；蓄德是养正且发生升华的关键，无蓄德刚上出柔，则无升华的转化之功；升华有体是大壮壮而有所依存的关键，故升卦承大畜而启大壮，皆是养正之果。养正七渐的每一个卦体的治道皆是养正之果，且还有大畜上九证道并得道之大成就，以转凡入圣之大贤大教天下；养正之果以得正大为大果，正大之果，以内刚化外政的大正之治道，行王者之政，以治道通正大之序，执天道行王道，以中正养大体并全大体，以大壮一卦之序贯通所有正序，使天下所有体皆能壮大。

之所以要成其内外刚壮之体，从养正七渐之过程可知，刚壮则栋梁不桡，君子不屈，正序不移，善政不止，教化无穷。养正七渐者，以养正之道治大过体的难得作为与大过之难。从养正七渐到大壮体，因内外之刚壮强健，可使正序不移，在正序得以正常运转且不断扬升的基础上，保其德政治道的善政不止，且行教化无穷之利。

大壮刚壮强健状态下的栋梁不桡，使激阳与阴无可乘之机；君子不屈，君子不屈服小人排挤与迫害，且升志进阶，立志执正道以清天下之弊；正序不移，从革新之序、渐进之序、家人伦序、养正之序、德蓄之序、升阶之序、刚壮之序，坚固其正序，使既序且正，并养一处而得全利；善政不止与教化无穷，君子当得作为，大正在外无非善政与德教，也因善政与德教之正，才成其大正之体，圣贤主其精神，君子充其精气，不断扬升其精神品格，使外壮之体成大正之体。

养正七渐之神妙，在于内刚外化。以内在刚强之精神，化在外，以政和教之治道，使外体品格升域而平衡内外，实则以内养外，以内治外，以内教外。大壮以内之精神化外在之政，正是君子的理想志愿，君子治身德、健位德，升志当政，便是以治君子之范式，自证唯德能通所有、能济所有"小乘"之利，行使小人有德且天下同德的"大乘"之愿。执抱元守一之精神，从大正之道，通过内刚外化而政、教在外，成正而大的正大之序。大正之道，使大壮能内壮与外壮的贞正之道；正大之序，以大正之道行善政、德教在外，建成能促使邦体正固且壮大的秩序，犹以法、礼、德三者之正大总持其他壮大之序。

养正七渐之功，从被"难"伤于外的君子反于内、反于家，被家养而奉食，到自求口实养小体；当得颐道之大止，被颐道和德政所养，成其不家食而吉的大养局面，终是君子处颐体知颐时、通颐德、进颐养万民之志，以养人为公施善政在外而养大体，以养德养于内而全大体，以此得颐正，乃颐正之功。外养蓄势，内固蓄核，外蓄善政之德，内蓄龙阳之德，以得时、得位、得内外之体而蓄德有大成，既有上九得道之成，又有守道崇德安于教化，使万民被德所养之成，此为养德之功。凭颐正之功和养德之功，由大畜成大壮，中间又贯穿于升，之所以有升，在于有萃而聚，聚而序，序而泰，泰而治，治而养，养而正，正而蓄，蓄而通，通而升，升而有养德之笃实，故能成其升；在升卦大畜卦蓄德的刚健之乾性化在升卦成能育万物之坤地，以精气化神之功成其精神升域的新品格，最终普写正大之序，有治精神之功。正大之序，为中正之道大成且稳固，能以大正之治道沉淀成大壮文明，又以能全大体之正，而从养阳之正，健德之正，正固之正，精神抱一之正、进位升阶之政……凡能得正之事，皆能以健德、善政、德教等，贯通于执天道行王道之政中，以精气神正固而抱元守一，使纯粹精神而终能治于精神。

第九讲　化明夷——德教十政全大体

从全大体言治理，便是通过构秩序、系君子、养大正后，能实现用德教十政化明夷的大乘之德政。言天下归德，乃以"德"为核，依君子健身德进位德，治明并升志，内能正固其德，外能行德政教化，内外能精气交感而以神感通，又能执养正之功蓄养内外。以正固之利使阳刚壮盛且德裕盛大而得大正之道，再以治道之小乘行全大体之大乘，并执正大之精神，以德固治其内和德制治于外而内外合德，成就其身德同有、德序统有和德文明丰有的"天下大同"文明状态。

大正之道。为君子依明德，值任何一卦之当位，履卦体内在法序，行卦体自身之治道，使其能称位和配位卦德，而得其大正之道。得位、得时、得体，皆谓大正，能依任何一卦的大正之道，探究卦体治道，洞悉卦体内在法序，履卦体当位之时、位，从配位之德健卦体大明之德，最终通其道体德性，治大明。

正大之事业。从大正之道执天道行王道，以中正养大体并全大体，使大卜所有体皆能正大；从大正走向正大，便是从一卦之体，走入卦体之全，以"大"而应所有，把中正之道，放"大"在全万民之体中，并建"中正"成序，再以一卦之序贯通所有正序，从而建成适用于大体的正序。正大之事业，乃是全大体而建正序之事业。正大之序，以"中正"立义，以"全大体"为用，贯通法、礼、德三者正序之"正"，以正序统治道，使天下所有体皆能正大。

从无明之难到德教十政。明夷有昏蒙草昧与刚强众生居明夷而蒙明夷大难、处明夷德政与教化难、君子艰贞且正志难的三大"难"系统。暗众群体居明夷因以欲当政而堕落自伤，成明夷的主体之难，暗众因昏蒙且欲妄刚强，无明亦无志，无明识德政系统，使其德政难行，德教更难，再加上无志难以正志去积善累德，故而难上加难，成其仅次于坎卦之大难。治明夷大难以及其他诸难在于德教十政行德化之功。在明夷卦虽有明夷大难，但仍以"正"为体，以"进"为用，并非只见避祸，而不见济夷之道；明夷全卦、爻以文王、箕子而引史证辞，既举明夷"利艰贞"之卦德，又言处艰难以正志之用，使明志互发而固守时艰。举圣贤之事例，在于以史为鉴而治明，师法圣贤之精神而正志，以圣贤的言传身教，日新其学，学以致明，以致修身、亲贤、正固之利用，立志蓄德济天下；最终成其明夷体以纯粹精神且抱元守一的内光明行刚壮而化外的正大之进，使其内文明隐于内，暗众柔顺于外，终显内阳化外政的治理之功。

执抱元守一之精神，以萃正、颐正、蓄德以及纯粹精神的养正之功，使德刚体壮而通君子正，凡能得正之事，皆能以养外德、健善政、化德教贯通于执天道行王道之政中，来通天下大正。从大正走向正大，便是从一卦之体，走入卦体之全，以"大"而应所有，把中正之道，放"大"于全万民之体中，并建"中正"成序，再以一卦之序贯通所有正序，从而建成适用于大体的正序。正大之序，以"中正"立义，以"全大体"为用，贯通法、礼、德三者正序之"正"，以治道通正序，使天下所有体皆能壮大。正大之序，是践行大同理想，通往德被天下与德服天下最直接也是最可期的路径。天下大正，健正大有序，在于进善政，化德教于外，此"进"与"化"便是执德政而普施教化的治理过程。因全大体而有万民之体大，此万民非君子及朋党群体，而且大多从昏蒙无知之草昧安顿或合群而来，为阴、妄太过的过阴之体，过阴之体大耗阳气，大耗君子心志，大耗明君善政……总之，如同"黑洞"般使阳、善、德因消耗而遁消，使其陷入明夷大难。明夷大难在于过阴之体在外，且体大，明君、大贤、君子有阳的群体尚弱小，内刚壮之阳体不足以支撑这种大体过阴之局面。当根基失恒，则伤于明夷。故而，欲善政与德教治天下，必先解明夷之难，内固养德并蓄德牢固纯粹精神之根基，再继而执德政以教化，以德教十政养于外，使外有"明"而得养，既脱明夷大难，又践行善政、德教之化。

大乘之进。进而被无明所伤，非进之过，而是失根致无明以及大阴体太过，正大之进在于全万民并建正大之序，且在践行通往大同理想的路上。失根致无明，前有体大的过阴之体而无进途，后又有阴失根缺阳以养而跌落到明夷体，以此蒙难。值明夷体，必然有圣贤、大君子、君子等群体，就算被伤亦要正大之进而进。进，从大正走向正大，便是执天道行王道，行进全大体而大同的理想。进往明夷体，是舍身取大义之行，是"我不入地狱，谁入地狱"的大悲之行，以舍阳壮之身投入阴妄之体，以纯粹精神且抱元守一的内光明，刚而化外，照外以大明，乃救苦救难、慈悲喜舍是也。正大之进，从进之始而言，进而卅，内刚化外柔，贵在转化，在明夷体的转化因位域差太大致使转化亦有障碍，纯粹精神的心性元阳在内，因无明包裹与位域差太大而无法外化，从纯粹精神的精神位域到昏蒙草昧的位域之差便是位域差。故只能从正固之养、蓄所成的刚壮来化，转化之首要便是教君子，使君子群体壮大，让每一个养德有成的君子都有济天下苍生脱明夷之志，星星之火可以燎原，便是内文明而外应难的解明夷之思路。

德教十政之所以以鼎卦统领，在于鼎卦立君子使命、王道使命、文明使命、德位使命、道德使命，以此凝君子天命，使天下君子正位居体，发乎从正大到大同之事业。正大之事业与大同之理想，无不以志立鼎，用志作鼎，犹鼎器之重不可移。以鼎卦统领，在于行德治乃君子天命之使然，以君子承载德文明使命而产生的德治之道，方为从正发乎大同之鼎器，所谓大器大用，便是如此。

德教十政。观卦以道→法→术→用之王道系统而行王化德政，中孚卦以正志求孚同应得信而行孚信德政，涣卦以宗庙制礼正涣风立德范而行宗庙制礼之德政，夬卦以德决共建夬制而行建制德政，晋卦以乾坤合德而精气神三全行光明升华之德政，离卦以明德照四方治服同天下而行德照之德政，贲卦以内外合德而文质相资行德文明之德政，鼎卦以鼎之重器而凝天下使命行使命德政，同人卦以志通同人而致通天下行志通德政，大有卦以天下归德而德服四方行德服之德政。

在观卦，以中正大观观四阴不正致祸，再行王化之道观民设教而德化天下；大观天下，在于笃恭之极，如临大祭，而孚诚之念存于中，孚信在中而颙然可仰，下民望之信从而化服。观卦以"盥而不荐，有孚颙若"立辞言卦德，其一在于敬，敬必诚敬之；其二在于信，敬于外而诚于内；其三在于仰，仰则同，同则有信从。何为大观？从观天道、观四时法序、观宗庙、观天下民状、观政、观教化……而言大，正是根于道→法→术→用之王道系统之观。在观卦，以俯仰之察，察"大观在上"之天地之道，再以"顺而巽"入法序之要，师法、效法、取法自然法序而"中正以观天下"，再以道→法→术→用之王道系统而观其所有，行养正王化之道，正是以政见善，以善健德，以正德而教化，其德行被民所观，德政被人所仰，德性被君子所大知。观卦以有为之善政，再行无为之教化而治"天下服"，服者，德服也，为九五君王身德而服，以尊位行善政而服，行王化之道德被天下而服。之所以能"中正以观天下"，在于中正之道所贯穿的孚信之德。无论是治明，还是言志，无论是言建序，还是存治道，无论是治小体，还是全大体，犹以孚信贯穿易之全体，无论是卦体，还是诸爻位，皆处处见孚，位位见信。凡辞有言孚者，其孚信尤其重要，未言孚者，其信义亦贯穿其中。

在中孚卦，通过专诚之信在小内与感通往来之应在大外来立孚信，以中孚"乘木舟虚"之利，用专诚斩安去欲，立诚信感格四方。在中孚卦，立"豚鱼"象言卦德，以专诚之信在小内，通过咸出萃入之气机交感通过，使感通往来之应在大外，既通信之本，又通信之实，以感应之体全中孚之德，呈现以孚之破出正求又以信笃应的感应之道。中孚之用，既以专诚斩安去欲，又以感而有应行中正之道，以此"乘木舟虚"之利，虚实相济，以诚信感格四方。言感格，尤以宗庙承感格之道，故涣卦以"王假有庙"立卦德，并崇尚宗庙之道。同为"感格"一事，观卦以"盥而不荐，有孚颙若"立孚信，主言诚敬，以敬示诚，敬于外而诚于内，治感格于大观之主体。以德政与德化之感格，使"德"的外、身、政位域明晰，又在同一观体之中，既在以敬示诚之行外，又在以诚治信于身内，还在以仰求同的王政之中。萃卦以"王假有庙"立孚信，以"庙"的收神取信之能主言聚气凝神之萃取，萃取者，以收神凝聚之专再取信，再以收、取相兼而言信德；萃犹能聚，舍识弃意虚我从心而神不外驰，以心通感而萃神以聚，继而聚气，既萃聚君子同人之志气，又萃聚贤才养邦之正气，君子与贤才皆以"宗庙"精神萃聚而志心向邦，使宗庙成感格天下而教化的器用之物。中孚卦以"豚鱼"立孚信，以"豚鱼"之隐微主言专诚，以专诚通感格之要，感格犹在乎诚，祭祖要诚，感通要专，才能令祖、人精神相通，专诚者，推中孚之道，立诚信之本，才能以诚信通感格而行王道。

在涣卦，因中孚的豚鱼之教刮起涣体风行水上之祸风，致使涣难发生，涣体以宗庙之道立重器治涣，以正风气之能，行摄众志与凝人心而拯济涣难。在涣卦，因中孚的豚鱼之教而起祸风，从暗众群体离开讲习所的有形离散起，豚鱼之祸逐渐发酵，涣小人以华美外扬的翰音飞天而人伪中孚，以不文且无质的"乘木舟虚"伪作孚信之事，其伪诈之行径被中孚君子揭露，反被涣小人起无风之浪中伤与迫害中孚君子，刮起涣体风行水上之祸风，致使涣难发生。涣体以宗庙之道立重器治涣，以行宗庙礼制之务实，代替了乘木舟虚以致远之务虚，以此止住行豚鱼简祭的人伪中孚之歪风，以正风气之能，行摄众志与凝人心而拯济涣难之功，从而达到了正魂魄、聚人心、摄众志之凝精神且治于精神之目的。涣卦从起歪风的涣因起治，以宗庙礼制之刚凝精神而正风，致使涣散之歪风以"刚"正而成德教德化之风，使涣散之体重新回到君子当政的正轨上。

在夬卦，以德决之道成就夬体"制"文明，使"元永贞"之精神比制之愿景终成于夬体，行一制决所有与一序刚万德之能，以夬制载万政，又以夬制正序所有而厚万德。宗庙礼制严正了伪作孚信之歪风，但根治涣难之法却在夬卦。夬卦以"刚决柔"的德决之道，使君子当位而道长，就算涣小人人伪中孚，想以孚信为凭得进位升迁之利，便在夬卦以从夬之刚决来治理，当小人不能以中孚为凭而得利时，其伪作之风气便因小人趋利但无利可图而自止，涣之祸风被刚止则涣难自解，且以君子当道行德政而励精图治。从大正向正大之王政，因明夷和涣难，尤其是明夷暗众与涣小人伤君子与伤阳已久，使王政百废待兴，从涣卦师法宗庙礼制之道正歪风与正风化之能，在夬卦思考根涣治难之法。夬卦以五阳决一阴而行德决之道，以决从革，以革之新去涣之故，以刚之制决群阴之欲妄，从而形成了去祸患之根为在夬卦决制建新序，谓一制决所有。此制止是法、礼、德三者止序成制，以德决之道成就"制"文明，使比卦以"元永贞"之精神所作比制之愿景终成于夬体，一制决所有，一序刚万德。夬制，依德决之道建制，以"德"成决的首要属性，也赋予了决之精神和决之条件。德决者，决制之建和共决过程需明德与志德，既需拯济明夷与根除涣散之明，又需为生民立命之志，能从明夷与涣难关乎王政的生死存亡之际，找出长治久安之法，此便是决之精神，而"扬于王庭"的共决，便是决之条件。以共议而显决策之公共性，以"扬"言明决策应当公开、透明而不藏私，以阳决阴，以明决断不明与失明，以五阳决一阴，在形成最后决定时，注重多数认同并通过之原则，又以乾圆兑缺之义警示决策要查漏补缺，使决策尽量完整、完善，更是以圆存缺之象，要允许不同政见或意见的群体存在，保留他们的意见和声音，并不妨碍决策之权威和全面。经过共决最终决出夬制，不仅从涣因起治，还从体制弊端的涣祸之根通过建制而根除，制成而德大，以取新夬制成新政来载王道之政。在夬卦，以夬制载万政，又以夬制正序所有而厚万德。德政得亨通，教化乃风行，一制之明，如明出地上。明出地上者，晋也；晋反明夷，此进为正大之晋，亦为治暗大成之进，从大壮的正大之进，到晋卦的正大之晋，是德政成制而大治的结果。

在晋卦，以崇德推明行光明之道，犹以德为核的三次升华，至晋体使乾坤合用而内外合德，内外合德之用全晋卦"丽乎大明"之精神；晋卦崇德推明。以明出地上阳"进"立象，以"康侯用锡马蕃庶，昼日三接"立卦德，以柔进为义，以日中大明取德照，以得顺而得晋道。晋卦通过康侯"昼日三接"来表功、彰德、显明而立崇德推明之卦德。康侯前有定邦安国之功，后又以晋体德制而有主明、顺下、得公之治，同晋体明君一起，以君臣和顺而合晋，使德照万民，并以此激励天下有德有功之人。从明入地中之明夷到明出地上之晋，皆有"升华"之实，尤其是德为核的三次升华：第一次升华为精气化神之升华，亦为"德"升其品格，华其精神；第二次升华为神主气精之升华，亦为"德"升其境界，华其光明；第三次升华为精气神三全，亦为"德"以乾坤合德之用，而德驱内外，升其神通，华其万用。经过大壮升华之进、夬制刚进、升晋之进的刚壮升晋过程，呈现晋体之"进"义，阳进成晋终是德进，犹以德为核的三次升华，至晋体使乾坤合用而内外合德，既有内阳化外德，又有外德入内阳的通明过程，以内阳内蓄，外善外积，使晋体大功昭著，大明彰显，晋体坤众亦因德照而受福。晋卦有明，在于有德，精气神三全内阳厚蓄于内，履晋制全外政善德而外善厚积于外。

在离卦，以德照之道治本性文明、社会文明、王道文明、德文明四种文明，形成以生化之性、生养之德所成就的天下丽明之正道，并以明丽之内文明化成文饰之外文明。离照必行大观，为因观而照。大观以明观，无明则无以观，而执天道行王道之德政以大观之道施行，尤其是明出地上但尚未到晋中的离照过程，离明不足，尤其要行大观之政，以中正大观而离明，为照之有方，照之有方则德政丽之有法。先照能照与可照之人，教之以德，待明到晋中再施普施之照，照之以精气，普施予万物。也正因观而照之政，方使离明之照生大德，以德核之驱动，得晋中之离明。"离"的四种释义治四种文明。因生化之性而化生养，以"化"治本性文明；言本性文明者，在于识道认性，无论是离卦还是贲卦，均以辞言"化成天下"，大道之所以能化，在于道生德蓄之本性，在道→母→器程式中以道域生化器域，天下生养于土，以土性而言生养，皆要明其"性"，离之化、离之美、离之明、离之照……皆根于生化之本性，因其本性文明而成久照之源。以德盛而明丽之"照"，治王道文明。言王道系统者，观卦以呈，也正是因为观卦行养正王化之道的积累，再以有为之善政，行无为之教化而治"天下服"，而王化天下，德被四方，需离明以照，万物无照不生，无德不序，以德礼之道履礼以正序，健德文明以序而成离，故以"离"之德盛而明丽，言君德以照。以文明而文丽之"文"，治德文明。言德文明，为前三种文明之集汇与沉淀，尤其是为君之明逢臣道之明，以君臣际遇治万民生养，以道→法→术→用之王道系统健德，从本性之德到外象所显之德，以其本末贯穿，便是德文明之健之极也，故而生"文饰"来积累与沉淀德文明。文者，圣贤以通本而达末之明，治其经典也；饰者，以经典对德性、德行、德政、德位以"离明"而饰之，以无为之言，言德之无不为。以文治德文明者，在于以性→相→用的本末相成、文质相资，以文饰之道传承文明，德文明得以弘扬和传承，以文归质，更是以"德"普世之所住。

在贲卦，聚晋制离序之功使外政能自养并正固内阳，内外合用又文又质成其卦体文明之象，治德政文明有成，且贯通各卦治道而化成天下。

从大正走向正大执天道行王道德政中，从明夷卦→观卦→中孚卦→涣卦→夬卦→晋卦→离卦至贲卦，经过七卦德政之累积，自明夷无明而治，历经观卦的王化之道，中孚卦的孚信之道，涣卦的宗庙之道，夬卦的德决之道，晋卦的光明之道，离卦的德照之道，使德政之治道已聚势成山。贲卦上体之"山"如同天在山中之大畜体，能通乾天之气的艮山，乃养正蓄德而成，而贲卦之山乃蓄德政治道成山。言治道者，为德政之功经过一卦卦体的治理和沉淀，以治卦有功而成治道，既集一卦主体之思想，又汇通上下卦体与各爻对各种问题的解决方法，经过体、时、位综合检验而能成称位一卦之卦德，使其卦德配位卦体而成治道。故而贲卦集德政治道之聚，既集各卦当体之卦德，又聚各卦治理卦体之政，又能从错综复杂处联系彼此，找到互通之理和联系之序，也是之所以能聚势成山的原因。既有各卦体位域之治道，又以聚而成同体，各卦体位域之治道，皆能以德政治道统一，顺承德政之沉淀而共同成德文明之同体。治道之聚，是以政为基础的制、序之聚，治道形成德文明的沉淀必然要先从卦体治道来建制和建序，只有制和序的稳固才是治道之成，卦体治道既是治理卦体的核心思想，又是解决卦体诸多问题的方法论，最终以制和序的沉淀而汇同到德文明之主体上来，这个汇同的过程便是气聚和神聚的过程。神聚者，一个卦体的治道思想谓之有神；以治道思想治理一个卦体使内外皆通泰谓之得气，以每个卦体之气贯通与汇同而有气聚，易体之所以有卦序以及有方圆图，便是在于得神与得气，使其发生同体又位域的神聚与气聚之汇。而这个聚、汇、合便是贲卦之特性，贲卦之成必集诸卦气、身于一体，尤其是从大正走向正大的德政七卦。能够发生治道之聚、气聚、神聚的贲体，最终是德聚，以德聚之核，而引发的外在诸多之聚。所以贲卦犹言德，尤其是继晋、离二卦崇德推明又德照四方，其德体到德用已然有成山之势。德体者，内德刚壮成纯粹精神之体，德用者，内刚化外政再厚万善于外；从明夷卦至贲卦，皆从内阳精神之体，此为诸卦的驱动之核，而且大观、中孚诸卦，尤其是晋、离二卦，犹依德核而化外政，使丽明之所以能明、能照，因为能明和能照才有万善积于外。最终至贲卦，使其内外合聚而成德之大体，精气化神与神主气精相互传化与允盈，治道之德因气、神之贯通而彼此相连。贲卦山势亦乾天之气，同大畜卦德蓄于内相比，贲卦山势聚于外，以参天之势聚而通天气，从而施生万物，运转精神。精神存于内，故而至贲卦内外相通，且有以外固内之通。之所以言贲卦能止外政而得静，在于贲卦从夬制，得晋制，依离序，以制和序之优越性而止纷繁外政，集治道之聚、气聚、神聚之聚同而凝聚成制和序，故而贲卦以晋制和离序而成其德制。晋卦与离卦皆言厚万德，在于有万众之多，及有万政之繁，以一制止万而得静，为聚制、序之势的成山之功，当外政得静，便能与内阳精神渐融合，而体用一如，外善入内阳，内阳化外善，乾坤合用，内外合德。内外合德意味着在贲卦德政之外善，依晋制离序之功，使自政能自养，且还有外善化阳德入内，正固其精神，这便是阳火之来源，也是"质"成于内之因。执天道行王道的正大之政，皆是以内阳化外政而养外，值贲体止万静的临界时位到来，形成了内外在"养"上的平衡，使外善能自养外，原本内化外而养于外的内养，因外能自养而可坚固其内。贲以外势之成而成其内外，从一卦之成汇同正大之政的全体之成，从单纯的内文明以内外合化而纯粹精一，便是贲卦言"文明"之所在。贲卦以聚王道之德政成山于外和集内德刚壮而成阳火于内为内外卦体。言贲卦文明，首先集德政之大成，以山势之成而有治道、气、神聚于贲体；德政者，执天道行王道所能言及的一切有德和教化之政。贲卦聚晋制离序之功，使外政能自养并正固内阳，而有德政文明。贲卦言治道、气、神之聚，而引发外在诸多之聚的终是德聚，德之聚在于蓄德养正之功，因蓄德养正且刚壮其内而有养正文明。养正蓄德在于精气能聚，而精气之萃聚在于是否与大秩序建立天人合一全息元象"动态"交易联系，贲卦行萃集成山之聚，故而因精气通泰，而有交感文明。晋之照，离之明，皆言德化；以内阳化外政且外善养外政之德化，而有德化文明。文明之成，在于有君子，君子升志与当位执德政来贯穿所有治道，而有君子文明。贲卦言文明，终以集诸文明之成而建制成序，以法、礼、德三者成制，又以法礼德三者成一制正序，而一制便是德制，一制正序便是德序，从一制决所有升华成一序载所有。德制之建，起建于比卦，成于夬卦，升华于晋卦，成序于离卦，以贲卦文明之成，而成德序。诸文明有成，全在于德序之功；或建德序于卦体治道中，或被德序所载而成其内外大治；皆围绕"德"为核，守正固之利，得大正之道，成其正大之志，君子健身德进位德，治明并升志，内能正固其德，外能行德政教化，内外能精气交感而以神感通，又能执养正之功蓄养内外，终以德固治其内，德制治于外而内外合德，汇通成德文明。从贲卦集德政文明、养正文明、交感文明、德化文明、君子文明等诸文明之成，也因此构建了德文明之模型。

在鼎卦，立"鼎"象而健君子使命、王道使命、文明使命、德位使命、道德使命，以此凝君子天命，来发乎从正大到大同之事业。鼎卦立"鼎"象，立以烹养贤、以贤养正、以正立法、以法正序、以序命德五种释义健君子使命、王道使命、文明使命、德位使命、道德使命之五位使命，以此通天下大同之志，无外乎以"鼎"则天道、缘民情、鼎立法、凝正命。从而使天下君子正位居体，健德于身，进位以位，行善以政而凝重天命，使精气神畅于四支，发乎事业，以此凝"命"而通天下大同之志，犹鼎器之重而不可移。所谓"君子以正位凝命"，必治通天道之明及万物之性，以俯仰之察，缘民之所需，再法鼎之象立法之正序，以正立法养民、养贤、养序、养礼、养德、从而正位居体，以此文明之健来教化安民，使人人皆能成明鼎而知鼎的鼎象君子，从而以其大乘之心，上能明天道之正，中能行王道之正，下能化万民于己身而行善政。鼎卦以法→礼→德三位一体成序，犹以"德"序为重，以鼎功之成使鼎成序器。从鼎黄耳到玉铉，以德器与序器之成，而有鼎文明至极。上九处鼎之终，鼎功之成。鼎功之成何在？为有以烹养贤、以贤养正、以正立法、以法正序、以序命德之功，以及"鼎"的五位一体之使命之成，可谓功成极大，有独为鼎盛之说。以器言序，在于以正序能节制所有，使其"刚柔节"。法→礼→德三位一体成序，使"鼎"成为礼器，更成为德器；法者，以鼎为法器，履宪法为基，在于以法养正序；言礼者，基于礼制之序，而行各种礼法，王及邦体养贤、礼贤皆是礼法之行，而以养贤、用贤成举贤才之制度，则成礼制，鼎从履宪法之序的法器到礼器的过程，正是鼎文明扬升的过程。

在同人卦，以志通之道通天下君子之志，形成离与天同，离气与乾气相合且众阳皆应的同人之应，以天下众人无所不同之德同，构建德文明成正序之同。在同人卦，在野君子由野济难，继而进德升志，其德经过升华晋升而有丽明之照，形成离与天同，离气与乾气相合且众阳皆应的同人之应，而有天下同照之象；言同人者，除应乾而同外，亦有众人同，同人卦围绕志同、宗同、异同、德同、服同而健德与修善，以"能通天下之志"的同人之志，志通同人而致通天下。在贲卦，内文明之火照明夷，明夷本无明照于天，内文明成火而能照，此火为无明且质之阳火，发乎于内散之于外，故曰"柔"，为刚明之质在内而照通于外，因披被其离火光彩之文饰而有柔。"柔"者，柔性也，德性以刚成，以柔显，文以外，刚以内，乃象由性显。在同人卦之所以言"柔得位"，便在于集正大德政之事业，尤其是集晋制离序之德制，升华在同人卦有德文明之成；从德文明而言，文明出柔，德文明以"文明"化柔。正大事业的德文明，有法、礼、德三者合德，强调德制成德序而治万政。而同人卦的德文明构建乃从法、礼、德三者合德升华成天地人三才合德。同人的德文明构建——天地人三才合德。在同人卦，上体为乾，为天，下体为离，而离出自坤，离为坤之重阴生成阳中阴，言离则必有坤；再者，德由何载？为坤地所载，无论是乾阳之德还是离明之德，皆由坤载，故有地。曰同人者，为以人为主、为体，况且人在天地之中，故而有人。天、地、人三才齐备，正当德文明以健之时，有同人的天地人三才合德。天地人三才合德之德文明构建，为德文明构建之极，天、地、人一切所具之德，一切可言之德，以三才齐备而无所不包。虽言德文明构建，但并非只言德，而是以德之广义，包含法、礼、德三者一体的秩序文明，既有比卦之美制，又兼具履卦之礼制、礼法，最终集于德、包于德，而言于德，方能行泰通与蓄聚之实，出现同人之治，产生大有之归服。集于德，把法制、礼制、德治集于德之一体，以德政和德教普施天下，如何以阳涵阴养其阴者不明之异同呢？为德文明之健——健德以养，以火德升于天，同乾体之阳明照其阴异，使其明。之所以能产生德被四野而无所不照的大同之境，以及德服天下而盛大丰有的大有之境，最根本、最核心也是最具精神与治理价值的便是天地人三才合德之德文明构建。从德文明构建，以德位思想治则，既健之于精神，又治之于为政；既使君子志通而行健，又使异者同，阴者明，而大行为政与教化之道；这便是天下大同理想的有为途径，更是德文明构建的大同之道。

在大有卦，以德服之道治德服天下，形成德被四野，无所不照，德服天下，无所不服的盛大丰有之境。治德同必生德服，当德同天下必然德服天下，德服天下者，乃盛大丰有之大有也。大者，天下德盛之大；有者，德化后德服天下之有；乃德被四野，无所不照，德服天下，盛大丰有的大有之境，常和同人齐称"大同"。大有继同人，乃继同人通志之同所生的德同，同人卦解决了天下人同有德的问题。同人以明志双用而启求德之同，当天下人进志求德同，必然会产生德盛之局面，德乃刚阳之德蓄聚而成，德盛必有内阳照之而生德照，德照之道以晋卦、离卦为显著。晋卦光明之道犹主德之光明，离卦久照之道犹主丽明与文明之照，丽明根于德之光明，而文明根于德盛之光明，且最终在贲卦以内文明化成文饰之外文明成其内外同照，而有德文明之成。德盛必照，贲卦以内文明之火照明夷正是德照在有外丽明后，而最终需要发挥的"场所"，明夷得照才能成其同照，而明夷之体便是阴强妄大的失德之体，也正是正大事业所发挥的"场所"，当明夷暗众皆能求德之同，明夷则能自照。晋之照，离之明，皆言德化，德化有成，必有君子之同，君子执德化文明而进德政，使明夷暗众皆有德，正是需志同与德同共同贯穿，尤其是在明夷体使天下暗众皆发生同"德"的价值转变，从而求德取德，直至进志而有德。德有者，乃身德同有、德序统有和德文明丰有。身德同有，从治君子九德得君子治身德之正，以身德之基再从同人进志而求德序之同，使天下万民持身德而求德序大同，乃君子与万民求德同的"大同"之志，身德同有，成为同人卦与大有卦立卦之基，只有很好地解决了身德同有，才有求德序大同之基，才能真正地转变天下归德的价值认同，这种求"德"同而归德的价值认同，便是君子所通的天下共志，当天下皆以身德共有而立求德同之志，便有了从同人之"同"到大有之"有"的转变；身德同有，乃同人身德之同成其大有之德有。德序者，集诸卦文明之成而建制成序，以法、礼、德三者成制，又以法礼德三者成一制正序，一制便是德制，一制正序便是德序，从一序载所有升华成一序统所有而有德序统有。德制之建，起建于比卦，成于夬卦，升华于晋卦，成序于离卦，以贲卦文明之成，渐成德序，从夬制德决所有到德序载所有，有"制"到"序"的升华；从制升序，乃以一序统多制，言"制"可有法制、礼制、德制，而序有归制成一序之理。德者，性也，德之本性载法序之至高，以德序合天地人道法共序，有通其"元亨"之至理，故而德序统有，乃大有盛大丰有之德有。从身德同有和德序统有而渐成德文明丰有，诸文明有成，全在于德序之功，诸文明者，乃德政文明、养正文明、交感文明、德化文明、君子文明、同人文明等诸治道之成而沉淀出的治道文明，德文明丰有，乃集诸文明而大有，又以德序统有而载、统诸文明，形成盛大丰有之有同。言德文明丰有，除德文明构建成序外，还有以德为核的三次升华，分别使德政治道之成，德序统载之共，德文明丰有之有。大同路径，乃天下归德且以德文明之成所实现的大同理想之路径，亦是治德文明而生德服之路径。所谓实现大同理想，乃践行大正之道，全正大之事业，而达天下大同的德文明与共状态，让"天下大同"并非不可触及之理想，而是有实施和实践路径。为从大正之道→正大之事业→天下大同之路径，实现天下归德且健德文明之成所呈现的身德同有、德序统有和德文明丰有的文明与共状态。从大正之道执天道行王道而全大体皆正，并以德序统所有正序而天下归德，以德文明正大之治道，治天下同服。天下归德，以"德"为核，依君子健身德进位德，治明并升志，内能正固其德，外能行德政教化，内外能精气交感而以神感通，又能执养正之功蓄养内外，以正固之利使阳刚壮盛且德裕盛大而得大正之道，再以治道之小乘行全大体之大乘，并执正大之精神，以德固治其内和德制治于外人内外合德，德盛生德照而放大光明，成就其身德同有、德序统有和德文明丰有的文明状态。天下归德而生德服，所谓德服，乃德同而自服，履德同与共而有崇高的精神自觉，以觉性之通而至理与共，通其正序共理而无不服。四方者，乃无所不同无所不服之谓。在大正之治道里，立德政德化阴类，使阴类从正而有他服；在正大之事业里，以身德同有，万民持身德而求德序大同，有"德"的价值认同而自服；天下德同则生德服，在天下归德的文明状态里，因回归德性至理，以共服而无不服。大有德服四方，乃德文明富有，有德升于"精神"而精神圆明。

德教十政之成。正因德教十政之成，让"天下大同"并非不可触及之理想，而是有实施和实践之路径：乃践行大正之道，全正大之事业，以"执大正之道→全正大之事业→达天下大同"为路径，实现天下归德且健德文明之成的大同文明。大正之道，乃德教十政所秉持之道；正大之事业，乃内刚化外政并内外合德而全大体，最终建法礼德三者一体的正大之序，而有德文明之大健。德教十政之卦体，不仅执卦体之治道行德政，还以十政之次序以及十政之整体，执天道行王道，以中正养大体并全大体，践行正大之事业。正大之事业以内刚化外政而养大体，以内外合德而有功，在德教十政系统里，通过精气神三次升华纯粹精神而治文明，且集诸文明之成而建制成序，以正序养大体并以一序载所有而全大体，以内外合德合功，集德政文明、养正文明、交感文明、德化文明、君子文明等诸文明之成，成就其身德同有、德序统有和德文明丰有的文明状态。

德教十政之功。德教十政有功，既在于治明夷大难以及诸卦体之难，使有患、祸、灾、难的诸卦因德治而脱灾免难，更在于德教十政以卦体之治道行小乘之德治，再执正大之精神，行全大体求大同的大乘之同治；既有小乘治道之利，又有大乘之德教之全。德教十政有功，乃以"德"为核，以德固治其内和德制治于外而内外合德，德盛生德照而放大光明，使其产生天下归德而治其德服，天下德同则生德服，在天下归德的文明状态里，因回归德性至理，以共服而无不服。大有德服四方，乃德文明富有，有德升于"精神"而精神圆明。

从明夷卦领起，立鼎卦统领，而有观→中孚→涣→夬→晋→离→贲→鼎→同人→大有的养德系统。德教十政并非局限于养德系统之十卦，还集序德系统、身德系统、明德系统、志德系统、感德系统、养德系统、化德系统诸卦德政治道为一体，以德教系统之大成而有德治文明。

第三章　从演法则定程式

第十讲　天地人——五运六气宗性命

从乾卦言"大哉乾元，万物资始，乃统天"可以看出，"乾"道既统天，又是"万物资始"之源；道大与天大的集合，为乾，呈现乾道；地大与人大的集合，为坤，呈现坤道；乾道与坤道因生化而有源流变关联。

乾卦曰："乾元者，始而亨者也。"以乾元言"始"，继而以生生之健言道生之亨通；始而亨者，有从元始到乾亨的过程，乃元→亨的描述。圣德至阳金性的生生之健，自乾元始，就显生生之亨健，并基于乾元而元亨利贞尽显，为生生之健的易道变化，自元始的易生，就不落一处而达万有，遍十方圆明道体域界，呈乾道的圣德性。立于乾道的圣德显"德普施"之大象，无论是自乾元始，还是乾元亨利贞周行，所在"天大"的乾道体域里妙显德普施的大象，乃圣德的德性所赋予。乾体大光明无碍，如果联系坤凡万物的生化关系，则乾体圣德的德普施为坤凡万物生化的动能源。

从大道〇无极源起，自乾元生生之健始而亨，能以美利利天下，以及利贞者之性情，到万物资始的过程，成为乾道变化之过程。变为自生生之健的生变易起，乾"体"为太易→太初→太始→太素→太极的无极而太极过程，且在程式过程中显普施→美利→性情→资始体性状态。化为体与性变化中各位域的源流变关系，体的变也好，性的变也好，都是通过位域的转换而形成实质性阶段的化。以道生之恒顺生势易道贯穿之，结合体与性位域的源流变之变化，则有圣化凡的"化"果。

从普施→美利→性情→资始所连贯起来的体性状态可以看出，自无极道源玄德十方圆明普施的源能是在逐渐地衰减，到了圣化凡的化果的坤道后，玄德与圣德不再十方彰显，其位域流变也转换成坤道与用德。以整体观看乾道（道大与天大的集合）的德性（玄德与圣德的集合）为德普施特征的话，那么坤道（地大与王大的集合）的体性因无明的迷与妄障碍德普施，便要进德修业。言"君子进德修业"，为坤道无明障碍德普施而对"用德"的描述，需进德修业养德来打破无明。围绕"德"的位域流变，我们可以把乾元德普施看作心，把利贞看作性，把资始看作情，有心→性→情的位域关联，以此可知心、性、情的德性差别；视野再转换到坤道，言万物资始则为情。

在乾道德性的所指中，乾道为道大与天大之集合，以乾道的统摄指向在圣态；乾道德性为玄德与圣德之集合，常以圣德来统称。乾道元亨利贞四部圣德周行，呈现普施、美利、性情、资始等特征，结合乾道德性以道生之贯穿的内容来看，正是先天五太——太易→太初→太始→太素→太极的表现特征。太无与太易呈现普施态，太初与太始呈现美利态，太素呈现性情态，太极呈现资始态，是一个完整的道体德性彰显的无极而太极过程，且依大道恒顺生势的道生之贯穿，从太极的资始态则为坤道坤元初始。

以形下器坤地凡来集合称谓的坤形界，为地大与王大之集合，呈现坤道。坤道联系乾道真心呈现的妄想颠倒之迷失道和顺得常。坤卦言"坤其道顺乎？承天而时行"而有顺、承之特性，又以"地势坤"而有地、势之特性。"承"与"势"从生化流变联系上，指向了坤地是如何产生的，"承天"为上承乾道之"天"，为道→母→器程式中器域从母域与道域的"承"，从器域指向了坤的起源与来源为道域和母域，以及道→母的源流关系。那么如何承呢？为"承天而时行"，这里面针对"时"有两层含义，第一层为无明的形成所在，即在乾道里和合集聚呈现在种子源与种子上的微观时空过程，是生化过程时间轴的指向，亦乃阴主大时之义。在承天的生化关系上，以母域显"母"性的临界态而有圣化凡，圣化凡的生化本质为无明障碍真心，"时"则讲述了无明生成与障碍的过程，"时"在这里特指无明因缘在乾道中发生因缘和合的时空义，呈现为无明因缘单元由"时"所指的时间关联经过漫长的和合积聚才形成的，这一层次的"时"义直接解构了种子源与种子的微观态。第二层为无明的种子源与种子具足，按其阴主大时之"势"产生种子与现行的"时行"，呈现阴妄合积聚且交互熏习的坤形世界。"时行"非无规则无章法的乱行，而是"承"第一层含义已经形成的因果关系里，即依种子源和种子的因缘而时行，则为承势。

承什么势呢？有三层含义：第一层为承大道道生之恒顺生势，在道→母→器程式的任何领域，都有大道的生生之健。第二层为圣化凡生化关系所在的因缘之势，它由种子源和种子在无明形成的微观态上写就了因缘关系，坤的势只能顺承此因缘关系，因为总牵引因已经在乾体以大时义写就了。第三层为依种子源→种子→种子与现行世界（时行）动能的源流变之势，这个势的因写在种子源上，通过源流与流变关系呈现在种子与时行的坤世界里。由此，"时行"顺承因缘而有种子与现行的势，无明为妄，为柔，为阴，那么时行阴柔的无明妄，在唯识所变现里，时行呈现发生在因果关系里所指向的对心性光明的颠倒与执着。

以此"承"与"势"使坤体与乾体建立了流变联系，承天而时行的坤道，有了联系乾道以及种子源和种子所发生在源流变上的关系，自然就指向了"坤其道顺乎"为何"顺"了，承大时之义而有时行之"势"，以此"顺"之，则有坤顺。坤之所以顺，在乾道就有了无明因缘，且以道生之大时主导其和合积聚，使其与乾道有生化关系。同时，总因已成，只能恒顺因果而时行。也正是因为坤有了承势而顺的时空格局，自然就指向并明了坤"迷"的真相，坤卦言"先迷后得主"便是如此。迷，为无明的因缘种子在坤道里顺势，且依因缘法则，种子与现行唯识所变现了万物，种子源→种子→种子与现行世界（时行）能量的源流变上发生了位域流变，动能不断衰弱，堕落之势无法阻挡而迷。顺，为柔顺，"坤至柔"柔的为无明阴性，顺的势为坤道顺承生化之势和因迷而堕落的态势。

为何呈现乾圣生化坤凡呢？那是因为乾圣光明的刚健与坤凡无明阴柔的平衡被打破，在乾道，阳大于阴，故阴只能积聚种子源与种子的因缘，集聚阴性能量。当从太极浑沦相临界，阴大于阳的临界，从阴阳相消息到阴阳势均力敌而"必战"，诞生坤地万物，顺势不可挡，迷也在所难免。"先迷后得主"，从承、顺、势解析坤道的至柔阴性之妄，无明之障碍，无明障碍真心之迷，对心性光明的颠倒与执着，是要强调坤道无明堕落的态势，是惊醒。"后得主"为载，得了什么"主"呢？为坤道以地势承载的厚德，"地势坤"，地呈现"载"的含义，"君子以厚德载物"为在坤道里举厚德行善法。如果不举厚德不行善法，就会继续坤势堕落而出入无尽期。透析了坤道的承、顺、势、迷的特征与特性，来明了坤道举厚德行善法之因，通过举厚德行善法来说开悟、说修证、说凡转圣。

"先迷失道，后顺得常"中的"顺"则为在坤道位域内言说坤道法则与自然规律，要明白"先迷失道"所说的坤道域内的无常变迁、变动不居、阴妄遮挡和障碍了乾性刚健。坤道域内的所有世界，皆为"牝马地类，行地无疆"的无常变迁，像脱缰的牝马，在唯识变现的法则里，迷与妄互逐，妄念升起的种子与现行世界横飞，随种子与现行的因缘而生灭无常，不恒久。而"得常"则是在无常中得常性，找到无常事物背后那恒久、长久不变的恒量规律。

如何"得"呢？为从迷中醒悟与破迷开悟。正所谓"君子以厚德载物"，从"德"在证德体系里出发，为从德用外相举善法厚德行，以及从德用内相内证德性。举善法厚德行总概括为积善法，内证德性则为精气升阳的性命双修实质。坤卦云："积善之家，必有余庆，积不善之家，必有余殃。"正是德用外相积善法之描述，积善厚德广行善法在"德"的阴阳法则属性里，有凡善行便积能畜阳气，再以阴阳盈虚之转化，在福德相的因缘和合下，转为内证德性入性命双修。

坤卦云："坤至柔，而动也刚，至静而德方，后得主而有常，含万物而化光。"便是对内证德性的描述。其"动也刚，至静而德方"为从动静二相言内证功态，"动"为厚德广行善法在福德相上之行动，举善法厚德行便有阴阳盈虚之转化，畜积阳气则刚，以阴阳法则属性来说可升阳，阳刚壮出震，则有一阳来复之动，乃从外厚德行入内积阳气之动。《说文》曰："德，升也。"便是积德行能升阳气的描述，善法中升阳的阳性能量是张扬的、扩散的、上升的。"至静而德方"为"致虚极、守静笃"之内证功态写照，以守静畜阳正德，从而从内证突破坤地无明的束缚而明心见性，通过见性与乾性在功态中交互联系起来。顺延内外兼备性命双修之德证，便有"含万物而化光"之境界，为打破坤地无明，打破颠倒执着，从凡转圣，从坤凡返乾圣了。

乾道如如不动妙化万有的大生，坤道纯静无知凡物躁动的广生，便是道生之中乾道与坤道"生"的动态图画。人道统摄乾道与坤道于人身而有天地人三才道统观，故人承乾大生与坤广生于一身。

人统乾道与坤道于一身，因人人本有如来智慧德相，其真如自性与乾圣无二，此真如自性遵循乾道法则；人的色身为坤世界中的凡尘，为五大假合的色尘世界，乃根尘蕴结集妄因无明所成，色尘外相遵循坤道法则，故人统摄乾道大生与坤道广生于一身。因其无明所障，人无法彰显乾道的神与圣，故以顺承坤道因果定律为主，以"静也翕，动也辟"的往来阖辟为至微至彰全时空显达性的主体。藏象生命系统以全息元象斗罡授时联系乾坤二道，以往来阖辟呈现其交易往来。

往来阖辟在人身如何具体体现呢？以阖辟言人身与乾坤二道之交通往来，一阖一辟乃一明一暗，阳主明，阴主暗，往来不穷便要立泰通，而非否闭。在乾道角度来说的阖关与辟开，为在大道恒顺生势下，坤道顺承乾道的众因缘和合而生，也就是说尽管在坤道，辟开的为因缘和合之种子，乃乾道作用的具体表达，乾道以其众因缘种子还在主导与运转着一切。从坤道角度来说，阖关的是乾道大生的延续性，人身的生为遵坤道规则之生，乾道只能以因缘和合种子作用，为大生阖关，在大生阖关的同时，辟开的是坤道的广生，为坤道广生所体现的无明因果众因缘。当明晰了阖关与辟开如何从人身来关乎乾道与坤道，乃至辟户之乾与阖户之坤如何在人身往来变通而显至微至彰全时空性，便知如何用德。所谓用德，乃用德主乾坤之性，以知德性之大知来明德用，再用德证之，则能从坤证乾。

天地人五行运相系统为从天人合一大运相再关联人体与内外时空统一而形成"天地人五行"运相系统，遵照大运相之规律且有内外历法之法度。天地人三才视野下的天人合一全息元象人体内外历法，以天、地、人三个道元位域呈现天人合一，其中"天"以天象言说辰次分野与五天五运，"地"以地形言说天象形态下的斗罡授时周天历法，"人"以藏象言说人体经络子午流注。

天地人三者以天人合一全息元象为承载，完成融合统一，形成天人合一全息元象人体内外历法，从而把生命与时空形态融合在一起，从空间体形态上形成大生命观的视野。不仅如此，以天地人三才在天人合一人体生化的秉受赋予中，发生着天人内外合一的关联。

在"天"以天象言说辰次分野与五天五运。在辰次分野中，辰，为北辰——北极中天（俗称北极星）之称谓，辰次为围绕北极中天在天区划分出层次分布；与辰次相对应的地域谓之分野，这里指天区划分的界限；以辰次结合分野，形成以围绕正四时北极天之中形成日月星辰历象在天区的分布，称为辰次分野。

辰次分野之间的联系形成了五天五运，在围绕北极天之中形成的三十一区天区分布之间的联系就是五天五运，以五行之气散流于天之五方，纪于五天，因此而命名立运。五天为苍天、黄天、丹天、玄天、素天命名二十八区分布空间，五运为在五天发生一定规律的精气运动。"天分五气，地列五行。五气分流，散于其上，经于列宿，下合方隅，则命之以为五运。"此五气所经二十八宿，与十二分位（干支分位）相临。

丹天之气，经于牛女——奎壁四宿，下临戊癸之位，为火性之运。

黄天之气，经于心尾——角轸四宿，下临甲己之位，为土性之运。

素天之气，经于亢氐——昴毕四宿，下临乙庚之位，为金性之运。

玄天之气，经于张翼——娄胃四宿，下临丙辛之位，为水性之运。

苍天之气，经于危室——柳鬼四宿，下临丁壬之位，为木性之运。

五天五运气在辰次分野之间的五行之藏运动规律，正是以"天象"形态存在的移精变气形态，此精与气为和精和气态，它是先天运相阶段独特的天象视野，和精和气态以天象形态运动的移精变气正是负阴阳平衡原理中的能量体转换滞留的存在，从而也赋予了它高道元位域能量体方式。从执着时空中的联系和非执着时空中的联系原理分析，在执着时空中的联系里，五天五运气参与了人体生命形态的生化，一个完整的人体肉身生命过程要依赖精气神历经三大界域过程。在精气神形态历经的三大界域过程中，从先天运相视野来说，正是列星气轮义层面上的和精和气态的移精变气，它在唯识变现现行现量的生命形态中，通过执着时空联系，成为唯识中的外在环境因缘和能量体结构，从而参与了生命的形成。

在生命形成的精气神流变转换过程里，有和精和气层面的太素生命素能量体方式，在人体立于"地形"义层面，从后天环境出发与外宇宙空间有天人合一全息元象实质时，和精和气层面的太素生命素充斥在宇宙空间里，成为一切生命之源，它在能量体方式上要远远高于光子素，由于它不是光子素的能光热形态。故我们目前还无法认知与捕捉，认识到它就能明了内证玄关一窍打开的就是能量体方式的通道，也就能寻迹到唯识层面的人脑意识传导的能量体方式。

天象与地形结合呈现的规律与法度，就是斗罡授时周天度数，承载斗罡授时周天度数的就是中国古代周天历法，它既是一套关于认知宇宙形态的哲学系统，又是一套可以精密计量而能产生多层次内容的应用学系统。

斗建，为以北斗运枢，随斗杓所指而建十二月。在古代的天文与天象学中，有浑天说，也有以"昼参日影，夜考极星"为代表的天文历法方式，此外还有北斗运枢法说。北极星（又称太一、天心）为轴心，北斗七星为枢机，随斗柄方位的不断迁移，有"太一移宫"，从而可以演睹周天度数。围绕斗建的运枢法说和二十八星宿的分区的距星与距度，所产生的周行不殆的法度在时空体上呈现，尤其是在对相对时间的计量上，就构成了斗罡授时的依据。

二十八星宿以"四象"分见于四方，其四象的二十八宿所主之不同区域，把地分亦划为二十四向（壬、子、癸、丑、艮、寅、甲、卯、乙、辰、巽、巳、丙、午、丁、未、坤、申、庚、酉、辛、戌、乾、亥），对应关系为以五天五运所代表的"五气经天"。五气，即丹天、黄天、苍天、素天、玄天五气，亦即红、黄、青、白、黑五色云气，分应火、土、木、金、水五行类属。在二十八宿中，从每宿中选定一颗星作为测量坐标称为宿距星，下宿距星和本宿距星之间的赤经差为距度。二十八宿距星的选取，汉以前的距星称为古距星，而汉以后的距星称为今距星。

干支，即天干地支的简称。甲、乙、丙、丁、戊、己、庚、辛、壬、癸称为十天干；子、丑、寅、卯、辰、巳、午、未、申、酉、戌、亥称为十二地支。天干地支的组成形成了古代纪年历法。通过十干和十二支按固定顺序依次相配，组成六十个基本单位，从而用于干支纪年、干支纪月、干支纪日、干支纪时的干支历法。干支历法是什么？干支历法是由天干的天道法则与地支的地道法则交合、集合，呈现在两种道元位域相结合一体的一种哲学逻辑模型。干支历法是最深邃的表达"在天成象，在地成形，在人成运"的数学计算模型，天干和地支两种道元位域结合形成的六十甲子，就是天地人三才的时空体表达，它是《周易》象数另一种形式的精确表达。天地道元位域定位，干支结合以定时空，六十甲子构成了具体的时空体标准，既是宇宙中时间的计量法则，也是空间体的计量法则。同时，以时间轴和空间体构成了与人相结合的关联义，形成了广泛而广义的天干地支时空轴、六十甲子时空体的三才视野。

从天地人三才视野言人，为以藏象言说人体经络子午流注。人体经络子午流注为在天辰次分野、五天五运与在地斗罡授时周天历法，以天人合一大运相产生与人体的交互联系，形成人体内历法时空，以人体经络子午流注为主要内容。人体外宇宙历法时空与人体内历法时空发生大运相联系，在人体运气系统的结合，就是五运六气。五运六气是内外时空大运相联系的结合视野，既依外时空历法的规律又将自然六气在人体中结合，发生与脏腑经络的关联。其中以十天干的甲己配为土运，乙庚配为金运，丙辛配为水运，丁壬配为木运，戊癸配为火运，统称五运。以十二地支的巳亥配为厥阴风木，子午配为少阴君火，寅申配为少阳相火，丑未配为太阴湿土，卯酉配为阳明燥金，辰戌配为太阳寒水，叫作六气。在五运六气的内容结构下，按风木、君火、相火、湿土、燥金、寒水顺序，分主于一年的二十四节气，是谓主气。又按风木、君火、湿土、相火、燥金、寒水的顺序，分为司天、在泉、左右四间气六步，是谓客气。主气分主一年四季，年年不变，客气则以每年的年支推算。如年支逢辰逢戌，总为寒水司天，湿土在泉；逢卯逢酉，总为燥金司天，君火在泉。司天管上半年，在泉管下半年，依此类推。从年干推算五运，从年支推算六气，并从运与气之间，观察其生治与承制的关系，从五运六气的生克制化运动规律，联系五脏六腑，以判断该年气候的变化与疾病的发生机理。

五运六气学说中，同五天五运的五行之藏运动规律一样，外时空历法中的季节变化、六气的属性、脏腑运转机理等方面，均按照木、火、土、金、水五行之气的根本规律以五行之藏统纳，从而做到归类以及发生毫无紊乱的生克关联。而木、火、土、金、水五行之气的根本属性，就构成了木运性、火运性、土运性、金运性、水运性的五行之藏，称为藏象范畴的本质，故能在诸多外象上显用，并有自然规律的平衡。《素问·天元纪大论篇》说："甲己之岁，土运统之；乙庚之岁，金运统之；丙辛之岁，水运统之；丁壬之岁，木运统之；戊癸之岁，火运统之。"凡逢甲己年则为土运所统，乙庚年为金运所统，丙辛年为水运所统，丁壬年为木运所统，戊癸年为火运所统。六气即风、寒、暑、湿、燥、火各见五行特征。由于暑和火基本属于一类，所以一般不列暑与火，而把火分为君火和相火两种。同时以二阴二阳来概括为厥阴风木、少阴君火、少阳相火、太阴湿土、阳明燥金、太阳寒水。《素问·五运行大论篇》曰："气有余，则制己所胜而侮所不胜；其不及，则己所不胜侮而乘之，己所胜轻而侮之。侮反受邪，侮而受邪，寡于畏也。"为五运六气的过及盛衰、生克制化联系，从而发生的五行之藏内外时空的天人合一大运相联系。

五运中又有大运、主运和客运的不同。大运是主管每年全年气候变化的岁运，又叫中运、岁运。大运有太过与不及。太过即主岁的岁运旺盛而有余；不及即主岁的岁运衰少而不足。主运是分别主治一年中五个季节时令的正常气候的岁气。全年分作五步运行，每运主一时，从木运开始，依火运、土运、金运、水运顺序运行，每运主七三日零五刻（一昼夜共一百刻）。每年木运的起运都始于大寒日，岁岁如此。各运的特点与五行的特征一致，在各运主事时，其气候变化和人体脏腑的变化会表现出与它相关的五行属性。客运是每个运季中的特殊变化，每年的客运也分为木运、火运、土运、金运、水运。它以每年的大运为初运；当年的值年大运确定后，循着五行相生的次序，分五步运行。客运是与主运相对而言的，因为主运的初运为木、二运为火、三运为土、四运为金、五运为水，年年不变。而客运则以每年的值年大运为初运，客运随着大运而年年变化。五运之气有盛衰及平气变化。盛，即五运之气太过而有余。衰，即五运之气不及而衰少。若五运之气既非太过，又非不及，则为平气之年。平气是由于运太过而被抑制，或运不及而得资助所形成的。

六气中分为主气、客气和客主加临三种情况。主气是主司一年的正常气候变化，也就是每年各个季节气候的常规变化。主气一年分六步，分主于春、夏、秋、冬二十四个节气，一步主四个节气，每一步为六十天又八十刻。每年从大寒日开始，初之气厥阴风木，二之气少阴君火，三之气少阳相火，四之气太阴湿土，五之气阳明燥金，六之气太阳寒水，年年不变。客气是各年气候上的异常变化。客气每年也分风木、君火、相火、湿土、燥金、寒水六步，每步也是六十天又八十七刻，和主气不同的是，主气只管每年的各个节序，而客气除了主管每年的各个节序外，还可概括全年。其中主管每年上半年和全年的客气叫司天之气，为三之气；主管每年下半年的客气叫在泉之气，为六之气。客气除司天和在泉之外，其余四气统称间气。将每年轮值的客气，加在年年不变的主气之上，称为客主加临。加临的方法，是将司天之气加于主气的三之气上，在泉加于主气的终之气上，其余四个间气依次相加。客主加临是把主气和客气放在一起加以比较、分析，推测该年四时气候变化的正常与否。客主之气彼此是相生的，便相得而安；如果彼此是相克的，便不相得而为病。

从人体的视野出发，其在天的天象与在地的地形构成了天人合一的"天"含义，以此"天"就有了"天"的辰次分野、五天五运、斗罡授时周天历法的集合内容以及内涵，将人身以天人感应的方式与全宇宙全息交易联系在一起，即天人合一全息元象学说。宇宙万物统一在四象五行法则下进行的取象和比类，对藏象生命与生理生命共同作用的人身来讲，所体现的全息元象正是天人合一全息元象。

天人合一全息元象，体现在天地同律、人天同构、人天同类、人天同象、人天同数，宇宙与生命的相互收受、通应，共同遵循"四象五行"的对待协调、生克制化的法则。从人身往外来说，三垣、四象、二十八宿、七政按照"大运相"规律，与人体的五脏、经络、气血、精气乃至情志等方方面面的律动产生同步和联系沟通。从外来说的大运相有五天五运，那么人体内部也就有着与五天五运同步的运相，这就是人体经络子午流注图。如果把外部运相与人体内部的经络精气联系起来，就有了斗罡授时与人体经络的全息图，这是一个无比庞大但十分精妙的系统，也是通过人体而了解宇宙与生命本质的一个通道，从斗罡授时与人体经络全息图来说，世间百物不废，任何一物，无论是宏观之大或微观之小都与外界深入交易联系，以全息元象交易相互，而惧以终始，其要无咎。

人体经络子午流注，是把十二条经脉与五脏六腑相配，依气血在十二个时辰中的盛衰规律构成的人体五行之藏的内时空动态。它是藏象生命系统统御和主导生理生命系统的传导纽带，更是人体内时空动态整体观必不可少的内容体系。它既是关于呈现生命形态以及以整体观来联系人体的视野，又是基于子午流注学说形成一套用于养生治病的针灸法。所以不能直接把子午流注认知成针灸的取穴方法，它首先是一套哲学认识系统，在人体经络子午流注的认识论基础上，才有关于养生治病针灸法的应用学。其子午流注法，血气应时而至为盛，血气过时而去为衰，逢时而开，过时为阖，泄则乘其盛，即经所谓刺实者刺其来，补者随其去；即经所谓刺虚者刺其去，刺其来迎而夺之，刺其去随而济之。

《针灸大成·论子午流注》："子午流注者，谓刚柔相配，阴阳相合，气血循环，时穴开阖也。何以子午言之？曰：子时一刻，乃一阳之生；至午时一刻，乃一阴之生，故以子午分之而得乎中也。流者，往也。注者，住也。天干有十，经有十二：甲胆、乙肝、丙小肠、丁心、戊胃、己脾、庚大肠、辛肺、壬膀胱、癸肾，余两经，三焦、包络也。三焦乃阳气之父，包络乃阴血之母，此二经虽寄于壬癸，亦分派于十干，每经之中，有井、荥、俞、经、合，以配金、水、木、火、土。是故阴井木而阳井金，阴荥火而阳荥水，阴俞土而阳俞木，阴经金而阳经火，阴合水而阳合土。经中有返本还元者，乃十二经出入之门也。阳经有原，遇俞穴并过之，阴经无原，以俞穴即代之。是以甲出丘墟，以太冲之例。又按《千金》云：六阴经亦有原穴，乙中都，丁通里，己公孙，辛列缺，癸水泉，包络内关是也。故阳日气先行，而血后随也。阴日血先行，而气后随也。得时为之开，失时为之阖，阳干注腑，甲、丙、戊、庚、壬而重见者气纳于三焦；阴干注脏，乙、丁、己、辛癸而重见者，血纳包络。如甲日甲戌时，以开胆井，至戊寅时正当胃俞，而又并过胆原，重见甲申时，气纳三焦，荥穴属水，甲属木，是以水生木，谓甲合还元化本。又如乙日乙酉时，以开肝井，至己丑时当脾之俞，并过肝原，重见乙未时，血纳包络荥穴属火，乙属木，是以木生火也。余仿此。俱以子午相生，阴阳相济也。阳日无阴时，阴日无阳时，故甲与己合，乙与庚合，丙与辛合，丁与壬合，戊与癸合也。何谓甲与己合？曰：中央戊己属土，畏东方甲乙之木所克，戊乃阳为兄，己属阴为妹，戊兄遂将己妹，嫁与木家，与甲为妻，庶得阴阳和合，而不相伤，所以甲与己合。余皆然。子午之法，尽于此矣。"

人体经络子午流注，是天地人内外时空体融合的最佳载体，并且依天地人三才在人体形成独特的藏象生命形态和生理生命系统，从而能够统御和主导着生命的生理体征。在人体经络子午流注的概念中，"人体经络"构成了以人体为承载的经络系统，它是人体内空间在经络层面的整体视野，构成了人体经络空间。"子午"是干支历法中的干支纪时，从子时到亥时一日十二个时辰，而在十二时辰中，子时一刻，乃一阳之生；至午时一刻，乃一阴之生，故以子午分之而得乎中也，同时，子午也是后天八卦九宫中的坎一离九宫相对应的坎一子、离九午联系，在时间含义中蕴含空间含义，结合人体经络空间，形成了人体时空体的视野。"流注"为气血遵藏相动能义的循经动能在人体经络中的流行灌注，流为依循经动能而往，注为气血灌注经络和穴位太极器官及太极能量场满后的住，满住；以此流往和满住构成了阴阳盛衰、营卫运行，经脉流注，时穴开阖的内动态法则，从而依藏相动能和内外时空法则次序呈现生命的动态。何为内外时空法则次序呢？例如在干支纪时中子时到亥时一日十二个时辰的次序，在人体中从胆经到三焦经的次序等，都是自然法则呈现的有一定的数理逻辑的内外时空法则次序，其天地人三才含义下的五行之藏生克制化的法度规律，皆是如此。

从人体经络子午流注所在的藏象生命系统，再延伸到天地人五行之藏的生克制化整体观，就能明晰生理机能中的各脏器功能之所以有条不紊，不仅在内外时空体有天人合一全息元象的密切联系，而且在生理生命系统的脏腑本身还有首脑主司在主导和统一制调。藏象生命系统统御并主导生理生命系统，而有人体诸生理体征，在脏腑层面就是十二官相使，或称为十二脏之相使。十二脏指肝、心、脾、肺、肾、膻中、胆、胃、大肠、小肠、膀胱、三焦十二个组织器官。官者，为主司、掌控、功能之义，十二官则是基于十二个组织器官的相使功能，故而"脏"并非五脏六腑之脏腑分别，而是主司官职，是高于脏腑组织器官生理形态的首脑形态。有首脑主司在主导和统一制调的脏腑十二官，在人体经络子午流注下建立了关系，从而构成了藏象生命系统与生理生命系统的无缝联合与转换。

依赖人体经络子午流注，从人体内部的时空体视野把天地外时空体融合起来，从而形成完整的人体内外历法。把人的生命律动法则与自然大道融在一起，破除人生命形态的执着，一切就都如如来去，反之从人体联系天地人内外，以天人合一全息元象就能找到生命的秘密。

《易·系辞》曰："在天成象，在地成形，变化见矣。"其"天"与"地"究竟经过了什么样的变化能让天和地以象、以形联系起来，而"天"又是什么天？"地"又是什么地呢？这就是由天人离一呈现的天地之间移精变气的生化联系，以及由天人合一呈现的天地人五行之藏的大运相关联。

在天人离一呈现的天地之间移精变气的生化联系中，生命形态的精气神界域流变过程呈现了先天运相离一、后天藏象离一、人体命象离一的三次天人离一内涵。正是由三次天人离一的作用，精气神经过先天运相、后天藏象、人体命象界域流变的过程，在胎体乃至人体构成以人身长大联系天地，形成天地人三才合一视野。天与地经过了"太极五生象"后天五生生育过程，使精气神融合在人体而把天地含义联系并统一起来，这个统一就是天地人三才道统学。天地人融合与联系的载体就是精气神，精气神通过在先天运相界域、后天藏象界域、人体命象界域的流变转换过程，呈现了以精气神为内容形态的，以三次天人离一为转换动态的天地人移精变气的生化联系。

三次天人离一为后天五生生育过程历经先天运相界域、后天藏象界域、人体命象界域以精气神的流变转换发生的天人运相离一、天人藏象离一、天人命象离一。同时三次天人离一也构成了生命形态移精变气的动态过程。

在移精变气的天人合一含义中，立于人的视野把天地含义联系并统一起来，形成天地人三才。天地人三才视野下最主要的内容便是由天人合一呈现的天地人五行之藏的大运相关联，构成了在天象以辰次分野与五天五运相联系，在地形以斗罡授时周天历法相联系，天象与地形结合构成了人体外时空的大运相周天度数。统一在人体形成五运六气下的人体经络子午流注，构成人体内时空的全息元象内历法，人体外时空的大运相周天度数与人体内时空的全息元象内历法，以天人合一全息元象为承载。以此综述，故又称为天人合一全息元象。

之所以言说精气神生命本根，那是因为精气神之于生命，不仅体现在后天五生生命形态的生化转换上，从生命形态在形上道和形下器的全视野的广义内涵来看，精气神内涵亦皆贯穿其中。以形上道和形下器两种根本形态的位域建立认知，从乾藏界的乾天与如来藏义、坤形界坤体与用德位域下的烦恼藏义、相虚界体性与相用下的相虚特性，结合唯识的净染对待来入手探讨生命的唯识因缘，大生命形态的源流变关联皆是由精气神本质贯穿其中。

围绕生命的生化与发育，立足"生生→生主→生入→生成→生育"后天五生太极五生象生育过程，通过生命形态在生化发育过程中生、主、入、成、育的动态过程，构成以生生、生主、生入、生成、生育的生命动态生育位域阶段。对比先天五太"太易→太初→太始→太素→太极"无极而太极过程的"无极五生象"，以此由后天五生"生生→生主→生入→生成→生育"呈现的太极五生象生育过程，称为"太极五生象"，形成了无极而太极与太极而胎体的生命过程，也是生命形态在形上道和形下器的全视野。

在后天五生过程中，根据生命形态在阶段过程中发生的流变性生化转换视野，并以此界说位域，把后天五生分为先天运相、后天藏象、人体命象、胎形胎体位域阶段，对比生命形态的流变，并以此循迹界域间的关系。在后天五生过程中，围绕生命形态在各位域阶段的生化与发育，始终有一个内核贯穿其中，后天五生的各位域阶段以及生命形态的重要生化转换，都是围绕它的形态变化，呈现不同的关于生命的内容与内涵，它就是精气神形态。生命形态流变性生化转换视野就是以精气神的流变转换为承载，为生命形态的内核，呈现精气神生命本根学说。

第十一讲　演法则——九易十德定程式

所谓演法则，乃九易法则在十德系统中以四易体证作用在圣、圣化凡、在凡、凡转圣之完整过程，从而呈现周易易周本体程式。

九易法则。由"神圆方知"的方圆法则、"有无互生"的有无法则、"内藏外象"的藏相法则、"循顺置返"的顺返法则、"负阴抱阳"的阴阳法则、"终而复始"的终始法则、"消息盈虚"的动静法则、"同体同用"的体用法则、"唯生识灭"的生灭法则共同呈现九易法则。

十德系统。依宗性之所转，出十德之本位，生化之性曰玄德，法性之母曰圣德，天地之机曰用德，贯通之理曰位德，三才之境曰识德，阳善之政曰盛德，扬升之同曰志德，精气之神曰阳德，见性之妙曰明德，实相之简曰至德。

方圆法则，乃由以圆达方并以方贯圆的方圆义呈现至微至彰同体承载的法则。神圆方知是方圆法则最好的描述，且在法则义上又有以方入圆而有见性神知之法。自古以来有"天圆地方"一说，天圆地方不是"地平说"，是以天地比类乾坤，以天地乾坤承载的道体德性而言宇宙本体。何为天圆地方？以"天"比类乾，言性，性圆明而遍知，谓之神，乃道之所成性之所化；以"地"比类坤，言识，识迷且执而知之有限，用之受限，谓之方，故而天圆地方呈现的特性便是神圆方知。自性圆明可以致任用，任何方知、方用皆依性起用，故而圆性能达方；任何方皆是依性起用，亦乃道体德性同体承载之方，无性方无以显，无方圆无以成，以方贯圆而言贯之，乃见性而知"方"之实相。方圆法则的"以圆达方并以方贯圆"乃法则属性，"以方入圆"乃方圆法则的见性之法。《系辞》曰："是故蓍之德圆而神，卦之德方以知。"蓍之以专诚之念代万念，且不被专诚之念所障，入元神而见性，故知之以"神"，乃德性圆明遍知之神。卦之见卦象而被象所牵、迷，只能识卦象而被识神所主，故知之以"方"，乃知之有限，用之受限。在"德圆方知"的释义中，之所以圆，在于乾性，之所以方，在于坤性。天，类比为乾，为心，为清净，为形上道，为在圣，为光明，为如来藏，为真如性，故有形上道乾天圣。地，类比为坤，为妄，为污染，为形下器，为在凡，为无明，为唯识变现坤形器物，故有形下器坤地凡。至微至彰同体承载才能很好地描述道生之的一切皆在"方圆"之中，任何至彰都是通过至微的生来达，任何至微又都全息交易着至彰，这就是至微以至彰显、至彰以至微达所呈现的至微至彰全时空显达性，亦是方圆法则基于周遍圆明来达任何一体之方的内涵。至微以至彰显、至彰以至微达，皆乃德性起用，以"德"性统领方圆，才是方圆法则"德圆而神"之所在；德方以知，乃以方入圆的见性之法，亦能知方圆法则周遍之义。

有无法则，乃由有无互生呈现生化源流变的法则，尤其强调"有生于无"呈现生化之源而见体性圆融的法则。从道→母→器的程式可知，天下万物为"器"，天下万物以"器"能明确眼见、分辨、认知，故"器"具天下万物能说和所说之用；器域的源流为母域以及道域，生器域的无论是"有"还是"无",皆因"生"而有生之源,因源而有源流及流变。器域生化之源为母域,"母"显有性,为无名无相但真空实有之"有",因"母"而有生化源流变,才能呈现道域之"源";"道"显"无"性,以母法(九易法则)起用而生化器域。立于道→母→器程式而说源,为无极道体的源,以及基于无极道体而起源于无极道体的"生",为道生之的"生"在无极体的源头。这两者"源"的含义,又因道生德蓄的本原是一切的根本,包括从无极道体的描述以及道→母→器程式所包纳的一切,因大道本原才有因本原而"生"源,才有大道恒顺生势贯穿的道→母→器程式。从大道体性上说大道各域界生化的生命内容,在大道体域内容上(简称内容体),乾藏界承载的道域有太易→太初→太始→太素→太极先天五太无极而太极过程,为"无极五生象"。坤形界承载的器域有生生→生主→生入→生成→生育后天五生太极而生育过程,为"太极五生象"。立于道→母→器程式,太极不是大道生化起点,它是生育万物的起点和发端,是大道生化呈现万物生育的转折点。太极浑沦相临界态为太极五生象生育系统的发端,这个发端"源"为在凡万物的生化源,以太极称谓,具万物生化的"生生"态。如果说万物凡在太极的发端"源"记为"有",而大道在道→母→器程式道域域界中的体性内容记为真空实有的"无",那么太极浑沦相就是无→有转换的体性动能枢纽,从而也形成凡态的道元位域。

　　藏相法则,乃由内藏外象在藏相系统中呈现藏相内外属性的法则,以内藏外象呈现真如道体与色尘之间交互内外的必然联系。从道元义来说,藏,就含有源,一切本来尽然包纳,一切皆由此出,就如无不从此法界流、无不归还此法界之义,但这个"藏"的源义,是道元本质的源,为一斑而窥全豹的道性,处处在在见性见大道,处处在在有藏源，为以介子而包须弥。藏相法则的内涵可以总结为：道体清净时，则为如来藏，相为道体所彰显之德相；在色尘时，道体真性为藏在色尘背后妙显的如来宝藏，并与色尘交互合相，以其体用分别彰显真性之德相合色尘之德相。如果把色尘的象当作外的话，在色尘背后妙显的真性如来宝藏则为内。因为色为性显，性色圆融并没有藏在色尘背后这一说法，藏的含义为相对不能直接表达来说的，为不能显而易见。有了藏相内和外，则有体用，体，为内藏，如来真性宝藏；外，为外象，色尘的表象。从藏相法则而言，人统乾道与坤道于一身，因人人本有如来智慧德相，皆有真如体之藏，人的色身为坤世界中根尘蕴结集妄的和合所成，色尘外相遵循坤道法则，故人统摄乾道大生与坤道广生于一身，既以藏象生命系统呈现藏相内外，又跟大道真如本体以内藏外相联系。在"人"身上体现的"藏相"法则就是藏象生命，一切生命的终始，都依赖于藏象生命过程所体现的"藏相"法则。

顺返法则，乃由循顺置返机理呈现道生之生化动态的法则；是联系大道生化过程而解构时空体中生化延展性的法则。以独特的"反者道之动，弱者道之用"视界呈现循顺置返，来解构大道道生之的生化动态。何为"循顺置返"呢？大道道生之恒顺生势定律生化的一切，都是顺生，顺承大道源动能作用下的"生"源起，以此顺生呈现道→母→器程式中至微至彰一切内容。顺与顺生是必然联系在一起的，就跟我们说"果"不能独用，必须联系因一样。顺则有生的含义，而生必须依顺才能生。一切的"生"，都依赖其"顺"。在道元论和藏相动能义下，人道道生之的顺生成为恒顺生势定律。"顺"指向的顺承的源，为道元合相论的大道源动能之玄德性以及大道生动能之圣德性，从顺生的"果"找到顺承的"源"，这个方法就是依顺循而置返。循顺置返，可以呈现顺返过程，通过循与置把顺与返联系连接起来，把顺仪与返仪融合到道动的过程里。一卦可通过变易而变八卦，以及卦产生变爻后的体卦与用卦关系，其实就是循顺置返的具体应用，就因为我们通过循顺置返的卦爻变动而能预测现在之于未来的发展，以其卦与卦、爻与爻、卦与爻等象呈现出来的时空关系，以及顺返两仪规律，在道之动与道之用上，便是"占"上的思维精髓，体现在体卦与用卦以及上一卦与下一卦的关系，并联系一卦变八卦而有时空连续性，找到爻与爻之间的时空延展性，故有"象事知器，占事知来"的循顺置返哲学观。

阴阳法则，乃由负阴抱阳机理呈现的阴阳生化的法则。基于阴阳法则可描述"万物负阴而抱阳，冲气以为和"的道生之动能形态，以及解构发生道元位域升降转换和藏相动能义下的阴阳平衡（含负阴阳平衡）原理。何为负阴抱阳机理呢？为"负阴而抱阳"的阴阳生化与分化机理。在大一元道元义视野下言万物生化，此生化过程的负阴而抱阳机理就为错位形态的上果下因机理。阴阳平衡下的阴仪阳仪体分离，它是立于"器"域而言说万物凡的生化转换，立于三元一体的"源"言说阴阳属性的分化源头，从精气神染浊义言说阴阳分化。如果说源体态下的精气神阴阳属性为道一元视野下的阴阳平衡，那么染浊义下分生临界态以及生而分后，就是阴性为主体，阳性为从阴体中阴体动态生阳而求阴阳的过程，呈现为"负阴而抱阳"与"冲气以为和"阴阳平衡机理。阴阳平衡下的阴仪阳仪体分离过程原理为：广三元道元义以染浊义，相对大一元道元义的清净义，在精气神界域流变过程中就是太极三元一体对比精气神生而分后的三者。分后循生与分生临界的精气神形态为阴性仪能量体的先天神（已熏的为识神）、先天精、先天炁三者，也是"生生"阶段的独特视野。阴体动态生阳而求阴阳的过程，就呈现了以阴体生阳而有冲气以为和的内在动态，从一体的阴体"负阴"，到阴体动态生阳而求阴阳"抱阳"动态过程，就完成了"负阴而抱阳"动态过程。

终始法则，乃由终而复始机理呈现的如环无端却能知终始的法则；以及以终而复始贯穿之周易易周之动态，使其呈现如环无端且周遍圆明之特性的法则。在周易易周程式里，其周而易与易而周皆如环无端，终而复始，言终始实则无有终始，以终始法则析之，在于道体德性因体时位位域不同呈现不同的的终始状态，以暗主终始和明主始终为内容，再以终始法则贯之，可见其周而易并易而周的本质特性。在周易易周程式里，周乾易坤周而易，以"乾→姤→遯→否→观→剥→坤"贯穿执妄迷失过程，乃明德终并阴妄始的终始过程；正坤返乾易而周，以"坤→复→临→泰→大壮→夬→乾"贯穿正阳进德过程，乃明德始并阴妄终的终始过程。周乾易坤周而易因执妄迷失而主无明，正坤返乾易而周因正阳进德而主大明，无明与大明是终而复始的两条主轴，亦以终而复始贯穿彼此，使其如环无端以周易易周来循环。终而复始机理，正是由无明与大明相互转化且贯通彼此来共同呈现的明终暗始与暗终明始法序过程，并以此呈现终始法则的法则性。无明所主的明德终并阴妄始的终始过程与大明所主的明德始并阴妄终的终始过程，同为终而复始机理中的法序状态。周易易周程式因体时位不同呈现不同的终始状态，在坤世界里，无明为常态，因德性光明之赋予，使其以暗终明始呈现向阳从正的治理特性。暗终明始的治埋特性，需知无明从何而来以及明德终、阴妄始的终始过程。

动静法则，乃由动静二相机理呈现的体用分化动态的法则；以及基于阴阳而解构刚柔相摩的动静机理，尤其是发生体用动静以及消息盈虚动静的法则。通过负阴抱阳机理可知其阴阳因生生而分化，有阴阳之所出，故而可立于阴阳而言动静。动静法则所贯穿的并非只有阴阳盈虚之动静，九易法则中的其他法则皆有动静相。何为体用分化动态？从阴阳法则可知，阴阳之所出的原理与过程便是体用分化动态。体用分化动态便构成了体用动静相。动静相乃动静二相，以动静法则主之，使动和静因体用关系而互为动静。生而分化必有所依之体，以及基于所依之体而生用体，在生而分化过程中，因"生"而显动，又因"体"而显静，分化必须基于本体与用体而言，本体与用体从"体"而言，为静，从生生与分化而言，为动。故体用动静为本体与用体之间因生而分化所贯穿的动静原理。动者，生而分化之动；静者，本体与用体因"体"而静，生而分化为本体与用体之间的动静过程，既是动静之所生，又是基于动静而有体之所出。故动静二相机理，乃基于体用两者的生化关联而知动静，再以动静两者确体用，使其互为动静相，且呈现静为动根与动生静体的动静相。动静二相机理里有周易动静、变易动静、交易动静、相摩动静等内容。

体用法则，乃立于体和用两者共同呈现体用相的法则；以及基于体用而解构动静二相机理，尤其是发生体用动静的法则。体与用之间贯穿了体用相，因体用相而能明体用。之所以有体和用，在于德在不同的道体位域显象不同德性内容，德在道域为圣德，在器域为用德，而器域为道域所生化，以道→母→器程式言生化源流变，故立于生之源而有体，立于流变而有用，贯穿生化源流变过程的便是立于体用两者的体用相。乾大生与坤广生呈现道生之至彰大象与至微往象，无论是至彰大象，还是至微往象，皆是立于无极道体之"体"，而言乾坤之

"用"，其大象与往象便为立于体用的体用相。从体用相可知，立于体用法则，道域、母域、器域分别呈现大道生化属性中性相、法相、用相。人统乾道与坤道于一身，呈现体用法则的本体器用义。因人人本有如来智慧德相，其真如自性与圣无二，此真如自性遵循乾道法则，故有其"本体"；人的色身为坤世界中的凡尘，乃五大假合由根尘蕴结集妄因无明所成，色尘外相并遵循坤道法则，故有"器用"；故人统摄乾道大生与坤道广生于一身，既有乾道之体，又有坤道之用，同时立于坤世界之体而有人身之用。卦之体用，从六十四卦方圆图而言，方圆图所呈的体性为体，六十四卦为用，而其中任一之卦又是六十四卦之用。在变易属性中，本卦为体，变爻为用，以变爻变易其中为体用相；在交易属性中，本卦与所交易之卦为体，交易内容为用。易之体用，不离实理自然之元亨以及履法序得正之利贞，此乃易理之本体，在易理之本体言治道之用而有万用，只有通实理自然之元亨，方能万变不离其宗性而得大亨以正，以此济所有不通。故实理自然之体性为本，而治道之用为末，此乃体用法则之本末体用也，只有通其本末，明其体用，方能立于体而得万用。

生灭法则，乃由唯生识灭机理呈现的唯识生灭之法则；以及基于唯识而解构外、身、内诸事物之生灭过程，尤其是发生藏象系统内的唯识生灭与传导机理之法则。唯生识灭机理，乃基于唯识而知"识"之生，并以生生之过程而知灭，呈现诸识生灭之机理。知生，乃知识之生，以"唯生"言除知识之生外，更要知根本之生，乃大道恒顺生势定律下的生，而"识"之生乃道生之下精气神三者贯通之过程，以及神主气精呈识之往通状态。精气神在不同识位域状态下的生生便是识的不同类别和状态，以精气神贯穿生生，呈现生灭的为识，所谓识灭，乃识系统基于识之生而言灭。生和灭二体之间，呈现唯识生灭相。根本之生，生为大道恒顺生势定律下"道生之"的生，乃大道生生之健以道生德蓄本原集一切生变易而呈现的"生"；以生变易贯穿生生过程，而有生生之易道。识之生，负阴抱阳机理下的阴阳之所出呈现的精气神状态便是"识"的形态，立于三元一体的"源"言说阴阳属性的分化源头，从精气神染浊义言说阴阳分化，从元精元气元神三元一体生分出先天神（已熏的为识神）、先天精、先天炁三者。从太极浑沦相的临界状态而有真种子如来藏缘起与识种子如来藏识临界成为太极识种子库。真种子如来藏缘起为乾道在圣视野，识种子如来藏识为坤道在凡视野，两者临界，具足如来藏缘起与如来藏识为太极识在两种不同位域上的对待。如来藏缘起与如来藏识，被太极浑沦相统纳，故称太极识，可见太极识有净、染两者对待，立于净，生而未分为如来藏缘起，立于染，分后循生为如来藏识。

遵其"方圆、有无、藏相、顺返、阴阳、终始、动静、体用、生灭"九易法则之易道，以四易体证作用在圣、圣化凡、在凡、凡转圣的周易易周完整过程。易道法序，正是遵其九易法则之易道，以四易体证作用周易易周的完整过程，独立不改且周行不殆，作用于任何宏观、微观，盈虚变化的事物，包含一切至微至彰时空性之表达。

何为周易易周程式呢？在圣、圣化凡周而易与在凡、凡转圣易而周，共同呈现的在圣、圣化凡、在凡、凡转圣周易易周动态过程，而有周易易周程式。道→母→器程式中，在圣为"道"域，圣化凡为从道域联系"母"域生化"器"域的生化关联；在凡为"器"域，凡转圣为从"器"域打破"母"域升华到"圣"域的生化关联。

《易·系辞》曰："形而上者谓之道，形而下者谓之器。"以"形"

分上、下之界，有道域和器域之界说，故有道→母→器程式。立于道生德畜本原而有体性本质的为"道"，立于"可以为天下母"而有天下万物生化之源的为"母"，从生化本源而流变的天下万物为"器"；器显道与母的所说和能说之用。

形上道，乾藏界真如体为"上"，称为"道"，以乾藏界联系道域，"道"域体因圣德性作用，故为在圣；形下器，坤形界凡尘器物为"下"，称为"器"，以坤形界联系器域，"器"域体因用德作用，故为在凡。从道联系圣与器联系凡来说，立于道生德畜本原而有体性本质的形上道为精神范畴，立于本原之源生化而有流变之果的为物质范畴，源在上，流变在下，乃尊卑之位。

何为道？"道"以其无所不包、无处不在、纳一切时空性而独立不改、周行不殆，并以其自然性并因果性主导与运转着万物，莫之能说，却又处处可说；虽处处可说，又处处说不尽妙处言不明真机。莫之能说，故"字之曰道"，借语言、文字、思维见识之形与象，以能说和所说之用，来强为名并述之于"道"。

使"道"主导并运转万物，显所有能说与所说的就是德——大道之性，道德合相显能说之体和所说之性。道本无名相，以能说和所说之用，以"道"来命名并述之于形象，其相对于名相"器"而言，"道"以能说之体和所说之性，而主导"器"的能说与所说。

从道→母→器程式可知，道，为本，显所有能说之体和所说之性；母，为形，为道以生化本原之所以能生化之法则；器，为型和象，因生化而有能说和所说之用。作用道之所呈，能显各种是有是无、非有非无、即有即无、含有含无、一切自如来去彰显，不在任一处落脚，却能达任一之处的真面目——就是德性。

德，性也。为"道"所纳、所显一切之本性。道纳德之性，德合道之体，道与德体性圆融并合相如如，常称道体德性。万物尊道贵德，全提道德。大道体性合相生化成道大、天大、地大、王大而有道域、天域、地域、人域道体四域以及玄德、圣德、用德、证德的德性四体。通常言"道"时多指道体，言"德"时多指德性。玄德性作用道域显"生化"特性，圣德性作用天域显"母"特性，用德性作用地域显"乾坤"特性，证德性作用人域显"精气神"特性。道体因德性所作用，处处显达而又不落一处，能显所有能说之体和所说之性，同时又兼达表现一切"器"的所说与能说。

道体四域里有天域和地域，其天地按取象比类法，通常把乾坤与天地构成乾天与坤地的联系，以此联系天地的本质属性，即天为乾性，地为坤性。故其"地"的形，界说为坤形界，而与之有内在生化源流变（变化见矣）关联的天，界说为乾天（藏）界。依道→母→器程式，乾天为"道"的属性，为如来藏，显大道本来的内涵，故取乾天为乾藏界，这个藏就是大道本来如来藏。坤形界，是坤地与"器"属性的关联，显"器"所呈现的内涵，之所以不定义为坤器界，那是因为从乾和坤的内在变化关联来看，从"形"的上下之界说，还界说了相虚界。

圣化凡为在圣、圣化凡、在凡、凡转圣周易易周程式下的"圣化凡"，在三圣三凡含义下的"化"就必须立足于生化原理与生化过程来呈现圣化凡，从生化原理上为因生而易与依易而化，以及从往象的至微与乾大生的至彰体现"生化"的精髓。从生化过程上为道域生化器域，从无极源起如何经过生化呈现万物凡的过程，尤其呈现太极浑沦相圣临凡的生化状态。圣化凡视野下的太极浑沦相态为三圣三凡含义下"太极"位域，以"太极"域在三圣三凡所处之位而联系圣与凡的生化源流。

在周易易周程式中，在圣之"圣"为玄德与道体合相以其无为而无不为玄德之性妙显在圣，也是我们常称的"无极圣"。圣化凡的"圣"为无极而太极的圣，通常简称为"太极圣"，但一定不是特指太极这个临界点，而是无极而太极过程乾道域的"圣"。无极而太极过程正是圣德与乾道合相妙用以其如如不动妙化万有之性显其元、亨、利、贞之圣德相，所以无极而太极过程正是元亨利贞圣德显用的过程。之所以有"圣"的不同内容，在于作用"圣"的"德"的不同。玄德显用为无极圣态，圣德显用为无极而太极圣态。还有一个凡转圣的"圣"，是包括前两个圣态内涵的真如体如来义的自性圣，非外相所指的某个圣。

圣化凡之"凡"是从坤元执妄迷失而有坤世界的一切坤尘形态，即"天下万物凡"。在凡的"凡"则指坤世界里一切有情众生、无情具象事物（包含不可眼见的事物），一切色尘与物、事、理乃至一切见的"坤尘凡"。凡转圣的"凡"为特指三界里可以修真证道的一切有情众生，为"有情凡"。"天下万物凡"与"坤尘凡"虽同为遵坤道运转的坤凡，坤凡为坤道里的一切规律规则都成熟具备运转的凡，天下万物凡都可以看作是正在走向坤凡过程的初级形态的凡。

作用"圣"的"德"不同，自然作用"凡"的"德"也是不同的，作用"凡"的德主要为用德和证德，此"用"德主要是针对作用圣的"体"来说的。道与德合相彰显的程式过程中，玄德妙显显在圣与圣德妙用圣化凡，便是玄德与圣德妙用周而易的过程；用德彰显在凡与证德修持凡转圣，便是用德与证德畜势常自然易而周。这便是"在圣、圣化凡、在凡、凡转圣"周易易周程式过程中的三圣与三凡的具体所指所呈现的内容与内涵，只有把这些分清了、弄明了，就自然觉得三圣三凡体系下每个环节和内容都是丝丝相扣的。

大道生化属性下的圣化凡就是以三圣三凡含义下的圣化凡视野所说，大道无极而太极过程下的太极圣特指，正是大道生化属性来呈现的道生之动态过程，这个过程所研究的对待为乾道的生化属性，并以乾道的生化因而有圣化凡的果。乾道生化因→圣化凡的果这么一个动态过程，依赖大道道生之恒顺生势定律，并以恒顺生势定律呈现生化原理来贯穿这个动态的生化过程。

在大道恒顺生势生化原理中，以因生而易与依易而化为主要内容。因生而易与依易而化的内涵又以往象为标志和承载，大道生生之健的生变易"生"出往象，且"生"的哲学本原体现为道生德畜、体性合相，无为而无不为，从而大道真性彰显。

在"因生而易与依易而化"大道生化原理恒顺的生化过程中，便有了源——生与流——化三者一体生化联系。源，为大道恒顺生势道生之中"生"的本原和本质的发源，常特指无极道体的本源，有了无极的源以及道生德畜的本原和本质，而有道生之，以此起"源"的生，便是源与生的交互圆融同体承载。正因为源——生的同体承载以此发端，而有长育成熟养覆的物形之道生，顺延道生而有势成之，成大道恒顺生势定律，这个过程便是流与化的形态所在。所以"因生而易与依易而化"大道生化原理下的源——生与流——化三者一体生化哲学视野，成为大道道生之动态观。

十德依体性立位，不离周易易周圆融相贯，断见位域则不能见位德朝宗性，还断失周而易或易而周之法。源宗性之遍照，玄德无处不生化，法性无处不显达，天地人无处不往来，位位处处呈真性，真如归摄无境而唯识变现万境。太极识呈道母器程式合相，依生生之流转，再生而分执相续，乾净坤染周而易，有道、母、器分位而天地行。分位之机在于神识驰而不归，且精气分野离而不合，致明德不存，日用不见其母，认母不识归宗，归宗不知朝性。见用德之机再破妄断执，可妙健明德知真如。从真如转识德诸境朝本来，需用小乘之性入大乘之全，明志双用得盛德于内，以精气化神普施阳善而内照万识，扬升诸妄识之德同，可化分位齐本体。易污存净易而周，秉证德返迷途方有位德与用德相续相连相全。无明德烛照不识本心，无实相之证不知合相，若凡夫妄禅贪着其简则自损身德。十德归宗还本照简，体性相用同载归宗性而至德遍生。

第十二讲　归体性——体性圆融说道元

由乾藏界、相虚界、坤形界构成藏相系统，在藏相系统下言说玄德、圣德、用德、证德之德性四体而有道性系统。以生化源流变言说藏相系统的体性内容，"生"在乾藏界，为在圣，道体域界为道大、天大，德性域界为玄德、圣德；"生"在相虚界，为圣化凡或凡转圣，道体域界为地大，德性域界为用德；"生"在坤形界，为在凡和凡转圣，道体域界为地大、王（人）大，德性域界为用德和证德。

道生德畜本原为大道生化之"源"和生化本性，亦为生化源动能，而产生大道源动能作用的便是大道○无极体与玄德性合相同体承载彰显无为而无不为大道真性——道体德性合相，构成了最本质形态的"生"源，大道依此而"生"。道生德畜体性合相之"体"为无极体，"性"为玄德性，体性合相显无为而无不为大道真性。无为而无不为大道真性作用道→母→器程式之整体和所有生化内容，故德性四体皆为无为而无不为大道真性的具体内容和形态，玄德性乃无为而无不为大道真性在无极体的具体内容。道生德畜体性合相下的生生，乃大道源动能作用下"生"的源起，构成了大道恒顺生势之道生之，由于此大道源动能的恒定，故而有大道恒顺生势道生之定律。大道恒顺生势，因道生德畜（体性合相之无为而无不为真性，也是玄德作用无极道体的描述）的本质而有道生之，由往象呈现的道生之，为大道体性最微观的生，称为道生之往象单元。因生而易与依易而化之生化又以往象为标志、为承载，道→母→器程式的生化过程，构成了道域之性生化器域之命，故道域为器域的生化之源，而器域为道域生化之源的流变。

从形上道与形下器本质出发，在性与色的对待上，色的生，为具足"母"特性的精神相域依性而生，以"母"生万物的特性，而有性与色的临界中间态，为太极浑沦相，以及唯识领域的太极识。太极浑沦相上承无极而太极的先天五太在圣域，下启生万物的后天五生在凡域，而太极浑沦相的临界态就是圣化凡的阶段，凡之色为依圣之性生，通过太极识唯识变现或太极浑沦相"言万物相浑沦而未相离也"的"母"性而生，太极识作为种子源在太极浑沦相的临界态是生而未分，依转一体。在太极浑沦相以如来藏缘起临界太极识，便是圣化凡中"化"在圣性与凡识能量"流变"的临界态。太极浑沦相呈现生而未分与分后循生的综合道元的生化态，尤其是以乾贞临界坤元之"母"特性，赋予圣德在于生化之意义。以此临界流变的延伸，乾道域流变为坤道域，坤道唯识变现的世界依种子而有种子与现行世界。

以形下器坤地凡来集合称谓的坤形界，为地大与王大之集合，呈现坤道。同道大与天大的集合为乾呈现乾道不同，形下器坤地凡，因处于在凡态，坤道因无明颠倒与妄想的障碍，显器形之界域，又因性与妄的本质区别而发生藏相法则的内藏、内相、外象交互关系，从太极浑沦相"母"性圣化凡的生化作用后，在道→母→器程式中有了道、母、器域的不同。坤形界用德分体用而有用德体和用德用，在坤道用德里，又因体用法则的体用相而有内外，为德用内相和德用外相。地大与王大集合的坤道特性，为无明障碍乾道真心，呈现迷与妄之本质。

乾道如如不动妙化万有的大生，坤道纯静无知凡物躁动的广生，便是道生之中乾道与坤道"生"的动态图画。人道统摄乾道与坤道于人身而有天地人三才道统观，故人承乾大生与坤广生于一身。藏象生命系统以全息元象斗罡授时联系乾坤二道，以往来阖辟呈现其交易往来。明了辟户之乾与阖户之坤如何在人身往来变通而显至微至彰全时空性，便知如何用德。所谓用德，乃用德主乾坤之性，以知德性之大知来明德用，再用德证之，则能从坤证乾。

在道→母→器程式中，在圣为"道"域，圣化凡为从道域联系"母"域生化"器"域的生化关联；在凡为"器"域，凡转圣为从"器"域打破"母"域升华到"圣"域的生化关联，形成了在圣、圣化凡周而易与在凡、凡转圣易而周的周易易周程式。

以大道生化本质和生化原理发生的生化源流变联系的界域整体，就联系了道元义。"道"一定是要基于事物最本质的形态，也就是本原；"元"可以看作视野单元，每一个视野单元就构成根本中心和本原，事物就在此"元"态基础上产生联系，故"元"态是可建立在微观或宏观的弹性调节上的，但元的弹性调节一旦发生了超越界域内源流变关系，就发生了跨界域联系。依跨界域视野下的跨界域联系，就发生了道元界域的转换。

发生界域单元集合变化而形成跨界域源流变关联的界域整体为道元。道元由界域整体形态和界域内集合形态两种根本形态构成，在两种根本形态基础上，界域内集合形态由一定数量的界内元集合组成，成为常态形态。

在道元的两种根本形态中，从本原的源起联系所有源流变集合的界域整体，构成大一元；从元态本原联系跨界域，构成了界域源头和自身界域的关系，以及这两者发生生化关系变化的界域，三者关联，就构成了广三元。如果把大一元归为大道本质论，那么广三元则是大道本质下的三者生化形态，它是大道整体以两仪原则一分为二并结合两仪浑沦相的三者，而有形上道域、浑沦相母域、形下器域三者之三元。

广三元是大一元的生化产物，在生化过程中蕴含了两仪之二，构成了一生二、二生三的生化形态。立足于自身界域所发生的界域源头的跨界域联系，就构成了界域转换。大一元和广三元以及广三元下的常态界内元共同形成了道元形态。两种根本形态与常态形态的集合，就是大一元广三元道元义，简称大一元广三元道元，当分开表达时则用大一元或广三元。大一元广三元道元义，为界内元集合组成的广三元与大一元发生跨界域联系，在界域整体发生源流变关联，从而形成全域整体。在跨界域源流变关系上，就构成了大一元广三元全域整体。从而就能以大一元广三元道元成为道元论之主体，以全域整体兼顾了所有道元内容。从道域、母域、器域的关联上来说，就形成了道→母→器程式整体与道、母、器三者的集合，构成大道本来道元合相的大一元广三元，即道元合相，立于大一元而言说广三元的，则为大一元而广三元，即道元实相。

大一元广三元道元义为立足道→母→器整体又兼顾道域、母域、器域三者，同时在表达道域、母域、器域三者时必有整体相联系，为立于本体而说用，只不过这个本体为大道一合相本体，用分为道域用、母域用、器域用根本三者用。如果把大一元看成道→母→器程式整体的"一"，那么广三元则是从整体之"一"生化为道域、母域、器域三者之"三",而且根据道→母→器程式中生化源流变关系,广三元为大一元的生化产物,在生化过程中以两仪之二,构成了一生二、二生三的生化形态。那么从"三"反观"一",则构成了整体"一"中有"三"者的内容形态,这便是由道域、母域、器域三者组成的三界域,此整体大一元"一"中的广三元"三"界域结构,就是道元三界膜。道元三界膜是大一元广三元道元最基本的结构和内容界域,基本结构为界域整体中立于体而有用时,必然分生出三界膜形态的界域内视野,叫一分为三而含二,故称为三界膜结构。在三界膜分生过程中的一分为三含二的原理中,为一生阴仪和阳仪之二,阴仪和阳仪之"二"又生阴仪、体用浑沦、阳仪三者。

综述之,道元三界膜是大一元广三元道元中,以三界两域体为主体结构,以两仪原理进行界域转换,从本体生化用体的广生与大生形态,更是大道立于生化本质、生化原理、生化过程下的"生"的宏观视野。道元三界膜形态中,本体为"一",两仪为"二",生化破界域转换而有"三"。本体为大道○,构成了"道生一,一生二,二生三"的生化法则。

道元三界膜是大道立于道→母→器程式在界膜理论上最宏观表达,也是大一元广三元道元界膜的根本形态。除此以外,在广三元的用体里,也呈现了以界内元之间相互联系,构成了数理关系的升降界域,形成常态界膜理论,简称界膜理论。界膜理论为以膜形态而分界域转换之界,形成以膜划界,同时界域之间的转换和联系依赖于膜,形成以界辨膜。界膜理论以膜划界和以界辨膜特征,尤其体现在界域升降转换上的应用,以及非界域升降转换时界内元之间的数理联系。界膜就形成了位域交界的浑沦态,具上承与下启作用,能通过界膜在事物之间的上承下启的联系，从位域对待上看待界，联系位域看待膜，从而就能解构事物内部的发展形态以及外部的发展方向。

界膜理论中常以三阶四象结构成为常态界膜理论的主体内容，为何以三阶四象结构为特征呢？首先，三阶四象结构为以三界两域体为主体结构的三阶四象，其次，三阶四象为四个奇点形成了三个阶段。三阶四象的含义中，在横向上，三阶四象结构就会形成积累而有生变易转换，在纵向上，三阶四象结构会产生界域升降的转换。如果说把横向上的三界构的生变易转换，看作是纵向三阶四象结构的界域升降转换的微观形态的话，横向微观的生变易三界构则是"化"的本质。

无论是道元中的跨界域联系还是界膜理论中界域升降转换，都要依赖于藏相动能作用。如大一元广三元道元的大道源动能，以及大一元生化广三元破界域的大道"生"动能，广三元格局下的界域升降的跨界域的界膜动能，也叫生化动能。在藏相动能义下，所有形态动能的本质为德性，各种视野和阶段的藏相动能内容的不同就是"德"性内容的不同。

在这里我们就来进一步地解读大道"生"系统。大道恒顺生势道生之定律下的"生"，有生化本质、生化原理、生化过程构成恒顺生势的基本形态，也只有基于这三者才能形成大道道生之。大道生化本质为道生德畜大道生生之健本原，因大道本原才有因本原的"生"源，这个生源记为无极体源起，故无极体源起只是生化本质中道生德畜本原所生的内容和所显的形态，道生德畜本原又是什么呢？为大道〇无极体与玄德性合相同体承载彰显无为而无不为大道真性，以此无为而无不为真性的道生德畜本原为大道生化本质。其中，道生德畜本原为大道源动能，而产生大道源动能作用的，便是大道〇无极体与玄德性合相同体承载彰显无为而无不为大道真性——道生德畜一合相的大一元广三元道元合相；由此大道本原的动能源，就构成了最本质形态的"生"源，大道依此而"生"。而且道生德畜一合相的大道源动能作用下的"生"，构成了大道恒顺生势之道生之，由于此大道源动能的恒定，故而有大道恒顺生势道生之定律。换言之，大一元广三元道元合相就是大道恒顺生势道生之定律本原。在大一元广三元道元合相的本原形态下就形成了道生德畜本原、大道源动能、大道恒顺生势道生之定律以及大道生化本质下的"生"源起。

自大道生化本质下的"生"源起，以此生生形成的大道生化内容，就要依赖于道生之"生"的大道生动能，大一元道元在大道生动能形态作用下，就构成大道生化原理。大道生化原理由微观基数阶→变化阶→道生之单元阶三阶四象结构组成，构成大道道生之基本单元模型。大道生化原理三阶四象结构中，微观基数阶为长→育→成→熟→养→覆过程。其中，长，为道体与玄德妙显畜阳而长；育，为阳长而积；成，为阳畜积而成大；熟，为阳大生延，延为基于未畜之前的延展性；养，为延畜积而养，阳大之生后继续畜积之养；覆，为畜变而易，为阳畜养到了一定阶段，可以把生与变连贯起来而生易，这个"易"的产生就是生与变持续的发展。变化阶为生→变→易过程共同呈现的生变易在覆易临界态出变易的实质，既是生变易过程又是覆易临界态。道生之单元阶为道生之基本道元往象生化形成。

联系整个过程就有自大道本原生化本质下的"生"源起，经过生生之健呈现的长→育→成→熟→养→覆，结合生变易过程而生成的往象道生之单元，即"生"源→恒顺生势之（长→育→成→熟→养→覆）过程→生变易→往象的程式过程，最终在大道生化原理下生化形成的往象成为道生之基本单元。由此大道生化原理下的道生之基本单元，一切至微与至彰的生皆是此生化原理，并且道→母→器程式中的任何一域界是立足于道生之基本单元的生化过程的集合。所以，由大道生化本质和生化原理共同作用而彰显的大道生生之健为大道恒顺生势道生之定律，也叫恒顺生势定律。在大道恒顺生势定律生化基础上，由道生之往象呈现一切大道体性的内容，无论是宏观还是位域阶段，以及位域界说域内的阶段变化，都构成生化过程，以上就构成"生"的体系，大道一切位域阶段的体性皆依附和立足于此，道→母→器程式中器域的生化和"生"也是如此。

在道元义中，视野单元的最基本形态为往象，往象——作为道生之基本单元，并非是最微观的结构，生化成往象的过程为生变易基本过程，而生变易基本过程由长→育→成→熟→养→覆结构组成。如果把长看作一，育看作为二，成看作为三，熟看作为四，养看作为五，覆看作为六，就形成了一→二→三→四→五→六的生变易，一→六横向生化模型。从一→六中间的差数为五，因此横向生化模型也叫差五生化模型。所以，道元义中视野单元最基本形态——往象的最微观的结构为差五生化模型。由于大道具足恒顺生势定律，且大一元之作用，那么当一→九数就必然持续其生生之健的生，并在横向生化模型下，形成了一→六，二→七，三→八，四→九变化形态，这个变化形态就是大道生成之数模型。如果把一→九的数理关系看作是横向坐标，那么建立在差五生化模型的二→七，三→八，四→九变化形态就形成了纵向坐标，这种纵横结合就形成了空间体基本单元，而空间体基本单元又是以大道恒顺生势定律作用，恒顺生势的生化过程，以循顺置返视野，就构成了时间轴。空间体基本单元在时间轴的建立下就有了空间轴，时间轴和空间轴共同构成了立足于时间的时空体单元。而且时间轴与空间轴必然要在时空体单元发生联系，这种联系就构成了藏相动能基本形态——左旋而右转动能形态。如何构成了左旋而右转动能形态呢？就是阴阳之数的动态联系，阳数联系在时空体单元形成左旋，阴数联系在时空体单元形成右旋。

大道生化原理以大道恒顺生势定律的道生之就形成了生化过程，恒顺道生之生化过程，就会发生根本形态的破界域变化，构成大一元道元论生化广三元道元，为道域生化器域，从而道→母→器程式形成，立足于道→母→器程式就有了道元三界膜形态，在道域生化器域道元两仪原理转换下，就构成了道域、母域、器域三者三界膜。从大一元道元生化广三元道元破界域变化形成后，就有了广三元格局下的界域升降联系，而作用发生界域升降的跨界域的界膜动能的就是生化动能。生化动能是藏相源动能和藏相生动能的内容形态。从作用两种形态的动能的区别就可以看出它们的本末与体用，以生化动能作用的广三元道元格局下的界域升降为命升降九维形态，而藏相源动能和藏相生动能作用的大一元道元则为性道元维形态，以此"性"发生根本形态的破界域变化而生化"命"。

道→母→器程式承载的大道"生"体系。在大一元广三元道元本体下，宏观为大一元道元为形上道域，生化广三元道元为形下器域，形成道→母→器程式所在的道元三界膜。这种生化格局的形成要依赖大道生化原理和生化过程，成为宏观形态下的微观过程。宏观与微观却又构成了跨界域联系。在生化动能形成过程中，藏相生动能在道域经过元亨利贞三阶四象过程。广三元道元的生化动能就是作用万物凡立于太极体一的发端"源"的动能方式，也是立于太极浑沦相而赋予生命的精气神形态。从太极体一到人体这个过程，精气神又历经先天运相界、后天藏象界、人体命象界三大界域，构成广三元道元精气神三界膜。在这个三界膜结构里联系先天运相界、后天藏象界、人体命象界与人体，构成了精气神三界膜的三阶四象。生命的精气神形态在大一元道元生化广三元道元的转换中，如何从精气神三元一体，通过破界域转换，生化成精气神三者，从而在生命的形态中从"性"流变转换为"命"。也同时赋予大一元道元为形上道域，广三元道元为形下器域。

大一元道元生化广三元道元的"生"中，我们把"大"和"广"含义转换为性和命，就会有更具体和直观的认识。真如体如来义为元神元炁元精三元一体，从形上道和形下器来说为器三元道一体，转换为性和命则称为命三元性一体。元神元炁元精三元一体在器三元道一体是性质综述，形上道的无极而太极乾天圣为道，为道为炁说界域整体视野下的梵炁一元，此一元为本质元，除此以外无其他。那么万物凡均从此出，此道一元的本质为大一元，乾大生的内涵，广大悉备无所不包。

大道生化本质下的"生"源起，依藏相生动能，通过道生之基本单元的三阶四象（微观基数阶→变化阶→道生之单元阶之三阶四象结构）数理生化成道生之基本单元——往象。往象的实质是什么呢？从一个"基本单元"的含义就能看出，往象为大道立于生化本质和生化原理在生化过程中最微观的单元，呈现最极致的生变易之"易"义，它就是先天五太中的太易。也就是说太易具足了道生之基本单元的三阶四象数理过程，而往象为太易的最始端。

恒顺道生之，经过宏大的往象生化过程的积累，就构成了太易向太初的生化流变，"太易者，未见气也"，从气形质三者在先天五太的状态来看，太易以未见气更加玄之又玄，以弥纶无外、湛湛空成的洪源玄黄无象为主要的特征，其中在往象不断生化积累的过程中，逐渐"而生一气"，然后不断地"乃生中二气也，中三气也"，直到玄、元、始三气生化毕具，以先天五太状态的"太初者，气之始也"特征，为太易生化流变至太初，此太初阶段的玄、元、始三气成，谓三合成德。而这三合成德的"德"正是藏相生动能的内容形态。

　　太初始见气后，经过玄、元、始三气过程，恒顺道生之的畜积，生化流变为"太始者，形之始也；太素者，质之始也"的太始、太素阶段，经过太初、太始、太素阶段的生化过程后便有"气形质具而未相离，故曰浑沦"的太极阶段，以太极浑沦相为主要特征，从而共同组成了太易→太初→太始→太素→太极生化源流变形态的先天五太无极而太极过程，成为大一元道元形上道乾天圣的内容。在整个先天五太生化过程中，以生化原理和生化过程贯穿大道恒顺生势定律的道生之"生"，为藏相生动能义，而构成藏相生动能发挥生化玄妙的主要形态为"素"形态——太素至精。太素至精是大一元道元先天五太过程的主要动能物质，只不过这种物质乃真如性的"精神"属性，非世间的物质义。藏相生动能的太素至精形态，指向了藏相源动能的至素至精。

　　在大一元道元义下，形上道域乾天圣形成了一七九位域界膜变生命树数理模型。联系道→母→器程式，就会有形上道和形下器共同建立的广义视野下的生命树数理模型。在宏观视野里，把太易位域看作一，太初位域中有玄、元、始三气为三，再结合太始、太素、太极则又有三。在整个无极而太极先天五太过程里，就形成了从太易之易变而为一，然后一变而为七，为太易一和太初三以及太始、太素、太极三之合。接下来，七如何变为九呢？是由元亨利贞四圣德周行的四→九之数而来。元亨利贞四圣德周行以四→九差五生化模型出"九"的数看似牵强，实则不然，因为这里面有一个体性转换。无极而太极过程的一变而为七的过程为道体生化过程，而乾元亨利贞为四圣德之德性周行，一变而为七与七变而为九为体性合相。

从宏观至彰视野来说，一七九位域界膜变在生命形态上，以在圣和圣化凡的承接关系，把广三元道元精气神三界膜的三阶四象视野与大一元道元无极而太极过程连接在一起，在独特的太极浑沦相的"复变而为一"的转换中，实现道元界域的转换，这种转换为从大一元破界域生化广三元。我们谈生命形态的源头，在万物凡的源头视野下为太极体一，但要联系到大道之源，为大道生化本质格局下的"生"源起，也就是道元合相义下的大道源动能作用下的"生"源。

回顾往象的生化过程，为大一元广三元道元义下的藏相源动能作用所具足的大道恒顺生势定律，长→育→成→熟→养→覆的生变易过程中，从"生"的源起到"长"，也就是从零→一，为因生，当覆六临界态出现，有"覆"→"易"临界状态的易相态时，为果成，当易相态生化成往象，为一个因果单元生灭。从源零到因生一→恒顺生势发展二→六到果灭，构成第一个因果单元的生灭过程。那么六→七的生化发展又是什么呢？为第二个因果单元的生灭过程，这个第二个因果单元生灭过程和第一个因果单元生灭过程一样，遵循差五生化模型，第二个因果单元生灭过程中从因生到果灭，是以第一个因果单元生灭过程承载。形成了第一个因果单元生灭过程中的"恒顺因果二"简称二，成为第二个因果单元生灭过程中的"因生一"，也就是二相对于一的因

上卷　达至埋入大乘

221

来说，二为一的果。这个二果就成为第二个因果单元生灭过程中的因，再以差五生化模型的规律，就形成了二→七；以此逻辑类推，则有三→八，四→九的数理组合。

大道道生之生化过程下的一到九数理逻辑，非同一界域视野下的递增关系，而是以差五生化模型形成的位域阶段，从一到九构成了为一→六，二→七，三→八，四→九的三阶四象位域模型。以此原理，在大道生化过程的视野下，一到九数理逻辑中的七的出现并非直接地从六横向递增到七，而是在时空体单元里构成了纵向的第二个数理阶段，也就是第二个因果单元的生灭过程，从因生到果灭。这种由横向递增向纵向转换最重要的一个原理和视野在于，第二个因果单元生灭过程中的因来源于第一个因果单元生灭过程中的二。这个"二"的转换，在第一个因果单元生灭过程横向递增的逻辑里，二是一的果，那么以此果二成为第二个因果单元生灭过程的因，成为第二个因果单元生灭过程的因生一，完成"二"从果到因的界域转换。所以这个"二"从第一个因果单元生灭过程的果，转换成为第二个因果单元生灭过程的因，通过道元界域的转换，从横向数理逻辑生化流变成为纵向的数理关联，并以此为起始，以差五生化模型延续此界域的横向数理逻辑生化过程。恒顺此过程，最终形成大道道生之生化过程下的一到九数理逻辑的三阶四象位域模型。

大道道生之生化过程下的一到九数理逻辑三阶四象位域模型里，从横向到纵向的界域转换，既构成了横向发展同时又以上果下因的关系形成了纵向联系，而且这种联系既形成了横向的数理生化形态，即前因后果，又构成了纵向联系下的数理生化形态，即上果下因后的前因后果。这里就有一个独特的错位形态，这个独特的错位形态在纵向联系上就形成上果下因联系，如在横向上二为一的果，但在纵向上二为因生，为起始，成为纵向的一。也因为上果下因的独特形态，从而形成了横向生化与纵向联系的时空体单元，那么独特的上果下因在时空体单元结构里就形成了纵横交汇点，这就是错位形态的上果下因点。这个"点"因横向与纵向的交汇而具足独特的身份，它既要恒顺横向的生化发展，又要启动纵向的生化发展，从而完成整个一到九的三阶四象位域模型过程，那么这个三阶就因独特的错位形态，形成纵向的三阶，四域就构成了立足于时空体单元的四域。如果把纵横联系的时空体单元放在视野整体来看，此三阶四域在运动上就构成了曲变，曲变的产生就打破了三维视界里的直线运动，而构成了藏相动能义下的曲变运动。

　　一到九数理逻辑三阶四象位域模型承载的生化过程里，一→六横向生化发展的因果单元生灭过程的启动于因生一，以此一而有恒顺生势的发展，并形成横向的一→六差五生化模型。在纵向联系上因错位形态的上果下因点是以横向二的果来转换的，这个点具足了同步时空性的身份，按照恒顺生势定律，二在纵向上作为因生，以差五生化模型，就必然生化七，故七的出现是一→六在横向发展以二同步时空性的身份联系的纵向阶界域的果，也就是说这个七的果在横向是二就开始，以此纵横联系，纵向七形成了横向二的曲变果。以此类推，直到九的出现，且九为横向四的曲变果。不仅如此，把三阶四象过程中的相同数字联系起来，就形成了一个 S 曲线，且这些 S 曲线交织成网。自一→六差五生化模型下的因果生灭单元起，它构成一个位域界膜，到七的出现，以及九的出现，就构成了一七九位域界膜变，"变"为大道恒顺生势会持续道生之生化过程，为藏相动能义形态下的一七九位域界膜变。

左旋而右转的三阶单元动能结构，它是藏相动能义下的动能动态模型。第一，在道生之基本单元——往象的生变易过程中，以长→育→成→熟→养→覆的一→六差五生化模型，形成一至九的三阶四象位域模型过程。第二，一至九三阶四象位域模型形成时空体数位排列，在时空体往象模型单元中的数位排列位置，称为时空体数位结构。一至九三阶四象位域模型的按照数位排列，形成了一与六数位象、二与七数位象、三与八数位象、四与九数位象的时空体数位结构。且一与六数位象居下阶，二与七数位象居上阶，三与八数位象、四与九数位象与五与十数位象居中阶，三与八数位象排列在五与十数位象之左，四与九数位象排列在五与十数位象之右，此数位结构为河图图式时空体数位结构。第三，在河图图式时空体数位结构里一、三、五、七、九为阳数，阳主升；二、四、六、八、十（含十而不表）为阴数，阴主降。第四，以冲气以为和之升降法则，形成阳主升阴主降，阳数动态联系主升，形成了自一与六数位象下阶的"一"左螺旋上升，经三与八数位象中阶之左与"三"相联系，螺旋升经五与十数位象中阶与"五"相联系，在"五"的中阶中位完成完整的圆周后再左旋经二与七数位象上阶与"七"相联系，然后再回旋四与九数位象中阶之右与"九"相联系。整个阳数的联系中，阳升在三阶数列秩序中按左螺旋联系构成了阳升左旋动态。在发生阳升左旋动态的同时，阴数动态联系主降，形成了自二与七数位象上阶的"二"右旋螺旋下降，经四与九数位象中阶之右与"四"相联系，再经一与六数位象下阶与"六"相联系，到三与八数位象中阶之左与"八"相联系后，回到五与十数位象中阶与"十"相联系。整个阴数的联系中，阴降在三阶数列秩序中按右螺旋联系构成了阴降右旋动态。第五，阳升左旋动态与阴降右旋动态的关联，为启动动态与升降动态两种联系，启动动态为阳数一动后阴数二动，以此交替启动后呈现同步旋转动态，为启动动态后升降同步动态，此升降同步动态构成了左旋而右转动能动态。第六，左旋而右转动能动态发生在时空体数位结构的上阶、中阶（含中左阶和中右阶）、下阶相互关联，构成三阶单元，连同左旋而右转动能动态，成为左旋而右转三阶单元动能结构。

　　无论是道元中的跨界域联系还是界膜理论中界域升降转换，都要依赖于藏相动能作用。如大一元广三元道元的大道源动能，以及大一元生化广三元破界域的大道"生"动能，广三元格局下的界域升降的跨界域的界膜动能，也叫生化动能。在藏相动能义下，所有形态动能的本质为德性，各种视野和阶段的藏相动能内容的不同就是"德"性内容的不同，道体四域与德性四体的道体德性同体承载是交融在一起的。

　　大道真性基于生化本质所显的大道源动能与大道生动能，以及道生之生化所需要的生化动能与物质动能。大道源动能与大道生动能作用的道体四域为乾道所在的道大与天大，对应德性四体为玄德与圣德；生化动能与物质动能作用的道体四域为坤道所在的地大与人大，对应德性四体为用德与证德。源能体形态的大道动能本质为大道德性。全提道德、直指乾坤，从道体四域中道大、天大、地大、人大等一切可言说的道体内容，到德性四体以玄德、圣德、用德、证德的"德性"与道体内容交互合相作用，呈现无为而无不为大道真性总摄下的道生德畜本原。

第十三讲　说河洛——先天源流后天变

　　河图。即宋代陈抟著、邵康节述《河图真数》及朱熹《周易本义》等所附之《河图》，是由五组白圆圈（总数二十五）和五组黑点（总数三十）组成，共五十五个。其从一到十，共十个数字组成，五十居中，三八在东（左），四九在西（右），二七在南（上），一六在北（下）。其中，黑者象征阴，称地数；白者象征阳，称天数。《易·系辞》："天一、地二、天三、地四、天五、地六、天七、地八、天九、地十。天数五，地数五，五位相得而各有合；天数二十有五，地数三十，凡天地之数五十有五，此所以成变化而行鬼神也。"河图有生数与成数之分，成数由生数而来，一至五为生数，六至十为成数。依照"一阴一阳之谓道"的规律原则，有：天一生水，地六成之；地二生火，天七成之；天三生木，地八成之；地四生金，天九成之；天五生土，地十成之。明代张介宾在《类经图翼》中说："生数为主而居内，成数为配而居外，此则河图之定数也……阴阳消长互配，如以老阳之位一而配老阴之数六，少阴之位二而配少阳之数七，少阳之位三而配少阴之数八，老阴之位四而配老阳之数九，是以阴阳互藏之妙。"

　　洛书。其排列为戴九履一，左三右七，二四为肩，六八为足，五居中央，又称"戴九履一图"。朱熹《易学启蒙》："洛书之纵横十五，而七、八、九、六迭为消长，虚五分十，而一含九，二含八，三含七，四含六，则参伍错综，无适而不遇其合焉。此变化无穷之所以为妙也。"《黄帝九宫经》："戴九履一，左三右七，二四为肩，六八为足，五居中宫，总御得失。其数，则坎一，坤二，震三，巽四，中宫五，乾六，兑七，艮八，离九。太一行九宫，从一始，以少之多，顺其数也。"

将河图四方的八个数旋转排列成八方而为八卦，每方一个数纳地支十二气象，就是洛书。只是将"火"的二、七数与"金"的四、九数变换位置，同时土五为中显用而寄八方，故为九星，土十则不显而藏于用。这样成为戴九履一，左三右七，四、二为肩，八、六为足，九个数纵横交叉皆为十五数。洛书虽用九，但宫相加则为十，一与九合、三与七合、八与二合、四与六合皆为十。数遇五变为一，遇十也变为一，故河图五、十居中。所谓生数极于五，成数极于十。

八卦有伏羲先天八卦（常称：先天八卦）和文王后天八卦（常称：后天八卦）。八卦是：乾三连，坤六断，震仰盂，艮覆碗，离中虚，坎中满，兑上缺，巽下断。《易·系辞》："易有太极，是生两仪，两仪生四象，四象生八卦。"是故易有太极，太极生两仪，两仪为阴阳，"阴"又生"阴中之阴"即是太阴，以及"阴中之阳"即是少阳；"阳"又生"阳中之阴"即是少阴，以及"阳中之阳"，即是太阳。太阴、少阳、少阴、太阳统称为"四象"。这个过程就叫作"两仪生四象"。在四象的基础上，太阳生太阳之阳为乾和太阳之阴为兑；少阴生少阴之阳为离和少阴之阴为震；少阳生少阳之阳为巽和少阳之阴为坎；太阴生太阴之阳为艮和太阴之阴为坤。先天八卦是南乾北坤，东离西坎，东北震，西南巽，东南兑，西北艮。乾坤相对则是天地定位，坎离相对则是水火不相射，震巽相对则是雷风相薄，艮兑相对则是山泽通气。后天八卦是离南、坎北、震东、兑西、艮东北、坤西南、乾西北、巽东南，排列次序按照《易·说卦传》："帝出乎震，齐乎巽，相见乎离，致役乎坤，说言乎兑，战乎乾，劳乎坎，成言乎艮。"

大道德性以大道动能的方式作用，基于藏相动能的本质规律而生化大道内容，在大道德性作用于大道内容时还有一个转换的枢纽，为五行之藏的"五行"属性。在时空体往象模型单元的动态义中，有长一→育二→成三→熟四→养五→覆六的生变易过程，以循顺置返原理和负阴抱阳机理来描述其生变易过程，通过复杂的横向、纵向、错位形态的源流变关联，并发展联系到河图图式一到九与洛书图式的一到九，在起始动态后呈现同步曲变动态，这种时空同步性谓至微至彰变动不居源流变关联的动态，以生化过程呈现生数与成数。大道源动能的起始之动，为金性生水性，谓天一生水，地六成之。

从大道生动能给予续动能为金性秉水性之延展，显生发之性，以此生发之性显木性，谓天三生木，地八成之。在金性、水性、木性的动态联系下，河图图式发生左旋而右转动态，并结合洛书图式的双螺旋动态，动态的延展与生发之性势不可挡，如炎炎之火而显火性，有地二生火，天七成之。那么以金性之生生、水性之延展、木性之生发、火性之炎势，形成了以河图图式与洛书图式发生时空同步性源流变关联的生化过程，在此生化过程里呈现了承载受纳之土性，天五生土，地十成之。

赋予洛书图式与河图图式道元义，且结合这两个道元位域，呈现大道源动能作用无极体，以其至阳金性之生生，联系内微之河图图式与外宏之洛书图式，而发生源流变动态关联，生化出金性、水性、木性、火性、土性的五行之性。以此五行之性再联系藏相动能在内微→外宏→大彰三阶结构中的"大彰"升降过程，从而呈现金性生金、水性生水、木性生木、火性生火、土性生土的五行。以内微→外宏→大彰三阶结构所在的河图图式、洛书图式、升降图式生化本质下的生化模型，形成以天一生水，地六成之；地二生火，天七成之；天三生木，地八成之；地四生金，天九成之；天五生土，地十成之的大道生数和成数，生化出金性、水性、木性、火性、土性的五行之性，并以五行之性生化成金、水、木、火、土五行。

金性以天一生水很容易理解，为何金性以天一生水后，又呈现了以天三生木呢？从曲变数理动态与螺旋动态同步关联而言，天数阳数与地数阴数的有位域差别，呈现天数与天数关联，地数与地数关联。螺旋动态里一与三关联的同时，以一和二的双质纠缠，必要联动二的动，但"二"的动发生在一与三的联系之后，或者说一与三发生联系后，才双质中地牵动"二"的平行纠缠再启动，故天三在地二动态前。

从一到九数理逻辑三阶四象位域模型到时空体往象单元，并以此产生河图图式的内微生化过程，洛书图式的外宏生化过程，以及升降图式的大彰生化过程三阶结构，以此曲变动态与超越螺旋动态，而生化乾坤万物。从微观数理变化可知，一到九数理逻辑关联中，生数与成数呈现的就是因和果，生因成果。

从五行之性生五行，从金性生水性，水性生水，就进入了大彰宏观体世界，且为大彰宏观体世界的八卦属性联系，从五行到八卦再到以五行和八卦发生取象比类的联系而有宇宙万象与天下万物。在无极而太极过程中有先天五太的"无极五生图"至太极浑沦相，圣化凡，乾坤转换到坤尘地象，才生出属于在凡态的五行，成为目前我们所认知的五行，但要知道这是凡态五行，和圣态五行还不是同一个道元范畴，不仅如此，同一个道元范畴下，不同的道元位域升降其五行之性下的五行皆有不一样的状态和结构，这也是为何我们称五行为五行之藏的原因，除开本质的圣凡区别外，在凡的位域升降不同则有截然不同的物态。

以《道德经》中的"上善若水"举例之，《道德经》曰："上善若水。水善利万物而不争，处众人之所恶，故几于道。"首先这个"水"，为金性统于五行之先，道体金性以道生德畜，且遵循"长育成熟养覆"循顺置返原理，而有"天一生水，地六成之"之水，此为道生德畜之自然性并因果性，为圣德态，故为上善。在圣态的水，为金性彰显，无处不达，而利万物。凡态的水，凡水也为金生，水藏金性，故无孔不入，万物为金、水、木、火、土五行所主的五大因缘和合所成，故水利万物，且圣德周行自然生其五行，一二三四之生数与六七八九之成数水木火金备具。众人之所恶，是为道尊而水呈卑势，人皆因看不到本性，观其水象而恶水之卑下势，却不知水正是道生，且依道性而生，水象就是道性所主，故几于道，"几于"是要通过象，而入性，才能觉知道之玄妙，若只停留在水象上，故如众人一般，恶其卑势之象。

长一→育二→成三→熟四→养五→覆六的生变易过程的道生之单元——往象，以循顺置返原理，开启的无极圣态到无极而太极过程，以及乾道圣态化坤道凡态，构建大道"生"哲学下基于生化本质的生化过程，以内微→外宏→大彰三阶结构下的河图图式、洛书图式、升降图式为承载。从一到九数理逻辑关联与生化模型中，取象道元与藏相动能所共有结构——三阶单元原理，而成三画卦，三画卦的每一画按阴阳之数有阴阳互变，又取自双质纠缠机理，从乾坤所指而有经卦和别卦，以此形成经卦与别卦两两组成的六十四卦。

在取象三画卦的机理中，数与数的关联运动就构成了阴阳二气。元阴阳二气遵循"万物负阴而抱阳，冲气以为和"原理，其器部天下万物按阴阳法则及阴阳法则属性归入到阴阳盈虚变化中，而有老阳、少阴、少阳、老阴四象。此四象按照天地人三才道统观，以人身全息连接先天与后天，四象分化组合而有八卦，这八卦的八种符号便是先天本原模式的最直接反应。在整个过程中，圣态五行逐渐转换成凡态五行，而有水、木、火、土、金在凡态五行的类比成象。

通过形成八卦三画卦的原理以及经卦与别卦建立在八卦取象比类上的内涵，直入八卦名称来从象与用的层面来言说八卦"性"与"相"的真相。我们知道乾道为元、亨、利、贞四圣德遵循道生德畜而周行不殆，在周行过程中，因五行属性的变化，产生了阴阳盈虚变化，由四圣德周行所伴随的阴阳盈虚变化程度的不同，所构成的乾道圣德自然就不完全是同一种形态，这种差别的记录与表述就是乾→兑→离→震这四部分。"乾"至阳金性，可谓无极圣态，也为太易之初，为元部。在太易之初后，五行始生成，出现阴浸阳之象，至阳有缺，为"兑"，兑为阴象冲兑阳象，其态势有庆悦之亨态，为亨部。阴象逐渐随五行的恒顺生势而聚，但阳为主象，故十方圆明仍为朗照，此朗照为仍见大光明之"离"象，此大光明利益十方世界，故见利，为利部。以此而道生之，阴象积畜到了一定能量，阴阳相互交战，而大动，为"震"，此震恰恰为圣化凡一切的道生德畜过程，故显贞势，为贞部，贞部的震态，即为乾贞临界坤元。

以乾→兑→离→震描述了由阴阳盈虚变化呈现的圣态德性状态图

画，也就是无极而太极之太极浑沦相过程，此为圣态。在坤元临界乾贞出亨部的震态后，此震在坤元的角度便为圣化凡的阴阳能量交战"大爆炸"，以此交战出雷霆之威，现器部万物万象，此坤尘地象被阴象无明所主，迅速与乾道分离，十方圆明圣境以如如来去之速势坍塌成各种时空维次的坤尘地象，此为"巽"，为极速，为器部万象之乱。此无明因果所主的坍塌堕落之势，逐渐形成具象的时空世界，具象事物成为无明因果的象，在这些象的限制与束缚下，堕落之势一陷再陷，为"坎"。在具象坤世界中，无明因果成为坤世界的定律，无法打破，只能依因果定律轮回轮转，在轮回轮转中又徒增无明因果，循环往复，此无明形成难以翻转之"艮"势，并且以巽→坎→艮之无明因果所主的堕落与轮回之势，构成至阴"坤"世界，阴阳彻底倒转。便有了巽→坎→艮→坤呈现的凡圣脱离过程与无明因果所主的具象世界之形成。

乾→兑→离→震过程，为乾道中的乾体圣德阴阳盈虚状态图；巽→坎→艮→坤过程，为坤道中无明因果状态图。又有震连接巽，以震→巽呈现圣凡逃遁图，实为无明障碍光明坍塌堕落图。

从乾→兑→离→震过程可知，震部为光明终，这个终非断灭的终结，而是大光明渐次消减过程中标志性的阶段；巽部为无明始，这个始不是初始而是所主导，真正的初始是一个宏大时空的众因缘和合。以乾→兑→离→震→巽→坎→艮→坤八卦世界呈现的为在圣、圣化凡，在凡之状态和过程。此为先天八卦。以在圣、圣化凡、在凡的程式过程所表达的八卦世界，就不难理解《易·系辞》所言"天尊地卑，乾坤定矣。卑高以陈，贵贱位矣。动静有常，刚柔断矣。方以类聚，物以群分，吉凶生矣。在天成象，在地成形，变化见矣"的含义，其尊卑为先天圣态与后天凡态的尊卑，故能以圣定乾，以凡定坤，而呈现乾坤圣凡态。"卑高以陈"为如如来去乾体圣德转换到坤体用德，其阴阳法则属性上发生了本质的变化，故有以阳高阴低贵贱之位。乾→兑→离→震→巽→坎→艮→坤的程式过程，就是阴阳盈虚的动静过程，也是阴阳刚柔的转换过程，其体用动静的动静有常，则刚柔属性可断。"方以类聚，物以群分"类聚的为先天时空因缘种子，以其因缘和合的因显象后天的象的果，群分为按无明业力程度来归类时空维次以及显象时空维次中具象的象。无明浸染而执妄迷失为吉凶之根本，在乾→兑→离→震→巽→坎→艮→坤的程式过程中，其吉凶的程度是不一样的，在至坤之地，只有无明因果主大凶。"在天成象，在地成形，变化见矣"便是性→相→象（用）的深刻内涵，以人身联系先天与后天因缘因果，窥一斑而见全豹，透过一念便明了先天与后天的时空联系，由此可直入见性，同时在大道真性总摄下，一切又是依缘起用，世间一切又诸法实相具足。

说完了以乾→兑→离→震→巽→坎→艮→坤呈现的在圣、圣化凡、在凡的程式内容后，周易易周的在圣、圣化凡、在凡、凡转圣程式中，还有一个在凡与凡转圣的内容世界需要呈现。这就是震→巽→离→坤→兑→乾→坎→艮呈现的所谓后天八卦。《易·说卦传》："帝出乎震，齐乎巽，相见乎离，致役乎坤，说言乎兑，战乎乾，劳乎坎，成言乎艮。"是从圣化凡的震部说起，对比乾→兑→离→震的先天圣德动态来说，"帝出乎震"呈现圣化凡后的凡态之描述。

"帝出乎震"为坤元临界乾贞，阴阳交战到了临界点，以因缘和合而圣化凡，呈现阴阳因战而"震"，此时万象具出，一切法度法则的因果皆已在乾道圣德周行时而成，即为坤世界至高真理准则，为"帝"。此震为先天之雷霆，出先天梵音，此音听之不闻，但现在仍充斥在宇宙苍穹中。此震将十方圆明的圆满全时空以爆炸粉碎的方式，依无明因果力的总摄，成为坤尘地象的各种具象空间，并形成与空间相匹配的相对时间，这些相对空间与时间均为无明业力所主，所以万有引力的根本真相就是无明业力，其无明业力总摄因缘和合汇聚形成的具象的坤尘地象，构成宇宙中大大小小的恒星、行星，还有无法眼见的暗物质等。这种全时空粉碎并分崩离析的状态就是"巽"，齐乎巽，由于"震"为先天与后天的临界点，故为先天状态的如如来去速度，此速度是极速，远非光速可比，以此先天如如来去速度各自以业力聚合，叫方以类聚，物以群分。方则是坤尘地象显象具体的空间与时间的束缚，是相对十方圆明的圆来说的。此时的齐乎巽般的坤尘地象方以类聚，物以群分，在形成的过程中，还有其乾体的大光明，还能相见乎"离"，这种离态，随着方以类聚，物以群分坤尘地象具象世界时空的形成，而视之不见，乾性光明被障碍被遮挡。随着具象时空的类聚与群分，一切依无明因果尘埃落定，便来到了至阴的"坤"世界，此至坤世界依无明因果所主，万般不离其宗，故"致役乎坤"，一切被无明业力所劳役，无明因果成为坤世界的规则与法度，而成在凡定律，一切围着它因果轮转，并现相对时间的迟缓与先后的后果现象，呈现前因。

在至坤无明所主的世界依其因果而无量轮转，一切依坤体用德性而运转坤世界，连同先天因果，随无明因果所主不见大道真性，但大道真性处处在在总摄，先天之性不生不灭，故自有见性开悟者而证大道者，谓圣人；圣人观民设教，故说言乎兑。此观民设教之教化众生，精髓为直指人心以开悟见性为宗要，剖析其无明体坤与光明性乾之凶与吉，利与害，直指乾性，且指向修真证悟其乾性，返回先天太极丹态，故有战乎乾。在开悟见性修真证道过程中，无明甚深，如漩涡陷阴般死死纠缠，要打破无量无明，必劳乎坎，以其炼坎之劳立苦修之志，在无明的"坎"陷里，修其"坎"阴而达乾阳，这也是为何坎卦能出明心见性维心君子的原因，以内证龙德，经过坎之次第而达乾阳。以此劳乎坎的内证修真，自有其艮势脱坤阴无明而出，谓之成，此成之艮势必脱坤世界无明因果所束，超然际出于无明因果所主之界，而出坤尘地象之三界，故成言乎艮。这便是兑→乾→坎→艮呈现的在凡至凡转圣的内证修真态，也是内证过程超凡入圣的形态描述。

从震→巽→离→坤呈现的圣化凡到在凡时空过程，以及兑→乾→坎→艮呈现的在凡到凡转圣时空过程，以坤到兑连接，呈现圣人悟道证道模式图以及教化众生说教图，便有坤→兑的时空转换，打破在凡态无明因果所主而有凡转圣之程式过程。"震→巽→离→坤→兑→乾→坎→艮"的后天八卦为圣化凡、在凡、凡转圣的程式过程。后天八卦中在坤→兑时空转换进入内证修证体系时，其时空又是不一样的，在这个层次下，又有功态领域的后天八卦格局，从内证真炁际出，而入八卦之内景。

联系"乾→兑→离→震→巽→坎→艮→坤"先天八卦呈现的在圣、圣化凡、在凡的程式过程，与"震→巽→离→坤→兑→乾→坎→艮"的后天八卦呈现的圣化凡、在凡、凡转圣的程式过程，便有了在圣、圣化凡、在凡、凡转圣的周易易周完整程式，所以先天八卦与后天八卦必然为圆融一体。六十四卦与三百八十四爻为用，以此全息交易万物，八卦（先天八卦与后天八卦之总和）便适用于任何至微至彰的万物，至微以至彰显、至彰以至微达所体现的万物至微至彰全时空显达性。且在大道真性的总摄与总持下，八卦是性与体圆融一体的呈现，以至微至彰全时空显达性，大而无外、小而无内，无边界无内核，无时间无空间，而过去、现在、未来的一切时空里的所有变量，都本来如是的显现。

从先天八卦与后天八卦所共同呈现的在圣、圣化凡、在凡、凡转圣的周易易周程式中，八经卦为时空转换奇点，六十四别卦为呈现出来的时空体世界，三百八十四爻为在时空体世界中呈现的更具象内容，爻与爻的变化便是以阴阳盈虚过程，叙述由性到相再到显象的原理，同时又连接先天与后天呈现交易相互之关系。先天与后天之连接有两个关键的时空转换枢纽或通道，一个为圣化凡中的先天堕落到后天的通道，为黑洞堕落的"否"世界通道；另一个为凡转圣的超凡入圣的通道，为白洞升华的"泰"世界通道。否堕泰升所呈现的便是能量转化原理，"否"世界与"泰"世界既是能量通道，同时又是时空奇点。"否"世界为广三元道元位域升降下高于三维形态的世界在此堕落坍塌，坍塌后依无明业力因缘所主形成具象坤尘地象，构成方以类聚，物以群分的纷繁三维世界。"泰"世界为至阴坤地无明所主的在凡，内证阳德，在此世界精气神阳性升华，以其阳性能量的畜积不断入高维次时空，温养色身，以色身全息宇宙无明所在，打破无明而升华。

无论是否堕还是泰升，其能量转化皆以精气神形态呈现。从精气本根与精气神界域流变说起人体生化动能的源流变可知，生命的一切形态都可以气数呈现，形成数的因缘与因果逻辑，并以此关联精气神界域流变，形成气数原理下的精气本根义。精气本根一直贯穿在藏相系统任何形态里，从数的逻辑关联到河图图式以及洛书图式的运动规律和动能模型，无不是解构大道"生"哲学在精气本根上的认知。

从"源"到"源流"生化转换的体世界来说，有藏相动能义作用下的体世界转换流变过程，为以"乾→姤→遯→否→观→剥→坤"承载的周乾而易坤的执妄迷失图。周乾易坤执妄迷失图从宏观的阴阳盈虚变化关联来说，皆以藏相动能义呈现整体右旋堕落的形态，从乾→姤→遯→否→观→剥→坤的过程，在位域升降上为不断地下降，在生化动能形态下的能量体强度来说为不断地消耗、减弱，在精神相域与物质形态来说为不断地沉淀，不断地凝聚，乃至以色法形成具象的体型物质和世界，就如我们看到的物质世界一样。

在周乾易坤的执妄迷失图里以"否"卦所在的否世界为分界，构成了两个阶段的三阶四象结构，为乾→姤→遯→否的三阶四象过程与否→观→剥→坤的三阶四象过程。其中"乾"为大一元道元的"源"，除此根本形态的破位域源起外，均在位域升降的范畴。以否世界来划分的执妄迷失过程，就是找到了精神相域形态和一个物质形态的分界界域。乾→姤→遯→否的三阶四象过程为精神相域唯识变现并现行的实质，但尚无色法质碍的物质世界的形迹，而否→观→剥→坤的三阶四象过程为物质逐渐被沉淀、凝聚形成，且位域升降越来越低直到三维的物质形态世界。精神相域的唯识过程与物质的色法质碍过程有一个明显的分界界域，或者叫流变转换界域，它就是否世界所在的结构——"黑洞"。周乾易坤的执妄迷失过程中，以阴主大时且阴来阳消，阴主暗，随阴势长而暗大明小，故而否世界的直观形态对比十方圆明朗照来说为"黑"，"洞"在于堕落右旋之漩涡状。

高位域高动能态的精神相域世界从这里坍塌、堕落、沉淀，通过否世界并进行转换，形成低位域低动能态的物质域世界。如果把否世界黑洞比喻为界域之门的话，那么遵循色法物质域世界均在黑洞位域与动能态之内，且从否→观→剥→坤的体世界形态无一例外。

否世界黑洞不仅是界域之门，是位域下降和动能消耗减弱的通道，更是具足了生命形态的否卦体世界，它本身也是大彰视野下的体世界的一类，由于它介于精神相域和物质域形态转换与流变的分界形态上，故在精神相域和物质域两种截然不同的形态上成为界域。"黑洞"状的否世界作为高位域高动能态的世界从这里坍塌、堕落、沉淀的形态，在易学里称"否"，"大往小来"是对它进行位域下降和动能减弱的最佳描述，高位域高动能态的世界和否世界发生关联而"大往"，在经过否世界黑洞后，宇宙与生命的形态转换为色法物质域，不仅位域下降动能消耗减弱，而且色法质碍开始显现。并且在进行位域升降和动能高低的流变转换过程中，按色法沉淀与消耗聚成核的为堕入低位域态，堕落沉淀凝聚时一定会发生能量体的跃迁或逃逸，这个能量体的跃迁和逃逸就是"小来"形态与过程的描述。如果在物理学上能观测到星系从黑洞坍塌与堕落，就一定还有高能量体跃迁和逃逸出来，这是负阴阳平衡机理下的能量平衡的法则，也是光明力与无明力两种根本形态作用力的作用，而且高能量体跃迁和逃逸的动能形态为左旋，刚好和右旋堕落形成相反的飞升状态。大往小来的整体动态过程就讲述了否世界黑洞的流变转换通道的体世界形态。

根据负阴抱阳机理下的负阴阳平衡，位域升降和能量体流变转换会发生滞留能量体形态，这个滞留能量体形态就是高位域高动能态的世界"大往"后以能量体的跃迁或逃逸的"小来"形态，如果从物质域的体世界看过去，除开物质域的能量体外，跃迁或逃逸滞留能量体就构成了高位域和高能量体的"暗"能量。以此来说，未经否世界界域转换前的乾→姤→遯所在的体世界在能量体方式上均为"暗"能量的形态，实际上它不能称为暗能量，而是名副其实的以太素生命素存在的明能量，因为经过否世界界域转换的否→观→剥→坤在光明程度上均要弱于黑洞，这也是我们三维世界看宇宙虚空是黑暗的，是因为太素生命素存在的明能量既因位域远高于三维形态，又因能量体强度远高于物质域内最高的能量体形态，故无法肉眼见更无法捕获。为什么会发生位域下降和动能消耗减弱呢？那是因为无明沾染产生的无明阴妄作用力——无明力，无明力是遵照唯识变现现行牵引，呈现大彰视野上为超越动态整体右旋。以其右旋堕落的形态，在位域升降上呈现位域下降，在能量体上呈现能量体减弱，动能形态也因具相虚义的精神相域不断向物质域流变转换而减缓，随着位域升降和动能的消耗与减弱，就呈现了体世界的变化。故有从乾→姤→遯→否→观→剥→坤的执妄迷失过程，以及在此过程中的两个阶段的三阶四象结构，并形成了以否世界作为精神相域与物质域的分界。

再以分界联系两个阶段的三阶四象结构就可以目睹从精神相域到物质域的色法沉淀过程，高位域和高动能态的相虚唯识众因缘为能量体态，在执妄迷失过程中按色法沉淀与消耗并右旋聚合成核来形成物质，为物质态，是一个能量向物质的流变生化转换过程。随着物质形态的不断凝聚和沉淀，或者是质量越来越大，需要维持动能态的能量就要更大，这就是消耗的根本原因，因为物质质量的万有引力作用而消耗了能量。由于形成物质原理为能量体按色法沉淀，为无明力的牵引才形成了物质，由物质的质量形成了万有引力，故万有引力为无明力的一种形态，且是基于物质的末端形态，从唯识变现的无明力到物质的万有引力，其中还有色法形成物质的力，其实它就是运转超越动能形态的力。

以此延伸，否世界黑洞作为流变转换的界域，按色法沉淀与消耗并右旋聚成核，从精神相域的相虚状态右旋堕落而形成物质。这个动态过程为唯识主因缘依大彰视野右旋堕落沉淀，唯识主因为核，其他的助因助缘依右旋态不断地凝聚和沉淀，然后一步一步形成密度致密的物质，在此不断的凝聚和沉淀过程中，就会发生能量体的逃逸与跃迁。在乾→姤→遁→否的三阶四象过程的体世界均遵照右旋堕落。当生化因缘发展到了否世界，否世界内部的形态可以比喻成黑洞右旋加速器，诸唯识因缘依赖并借助黑洞右旋加速器，通过否世界黑洞的通道到了否→观→剥→坤所在的观世界，就呈现了物质域的物质形态。物质域的物质形态由精神相域依否世界黑洞流变转换而来，以此源流变关联，物质的源为高位域高动能态的能量体。且精神相域为相虚特性的唯识形态，故唯识形态里的任何识的因缘在能量体上都大于物质态。所以物质域的物质形态内能量最高的物质，就是物质领域的相依源。

以无明力牵引并建立在位域升降和生化动能的流变转换上的周乾易坤执妄迷失图，不仅以乾→姤→遁→否→观→剥→坤的阴阳盈虚变化承载了精气神界域流变过程，而且还以否世界为分界呈现了两个阶段的三阶四象结构，还呈现了唯识所在的精神相域形成物质域物质的动态过程与原理。从乾知大始、坤作成物，柔道牵"乾"，迷失道"坤"，以周乾易坤的执妄迷失图，呈现乾元光明世界如何堕落到坤元无明世界，且在此过程中发生了物质的形成过程，为唯识变现种子现行在生化动能作用而右旋堕落，依否世界黑洞机理，有了我们最熟知的物质世界。尤以坤世界以"坤"和"地"的特性呈现物质形成的因缘机理，形成"物"的每一丝一毫因缘皆以道生之气数原理贯穿。这是一条由无明力牵引堕落的程式，在显著的否世界黑洞界域之门的形态里，无明力作用右旋堕落形成物质，同时以负阴阳平衡机理下会出现高能量体跃迁和逃逸的左旋升华状态，这只是周乾易坤执妄迷失图堕落过程中负阴阳平衡机理。与周乾而易坤执妄迷失图堕落形成完全相反的双质纠缠程式，就是易坤周乾的"坤→复→临→泰→大壮→夬→乾"正阳进德贯穿的正坤返乾修真图，为光明力牵引的升华程式。

易坤周乾的光明力牵引升华程式要立足于人的内证体系，也就是德证图的修证程式，从坤→复→临→泰→大壮→夬→乾的正阳进德过程，为位域升降上逐渐地上升。在藏相动能义的动能形态为立足于人体运化精气转换为内证精气，从而有内证精气能量体强度不断地积累、存储，而且结合生理体征不断地升位域乃至从物质域的物质运化形态，以跃迁飞升的方式通过泰世界进入内证内景，从而摆脱物质的凝聚沉淀以及物质层面的牵引束缚，并转化种子在现行并变现过程中的诸因缘，转识成智，打破无明，入大光明境。同执妄迷失图里以"否"卦所在的否世界为分界一样，在正坤返乾修真图里以"泰"卦所在的泰世界为分界，构成两个阶段的三阶四象结构，为坤→复→临→泰三阶四象过程与泰→大壮→夬→乾的三阶四象过程。以"泰"卦所在的泰世界为分界就构成了"白洞"形态；正坤返乾过程中，以阳主大时且阳来阴息，阳主明，随阳势壮盛而明大暗小，故而泰世界的直观形态对比无明暗世界来说为"白"，"洞"在于升华左旋之漩涡状。它是低位域低动能态的物质域世界从这里进行能量体的运化存储、畜积，并改变运化精气态为内证精气态。通过不断的位域与动能的上升，逐步改变、摆脱、扫破物质的凝聚沉淀以及物质层面的牵引束缚，也改变了唯识法则而有转识成智之实质，以物质域升华进入精神相域。这种进入有两种形态，一种是摆脱物质域的物质形态后通过泰世界升华间接改变，另一种为立于"人身长大独善其身"肉身与精神相域的唯识层面并存，依转识成智内证圆满后究竟涅槃飞升。一个为外景泰世界，另一个为内景并结合外景合一的泰境功态。

　　泰世界不仅是界域之门，是位域上升动能蓄积并获得续动能的通道，更是具足了生命形态的泰卦体世界和内证"泰"内景，和否世界黑洞刚好相反，白洞是升华生命以及升华位域与动能的界域。在易学里称为"泰"，"小往大来"就是对它"升华"最佳的描述，它是以凝神入静并摄受意念的"小往"，而有内证精气转换并连接先天呈现内景的"大来"，从而能收受并转化先天能量，成为改变肉身以及摄受意识的动能。从意识的形成过程和原理可知，人体中意识的位域和动能态为高于生理体征态，故摄受意识并转换意识需要更高的动能给予能量体。所以内证的意义和内容就被此赋予，它的思路和原理就是要明了人体诸系统在生化形成过程中所具足和被赋予的真实义，就能以此人体中蕴藏的天机奥秘，去运转太极器官和太极丹论，从而打开内关外窍连接先天，把精气神界域流变的过程中界域之门打开。以什么样的方式天人离一的，就通过内景产生真正的天人合一，从而降服唯识因缘的牵引并转化成智慧能量体，步入高智慧的精神域态。这就是通过泰世界来言明易坤周乾的机理所在，泰世界除了宇宙中的诸如其他体世界一样的外景世界形态以外，在"人身长大独善其身"的人体就有非同一般的泰世界结构。通过内证的方法打开人体内的泰世界结构，就能目睹诸经典中被描述的内景世界，也以此能目睹生命的内景。这就是为何要解读精气神通过界域流变过程生化形成人体以及在人体的有机联系的诸系统，不仅从精气本根的形态讲述生命的形成过程，更是以气数原理构建生命的数理形态，从至微至彰的生化关联赋予同体承载的生命观。

易坤周乾过程中的动能乃"素"形态，且"素"从运化精气动能形态转换形成内证精气动能形态，从运化水谷精微以及呼吸精气的运化精气，到通过内证的方法炼精化气、炼气化神等过程，实现"素"形态的逐渐转换，从精气神界域流变过程的诸精气关联，就能指向内证修证的诸阶段向高位域和高动能的精气转换原理。从"素"形态流变生化与转化升华的认知，就指向了生命形态的黑洞与白洞。生命形态的黑洞，承载着"素"形态的流变生化——三次天人离一过程的精气神界域流变过程。生命形态的白洞，承载着"素"形态的转化升华——三次天人合一过程的精气神界域升华过程。以此就把生命的形态统一在天人离一的生化形成过程与天人合一的升华转化过程中。

从精气神界域流变的三界膜形态的三阶四象结构来说，人体的运化动能也为生化动能的一种形态和内容，又因为人统乾坤于一身，有独特的天地人视野唯识现行形成现量的当下意义，故生化动能既立足于人体的藏象生命系统和生理生命系统，又由天地人产生着天人合一全息元象的大运相的交互联系，既让藏象生命系统以统御和主导地位运转生理生命系统，又在两者之间形成了独特的五运六气、精气经络、营卫气血等动能运转系统来连接两套系统的有机统一。

下卷　卦爻德学精义

第十四讲　屯卦——面难育德思构建

屯卦言无序之状态，以及基于无序而言秩序发端与秩序构建萌发之始。屯者，始也，以屯之萌发言说"始"发端于道法自然之始。在屯卦，震性动，坎性险，有"动乎险中"之谓，震为雷，坎为雨，雷为阳，雨为阴，以雷水阴阳相交而育，育而动之，且遇水而发，正是生发之象，虽天造无序之屯难，又天造草昧以发，承天而值时运，正是秩序构建的萌发之始。萌发之始，走出草昧君子，从天、法、人、序四道之经纶，来振济无序与无德。"刚柔始交而难生"阴阳盈虚有常，交而不正位，而出云雷不雨之象，天昏地暗，正值屯难。"天造草昧"是屯难最当前的局面——全无秩序——治理之秩序尚在自然法象中。此"不雨"之象意为治理秩序尚未建立，尚无人领众走出自然昏昧状态。则必然立君且建侯，从自然秩序中走出治理秩序，故言"君子以经纶"，需草昧君子自蒙且自健德位，以经纬纲纪而显政治意识。"利建侯"，此王侯非邦国之王侯，而是高于昏蒙草昧大众之自蒙君子。且此王侯的出现为自然秩序的动力，王侯皆自然选择，只有王侯可领导、可广资来振济屯难。这是直面屯难之于合群君子的呼吁。

何言"草昧"？为天运不达，自然秩序之乱且文明低级而致的蒙昧。没有治理出来的秩序，没有君臣纲常，没有文明的样式。冥者，昏也，无识取自然秩序之力；昧者，不明也，无洞悉政治规则之能。此识取与洞悉皆要求在自然状态下体悟法则并走出自然状态——以明振乱。以明振乱是振济屯难之解题思路，那么如何寻得这个"明"呢？为宜立君以治。

屯卦下体震有"动"德，上体坎有"险"德，此为自然之秩序，天运之选择，故言动于险中，卦体以自健德位而有构建秩序之自觉，明此卦体德位，则有意识之自觉和行为之自发——自明。自明之动，言震，屯难言险。自明者，草昧君子也，是睹自然秩序与天运选择自我发蒙的必然，故曰天造。即"草昧出君子"，"出"的是自明君子。自明君子只是个体性的，言立，必从个体走向群，在君的对面，群自然为臣，这是君臣之纲的自然逻辑，合道法之运。立君，从草昧群体里自然走出君臣——君道关系。针对草昧的昏昧自蒙而明，成为自明君子。建侯之"建"并非自封，是自健德位后，草昧之众因德被而被推举——公建，公建就需众服，当公建之"侯"建立就有了德服。

"君子以经纶"。在屯卦体时就是自建立君德位且建合群之德来确立的君臣之纲，以此谈"织"，从合群与"建侯"过程内在萌发的确私与共政治意识，以此为基石建立稳定的公共关系，从而走向更大的邦体，曰经纶天下。草昧君子以健明德而振济屯难，初始秩序从"明"出发，无不依明德而从"明"德始育，再立"经纶天下"以及"正邦"之志去达大同之体。明德之重，贯穿所有"德"与德位之始终，更是治君子之利器。君子法天效地，体天地大生、广生之德，自育、自明，继而健君子使命、王道使命、文明使命、德位使命、道德使命而自强不息，开国承家。

初九为屯卦德之当位。以明振昏昧，以位建伦序，解其屯难，交困局面大开。并且德之当位的初九，又有配位之德，故曰正，利居贞；贞者，正也。以其当位和配位而贞正之初九德位，宜"居正而固其志"，去解决和治理更庞杂与复杂的难局，以此"志行正也"立合群之志和振济困局之志，由君子之私走向共，大而当体的政治意识开始萌发，正值德之当位又有配位之德的初九，确私与共政治意识由此发端。以自健德位的合群君子，以"明"和"位"之当位，以其更大的志向，走向更大的难体，从自然状态下走向立君对面的就是群，故君臣之道自然走出；当合群君子立志振济更大的难体时，言经纶天下，就要对民，"民"又是自然需要"侯"面对的大当体。以"明"和"位"之当位的合群君子，具备了解决各种"难"体的能力，因德被昏昧无序而掌控了局面，获得了他给德信而建侯，完成了德被——德服——德信的完整过程，故而"民所归"而"大得民"。

六二志在九五，不从于初九。"班"，分布不进之貌，为难行不进。有六二之难，难在何处？难在人人想为君，难在自立君子无法迈向大体向真正的九五君主称臣。在初九，自建德位而立合群君子，且从很大程度上"得"民，但邦的域体很大，居下位的初九必定要走向更大的合群组织，当六二应于九五，如何自合群且合大群去接受九五大君，是"婚媾"之关键。在古代，汉族女子十五岁称为"及笄"，行笄礼表示成年。十年乃字，婚媾之事拖了十年（坎六震四共十），可见"乘刚"之甚。六二与九五君臣关系的君道秩序被描述。在大体的君臣体系中，人人为君谓之寇。初九侯位想当九五君，德不配，位不当，是难上加难。为何六二柔乘刚？为狭隘的想法与见识，侯位小头目没有摆正自己的位，没有养好自己的德。击寇先得自击，把自己放在真正的九五君位的框架中，才能真正的进退有度，上可进位，下可安民，秩序与架构呼之欲出，迈向大体愈发清晰。无论有多么反常的"乘刚"之甚，终究要迈向大体去臣服真正具有九五之德位的大君，因为这是尊卑之位自然决定的，这就是初九和六二必自合群。从六二拖延十年反常的乘刚可以看出，具九五之德位的大君，才是严格意义上自蒙开明的道君子和法君子，这只有在更大的邦体架构里才能被见。这是更大的邦体赋予的九五位，非六二可僭越和惦记，十年乘刚不但非君反而自成寇。

当六二以臣服贡献屯体尊卑之序位，进而为三，三既近五，而无寇难。在六三，已有从禽之贪，借初九与六二之德位可进可往。即鹿，有逐鹿得鹿和逐鹿不得鹿之象。无论是逐鹿得鹿还是逐鹿不得鹿，相对于立君来说皆是小得，小得而得之谓之贪，贪禽必被林所困。虞为仁兽，鹿为灵兽，皆是九五"君"之象征，以此言明要树立君位之正当性——当位才可称位。即鹿不要贪鹿之得，而要得掌管山泽禽兽的虞人相助，这才是最正确的眼光和取舍。就算是九五君在未当其位时，也必须经受住考验和检验。若得鹿而舍虞，便是贪禽从欲，不可为王事，故言"往吝穷也"。六三又有逐鹿之象，意为奔逐展示灵鹿之姿，以此相告此"鹿"即九五君位的正当性，在六三是"鹿"以王，在九五就是王之正当其位，即可以九五之当位来称位。君位的正当性需要有领域话语权的虞人相助，入于林即鹿的话语权当然就是掌管山泽禽兽之官——虞人发言。从虞人而言，即拥戴了九五君，又臣服于位，自己又有六三之位。

六四以柔顺居近君之位，得于上者。可为何又"乘马班如"？为六四非九五君位，其才不足以济屯难，故欲进而复止。"下马为班，与马异处也",班,下马也,欲从正应而复班如,不能进。"求婚媾",建立邦体关系。六四"求"以近九五君,九五君"求"贤以辅。此互求正值当位,求而往,亲比关系建立,邦体之位也建立,形成了既亲又臣的"明"局面。君道秩序的公共性由此明朗,以此萌发的政治关系也先于九五位确立。草→民→侯→亲的民的架构,有德有位,是任何九五君都梦寐以求的。

九五以阳刚中正居尊位。所居尊位位屯卦坎体之位,故陷于险中,而坎体有膏禄,虽有六二正应,而阴柔才弱,不足以广济屯体,更不得广施臣民,其膏泽仅为六二所得,此为"屯其膏"之象。九五有心无力,有膏施和德泽于民之心,奈何邦体构建不完善,财政、司法、军队等制度匮乏,公共建设不能交通,民不得其用,更不要谈膏施之公德建设。想大有作为者,必然大凶。睹"屯其膏"之九五屯难之象,已有膏德之君应该迫切地思邦国之构建,此时的政治意识不再是初萌了,而是当仁不让地"与共"起来,之前的确私与共变成确其各爻之位私,来与共邦国之大体,各当其位,各行其事,政治意识也被确定在构建的邦体中。

上六以阴柔居屯之终,在险之极,而无应援,居则不安,动无所之。上六乘坎之马,又见坤之众,故曰"乘马班如",坎主血卦,坤坎象水,故言"泣血涟如"。纵观屯卦所言婚媾和乘马班如,均在言说应与不应、进与不进的问题。从"交"上说,坎体之上六仍然郁结未通,各种阻塞;从"位"上说,大才居宰辅位,不进而为君,进则被坎险所架,更无所适从,况且九五君位因体制不全只能小有作为,所施的膏禄只能惠及六二,一切变得穷厄之甚。至于泣血涟如,屯之极也;处屯难之极,穷极孤寒之位,又以乘刚敌应,集众恶于一身,再加无所作为顺其屯难轮转，其大凶之状自然可见。反观屯体言说的屯难，皆言在此，无位且不交。导致上六"乘马班如"以及"泣血涟如"的原因便在于无"明"，既不能识得膏禄惠及来与建侯君子合群，又以回旋辗转"班如"状态，无合群之"交"通，当不能从合群蒙而明，便只能在屯难中轮转。

　　纵观屯卦，初九处初建之难，草昧君子居正以为济，从确私之明走向合群与共的状态；六二遇女子以柔承刚，成不字之难，以二五之应，确立君道秩序；六三遇即鹿贪禽从欲之难，有立君之志；六四应阳遇妒之难，以求而往来确立与大体的关系；九五应屯膏之难，无体制则无政的状况摆在九五君主面前，思构建不再是草昧君子个体之见，而成为合群与共的主体；上六应各种际遇之难，不仅有处屯极之难，又以不作为而无出难之时与位。

第十五讲 蒙卦——用启蒙之道治蒙

蒙卦，上艮下坎。山下出泉之象。坎者，险也，为山下有险。退则困险，进则阂山，此为蒙卦之大义。进退两重险，进，新秩序尚未建立，没有架构可以编序，没有制度可以遵从，更无从谈起治理，立德君子此时若言"经纬"构建一定不会被理解；退，又要回到屯困的原始状态，屯卦坎险在上体，但在蒙卦，坎为下体之内险，这种坎困最重要的是草昧之民无新思想可以交流，这种险在人的意识内部。故，未知所适，不明方向，所以昏蒙。无所"识"从，成为蒙体的主险，为草昧民众集体"识"的昏蒙盲从，不知进退。

蒙，亨。正是蒙者亨通之时。开通启明的天时与气象已到。天时愿与人求为两者，让"天时愿"道法天运之精神和"人求为"之思想行为，在蒙卦产生了必然联系，枢纽这两者产生必然联系的就是在蒙体讨论启蒙主体——"识"。故，发乎天时愿，集在蒙识，重在求为是蒙体启蒙之道的核心思想。

如何解惑呢？为求进、求通、求丌明的"确识"决疑行为——发蒙三求。求于谁呢？求于可以通过"筮"以巫、卜来决断的占疑术士。他蒙启之而归于自蒙的启蒙之道，中间还有个出蒙的过程，这个出蒙就体现在"求",求而应，教也，则自然走出师道。应者，志应也。在卦体中谓二与五应，为正应，且中德又同，正是启蒙之道发蒙之机。有求必应是教之天理。求是求知，以发昏蒙；应是决告，欲决所惑。以草昧之众的复惑、再三是昏蒙的常态，而且是不可理喻的常态，不可理喻到以反复、再三之"渎"来亵渎神明。面对昏蒙不信反复再三的渎蒙，无论是合群君子还是占疑术士统统用了"渎，则不告"，懒得搭理他们。

　　复惑、再三之渎蒙是师灾，灾之何处？为教礼失序。为防师灾，必然要强调昏蒙来求，必须是"童蒙之来求我"，前面的发蒙三求，重视的是求进、求通、求开明之"求"的目的，而渎蒙必须要强调"求"的礼仪——诚一，诚与烦渎是"确识"决疑行为中两种截然不同的态度，在这两种态度里，诚而之求，以请师教的他确，从而带动内在的自确，也就是以他蒙启之而归于自蒙——"以刚中之道告而开发之"——开发自蒙。烦渎则摈弃了自蒙，烦数不能诚一，烦的是师，渎的是求问者自己，这就是启蒙中的倒蒙。倒蒙是昏蒙中类似于有机会闻道却又没产生任何功德的愚昧行为。

　　以他蒙开发自蒙是最理想的发蒙状态，所有的启蒙最终都要走向自确之自蒙。用秩序的共体来启蒙常道的共识，就是序蒙，也是蒙卦呈现的确私与共内涵。蒙体的确私与共就是以不同的发蒙路径，通过不同的启蒙内容，以一定的启蒙逻辑，来达到常道共识之目的，从而走向邦体秩序与治理之共。

　　如何确保启蒙之道的养正之途？为启蒙养正之道的求向明、识向明、党向明——开明三向。以开明三向的养正之道，治其精神→意识→行为启蒙三位域，"上顺天道，下中地理，中适人心"。求向明，求教于立德之师，为出蒙之智明。识向明，识常道而无渎慢，为发蒙之识明。党向明，自蒙思治求秩序，为序蒙之行明。启之于常道，无私无欺，是一个完全自由且开放的盟式。由此，开明成为此群党的显著特征，标志着已经走出了幼稚和昏蒙状态。也因有识取常道之共识，所以可以直接建序，建序的起始就是对党群的治理与梳理，它正是邦体治理之开端。然后以在党群中所建之秩序，去昏蒙众中治蒙，成为启蒙以正的最初的蒙序。序蒙之行明，为立德君子行启蒙教化之明、昏蒙草众自我治蒙过程群而党之明与治党群之建行启昏蒙之序明，为确三者之私行邦体构序治理之共。

蒙卦从初六走向治理，秩序由此发育。在治之初言"刑"，为以刑启蒙，而刑蒙的目的为以正法序。刑蒙，为以刑启蒙，是蒙道中的序蒙，强调蒙道之教化，深入理解"发蒙"就要明白，利用刑人的"利用"，言明刑为工具，用于启发昏蒙，而不是以刑强制人。刑罚过于严苛，失去了公共"众"的尺度，刑苛则民累，容易以刑苛引起倒蒙事件发生，这便是"刑不可长也"关键所在。

九二以确治蒙之主完成治蒙之功，成为蒙卦之眼。功在以刚阳居内接纳草昧群阴归附，以及化蒙道在家庭以确启蒙之常，既得群阴之大众，又建启蒙之常道，而有居功甚伟的治蒙之功。何为治蒙之主？为行启蒙之道而大得众之主体，九二以刚阳居内，有接纳草昧群阴归附之象。当草昧众的投、归行为发生，九二之主必言接纳。"包"，含容也，言接纳必有包容之德。德位决定归附，其德位便是九二的三种配位之德，为九二德位的刚中之德、自明君子的丗明之德、接纳草昧的包纳含容之德，以此确立治蒙之主。治蒙之主以三种配位之德感召并接纳群阴草昧归附，尤其体现其包纳含容之德，九二接纳草昧归附，为"刚柔接也",是蒙体含容得大众之象,对阴附大众之启蒙,而有治蒙之功。九二开明之阳,纳昏蒙草昧之阴,此刚柔相接,有"纳妇吉"之象,意喻组建家庭。九二开始出现以邦(群)的序蒙为纲、以家庭的自蒙为常两者相结合的治蒙模式。邦(群)体的纲道,要有治蒙之主,以序蒙完成治蒙,治理思路为大而政。

六三应该归附治蒙之主九二,却"上不求三而三求上"不居其位,又见金夫而强求不配其德,德位尽失,故"行不顺也"。六三未应九二为昏蒙未启,一个未被启蒙的女位,见上九之位和多金的诱惑,以女求男,从治蒙的角度来说,这是六三乱序的现象,六三以强求上位这并不是进位,而是乱序行为。乱序行为导致的后果就是无礼而失德,礼制无存,德位尽丧,是极其危险的,不仅关乎立身、立位以及合群之本,尤其关乎邦序构建是否稳健,故以"勿用取女"来警告。礼制要从六三乱序行为被探讨,必须明确位序是自然法则所赋予,不遵从自然法则就又会萌生屯难和更大的昏蒙,这是文明的倒退。乱序必生祸,在蒙卦言治蒙时已经导致启蒙之道"行不顺"。守位就是明大体,就是一种尊序的行为,至于应与不应是刚柔性质决定的,强求上九,就是乱了位序;六三阴柔非阳刚君子,看不到邦之大体,故而成为私欲小人。当发生上不求三而三求上,并以女先求男者也,就在六三出现有目共睹的"不中不正女之妄动者",成为礼序中的不文明现象。六三无知妄动,代表一个大的群体都是如此,故要从"位"的法序中探讨建制。

六四与六三和六五所居皆阴,远于阳,无正应,故困,这是受困的原因。六四受困,从治蒙来说,为只能自蒙和现有蒙道已不能完成六四群类的启蒙。总有一部分人注定不能被启蒙,或需寻找另外的治蒙渠道予以启蒙，这就是六四困蒙的现实。当六四困蒙群体数量庞大或久被蒙道治理疏远，极可能倒入另一党。先进开明的党群不能以是否合群党的价值来进行分类，不能出现党与不党的分类，以此产生的阶层分化和政治敌对，将会造成治理的灾难。

六五以柔顺居君位，下应于二，以柔中之德，任用九二刚明之才，从治蒙之道达到邦体的蒙治。六五虽居尊位，却强调九二治蒙之功，这是君主舍己从人之德。"童蒙"一词，成为六五君主的修饰语，言明君主非圣人，就算圣人也非无所不能，这是六五严格的训告，它要求六五必完成更高规格的启蒙或提升。六五正德养蒙，具体解读为六五健德自蒙与正德养邦。童蒙君主站在邦体尊位，目睹九二治蒙之术，以无为而治思想，委任于二，以高明的"委物以能，不先不为"而舍己从人（九二）。"委物以能"谓委付事物与有能之人，谓委二也。"不先不为"者，五虽居尊位，而事委任于二，不在二先而首唱，是顺于二也。六五在蒙之尊位，有用人之明，非逼人之强，这就是自明。从治蒙之功而言，委任于二，以无为而治坐享九二蒙主启蒙之利，六五只需要以包纳含容之德去含容九二，并赞其能、夸其德，让九二治蒙之主率开明先进的党群去治天下之蒙。相比六五的尊位，九二是治世能人，是治蒙术士。蒙以养正的圣功，正是治蒙术士治世与六五君主德政并行之功。

上九在邦体德政架构里，处自然开蒙状态，这便是邦体大序蒙的功劳，更是养正之圣功德化的成果，蒙体既有六五君主德政，又有九二治世术士，故上下皆顺。此时正是消除昏蒙观念牢笼——蒙识的重要时机，故曰击蒙。必须明确何为"御寇"，何为"为寇"，击蒙不在战，战与不战，在于德政，不在武力击伐。其战之地在蒙识领域，战之力为宣养正之德政。蒙体启蒙之道的核心思想为发乎天时愿、集在蒙识、重在求为，故"治蒙之道，当发之养之，又当包之，至其极乃击之，刑与兵所以弼教，治蒙之道备矣"，蒙道之始终，是统率民众身心顺理、从道为事从邦国大势计。

第十六讲　需卦——经济与民本气血

　　从需卦论"养"，卦之当体为养需。经过以刑蒙、礼蒙、德蒙启蒙识之智，童蒙已发，就要论养。需卦，坎上乾下。为云上于天之象。上体水为财象，此财不可急取，要待水蓄蒸腾，水气聚而成云，值云气上达之时，又值九五在坎体"刚健而不陷"，待聚气之象大成，方可广取大用。下体乾健，志向统一，精气输布畅达，乾之金体生水，故气血充沛饱满，蒸润腾腾。精气化神，泥丸之需，君主神明以支众识。此为养邦、养民、养贤大好时机。

　　"云上于天，有蒸润之象"意喻民众供"润"于邦体，民众供则邦体取，而"润"则以顾其民私的强调——先强民本，再图润之利。坎上乾下之需卦，上为水象，有润合众资源之义，下体刚健向上，又志应五中，故供的志向大于取，为先供而后取，此为供和取的先后逻辑。卦体强调"须待"之义，为待阴阳和洽之时和君对待财的意图两者。待时义，为必先让民富，时间和时机成熟才能有"蒸润"的税收；对待义，为取和用的意图与手段。当民可自养，有了民膏，君与邦如何取财与用财，对待财的意图又为何，这是需卦的内在秩序。

　　"光"，为九五开明和德信之光，又有财气广资和为政广施之光。

"亨"，为卦体上下交通，君取民财，膏润蒸腾上供，财气供给畅达和君养邦、养民，给养输布周流通畅。由供→取→养形成需卦取用逻辑，在供给原理里，民自养而养邦，这是自取，自取呈现的供是自供——自愿原则和自然原则"贞"。贞者，有九五正德之贞，九五在君位又以正德为政，以此九五德正、君与民心正、为政治理之正，故无比贞吉。"吉"，需卦之吉，有水患涉陷而避险吉、制度确立之序化吉、贤才辈出养贤吉。利涉大川，为邦体大计，必治养需之道。养民要明确先保民自养再养其需。保民自养的"养"与再养其需的"养"是两个位域层次的需要，保民自养是顾其本私——民为邦基——必先于邦体且重于邦要。

养贤，邦体待贤和取贤之道。当养邦、养民的政治思维确立，邦体以税收和财政策略实现了初步的经济积累，此时精英阶层开始涌现，尤其是受德政的熏陶与教化后，贤人应运而生。"饮食"通过养之道解决邦体经济建设，"宴乐"在养需之道的基础上，建礼制以养贤。养贤要具备待贤之策，待贤以礼乐，既是待贤之心，又是邦体之"礼"建。"云上于天"的蒸润，除了经济之象外，更是"贤"上达之象。贤求上进，是受君主德信感召，又志心邦建，这对邦体壮大是非常积极的。邦体强大尤其是制度完善需要贤才贡献力量，以辅君主；同时，邦更需要贤才以治，取贤之道，是与共的积极通道，它以积极进取而表率于民。从贤士而言，贤士进取，更是君主德政的积极肯定，贤近君而不远君，是君德所致。

养性，精英教化之道。养性必崇德，它集养信、养税、养民、养贤为一体，以"养于精神"而成养需之道的主体，既可养于私，又可养于共；既是君子个体提升之道，又是邦体文明扬升与共的重要机制。

养性之道，以"饮食"言治，以"宴乐"言礼，决于德。以个体之私的"修"养和邦体与共的"制"养共建养道。

需卦初九处下体乾之初，体健且阳，为能恒于其所之象，正是养需之道的处"郊"状态。"需"为养需之道的取、用之法，以"郊"言险况，"需于郊"为养需未涉险之时——民自养为先。何为养需之道处"郊"状态？为未涉取、用之险，而保民居所自养，以民自养之先来养民需。郊，旷远之地，未近水险之象，比之泥、沙，郊最远于险。为何最远于险？为不急取涉险。养需之道处"郊"状态又叫须待经济初态，以特定未取或不取之设定，成为邦体独特的经济形态，此时"须待"之待时义，待民自养，保民本气血。保民自养之道，不取时，民自养为先；未取时，自养德政；待时时，顾民私重邦体之大。何为涉险呢？民不安则险。故，利用民自养之恒道，行德政，保民自养，进入养需之为政。

经过初九君行安民之政，保民自养，民众财富逐渐得到积累，且渐有宽绰之象。君行宽柔德政，蓄水待时已久，民众财富——"水"渐宽裕，进位九二，则是需取之时。"衍"，宽绰也。民财力渐宽绰，又随德政开蒙，民众开始供财以托付，此等托付正应"云上于天"之象，为民信君的结果。天上，邦体财力积聚，为国器；天下，民众自养为本，为民碗。当值国器与民碗大事际，正是定国策大行其政之时。需于沙之险，有欲取近险、民不安则险，尤其是"小有言"之言险。"言"险，对"取"的政策不理解则言，以及出现"取"之不公则言。九二以宽裕居中，既是民财渐宽裕可取之，又是民理解与拥护新政之宽，民德也宽厚，这是需卦德政养德养信的良好结果，这种德政的教化之功能非同小可，是邦体与民众养于"精神"之扬升。

在九三，卦体蒸润之象已成。邦取民润，正是大养邦需之时，同时也意味着取财危险状态已到。"需于泥"，泥者，水傍之地，泥溺之处，意味着执取财之政者，容易遭受"泥溺"之险。所涉何险呢？为"以刚逼难"的强取之险。取民财涉险，这是需卦反复以"郊""沙""泥"警示的原因所在，而且随取财的状态不同，危险的深度也不一样。通过涉险强取或贪取的乱政，成为祸乱为政之灾。灾是为政者自己的待财之意出现偏差而导致的灾，此灾害在外，害了君取财之政，伤了民志、损了君德，并非直接敌对害民，故云"灾在外也"。当君主和取财为政确立了待财的意图，所以有"进动之象"的致寇就在为政者内部。因财而成"寇"，"群行功劫曰寇"，此寇为占财、贪财、或夺财者，且不在少数。夺财者为寇，这是取财为政过程中的紧急状态，是危险的。

六四以阴柔处上体坎险之初，下有三阳之进，坎体云象从卜体际出而聚于天，喻邦取民财已成。只取"润"利的固民养需思想是养邦并养民的需之道，强调"润"利为保民自养为先，把大部分利益留给民，是固其民本，为先于邦养民；强调"云"为聚润成云，为邦聚财之象，这皆是"云上于天"所表达的自然法则。"需于血"，为民本气血和邦体气血之言。从民本气血而言，取财于民，虽为润，但从民私根本利益上说，任何从下而上的润，皆为基层民众之血汗，以"血"言民体之重，民聚财不易，故取财要慎重，财政政策必顾民私、重民本。"出自穴"，云从地出，上升于天，自地出者，莫不由穴，以"穴"的"自地出"言邦财的来源，为邦财取之于民之说。又有"出自穴"，既伤于险难，则不能安处，必失其居，为财必用之，所取民财不能久放，久放则险，此险有"血"象，不用则招凶，此凶并非劫财之凶，而是引发取财制度与待财意图的刚反，志心于邦的民众肯定不愿意。何为"需于血，出自穴"？以取之于民用之于民来言，在此推出财政用于民的用财思想。

需卦九五以刚健中正居尊位，有坎险而不陷，为需卦之主。此爻为确君之爻，因邦、民、君皆在此尽需，故九五秉德政成为需卦君主。需卦君主在九五位，有精气化神之意蕴，实则推举君主德政，养需之道确立。精气化神，以"财"的取、用之道养邦、养民，使邦和民皆精气充足，能量充沛，此为养需之功，再以养需之治道，让邦民之精气，进而化为养需政治之"神"。以精气化神喻需卦九五之象，为立于邦、民、政的养需之道，使邦、民、政皆得精气所养，来强调以此带动的邦、民的政治意识之扬升。"需于酒食"，为养需治道已成。食者，为养需之政食和养"精神"之德食。以此需卦之德，有精气化神之大象。

上六以阴居坎体之上，为阴居险极。下应九三，九三与下二阳，需极并进，成不速客三人之象。下三阳并进，有精英进化和贤士来投之义。这是面对财政制度带来的国富与民富的经济红利以及经济秩序的大进步，精英和贤士得到激励，奋而上进。下三阳之进，是志进，非"夺"进，故他们不夺财，不夺政，不争利。养贤以礼，邦和君对待贤士、精英以礼敬之，这是以柔御进之思维，也是邦体的养贤思维——怀柔贤士。礼敬的目的在于求治。何以养贤呢？以需卦确立的经济秩序和财政制度养贤，为以序养贤；用入于穴的新财经济红利养贤，为以财养贤；用安民之政、敬民之政、顺听之政养贤，为以政养贤；用中正之道、治信之道、养性之道等尊礼崇德养贤，为以德养贤。有此四养，确立养贤之道，贤必为所纳、所养，精英阶层必重君、重邦。

第十七讲　讼卦——治争讼必限夺讼

　　讼卦，乾上坎下。为天与水违行之象。下险上健。险又健，争讼必不可免，进入讼体，如何兴讼并治讼是为政之关键。从下险可知，争讼成为下层政体之所需，争讼也多发生在民众内部；上健且阳，上层政体却以争讼发生之时而广为治讼，健全讼法，乾之金体生水，为所建之讼政，可广为民用。天与水违行而成讼，止是兴讼之时；天阳健治讼可救坎险，正是治讼之机。

　　"有孚"。讼道首先确认有孚原则，为兴讼过程中所表达争讼诉求必要有其孚实——有事实根据并能够采信，这成为起讼的前提。下卦之中为九二，为阳，乃实，为有孚之象。有孚，成为兴讼的先提条件或讼道原则。"窒"。在讼之当体，有阻塞不通之象，正因为窒犹状态下的不通，而有兴讼之实。何谓窒犹状态？窒，塞也，为阻塞、不通的状态；犹，为兽酝酿进退的多疑状态，是犹之范式，为犹疑不决；窒犹状态为对民众因窒塞不通而犹疑不决的思维状态的描述。"惕"。惧也，有戒怕、谨慎之义，就是恐惧而不能自安的讼时状态。惕者，对讼法既要有惕惧之怕，又要有敬畏之心。"中"为中道；尚中，为尊崇中道。中，在讼之初，为孚者由中之信——有其孚实之信之中；在兴讼之时，为"利见大人"不偏不倚、无畏无私的讼体裁决之中；在讼体裁决当前，有普遍于邦、民共尊的讼律且有约束当权者防夺讼之中。尚中正，乃讼道思想，只有秉持尚中，才是治讼之道，也是治讼成败的关键，只有做到了不偏不倚、无畏无私之"中"，才能完成讼道之取信。

所谓"中正大人，九五是也"。言九五，为寄予九五之大开明来作讼道体制，明讼体、定讼律、取讼信，来完成讼道之治理，同需卦君主秉中正、治信、养性之德称位邦体之主一样，讼卦九五尤要配位"尚中正"之德，这是讼体阶段赋予九五的德位使命。尚中正的讼道思想与"利见大人"的讼道治则，正是讼体呈现的理与法的关系。以讼道本理，才定讼法，依讼法才定讼律，才是适之众人的法律规范，才是讼的治理逻辑。

在"利见大人"的讼道治则里，既用"利见大人"来建讼制之公与裁决公正之中，又防"大人"夺讼，便是以"大人"行讼制而作民体的治讼思路，以"大人"不同的位域作用，形成不同的治讼之法。从邦体进步来说，防夺讼的重点在于上体，九五作为开明君子，从屯卦草昧出开明君子始，就是先进性的代表和典范。以九五建中正之德为典范，防夺讼则必限君权，君主及君群体若不夺讼，且自作表率防私权夺讼，才是讼制的进步思维。

以作事谋始，从讼而言，作事谋始，就是明了知因果而安的讼道本理。从讼蒙而言，以讼来治蒙，改变讼体窒蒙的蒙昧状态，为作事谋始的因果教育，正因为因果之客观存在，故言"食旧德"，一切为德性所系，纠纷与兴讼皆是先天因与后天果形成后的外在表现，故而在人性上出现不改习性，不察妄己，自以为私，以己私而争的现象。透析"食旧德"的因果观，并以此知因果的德教，把争讼的危险与弊病带入礼制、德教的元吉状态，树立以作事谋始的道德自觉，从而确立治讼之道的核心思想。

初六处下体坎之初，以柔弱居下，不能终极其讼，曰"不永所事"。"四召而应"，为初六与九四相应，九四处上体，意味着有其基本的讼制可供民诉讼，所以言"见犯乃讼"。何为"小有言"？言者，处于纠纷之中为辩明之言，需要自辩其理，有九四阳刚之应，意味着上体支持辩理。为何二与五成对敌呢？在于九五是开明君主，他非常明白初六上求九二，为下求官也，非长久讼制，说明讼不能成为官为民做主之地，而是要立讼制为民做主，正是因为九五看出体制弊端或漏洞，才有治讼之决心。小有言的"终吉"在于民参与立法建言，也表明言是卦体赋予民权的重要内容，在于能言、可言。小有言之"小"，在于初六为阴，其地位卑下，故曰小。居下体讼初之小，而自言其理，是为争讼而言，立场并非国之大事。

九二为讼之主，在下体，二为主体，实际上成为邦体的讼之主体——为讼之主——言为官者集讼权为一身，这是古代讼制真实写照。联系上下卦体，二、五相刚反，在讼制上，实为为官者自治，不上通九五，为讼之治理在此窒塞。以二之下讼五上，为自下讼上，此处的"五"并非指君，而是以"五"言上体，实际为讼制不健全，民对纠纷处理不满，继而向上寻求帮助，但被上体看作以下犯上，动用强权以刚应对，下体只能遁窜。上体刚硬，有"君"之强，君之强，君不会直接对民，皆通过二呈现其强，为官者自治强权已现。民认为官、君一体，故二、五同心，实为二刚窒塞，成弊病。弊病在哪呢？二刚，不会为下作建制，不会为民言实情，且集讼权在自身。邑，以自己家的封地言自体，讼制不完善时，不可冒进，且是犯上之进，要退而回到"邑"。保邑，纷乱世事，看待之前的进步以稳固信心，这是给邑中之民以信心。归，为自认清现状者退而避之；逋，为刚反遇强权逼而逃亡。

六三阴柔，居下险之极又近上体，应上九，有柔从刚、下从上者之象。六三之位，为从诉讼和兴讼转变到为政的讨论，故六三是特殊的阶层，既可为下体代言，又可顺上参政，对比九二揽讼政于己身的"官"层而言，六二洞若观火，既察政弊，又懂世情，既不参与九二强权压民，又与上体上层互通有无。何为"食旧德"？"食"字言果，且是修德之因而顺得之果食，修德之因在前，在往昔，食为顺因果自然而食。"旧"字言因，德者，六三当位且称位之德，配位显于爵禄。为何能处其素分？便是洞悉因果定律，如六三一样有爵禄在身的非官身，在上而不凌下，不怨天尤人，以"正己"而知一切修持在于己身。"或从王事"，并非可从王事，六三并不当权，无施展之地，六三并不应九五，并不明白九五之志，六三为政的思想阻塞、不通，沟通不便，旧制与新思想，尚未逢其时，所以六三想从王事，但不能从王事，故曰"无成"。

九四从正理、天命言讼道本理，渝，即变，变即是改变不克讼的"宿命"，为何会有不克讼的"宿命"呢？为讼制弊端导致九二、九四均不克讼。渝安，改变弊端并建全讼制，则贞正。"渝"者变也。改变、调整、变法是也。讼者，必争；争者，言得；求得者，为欲；多欲者，种因；种因者，宿业不消，果则多难。从作事谋始言道德自觉，并非单指个人道德修养，从邦国大计，则是通过定讼制的治讼之法，让讼制成德教、成礼教，有讼需求者，有健全的讼制可依法诉求；无讼需求者，则可安居乐业、知命而安。

九五处得尊位，既得中，又得正，成讼卦之主。得中、得正是九五之位，而中正则是九五配位之德，以其当位之位，又值配位之德，且治讼有"讼元吉"之功，故可称位讼卦君主。九五定讼律，需初六所在的广大邦民群体"小有言"的立法建言，需九二所在的"大人"有识群体的立法贡献，需六三、九四所在的"爵禄"群体的讼律修订，更需九五讼主以中正之德教化感召，以身作则。面对"天与水违行"的卦体宿命，九五作新讼制来治讼，定要广开言路以供立法，同时监督为官者以权谋私干预夺讼，再以配位中正之德感召上下，治讼加以治民、治吏，方可改变历史宿命。若九五讼主以尚中正之德作防夺讼之讼制，可当"圣主"之誉。

上九以阳居上，刚健之极，又处讼之终。处讼之终，言明独立裁决已成讼制，且讼制依律而享自由，可供自由诉讼。如何理解"终一朝而三见褫夺"？为讼制确立了复审制度，使被剥夺的爵禄又因上诉复审被重新夺回。何以有三？为确立了三复审制度。鞶带，命服之饰。褫，夺也。以讼受锡，是邦国讼制赋予的裁决人，锡是他的爵禄，是身份和荣誉的象征。当裁决人的权益被用诉讼的方式剥夺了，如何办？为必限最上层当权者夺讼权，也就意味着裁决人的权益只能被讼制本身保护，而不是臣服于政治权力。

第十八讲　师卦——从王者之师治师

师卦，坤上坎下。为地中有水而众聚之象。内险而外顺，虽聚众涉险，但众人皆顺以响应，成聚众之师。众，无众不成师，成师先是"众"象，地中聚水象。成师的前提便是有众，众者如水聚而成师，故"聚"是使众成师的关键。何以能聚呢？为众志相同，众志顺而有聚之势，才能成聚。是什么原因导致聚势呢？这便是众聚之因——危讼（不健全的讼制）之害。

众者聚而成师。聚，要有理众之章法，否则聚众无章法且无统领之核心，则乱，以乱言"毒"，则是聚众毒天下。师卦内险居下，此险有初师聚众之乱险和行帅"舆尸"之暴险，这也是"毒天下"以乱险和暴险而险民之所在。初师之乱险在于统领无序，行师之暴险在于无正师之名。

避险必行正。初师之正，必先正名和正乱。志同者先聚，成聚势，并以其开明而明了乱险和暴险之毒，而形成自束和共束契约，既可正聚师之名，又可约众之散乱。"刚中而应，行险而顺"。刚中，谓九二；应，谓六五应之。在初师时，以正名和正乱控聚险，民顺而众聚成势；师成时，九二与六五应，外坤而顺内坎，"师"象大成。行险，行师之险。如何避行师之险呢？为名正，律正，行正。"贞，正也"。当"正"得其法，称其位，则有"贞"德。以师卦"贞"德，而行正之法，为以正名、正乱避聚险，和以名正、律正、行正避行险。故，配位与称位贞德之师曰正师。所谓"顺人心"，则必以正顺，以德感。丈人者，尊严之称，在师卦对九二之称谓，为九二有配位之德与可统帅之能，故称位"丈人"。"丈人"的出现，是师卦从兵道到政道的关键所在，也是以师言兵的长久思维。

以有丈功、有尺度、有德范之丈人，配位师之贞德，行仁义、礼制、德化之王道，则曰王师。唯王道，能以众正。以贞德行正法，顺人心并使人心顺正。"吉"。何吉之有？为以师之贞德，行名正、律正、行正之"正"法，"能以众正"，故正则吉。有丈人统兵之能，御兵有方，王师必攻无不克，故克则吉。有上下顺归，"民从之"而顺人心，故顺则吉。在师卦言吉，乃兵道之吉，正义之吉，健德之吉。

"容民蓄众"。为容保其民和建含容之大德两者。容保其民，常时兵即民，变时民即兵，以水养之；建含容之德，变时行师有正义，常时健德有德化，以坤载之。以治军齐律之典范，行王丈之德范。王丈之德是军队乃至政治的走向，要明确军队自始至终的与共属性。王道，终是仁义之道、礼制之道、德化之道。

师卦初六处下体坎之初，有水下之象，水润下，虽聚，但易散，故根基柔弱。处师之初始，有涣散而不束之象，易"齐师以律"，律不可失，失律则散。师出以律，为成师前聚众状态的束众之律和成师后以律治军，这种确私与共性质的"律"性，将逐渐演变成聚众之律。这时成师的良性发展才会出现"否"，恶也。反之于泰，为人失去泰然之否性，和事态失去管控之否势，这两者皆是凶事。而恰恰事态之否势往往都建立在人性之否性上，故而成恶。面对否性与否势，最好的办法便是受之以戒。这并非宗教般的思维与论述，而是根于人性的否性本理，从德化教之，而言戒。失律则凶。凶在何处？行师的目的是打破旧制度，建立新秩序，从师之初便确立的长久意识，若失律脱离管控，一支散乱的军队，便无法成为新秩序的基石，则会失人心。

九二为师卦唯一之阳爻，以刚居下卦之中，又应于五，有以阳中统众阴之象，实为统兵之主，曰"在师"。在师且得其中，又应于上五，故九二为师卦之主。师卦之主，专制其师。"王三锡命"，为"王"再三（多次）策命——授权——九二专制其师，九二以尊君臣之道而享专权。从"王"策命的过程而言，这是君臣的礼仪，在外人眼里，这种策命的重大礼仪，可谓"承天宠也"，极度殊荣。从阴阳、动静属性来说，九二为师卦之真阳，真阳最不被习气所误导，阳足则静，静则专，专则可制胜，九二配师卦"中"德，又应五而当其位，故九二可称位"中"德。刚中之九二在师卦，以九二之位，行"正"法，使整个师卦配位"贞"德。"怀万邦"。九二真阳最不被习气所误导，故趁人性之私的暴徒、流寇的习性都被九二以"德"克制。有了怀万邦之公共意识，就因为这个"公"克己私，所以被德感化，众拥之。众拥之，拥的是德，是王道。

六三阴柔，居下卦之上，上无应与，下又乘刚。行师战败且伤亡惨重，出现"舆尸"——以车载尸的场景，可谓凶事。为何会有战败之凶事呢？六三以阴处阳，才弱志刚，失位。失位则失当位之"位"德。同时，六三在下卦之上，不中不正，其刚中之德又被九二占据，且"王三锡命"事件和"承天宠"的殊荣都与六三无关，失去上体尤其是六五之信赖，故又缺乏"信"德。在失位德和缺信德的现实状况下，六三又激进用兵，兵道与谋略全无。六三"师或舆尸"之象，为以此爻发出"位"德与"丈"能之警示，不当位不谋其政，且还要有"王丈"之能，六三就是典型的无德又无术，不仅大无功，还败相很惨，且有以战伤命之罪。

六四居上体之下，以阴居阴位，柔而得正；虽居阴位但不中，无应，无应不可行师，但得位可以在师暂处。爻象出现知难而退之象。六四以师的"左次"进退事件和"无咎"利害关系来言师之常道。何为师之常道呢？为军事决策之公共性和定夺之确私性。为何六四柔得位，又能做出知进退之断呢？其爻象背后隐藏着非军人身份的文官参与参谋，文官无师之强勇，故呈现"柔"性，其柔性也正体现了非直接做决策与判断的刚用，为进言。进言者，众人意愿之表达或众多意见的集中采取，都充分表达了决策公共性的属性。

六五柔中，得尊位，有"田有禽"之象——田中有禽来犯，可猎禽以保苗，此为理直之举，六五无意兴兵征伐，但又有来犯者，则有"田猎"之举措。"利执言"，为六五君主所施"执言"礼教，所谓正义先行，讨伐在后。"有禽"破礼侵犯在先，六五执此破礼之举而言个中厉害，此谓以言代礼，以礼代伐，以伐为教，同时也给行师一个正义之名，并不是以礼代伐起不了任何作用来言"礼"的功能失效，而是继"礼"伐之后的兵法，叫确礼继兵。当该行师讨伐时，六五并非自己统帅军队躬行，而是以恰当的任用之道授权行之。如何任用呢？为分清"长子"与"弟子"。"长子"，在师卦指九二，刚正长者，既有位德又有统帅之丈能，被众人尊称为丈人，又被君主视为长子，二中应五，治信得体，故被受任帅师，还有"王三锡命"的策命礼仪。"弟子"，在师卦指六三，三失位又无众人信从，在失位德和缺信德的状况下，激进用兵招致兵败，且败相惨烈，舆尸而还，是非常典型的无德又无术的小子，常称之为"弟"。长子与弟子若使用不当，则有任用之失误，失误则凶。此"凶"非六三战争失败，将士牺牲之凶，而是六五用人不当之"王"凶，若出现"王"凶，既会影响局部战争之胜败，还关乎着六五柔、中之德，更延伸到国之礼教、德治之国策，若战争平衡被打破，甚至有亡国之祸。"以中行也"——大行中道。此"中"言德之高尚，为行九二之刚中与六五之柔中之德。刚中者，九二，得位，治信，是帅师之"丈人"，行仁义、礼制、德化王丈之德。柔中者，六五，得位，治礼，以"德"之利与失，治其任用之道，从兵道谋略到政治攻势，坐享任用九二得体之军功和治德之成效，用有效的为政践行礼制、德教之王道。

上六以阴居上，处师之极。有兵道之功，师道之成，正是怀柔天下之时，故可论功行赏，行开国承家之事宜。何为"大君"？以"大"言六五之德，任用九二统帅治兵成功，授权九二独享专权，且不干预军事，为治任用之德和信德；功成后，以论功过来定行赏，为治怀柔之德和公正之德。"命"，锡命。大君持恩赏之权柄，以"锡"言恩赏礼仪之庄重和荣耀至上。开国承家，以论功行分封之道。开国者，封之为诸侯；承家者，封为卿、大夫；小人者，赏之以金帛，虽有功但不能用而为政，小人无德则会乱邦。分封的原则为任用君子，其衡量标准为以德为凭。以德为凭的开承之重，便是立德治之风向，这是从军队开承到政治治理之重要转变。国家治理的基本单位为家，开国承家最终的落点为承家的"家"，其最终的目的为让有德者居家，以德范带动家风，这才能实现国家德治的构想。开承之重，除了治理结构的合理化外，更重要的是立家德之重，而这个家德的带动者，就是从"师"中熏陶、践行而来的有德之人。

第十九讲 比卦——从确制来通比道

比卦，坎上坤下。为地上有水而相载相融之象。对比讼卦危讼失众，师卦新师以正义得众而旧体则必失众的现状而言，比卦有难得的承众之象，如何让这种润融亲比之象稳定长久，必作能长治久安之制，而定邦安民。"吉"，大吉之道，为比道恒久且固守正道之吉。吉之有四：为有体承载、有众应辅、有共志邦、有私亲比。易言吉凶，非福祸之言，而是是否合乎正道，是否合乎德位，非正道者必不长久，德不配位者，灾祸自至。比卦吉之四象，吉在当体稳固，更吉在长治久安。有体承载在于所做之制，合理且共美，国体健，在民安稳，"水"众无险而不失，则自然自思亲比相融。

"原筮"，筮者，卜也，《周礼》三卜中有一兆象曰"原兆"，为考之以筮，以供决断卜度。原者，先也；有"先王"之义；又再也，有重再之义；重再者，必再筮，而自审是否有元善长永正固之德。依"原筮"决断而告之，是一种显比，求问筮占，却不行巫通作弊，而诈谋骗国，且光明正大而无隐伏，以显对隐，而有显德。

元者，始也，首也。元始者，道法之源，以元言天地秩序之本理，达乎根本者，必然为天地之正道；从比卦地水之象而言君臣的自然关系，为众先于君，继而作制先确众，故始者，始于众。从始于众的元序，作制必先确众，这是基于"元"的优先思维。言道，必有"元"之本源，继而有自然法度之礼序；言正，则不作偏私，无有以制谋特权。比君作制，以思元、思永、思贞之法，为众谋福祉，却不以制谋私欲，而且是先作制，后以已德和位德，被众拥戴就九五位，正大光明且以身作则，就是贞正的化身。

无咎的元吉状态，就是比制恰当与否的衡量标准，也是"元永贞"法则下的社会安宁状态。"上下应也"，为应道、应德、应圣君之应。比制亲比之道与天下归德之德范，不用此制者的后服之夫，必灾其身。不服者，国不宁；后服者，道有凶，故曰"后夫凶"。何为"先王"？为倡德风治世且立德范之主，以德凭而行任用君子者，思以德而求教天下者。

地水之比道。相比地水险而不流的得众成师之象，水地有流而不险的融与润之象，正是言亲比之当时。比卦呈现的亲比而融润之大象，必依九五"圣功"般之大作为。以邦民亲比之重，作定邦长久之制，又以众"比"法，作安民之德教，治有安邦确制、安民求亲比、安位限王权不徇私、安服含容不杀、安德以德化天下之五安，有此五安之君，故五阴皆顺，众阴皆服。比卦之精神为"元永贞"，为作国家体制"修思永"的长久意识。如何长久呢？以"元"言体制哲学当出于自然法序，符合道法本理；以"永"言同体与位域秩序分明，"系"统稳固，经得起"软件"更新充实其血肉，能随时代循环往复而不伤国害民；以"贞"言天下正道，配位"正"德，既顾人性之私，却不徇私与偏私，又确邦国与共，能安众志与众需，以其贞正行礼制与德教天下。

比卦言"比"道。内比而不失，外比而亲贤，私比而亲润，显比而无私，体比而容众，位比而纲常，德比而大化。通过行之有效的"比"法之教，确私以教君子，与共而行礼制，以其比道，德化天下。比卦言天下。比卦之天下，通过确制、言众、定邦、就君、封诸侯、亲贤等，呈现邦国共同体，以制定架构，以德治精神，以为政充血肉，既发乎精神，又启蒙意识，还修于为政；崇德又治于德，君既立德范，又生德服，从而出现天下归德润融之大象。

初六处比之始，言比之首。"有孚"，孚者，信也；有孚，为有诚信之信德且受人信服。故，信为亲比之基。这个基既为比卦初六位，处比之始，从比道而言，始为基；又是个人立身之基。亲比之道，立于人私而言人与人以及人与社会的关系，若人无诚信，则无法走进社会，融入大众，邦与社会是有众多元素复杂交织的，也只有确立了个人之孚信，才能言邦之大休亲比润融，所谓"九层之台，始于垒土"，也才能实现为政治理的理想。这也是为何比制言确私，只有私众——个人，自信饱满，真诚其内，才有亲比之实。"有孚盈缶"，为诚信充盈于内，而显信德之显比。中虚之缶，充盈更看不见的诚信，并非务虚，反而是治其德实，为自建信德和外修比德。

六二为比卦下体之中，得中，又与上体之五应，又得正。六二虽阴柔，却以健中正德而自健君子之德。"比之自内"，为开明君子内证德性，众人自修身德，从而建比道之内比之德。我们说亲比之基为治信德，而亲比之固则为建中正德，得中正而不自失。亲比之道若能都如六二般能健中正德，有奋图君子之志，则亲比之道会更加稳固，长久。

六三阴柔，居下卦之上，上比六四，阴柔不中正，既为非亲近之人，也为不可亲比之人。对比初六治信德而立比道之始，到六二与五正应，从内健德且戒之自守，有振君子之奋，正是比道贞、吉之位。反观六三，不中也不正，又不与九五比邻，故而孤独不与人亲比。不是亲近之人为不邻九五，不可亲比之人为六三无中正之比德，已陷孤独无亲之地，所谓"六三近不相得，远则无应，所与比者皆非己亲"，故曰"比之匪人"。

六四柔顺而上承九五，有自外体率下体三阴归从九五，此乃柔顺贞正之道，"六四外比于九五，履得其位，比不失贤，处不失位"，是比卦大吉。相比六四近邻九五，六二应九五之志，为远亲。远亲与进邻是以"位"言位与位的关系，就如内与外，就是下三爻内卦和上三爻外卦之内外。从而构成社会结构的内外，以及社会结构众的远亲与进邻之位。言内外必强调"位"，只有当位才能比较其内外。

九五为比卦之主，以阳居中，当位又有称位之德，正是比君就九五位之当时。比卦九五爻有两大象，为比君确位事件——比君就九五位，以及九五定安位之法。在两者之间，九五君更以诸显比之德，以"王用三驱失前禽"之帝王围场游戏，讲述杀与不杀之道，从而映射服与不服。比君之大公无私与寻常帝王的险诈谋私之对比，以王设三驱之礼，而显比出比卦君主之德服。九五安位之法，为德政施仁之术，治有安邦确制、安民求亲比、安位限王权不徇私、安服含容设礼、安德以德化天下之五安之术。此五者，正是九五显比之德，显者，光明正大之义；显对隐而无私于物。"王用三驱失前禽"，为天子不合围的含容之德。古有祝网置四面，欲四面合围尽捕之，而汤收其三面，置其一面。所谓网开一面，正是以杀与不杀，言含容之德；当有其含容之德的仁政时，自然有其德服。

上六以阴居上，处比之终；阴柔不中，处险之极。在比卦，九五以阳、中、正统领众阴，以诸比德和治比之法，而有比道之大成。且邦、民皆在比制下团结一体，出现民亲比、国繁荣之大象，而上六却例外，成为游离比制之外的"后夫"。夫者，服也，对比制之服和以及对九五君德之服；后服，则是对比制当前未服，未服则不采用比制。后服之夫，违天失人，故凶。上六比之无首。首者，精神也。比卦之"精神"为元永贞，九五君以大开明求"制"，设制以思"永"，并以诸多德治和治比之法，才出现比卦亲比繁荣之大象。而上六无首，他们并不治于精神。同时，首，始也，为行比道之始与德治之始，无首，则不行比道，更不行德治。再者无首为无"首"之核心，这个核心在比卦就是九五君，他们并不臣服或认同德治之九五。对比比君不据上、不唯权之德而言，上六为据上与唯权之群体。

在比卦，历经确制、确君、确位等政治事件后，九五以阳、中、正统领众阴，秉"元永贞"之精神，悟其道，明其性，尊其法，演其度，有安邦确制、安民求亲比、安位限王权不徇私、安服含容设礼、安德以德化天下之五安之术，又以内比而自健，外比而亲贤，私比而亲润，显比而无私，体比而容众，位比而纲常，德比而大化等诸比之法，治有比道之大成；崇德又治于德，君既立德范，又生德服，从而出现天下归德润融之大象。

第二十讲　小畜卦——礼与序政治联合

　　小畜卦，巽上乾下，内健外巽。为风行天上之象。风者，巽也，"一阴伏于二阳之下，故其德为巽为入"。入志而成蓄，众乾阳向邦之志，依德核而聚，上升于天，成云，为其小畜卦蓄聚之实。入礼而怀柔之，面对"密云不雨"发生冲突并有其血象的隐患，六四治信德，并制定"礼"之策略，通过定礼止血事件，定礼而成国术；为小畜卦以阴柔之礼术蓄止刚强，以礼行怀柔之术的蓄止之义。入德礼之风尚，当"礼"序已成，为政治理蓄聚在礼的秩序下，以"风"入邦、民，出现"既雨、既处"的普施成效，从而有礼蓄之大功，入德礼之风尚，而定文德之正序，此为小畜卦的定序之义。

　　"密云"。志气上达于天，聚而成云，其志相蓄且刚健，故而有"密"。在为政上为政治联合之象，为下三阳向邦之志，聚成云势，势在有为，且各种为政治理的思想、策略等纷纷汇聚，政治联合之势已成。"志"贯穿整个小畜卦，而成"志行"亨通和"志行"过程。以刚健之志，以及二、五刚中之德，入小畜之卦体，行不同位域状况下的"志"状态，而有志向、志亢、志柔、志雨、志尚的"志行"过程。"柔得位"。为"柔"之功与"位"之德。"柔"之功为以柔蓄乱以及以柔蓄志之功，其"功"在于"礼"的策略得当——定礼成功。从阴阳法则来说，克阳刚者柔也，虽六四之位德为柔德，但以柔蓄乱之"柔"正是"礼"的柔性，以六四柔性之位德与"礼"策略的柔性，而成其柔功。从政治联合与协商未达成共识政见且有刚性之对抗，直到"礼"被托出，自明君子识礼成共识，既化解了"血象"矛盾，又再以其礼"入"其志，以恰如其分之共识怀柔其志。"得位"，首先是六四得位，这也是六四为蓄卦之主的原因，其六四之位及其柔性，是小畜卦之卦眼。使其小畜有各种亨通之能，便是以"位"定礼和以"位"蓄志。

"君子以懿文德"。小畜卦之"文德"，为德礼之礼序。文者，以文衬刚也，正是"礼"之柔性和"德"之善性，反衬其他国术的实用性。不强调其术用，而强调其治于"精神"之能事。懿者，专久而美也。为专用其"礼"之术用，继而又有升华之美，以德礼之道治之于精神，从而治有小畜之大成。

以礼怀柔。从"礼"在止血事件里现实用途，以"礼"怀柔其刚健，而蓄止阳健之刚，避免众"刚"冲突，而成怀柔之术。以礼定序。从"密云不雨"之象可知，"密云"为政治联合已成，"不雨"为政治协商未成，故而不能"雨"德泽普施而降为政之甘霖。从众阳之刚可知，大家不仅未协商成功，还均未妥协。此时蓄礼之主以"礼"之策略怀柔之，成效显著。以礼蓄大。礼成为政治制度，既蓄止了内部冲突，又促进了政治联合，邦体众志得到了修饬，志心向邦出现了"上合志"新局面。德礼之道。通过施礼成术，建礼成序，以礼序而微入邦、民，从未有德泽普施的"不雨"现象，到"既雨"的亨通状态，继而达到了"德载"的邦、民德政共识。德礼之道，其"礼"既合道法之本理，又有以礼怀柔、以礼定序、以礼蓄大等治国之术用，以政治联合之共体，行小畜德政之实，达礼以成大道。小畜之道。小畜卦呈现出蓄聚之道、阴阳平衡之道、礼的法序之道、礼术启蒙之道以及德礼之道。蓄聚之道，从蓄养其志，到柔其志不变其志心，继而定礼成序，贯穿小畜卦以小畜大之实。阴阳平衡之道，六四以一阴蓄止众阳，并定"礼"以其共识柔其众阳亢之己见，出现志亨、礼亨、德施之亨等亨通状态，便是阴阳平衡之道。礼的法序之道，从"礼"的策略被托出化解冲突，再从有效之"用"到为政之"术"的发展过程，正是众人志行并以小畜大之能，而实现邦国礼序。礼术启蒙之道，礼术已被开明君子共识，可大行其为政，但非开明君子必行礼的启蒙之道，历经朝堂论礼事件开始礼术之启蒙，到怀礼未行，风亨普施成德礼的缓慢过程，皆是礼的新秩序重启过程。德礼之道，"礼"术展现的为政之德，而德礼则为邦体礼的秩序和法序。从"礼"的术、用到礼序，再升华到治于精神，正是德为礼载又以礼载德的德礼之道。

小畜卦初九阳刚得其正，故能志心向邦，又有其刚健之才，足以上进。初九"复自道"有复德、复志、复进之复。复者，返也，还也，为复返且坚固之义。初九上应六四，虽有被柔蓄止而志不能达之象，但观其小畜，在"礼"策略未被共识前，众阳君子上进之志均不能达其所愿，初九向邦的为政之志，虽尚未走进政治联合的"密云"之象，但也正是由于其志心向上，才能云上于天，形成"云"象之联合，同时初九带着有利于邦发展进步的优质资源。复德。为崇德而治于德之德核，以及初九乾阳刚健之德。复志。为坚固其志，不因环境变化而损其志心。复进。不被六四以柔克刚而蓄止，而是蓄聚其上进之心。

九二居下体之中，从其位而言，可与初九和九三上下兼顾，而曰"在中"。故，牵复，为九二牵连初九与九三，使其均复归本位。在小畜卦中，六四以阴蓄止众阳，其重点在于对九二的蓄止作用，若能蓄止九二亢进，故能以九二在下体之中位，而对初九和九三发挥影响，这个影响就是发挥牵复之"牵的作用"。牵者，为九二以其中位牵连初九与九三，而复归其本位，归其乾三阳本位，而无亢进以及冒犯之势。"亦不自失也"，小畜卦的蓄止义，发生在六四蓄止众阳，是上体与下体整体关系的写照。虽言蓄止，实为怀柔，并非阻止、废止其刚健之志。

九三阳刚，居位不中且阳亢躁动欲进，进则犯也。六四以阴居其阳上，而有夫妻之象。"舆说辐"，以轮轴脱损车不能前行，言夫妻关系"反目"不睦。舆者，车马之驾也；说者，同脱也；辐者，车轴转也。从九三位而言，进不利于行，退不能安其室。九三阳进之势被六四蓄止，故不能进，六四止九三则有阻止之实，不阻止冒进必乱，既乱位又失德。退不能安其室，为六四之室又以阴在其上，阴阳不正，则不能正室。这就是九三只基于自身而对整体无清晰认识，被蓄止其亢进之势后，产生无所适从之感，无所适从，故反目。

六四以阴柔得位，成小畜卦之主。下蓄止乾三阳亢进之势，为蓄止有道；上蓄聚九五治邦所需的全邦民向上之心志，为蓄阳有道；当位施"礼"得当，在以礼止血化解政治协商未成之冲突事件中，得其柔功，从而正序其礼，成怀柔之术，为正序有道。"血去"，发生在六四位的以礼止血事件。正是因六四以忧惧与恻隐之心，谋治国之术，在恰当的时机抛出"礼"，既化解矛盾，又蓄聚其志，这便是六四以柔蓄乱以及以柔蓄志之功，其"功"在于"礼"的策略得当——定礼成功。

九五刚健"有孚"，为九五君既治信德被他人所信，又能信其人；信邦众向邦之志，信诸君子为政治邦之热忱。此两者以孚交感，有

"挛"之象，挛者，牵系、牵连、相系也。九五牵系下三阳以共信六四，而治其小畜"阴柔得正而上下相应"之核心要领，这就是九五增富其邻之六四之所在。富，如阳大阴小般，六四为阴，为不富，九五为阳，刚健且实而称富。邻，九五与六四为邻，为九五以阳刚增富六四。增富之法。以增富六四，而实现小畜卦体之蓄聚，实则为增富邦体也，在增富邦体的蓄聚里，以德礼之文德最值得称道，它既有现实之术、用，又能跃升邦体精神，这才走到小畜卦蓄聚的本质。"不独富"，以邦体蓄聚之实，再以增富之法，行风行天上之普施，广施邦、民，故"雨"下，再以其有效之为政，使其众民皆富。

上九以其阳刚处小畜之极，以"积载"且满盈而有蓄道之大成。六四蓄止众阳既阴阳相合，又"密云不雨"的政治协商政见已和，故能"既雨"。载，积满也；满则溢也，小畜满至极则必反溢。危在何处？在小畜卦体时，六四以阴蓄阳，有其成效，当不在小畜卦体时，君子之阳不当被小人之阴而蓄止，当阳德处尽时便为阴气所积载，这是凶灾之兆。防在何处？为戒阴不可盛满与戒阳不可被阴蓄尽。如月圆月亏要有其规则，并循其规则而成为邦国之法度，而不能任其一极做大失衡而极反。

在小畜卦，众乾阳君子志心向邦，政治联合"密云"已成，但政见协商未成而"不雨"，六四以一阴蓄止众阳，通过以柔蓄乱以及以柔蓄志化解矛盾，继而以礼怀柔、以礼定序、以礼蓄大等术用，以政治联合之共体，行小畜德政之实，再以礼序而微入邦、民，出现"既雨"的亨通状态。小畜卦虽蓄之微小，但从"礼"的术、用到礼序，再升华到治于精神，皆行德为礼载、又以礼载德的德礼之道。

第二十一讲　履卦——确位定礼履亨通

履卦，乾上兑下，内悦外健，为上天下泽尊卑其位之象。履卦以和悦应合刚健，邦体秩序刚健稳固，且民和悦，有履光明的大治之象，人所履道，其遇虎危地甚多，履卦化"虎"险而行亨通，实则以礼安虎也。以礼安虎，为履礼成制，邦体以礼制建序，使其能循礼法而各安其位。当礼制已建，礼法已全，必当履礼而行——慎行思危，若触反礼法而行危道，则必然被履正——履危行正。

遇虎事件。"虎"，乾三阳为虎象，上六为虎首，九四为虎尾。以遇虎"履虎尾"在于言其危，在定礼为序前，取虎之危象。虎为刚强之兽，性凶且能伤人，故人皆惧虎。乱虎、凶虎者，乱邦伤人，其乱邦伤人之祸，重在失序、无序导致的"欲"望横行，不加管束与教化，进而失己位进他人位，成凶害之险。有凶害之险，故而蹼足而进，乃"履"的践蹼之义，重在小心、惧怕，蹼足而不安。取虎喻欲，必须建序以克欲。遇欲，君子当自省，为政者当有所作为，据"虎"之危象而思安虎之法——当建序克欲。建序克欲便是克其多欲，克其失位之欲与无德之欲，使其归其位序，继而守其位礼与位德，使邦体刚健而有序。

触"礼"事件。遇虎，有所蹑而进，为邦行而无其大度，而慎行，慎行之因在于"怕"，无所应对而不安。遇虎事件之警示，若不有所作为，治其有为，则会因肆欲横行而到处皆虎，不仅邦位失序而有虎，邦民皆成欲虎与饿虎，邦之倾、颓之大危则来。蹑足而进，是触礼之始，从怕惊虎的小心、谨慎，以其谨慎而专注其危在何处，而有发礼之始，此始是一种"明"，源于心地意识；不然欲多则胆大，多大的风险都敢尝试，自然也是失礼之所。当触礼之始发生后，继而会发生"礼"行为，行其虎尾之礼，这是非常重要的转变，故而卦辞强调"履虎尾"，履虎尾则为安其分。以履虎尾而安其分，且安守虎尾之位。

"履虎尾"，以安分其欲与安位其序而确礼序。以履虎尾而安其分，为安分其欲；安守虎尾之位为安位其序。虎有虎序，虎尾有其虎尾序，各安其分则能组建其邦体共序。各安其分、各守其位的邦体共序，自然是处处亨通的，不仅危象自消，且因位序通达，而发生"不咥人"的位果和序果。"柔履刚"，为定"位"而履位，履位而定礼，更履其道。六三履其九四之位尾，六三阴柔，九四乃至上乾体皆阳刚，为"柔履刚"之象，本有"履虎尾"且履者危之虑，但终未发生咥人事件，为"说而应乎乾"，以六三阴柔之性应乎乾阳之志，从而以六三与九四两者之"位"，发乎于礼，介于六三与九四两者而言"位"，此为以辨上下之明——"位"出，以此定"位"，则出位礼与位德。

德位是定礼之法则，离开德位则无从言礼制。六三之柔履九四之刚，以此两者"辨上下"而有尊卑"位礼"之实，使"履虎尾"之危象，转为安象。以辨六三与九四两者上下而见位，当履位而定礼，则六爻位位清晰，礼礼分明，德位尊卑有序，同体承载又体性各域而有"位"光明象。履君通过健全礼制与德位之道，尤其是建立君王礼制之道。履卦九五王者制礼，让王位再制于礼。"虎"能制礼再制于礼，克己为公，王也，治显德而无私。此建序为政之功，以"履帝位而不疚"，而有"履帝"光明象。

当礼制已成，"履虎尾"之危象已除，呈现的便是礼制后的虎象，为礼序之虎，取虎之"王"象，言礼法为王。君王之位，以礼序约之，且以礼"位"建君位，以德确"帝"，以邦体的位序确帝，君位合法性备具。履卦九五王者制礼，让王位再制于礼，而防其以权夺礼。君与君位，邦体与邦的诸位，皆因礼制而呈现高度秩序化，邦体乱象和危象已除，且政治结构稳定，故呈现履卦的"履帝"光明象。

以"位"确礼，建礼制要依照德位法则，德位同体承载又体性各域，它必然位位清晰，礼礼分明。当礼制已成，则以礼制约其位，此时之当"位"行为，要遵守礼法约束，邦体政治结构中的所有"位"均在礼制结构中，各安其位，无比亨通，不乱己位，不侵他位，井然有序，不仅各为其政，且各守其位的邦体共序，邦体之共体以及各位域，自然是处处亨通的。礼制通，则邦民自通，由此德位明晰，邦制结构也通畅无比。

礼序德树光明。德树，以众位有序如树陈列，根、干、枝、叶位域分明，各舒其礼，各正其德，实为已构建法→礼→德三者一体的履之德树，位礼清晰且约礼显光明，君制礼再制于礼，民制于法，君民相等，在位上显礼，在礼上崇德，故而邦体亨通，民志安定，而有光明和悦之声，以"乐"之。从"辨上下"之尊卑有序的"位"光明，到依"位"行以履定礼之法则，正式确立邦、民的礼制之道，以德位思想治则和同体位域方法论，构建法→礼→德三者一体的履之德树，从而有礼制光明与亨通光明的履之大治。

初九为履始，无应无比，阳刚且安于卑下，朴素无饰而专注生活，直到"触"礼，从而践礼而行之，且专注奉行其礼。素者，朴实无华也，以素言其本质也。往者，践行不处也。从小畜卦的六四以柔止乱，化解"血象"矛盾而托出"礼"，到履卦化解六三与九四两者"履虎尾"之危象，因定位而显礼，皆发生在自然事件中，因"礼"其当下之用，继而识礼成共识，再发展成治国之术，它有礼的发生过程以及从用到术的发展过程这两者。

九二阳刚居下体之中，其履道平坦顺畅，其"履道坦坦"象征着更多的"礼"被发现，为无处不见礼，如同"道"无处不在一样。"履道坦坦"之象，为随处可见礼，礼无处不在，这是礼发乎自然而有的平易之特性。如道一样，既高深莫测，又平常如是，只是日用而不知。何人能见礼道呢？如证大道一样，其方法便是"幽人"的"归根曰静"，以九二幽蔽之象，以柔静心，以幽闭躁，使其静而生慧，便能觉礼。正所谓正礼修德，以"中不自乱"制于心。

六三居下体之上，履上体之尾，阴居阳位，不中不正，正是履虎尾之象。六三虽有眼疾但能视，虽脚跛但能行，履其虎尾被虎咬，是凶险之象。"眇"，目盲也，为眼有疾；跛为脚有疾。"眇"和"跛"均是礼制未建时的制度弊陋，眼有疾虽能视，但不能正视；脚有疾虽能行，但不能正行，不能正视和不能正行之人，为何还要履虎尾呢？为邦制弊病。虎伤人事件，居六三位先言履虎尾而咥人的凶象。在遇虎而触礼事件中，会因肆欲横行而到处皆虎，不仅邦位失序而有虎，邦民皆成欲虎与饿虎，邦之倾、颓之大危则来。六三虽位不正，且质弱，但她有治国大志，以"武人为于大君"之志，敢于舍身喂虎。这并非窃位与僭君，而是立志要像九五一样英明治国，六三就是那个舍身喂虎的人，以身试法，终证就礼法。不要忘记舍身喂虎之人，那些成仁取义之明士，证就礼法，成就身德，带来觉醒之光明。

九四阳刚居乾体之下，近九五，以阳承阳，为履九五之君之后的"履虎尾"象，九四的处位之道为畏而敬之而志行，既无虎咥人之忧，又无近君有险之虑。"愬愬"，为既戒慎恐惧，又谦而敬人。对比六三"履虎尾"而言，六三履制，为邦体制度之虎；九四履君，为九五尊位之虎。当九四既无有伴君之忧，又无惧怕邦体漏制祸人之虑时，其志得到激励，"志"光明象尽显。九四志行，为治邦国之能士，在礼法制度下大有可为。

九五阳刚中正，具刚、中、正之德。有刚断果决之象，故而曰"夬履"。九五决礼。夬者，决也，有决断之刚，"夬履"就是决礼。九五如何决礼呢？为决定"礼"的走向与为礼定法。以礼决制，把礼建成邦序，完全区别于礼术，礼术为治道，而礼制高于礼之治道，是礼术的森严法序之源，这需要九五秉承"元永贞"精神，深入道法本质和邦国现状，作利于永久思考。

上九处履之终见吉，在于履卦有确位之始，人之所履便是履确位之位序，能履序则合自然法序，合道之履，便能元吉在上。位乃法序之位，顺法序而定秩序之位便是履卦所确之位，因位而有德，履位则有盛德在天，且履位有德，乃大有庆之事。履卦确位之吉，在于用位之道而视履考祥，既以"位"来明辨福祸，又以"位"来考祥功德。之所以能"视履考祥"，在于履位序而大行监查之能事。

履卦通所有。履卦之所以有"元吉"的吉祥之兆，便在于履卦确"位"序定礼序，以一卦通所有卦，以一爻贯其他爻，履卦确位序定礼序的核心在位，思想在德，在德位法则统领下，贵在践行，故而因践履而见德治，这也是言"盛德"之所在。纵观履卦，履卦确位，继而确礼制与德位之道，从而成就履卦的德位法则核心之卦，正因有履卦确德位之内核，方能以履卦通他卦而使易体井然有序。履之六爻，皆以履柔为吉，所谓履柔者，在于见礼而柔，乃礼之于文明之柔性，同师卦刚性冲突而言，礼之柔性乃文明扬升之兆；九二有中德，以中不自乱履位，故有"坦坦"之象，九四履虎尾而确礼，故有愬愬终吉，上九用位之道而视履考祥，故有其旋元吉之象；六三以柔履刚，才弱志刚，不能克己，履刚致凶；初九九五所履皆正，初九当位而触礼知礼，素履于礼，使礼发乎于自然而无咎，九五以夬履行中正，实乃以刚断之明来维护礼制。

第二十二讲 泰卦——往来法序治通泰

　　泰卦，坤上乾下，为天地交泰而亨通之象；交者通，不交则不通，泰卦与否卦围绕天地、上下、内外、君子与小人的交通与否，治其通与塞，而行通泰与否塞之道。泰卦与否卦皆连接四重位域大秩序，卦体与大秩序交通与否，决定了是通"泰"还是"否"闭的状态。通泰者，天地阴阳相交且和畅，万物生遂，皆言相生相长的状态，利君子得位行正道。

　　四重位域交通原则。泰卦与否卦皆从天地、上下、内外、君子与小人四重位域言明超越邦体的大秩序。言"天地"，为道法之序；言"上下"，为邦体之序；言"内外"为往来之序；言"君子"与"小人"，为正邪之序。天地以气交；天之阳气下降，地之阴气上行，天地气交而生万物，呈天地之泰，反之，为天地之否。阴阳以气合；阴阳二气相交则阴阳通，万物生，内阳，生之源，外阴，成于物，反之，不交不生，物不能成。健顺以德言；健者，乾之本，阳性行健，顺者，坤之性，坤顺以载，而能成事。上下之志通，则君臣安和。君子与小人以类言；阳为君子，阴为小人，君子来处于内，小人往处于外，是君子得位，则泰，君子往居于外，小人来处于内，是小人道长，君子道消，则否。

取"茅"象。在泰卦，乾三阳志气相同，居其内且与邦体阴阳相交，其志在外；初九为同志之首，初九举志向外，则众同志皆同，如同茅茹相连；故在泰时，乾三阳同志志在外而同征，为其共同的志向健而征，由此奠定泰安之基础。取茅为象者，有进取和擢升义也。观其拔茅，为拔其上行，泰与否取茅象之爻皆处下，故为进志而自拔。为进取之象，更具进取之志。在泰卦，初以阳君下，为有刚明之才，当时运为济时，君子可退而自处，处泰则自安，当气、时皆具时，其志上进为征，君子上进之志，刚明之才皆能同气，故而皆能应志，应志者皆为同志，共同相牵相援，如茅草之根，广泛相连，若拔一根则有其他相牵连而起。

何为"小往大来"？小往者，阴顺居外；大来者，阳健在内，此为内阳而外阴的泰之质。内阳决定了其核心原动力光明无比，刚、明之质地，阳者健，故阳气充沛且发散往外，阳气源源不断被输布，故而邦体气血充足。外阴之体得其精气给养，故而能顺；同时，阴性为收敛且节制的，故而外在消耗小于内在供应，其邦体之"神"因精气充沛而得以保存，不至于神气耗散至邦体无存，"神"足则处之泰然，这也是为何从泰之始便能安泰的原因。神足且气精充沛，精气神不断扬升，是三阳开泰之吉亨之所在。

大秩序之往来。有其内阳原动力般的输布，全息元象般的动态交易得以时刻联通，从泰体产生各系统往来，尤其是与天地、上下、内外乃至宁宙的大秩序，从全息交易可知，世间百物不废，任何一物，无论是宏观之大或微观之小都与外界深入交易联系，以全息元象交易相互，而惧以终始，其要无咎。

物极必反之道。顺而阴居外，曰"小往"，健而阳在内，曰"大来"，其小往大来、大往小来，以其阴阳盈虚而相互转化，其阴阳盈虚之转化，使其上体与下体可以颠倒，内外与往来可以此消彼长，君子失德可成小人，小人正德可成君子……物不可终安，也不会终乱，所谓治久必乱，乱久必治正是如此。泰极则否，否极则泰为道之所呈，法之所运，皆道法气数也，唯睹运体而思治理之道，泰体时常改革时弊以防否势，否体时健德以提升气运而打破阻隔。

初九刚明处下，为泰之始，有阳动而牵连三阳并动的同征之象，故与九二、九三志同，志同者类聚也，为同质汇聚的贞吉之象。阳者，贤也，从初九上进"拔茅"牵引而起可知群贤皆有上进之志，且有应在外，故有"志在外"，实则君子之志在求上达于天下，不在自身也不在己位。治其同质汇聚的"茅茹"之志，扬其不为己身而志在天下之吉途，抑其小人变志且奉君之丑径。从泰和否都不难看出，群阳和群阴同处下，有"拔茅"牵连之象，以"拔茅"牵引而言同质汇聚，泰者阳同质，否者阴同质，同质者，以类聚。类聚者，宜党同。志同征与志异贞。志同征者，泰君子群而不党之众阳，不为己身，虽结党但不营私，进者征也，同征其志，进志于天下，故而造福与天下。志异贞者，否阴小人群而党，但志异，为利而应君接阳，志异则节变，故需坚守正道。对比泰君子进志天下之善，否小人以利奉君为行其丑径。所以要扬其善，抑其丑。

泰卦九二以阳刚君中，上有六五柔顺之应，二与五泰交，有上所专任之象，故而有治泰之主之说。九二与三阳同体，乾健有包荒之实，故而心胸开阔，广纳远贤，以包含荒秽，受纳冯河者也，且不结党营，用心弘大，无所遗弃；上应柔尊而居臣辅之实，实乃以其"大"德辅佐六五持中以治世，而"得尚于中行"。对比泰之九二包荒与否之六二包承，泰之包言于乾，而行于乾，虽与六五交心通志，但皆因有其"包"德才能行包之实；包荒者，象天包地。而否之包言于地，但包于乾之九五，象地为天所包，为以大包小。从位而言，九二与六二皆得中位。从位言包，泰之九二从下包上，为有包之大德才能以下包上；而否之包为九五包于上，六二承其所包，虽以二之位言，但实际上为异位而包。

泰卦九三处下乾之终，在诸阳之上，有泰阳之盛，阳者必升，故又处下卦进升上卦之转折位，有泰之盛阳将进否阴之象。九三以乾极应其坤下，为天地交接之际，以无常泰和阴将复，言天地之交接和阴阳之转化为天理必然、世间常理，值泰极否来之时，应据险当思变通以应对其变，唯有不变者——君子之孚信，不会因为环境变换而影响其地位与爵禄之根本。治其"明"，明天地与阴阳转化之机，这个"机"就在于处位而觉险，初九三位应觉否阴之险，这为险未到而先觉之觉明，有这种先觉了，再在天地交接与阴阳转换时能居安思危，谨守正道，从而把握时机。

六四处上下交泰而居其坤阴，以阴在上，其志在下，连同上二阴亦志在趋下。翩翩者，往来飞动之貌，以翩翩飞动之象，言上三阴相从而下降；邻者，六四同类之邻；为六四翩翩就下，与其相邻之六五、上六同类两阴，连袂地下降而求应于阳，下求阳以资富实。当值阴阳交泰之时，上阴与下阳盖出心中所愿而行交志之通，实乃以诚相待，不待告戒而诚意相合。治其"诚"，要有盖出本心之诚。九四之志，盖与有其扶危济倾之诚，无诚则志不坚，纵然有天命亦有君命，也难行其倾危之难。诚者，公也，天下为公之心，为天下造福，若无天下为公之诚愿，亦难行；其泰之六四亦是，之所以能以资富实，为上下交诚而诚心所愿，从翩翩飞动之貌，可见趋同之愿心，诚心所往。

六五阴居尊位，下应九二，上下交通，有"帝乙归妹"而成和合至美之象。"帝乙归妹"，与归妹卦不同，此处取下嫁之象，言帝王商汤下嫁其妹以配贤者。六五以阴居尊位，为泰之主，柔中虚己，以下嫁之象而委从九二。帝乙以"无以天子之富而骄诸侯"制王姬下嫁之礼法，帝乙嫁妹，使其降其尊贵以顺从其夫，而其夫正贤，有治泰之主，取"帝乙归妹"象，与其言下嫁，不如言愿嫁；愿者，精神所愿也。六五以交易之质和往来之实，而有其"自愿"，所谓阴阳感以相与，六五用中行愿，最终的交通在于和合，而上下交心的完美交和，出自于诚愿，以精神超越位序，以和畅自由而享合美元祉。治其"愿"，泰之六五以下嫁之象而委从九二贤夫，贤者治世良臣也，六五用中位行治天下元吉之愿，实为出自心地诚愿。

泰卦上六居泰之极，为泰极而否来，有"城复于隍"之象。"城复于隍"，复者，倾覆也；隍者，城下沟也，无水曰隍，有水曰池；为高大的城墙已颓覆入城沟。值此物极而反之时，切不可兴师动众。应接受邑人之谏言，修明政令，改革时弊，以谨守正道而避免灾咎。否无长否，泰亦无长泰，物极必反之理。否、泰之转，在于政，否、泰之极，在于治，政如城隍，宜勤检善修，不治修则易颓覆；扬其能听其教诲，行守正再图强之道，抑其兴师好战易败亡之政。治其"极"，极者，终极也；物极必反之理。否无长否，泰亦无长泰，物极必反之理。否无长否，泰亦无长泰，否闭终极，必然泰转，物极则必反，只有善为其政，能居安思危，常改革时弊，防泰极否来之弊。

第二十三讲 否卦——应否当交感济世

否卦，乾上坤下，为天地不交而否闭之象。泰卦与否卦皆连接四重位域大秩序，卦体与大秩序交通与否，决定了是通"泰"还是"否"闭的状态。通泰者，天地阴阳相交且和畅，万物生遂，皆言相生相长的状态，利君子得位行正道；否闭者，天地阴阳不交，万物不通其气，天下正道也否塞而不长，不利君子得位行正道，而是小人道长行非人道之否势。万物相交而通，不交则不通，不通则否塞，因否塞而成否难，否难之成，在于不交不通之难和小人当道之难。否难深重，常常出入无期，故而应否难当知交感济世，并找到否难之根本——不交不通。

取"茅"象。泰卦与否卦皆有取"茅"为象者，以"茅"的牵连相引而言与大秩序之关联，尤其是从道法天地、邦体上下、内外往来、君子与小人的正邪得位等紧密联系，其中任何一个单一元素，皆会与其他发生联系，并相互影响与转化，既联系本质，又影响表象状态。

往来之道。往来之道需要具备的四种德质，为天地交通而万物生化之时运，内阳而外阴的精气状态，内健而外顺之性德，君子进志得位而小人消退之政治环境。何谓大往小来？大往者，阳健居外，天气上升；小来者，阴柔居内，地气下沉，此为外阳而内阴的否之质。否之质有大往之实，而无小来之质，无论是阳气上升发散，还是阴气下沉，皆是耗散，上升与下沉而无应援，则空耗其气，无充其内实以供存养；故否之质为阴阳两气相违而不相交，天道否闭，万物不得生养。

君子与小人之道。"君子"与"小人"乃根据阴阳刚柔属性而取象之，乾阳健，君子象，坤阴柔，小人象，非道德品质之评判，也非泰君子，否小人，而是无论泰卦和否卦皆有君子与小人。对比泰卦与否卦，无君子与小人的阴阳平衡则无以构成泰与否的秩序，是通泰还是否塞，为君子与小人处位所决定的，内君子外小人则为泰，内小人外君子则为否。君子与小人因存乎之位的变化而此消彼长，君子履内，小往而大来，邦体精气神充沛而有君子道长，则泰势；小人履内，大往而小来，邦体精气耗散，两神相违而无有生气，故而小人道长，则否势。

内小人外君子的乱政。因何有乱呢？因否闭而乱，且有乱道、乱位、乱政之乱。乱道者，天地不交，万物不生，法序不正，虽道焉存但交之不通；乱位者，小人阴柔无明但居其内，不明道、不明序、不明位、更不明政，但居其位使其谗邪进则众贤退，群枉盛则正士消；乱政者，小人志在君，与君应，故而多诌，阴柔又多诌，会陷志，致使邦民精神沉沦，所谓"天地闭，贤人隐"正是如此。

面对内小人外君子之乱政，应裁天地、辅相宜，利用天时、地利，行辅助化育之政，既制定价值驱动力，以驾驭君子与小人，又擢拔君子就位，大倡德政治其否势。其价值驱动力，要明确君子与小人的价值趋向，"君子喻于义"为君子征志向邦，故义在天下治，而"小人喻于利"，为小人异志向君，故意在应君利。无论是取义还是取利，皆要治"明"，既要从根本上明道法之序，又要明位礼、明德、明志等，凡小人不明者，皆要教之以明，不能因民不明反而弄其愚，以供专权，使其邦民堕至更深。擢拔君子就位，擢拔原则就是擢升可以治世之阳明君子，就其政位，以正其乱，所谓"阳生者，生人之本也；贤才者，国家之阳气也。阳气外越则身死，贤才远去则国亡"正是如此。在"否"世，因小人当道，故皆重禄不重德，也不明德为何物，有何用处且用在何处？正因人皆以禄为荣，不知失德之难，"禄也者，难之媒也，小人贪之，是以可羞。俭也者，辟之券也，君子守之，所以长亨"。言小人不可荣以禄，其根本原因在于小人之德不能配其所居之位，而禄却多，故位将不堪其重，而至倾颓，这是小人之己难，也是位序之难。

物极必反之道。顺而阴居外，曰"小往"，健而阳在内，曰"大来"，其小往大来、大往小来，以其阴阳盈虚而相互转化，其阴阳盈虚之转化，使其上体与下体可以颠倒，内外与往来可以此消彼长，君子失德可成小人，小人正德可成君子……物不可终安，也不会终乱，所谓治久必乱，乱久必治正是如此。

初六阴柔居下，为否之初，与上二阴有同质汇聚而相连之象，亦如"拔茅"之象，初六为坤之初，有入于地之"根"象，根根相连且相通，故而有"亨"。下三阴与上三阳因大往小来而不应，本有同上进之志，乃因有不应而改变志心，有意承君应阳，以求应通，故而志在应君，但宜贞固其节，而行贞正之道。奉君之利否。区别于君子征志向邦，以"君子喻于义"的义在天下治不同，小人异志向君，以"小人喻于利"而因求利以利应君。虽言"志在君"，但以利之求而唯利，唯利以图则行奉君之事。奉君之利否，以茅象言否在自身，为心志之否，否在价值导向不同，因受价值驱动而出现以行动求利之否。初六有"亨"，在于虽否但否在小人自身，以自身之利求而无社稷之害，之所以言"亨"，在于居下无位而否势之小，虽奉君但亦志君。

六二柔顺中正，二上承九五，且能顺承九五，并为其所包容，而有小人吉。"包承"，包者，为九五之大包容六二之小，为以大包小。以大包小才能有包之实，就因有五大包二小，故二承五，以揽包之利，故有小人吉。九五虽处否闭之时，但九五仅与柔顺中正之六二相应，并不与其他小人（下三阴中的其他二阴）为群，以"不乱群也"的否亨之实未淆乱正道。包承之亨否，为小人得志之否，小人得志对小人来说是吉事；小人如何得志？为小人事君而顺其心，以五大包二小，使二得中位而应君。之所以有"亨"，在于九五不与其他小人为群，小人群体无法挟君以成阴之群，使阴之核无阳无位而亨，亨在利邦，又利正道，虽然小人得志，但君子也有所为有所不为，大人以处否之方式，分辨正邪并辨别正邪，并示之天下正道。

六三阴柔居否，不中不正，处小人之极而欲求上进应乾阳者，故不能守道安命，怀谄奉承而谋虑邪滥，妄作非为而无所不至，终至羞辱。否之六三，位不正，为上所包，故而为阳包阴，阳者明也，阴者羞也，为阳包阴之包羞之象，无羞恶之心的六三应《象》所言之"匪人"，而言应者，三与上应，皆不能得正，而位不当。无位之羞否，六三阴柔无位，且以阳包阴成包羞之象，阴在内而羞亦在内，之所以有否，既在于六三以不中不正而行事求利伤其善道，又在于六三急于应上而力不能任，无法守道安命，仅以小人得势之势妄作非为。

九四处上体之初，值否道转泰之势，以阳居阴，以刚健之质而行柔顺之德，为奉天命以扭转时局来济否闭，有造福天下之志。恰逢九四受命，下卦群阴小人纷纷引导同类来归附于他，以便能同获治世福分，九四以治世之诚，而得遂其愿，更能得践其行。九四以阳居阴，为否势中以刚健之质而志求济否之人，又恰逢九四受九五之命，既是得命进位近君之时，又是济否立志之时，当得益否。泰以"命乱"成蛊，否以"有命"成益，九四以济否之志，下据三阴以治之，使阴者皆附，且得以阳治阴之福祉，当群三阴得福祉以治，九四有益否之功。

否卦九五阳刚中正居尊位，以大人之风范行休止天下否闭为己任，以戒惧危亡之心而励精图治。其安固之道，必寄系于大体，犹如鸟之巢，若能系结于根深而丛生的桑树上，则能保其无虞；桑之为物，其根深固，苞者，丛生象也，言其固犹甚。故君子安而不忘危，存而不忘亡，治而不忘乱，是以身安而国家可保。九五以大人之范就否势之尊位，否势之当体无可变动，只能立大愿治否而济天下，若否之九五不治否、济危亡，则否难深重矣。休止天下否闭，为九五之大愿，处否塞晦暗无序之势，唯九五之大人能自昭明德，视天下所有之危亡如系苞桑。

否卦上六居否道穷极之位，虽否之日久，但乾阳图治亦久，众阳刚健精进，励精图治，终在上六一举倾覆否闭而转为泰通。倾为覆，否穷则倾；倾犹否，故有先否之象，当倾毕则转为通泰，先否而后泰，故言"后喜"。倾否之喜。倾否之喜并非否之社稷危亡而喜，而是否势终于否极泰来得以转换，天地、上下、内外、君子与小人等可以交通往来，且君子道长，小人道消。虽言有喜，但应知否极之难的深重已久，邦、民遭难已久，光明暗淡已久，先否后喜正是应难已久。否道倾覆，否极泰来，"喜"在正道不废。

第二十四讲　同人卦——志通同人通天下

同人卦，乾上离下，为天下有火而同人之象；在野君子从由野济否始，继而由野进德，众君子之志升成火德，日出而地光明，日升而天光明，故离与天同，二气相合，众阳皆应，有君子皆同而同人；同者亨通也，以通天下之志而合群济难。同人不仅内明外刚，且二与五上下相应，内外皆正位，阳刚与离明之德正盛，在同人卦体中，三四两爻取人象，且三四两爻皆阳与乾同，同人者，除应乾而同外，亦有众人同，究其卦义，有志同、宗同、异同、德同、服同之大同人之义，为天下众人及所有而无所不同。

"同人于野"。同人卦与大有卦皆有取"野"象，大有言野而不表，虽不言野却含在四野皆服天下同归之象里。同人卦取"野"象。野者，旷野与在野；旷野者远，在野者边。首先为"野"之所起，此"野"为非朝廷当位者的在野君子，以野言边远之位，众在野君子以济邦体否塞不通而起于野，野之所起者为由野济否。从大过遁野、维心于野、文明照野的三种不同方式，诠释"野"有君子，且皆是通明而又称位君子。从"同人于野"的野之所起，历经由野济否→由野进德→由野进亨→由野进明→照之四野→德被四野→同人于野而无所不同，同者归也，四野所归归而尽有，故成"大有"。何言有归？德被后德服也，德被四野而德服天下，德服之果，在于有德被之因，这是从同人到大有所呈的因果之道，无同人之治因，则无大有之归果。之所以大有言顺天修命，为言因果也。自天佑之，何以可佑也？为广积德善而自作善因，以广修善因而恒顺因果，自然吉无不利。正因为有同人健德普照的德被为因，故而有大有德服之"元亨"之果，"元亨"者应道元通本性，以德文明构建——天地人三才合德而治之于精神，精神者，归终于道统之本体，唯道统之本体精神成其盛大丰有，光耀苍穹，圣德显彰。

同人卦围绕志同、宗同、异同、德同、服同而健德与修善，从天地人三才合德之德文明构建，到遏恶扬善、修善因果之德教，以善因顺其因果定律而吉无不利，出现"同人于野"而无所不同、"盛大丰有"而无所不有的"大同"之境。

从在"野"转为当位，而在野之"野"也因照而明，同人之域体当成。同人之卦成，天地人三才合至德文明以健，成其天下有火并与天同而共照四野。照之四野为德政普施而德被四野，所以"同人于野"出于野，而落于野；出则为天机与天时具备而君子出，出君子济邦之志和刚健阳德，落则为天火相同德政普施于阳德普照。

同人之"亨"。同人之亨通者，有复泰之交通、进志之志通、人同之人通、健德之通、德照之通等，其首要为复否成泰之交通，在同人之初，由否反泰，故而延续泰的四重位域之交通，这是同人亨通之基。"利涉大川"，在同人卦，人心皆同，且无险阻，故无往不利，而利涉大川。对比比卦、小畜卦、履卦、泰卦、否卦等，虽有治，但治在卦之当体，并无有"同"与大通，皆不利涉大川或不能涉大川。

乾刚健且阳大，又有九五居正位，有包举天下之同，乾体阳健居外，阳能升，利于精神扬升文明以健；同时，六二居下正应且正位，下能行，犹足也，上有首脑，下有行足，再兼天下之同，故而利涉大川；乾行也，行德政于四野，行德照于天下，目的便是涵养君子，使异者同，暗者明。"行"者何？乃君子之行也，君子正志故能通，君子正位故能行，以乾行而兼天下，行德文明之健的天下正道而"利君子贞"。

"柔得位"。同人卦之"柔得位"为六二以阴居阴，得下卦之中，又与九五正应而得位，六二以"柔得位，得中而应乎乾"成同人之主。同人九五刚健中正居尊位，二以柔顺中正得其正应，为皆得其中德与皆居其中位，二应乎乾，为既应志又应阳德，以"柔得位得中而应乎乾"的天火之主，成其独特的阴者皆同、阴者亦燃的同人之象。君子以类族辨物。为以同体位域方法分其异同，再行德位治则治异而使同，故"辨"的目的在于治同，而"辨"的方法在于归类异同，同者宗法系之，异者，以德位治则治之，使其异者亦同的同人之义。

"同人于门"，为同人之初九，初九者以刚在下，上无系应，取"门"象而言出门在外。"门"为户之出入之地，入则为家，出则曰外，家在同人之先而同，进而出外求同，为济否与同人之志引发，故而出门。"同人于宗"，为同人之六二与五正应，二得内卦之正，又得外卦五之正应，故以"柔得位得中而应乎乾"而成全卦之主；从全卦来看有以一阴统五阳之威，五阳既然能服，必然在于二虽阴柔而不居私。"宗"者祭祀祖先之场所，也是宗族亲比之地，六二曰宗，为尊者谓之宗；六二何以言尊称宗？为六二以宗法理念约束同人志士，虽性柔但深得同人要领而被尊崇，从否塞而来在同人未成时，必得行宗法之"吝"

道，既增加管束又方便亲比。"同人于郊"，为同人之上九，上九居外而无应，为有同人之成而又止乎郊，在同人卦之所以取"门""宗""郊"象，为以门象对应进发同人，以宗象对应同人之要，以郊象对应同人之成，从而形成进发同人→同人之要→同人之成的同人三步位域；当天机与天时具备，君子进志济邦，从由野济否的野之所起始，面对否塞之世小人当道使君子遁隐而皆不同的现状，同人便为开明君子之治世理想，所以治成同人之世需要过程与步骤。

"出门同人"，取"门"象，门在初时，言外；其"外"因在于因志而出，故以门的出入功能强调志，而这个志为济邦的进发之志。合群而宗。宗，便是同人之要，它是治同人的密钥，而这个密钥就掌握在六二手里，同小畜卦的六四定礼术以怀柔解乱象一样，同人六二以"宗"思想定宗法而治理众同人君子，所以才有"柔得位得中而应乎乾，曰同人"的卦眼之所在，这也是为何六二是同人之主的原因，唯六二能做到以一阴统五阳，且五阳皆服，便是六二采用了宗法之吝道。"吝道"。以宗法言管束而曰吝，为以宗法的有所约而治同人，以宗法言管束的同人吝道是同人大治之关键。

同人九三与九四有争夺之象，不但非同，而为异。使异者同，谓异同。九四刚而不中正，处上卦之下而无应，欲同六二，但被三所阻隔，有近而不相得而乘墉以攻之象。乘者，登也，亦有升其高陵之"升"义；墉者，城垣也。然居柔失位不中，故有自反而不克攻之象。虽欲攻夺，但四以刚居柔，有知过而改之象，从卦体而言九四未失同人之道。

同人九五阳刚中正居尊位，二以柔且中正与其正应，二与五之应既是同人之应，又是同心之应，同人又同心是同人之范式，二五虽相应，但被三四刚强所隔，间隔而滞其同，使五有号咷之象，然五义直且理胜，不畏其强，用大师以胜之而会师相遇得合。号咷啼哭之象，"号咷"者，为悲忧之甚而啼哭。后笑之象，解决使九五号咷啼哭之因，便解了同人之危。"以中直也"为六二治众君子且率众君子与九五同心且同人之象，众君子济邦之志与六二济世之才，均直入九五对同人之治心。

先哭后笑之象，九五先哭后笑就是发生服同的过程。所谓服者，首先是不服，继而被服，而后产生服同。大同之服同，为九五之服与九五使服，以及大同之服同。九五之服，为九五以识大体之明，服六二之贤和治世之能。五服二，且与二同心同人，这是走向同人之治的最关键的环节，九五居尊位又能服阴柔之人，必定有识六二之明，而六二确实展现了非一般之贤能，使九五有服乃六二贤治之服，以宗法各道管束志在济邦众君子，使其不生祸乱，为履礼明确，六二履礼，使九五大服，明明可以号令众君子结党生异，却偏偏履礼而行宗法，然九五与众阳明君子看到了六二虽阴柔却非小人，也正因有九五之服，才有九五兴师克强使三四服，才有三四之服同。九五使服，为九五兴师克三四刚暴之乱，以强克强，且兴师义直理胜，在使九三产生服同过程里，九五兴师致使九三强服，其"伏戎"凶象三年不发，就在于六二治世使九三心服，九三之服既有兴师之强服，又有六二使其心服。大同之服同，为上下皆服，为既服九五，又服六二，产生服同的同人之大象，尤其是产生二与五同心又同人之服同范式。

取"郊"象为在极时，言成；其"成"因在于同人之城已建，相对于城来言郊，城者，同人共建也。所谓"志未得也"，为上九之志不在位亦不在治，不在同人治世之争中，这是有大有之成后，君子从有为之志到无为之志的转变，可见虽均言志，但言"志"的位域不同了。进志济邦为有为之志，志在为政治理，当皆言有为时，认为上九未遂志，但上九之志在于无为，在于逍遥于外，在于享受同人的治世之福，有为之志已达，而无为之境尚在修持。相比乾卦上九高而无位且无下辅应，故亢而有悔，同人上九虽在同人之极，但同人有治，故而无悔。从德被而言，在上下、内外皆同后言"郊"，言志未遂愿，上九虽有刚明却同而无位，同而无他照与照他，只能自明与自照，这是德证的自我修持，以无为之境而心存大有光明。

第二十五讲　大有卦——归德而德服四方

大有卦，离上乾下，为火在天上而大有之象。日出天上，离明照万物且有乾阳下交而自照，为无所不照之象。卦体中，六五一阴居尊且得中，又得五阳相应，为五阳之大，皆为六五所有，故曰大有。五阳能应一阴者，为阴者德大，五阳方服；其德何以有大？为天地人三才合德之德文明被六五德化天下，内健外明，有德被广施，德服自照之义；德服自照，故而离明更盛。大有者，德文明富有也，有德升于"精神"而精神圆明也。

大有者，柔处尊位，火德文明居上，有照而并应之象，应为五阳相应，五阳尽其所有之有而成其之大之所有。大者，阳德之大；有者，德化后德服之有，为德被四野，无所不照；德服天下，盛大丰有。

大有以"元亨"立卦德。大有卦以回归德性至理和享有精神圆明之大象而归"元"，以德文明之健而天下归德又德服四方致其"亨"。大有之元亨，正是天下大同之象，尤其以同有和同照显著，同有者，乃身德同有、德序统有和德文明丰有之有；同照者，既有内外合德而健正序之大照，又有天下君子同德而自照，乃德被四野而无所不照；同有和同照的大有之境而有德服，且是共服而无不服，皆是大有的元亨之德与天德同。

大有之德，"刚健而文明"，乃"德"之至高位域，尤其是经过德为核的三次升华，其德之位域已然处于至高点，既合天道至理又合自然法序，故而能"应乎天而时行"。言精神圆明者，乃随"德"的位域层级之升而亦有精神之升，德的第一次升华为精气化神之升华，亦为"德"升其品格，华其精神，第二次升华为神主气精之升华，亦为"德"升其境界，华其光明，第三次升华为精气神三全，亦为"德"以乾坤合德之用，而德驱内外，升其神通，华其万用。从精气化神与神主气精再到精气神三全，正是伴随"德"的升华而精神逐渐圆明之过程，精气神三全在盛大丰有的大有之境下，三全之状态因德同天下而三圆，三全三圆之境乃内证圆明之圣境，唯大有与乾体享其圆明精神。

大有卦之"柔得位"为六五以阴柔得其尊位，有"大中"之谓；"大中"者为正中之极，为柔居尊位之称，必然是尊位之"大"前所未有而言大中。如何的前所未有呢？大有卦以德序统有的盛大丰有之盛况，使其大有卦的德序有以一序统多制且多序汇同一体之谓，且伴随着德服天下四方皆归服，其尊位因"统"而大，又因"有"而众服，故而出现前所未有的大有之尊位御临天下之极，而得"大中"之谓。

六五虽柔，却为大有之君，更是大有之主，正是大有卦以德文明之成而言文明之象，文明者，以"柔"显柔性，乃德文明以"文明"化柔之大象。文明出柔性，以柔显且文饰内外。在卦中六五为大有之君，六五虚中而大容天下之人，居正中之极行德化之政而上下能服人，任用五阳之君子行贞正之道，尤其是九二，能善用而知人。

在大有卦，离为日，兑象月，乾为天，有日月丽天之象，日月丽天，因其光明烛照而善恶立现。遏恶者，使邦民安居乐业之必须；扬善者，德文明以教天下之所需。如何遏恶扬善呢？德教以化恶，使阴者明，化阴恶向善；而善者本就自明，自明自照，故善者善之，也有明离之光芒照其阴恶，为以善化恶，以人同人。善恶者，因果也，恶者自有恶因，善者自有善因；明其因果，遏恶在于种善因，能使其种善因者，唯德教也。所谓遏恶扬善，在于修善因果。以善因顺其因果定律而吉无不利，故言"顺天修命"，顺天者，顺因果定律而报应不爽也，修命者，广积德善而自作善因；修同人德文明之健，顺德被之因自有德服所归之果，而吉无不利，自天佑之。

大有继同人，乃继同人通志之同所生的德同。同人卦解决了天下人同有德的问题。如何解决的呢？为众君子进志以志通天下人，天下人齐进志健德，故而成其德同。健德非一日之功，其同德之求更是，故而先进志而通志，再以天下人志通而求德，同人之同从志通之同到求德之同，发生了重大的转变，也就是这个重大转变，成其了大有之德有。同人以明志双用而启求德之同，当天下人进志求德同，必然会产生德盛之局面，德乃刚阳之德蓄聚而成，德盛必有内阳照之而生德照，德照之道以晋卦、离卦为显著，晋卦光明之道犹主德之光明，离卦久照之道犹主丽明与文明之照，丽明根于德之光明，而文明根于德盛之光明，且最终在贲卦以内文明化成文饰之外文明成其内外同照，而有德文明之成。德盛必照，贲卦以内文明之火照明夷正是德照在有外丽明后，而最终需要发挥的"场所"，明夷得照才能成其同照，而明夷之体便是阴强妄大的失德之体，也正是正大事业所发挥的"场所"，当明夷暗众皆能求德之同，明夷则能自照。晋之照，离之明，皆言德化，德化有成，必有君子之同，君子执德化文明而进德政，使明夷暗众皆有德，正是需志同与德同共同贯穿，尤其是在明夷体使天下暗众皆发生同"德"的价值转变，从而求德取德，直至进志而有德。

德有者，乃身德同有、德序统有和德文明丰有。德序者，集诸卦文明之成而建制成序，以法、礼、德三者成制，又以法礼德三者成一制正序，一制便是德制，一制正序便是德序，从一序载所有升华成一序统所有而有德序统有。德制之建，起建于比卦，成于夬卦，升华于晋卦，成序于离卦，以贲卦文明之成，渐成德序，从夬制德决所有到德序载所有，有"制"到"序"的升华；从制升序，乃以一序统多制，言"制"可有法制、礼制、德制，而序有归制成一序之理。德者，性也，德之本性载法序之至高，以德序合天地人道法共序，有通其"元亨"之至理，故而德序统有，乃大有盛大丰有之德有。诸文明有成，全在于德序之功，诸文明者，乃德政文明、养正文明、交感文明、德化文明、君子文明、同人文明等诸治道之成而沉淀出的治道文明，德文明丰有，乃集诸文明而大有，又以德序统有而载、统诸文明，形成盛大丰有之有同。言德文明丰有，除德文明构建成序外，还有以德为核的三次升华，分别使德政治道之成，德序统载之共，德文明丰有之有。

初九以阳居下，上无应系，处有之初而尚未涉害，虽尚未涉害，但因"有"而生咎，其咎在于因有而易生骄奢，戒富有而不可奢，所谓艰以处之则无咎。此"艰"在于虽处有但要安贫，而非贫者安贫，而是居有要安贫，故有艰难之象。

九二阳刚居下体之中，得应于五，五居尊位而应二，得益九二之贤，九二之贤被任大有之重任，有大车载重而前往之象。大车者，乾体之大也，乾为阳而有，故为重车；又有乾为健，健而动，故重车以动而前往，有壮大前行之象。九二治大有之重任，以大行积中之法而能胜任。以积中之法，使力更大而能使重车前行，且积中者，因和六五有应，象征路坦且宽；虽路坦且宽又肩负重任，若车重无力则败，故九二以积中之法而行有同之实，九二之"有"同者，为虽初有，但更进取，使有者更多，集乾三阳之有，形成重车，且能合有之力，使重车能前行。

九三居下体之上，虽在下而居人上，有公侯之象；王公朝献于天子，为王公有而献天子，使天子亦有。乾为君，兑为口，三供居位三爻，而有朝献于天子之象，从口而言可知朝献为烹饪之献。九三之有同，为公德之同，为开始从"有"转而成为公之德。从朝献之举可知，九三富而不专，有而不藏。富而不专，说明九三不仅有奉上之道，且有与共同有之道；有而不藏，说明富"有"的来路正，不怕露富，不怕因富而害身。九三虽有公侯之象，但从天子角度以及大有之体而言，又皆为民也，九三之富为藏富于民，可见藏富于民方为大富与大有。

九四刚居柔位，居大有之盛时，且六五为君，九四以刚近柔，有僭逼之嫌，本来凶咎或生，但九四有处事之明，既明己位，又明六五君位，更明大有盛满之状态，故而隐藏其才德，谦损其满，而行柔谦之道，终得无咎。

六五治世之方，为以德服、以信服、以威服而产生服同。以德服者，六五虚中、虚己以应其二，以居尊位而虚己下应者，为六五虚己谦损之德；以信服者，大有之所以有元亨之关键，就在于六五以治孚信而使上下交通，尤其是使众阳君子有信而能信，信以发志，才能济众君子之志使上下有治，可见六五治孚信是使众阳君子发志治世的驱动力；以威服者，为六五以威严上下，为严而有威治其阴柔虚中之貌，若不治威，使众阳君子发生陵慢尊位事件，必定是同人之德文明与大有之明离文明的瑕疵，威严如何产生呢？为火在天上，火天同照之德耀，德被光芒之威，为善威。终其究竟，六五之服同，为德被天下之德服；前者言以德服之德，为六五之位德，而德被天下之德为大有之体德，是同人与大有德文明之果。

上九以刚居极上，不居其有而能享大有之盛，又处离之上，为明之极。处自同人起的为政有为之极，在大有之盛时而居无为境。故而能顺天休命而自天佑，顺天休命者，居无为境享有为之极，自天佑之者，顺同人之因而享大有之果，以德政、德教之善政，而享德福利之余庆，且在明之极以自明而应大同之照且自明自照。

同人德教之善因顺成大有之有果。德政者，自蒙卦始到大有之政，均以德政为主体，且在泰有德政之盛，这也是成就泰通盛世之因，在同人，以德政行德教普施之照，天下无所不照，便是德教无所不到，这是成就大有之有果的善因。有果之极者，上九者，不居其有而享大有盛大之极，居无为境而有之极，此为合至道之精神王者，非六五君主居天下丰有能比。顺乎天而获天佑，德性使然也，国盛之极而证自性光大者，终其德文明之极而治之于精神且有成者，上九也。所谓正者定，一人正而天下定，同一位正而君子皆正的九五不同，上九之大正为在无为境中之正定，只有终其道统精神，证得自性广大，方为大正，明之极者，自性之光而光耀也，唯大有之上九者。

第二十六讲　谦卦——以谦卑之质行谦

谦卦，坤上艮下，为地中有山而法谦之象。法谦者，师法谦道也。谦卦，以艮承坤，以屈己下物而有谦之象，艮承坤者，坤顺乎外而艮止乎内；止乎内者，德也，以山高而言德崇，喻健德无止境，非德高而止，人健德再高也高不过天地，故谦立天道与地道入卦便是如此；顺乎外者，法也，驭法而顺，洞悉自然法序，并驾驭天、地、人、鬼神之法序而能顺。言驭法序者，必治其明，处谦时，兼听则明，以艮言、坎听立象有谦之兼听也；兼听者，以师法、效法、取法自然而言法，以取经圣贤而言听。

谦卦立三大格局。大有卦之后之谦、治君子有终之谦和地山隐伏之谦，并以此三种谦卦格局立三种释义。大有卦之后之谦，为谦敬；德政普施之大有，故而在谦必敬德、崇德、唯德，之所以有大有之盛世，在于自泰卦后，收获君子当道而治之利，尤其是从同人卦君子由野济邦始，君子修德并有德，继而进位且当位以治，所以处谦之当时，必然见大有而明德，继而敬德；故，谦者，敬也，为谦敬之义。治君子有终之谦，为谦始；终者，为身德君子之终，此终非终在谦卦，而是九卦所呈之治君子修身健德之集合；始者，为位德君子之始，履礼进位而当位，君子志邦而志展宏图之始；位德者，从邦之大体有君子当位而治大有之极；故，谦者，从私向共立邦之大体之始也，为谦始之义。地山隐伏之谦，为谦卑；谦卦为地中有山之象，地体卑下，山高大之物，而居地之下，以崇高之德，而处卑之下，有谦卑之义。除此以外，一切谦义皆履礼而谦，以履为德之基，故谦含有谦让之义。此基非基石和基础，而是根据和凭借，治君子之基在于复，以复阳为健德之基始，治邦体之基在于履，以履共序为基，故履位进礼是君子进位且当位的图志之基始。故以谦敬、谦始、谦卑、谦让之谦义四体，以谦卦呈谦谦之道。

谦之亨。谦卦有德健之亨、取法之亨、有德之亨、称位君子之亨、尊德之亨。德健者，谦卦德之柄也，以谦道健德，有修德和驭德之实。取法者，谦卦取法天、地、人、鬼神之法序，并师法法序而驭德，能取法者，卦体必以"明"达本体，以明济未明。有德者，谦卦修德与驭德，则必然有德，且有而不居有，反而守之以虚，行之以谦逊，不以有而满，只以卑而不足。称位君子者，以九卦所呈言治君子系统，既有谦卦统领其他八个卦体，又在谦卦以君子有成而言"终"，君子有成者，使君子才德兼备，因德之健全而能称位君子，君子是成泰与大有之基，也是邦体前进的动力。

"君子有终"。以谦卦统帅其他八个卦体，自复卦始，历经困→复→损→益→恒→井→巽→履的过程，在谦卦有君子之成，同时也形成修身健德的治君子系统，在治君子系统里，君子有终为健君子之终，是君子之成的标志，为以成言"终"，非终结与终止，而是在谦卦可以"君子"来称谓，故曰称位君子。

谦体四域与谦德四体。谦体四域者，为天、地、人、鬼神四域，谦德四体者，为与谦体四域相对应的谦德，为益谦、流谦、福谦、好谦四德。之所以以谦体四域言谦德四体，为以不同位域属性所呈现的谦道动态过程，而明了唯一本性——德性，谦道虽有谦敬、谦始、谦卑、谦让之谦义四体，实际上皆是因德的盈虚实质而呈现的外在表现，故皆言"盈"，盈者乃德之本性使其德健而盈，而谦道恰好能盈其德，在天、地、人、鬼神，无能是处哪一位域，以谦谦之道事之，总能盈其德，以谦言，在于谦的健德之能，又在于以谦体可统领其他卦体，使其相互促进而增益，更在于处谦体而明谦之理，以洞悉法序而敬畏法序，以德之大用而崇德，唯德。在谦卦，山隐伏于地下，因隐伏而无光明，但又因尊德、健德、有德而大放光明。之所以能隐伏，在于自明，自明者，君子之质地也，因见德性而明，呼应复卦以复见天地之心的德之本，在"复"言德性，言见天地之心，因刚刚出困且刚一阳来复，无足够的阳与德使其见性，虽有见性之理，未必有见性之功；见且明者，在谦卦，在于治君子有成，因君子之明以及诸德之健，使其既从睹自然法序而明见性之理，又因阳固德裕有见性之功。虽言卑，但卑而能尊，能尊不是可尊，能尊之"能"在于德健已成，以能尊而不尊，谓谦而不居。

君子处谦，明谦之理，法谦之象，故益损有余而补不足，损非损其山高，而是以损言增益其德。称物平施者，乃齐物之质也，因见德之本性，而明万物与万法平等，善无大小之分，德无高下之别，健德应广健，施德应普施。哀多益寡者，在治君子系统中，为以平衡之术行兼听健德之道，损其自身漏习之余，而补其健德不足。

初六以柔处下，又居山之下，是以涉难被山所限，但君子以谦道济渡险难，是行谦者。行谦者在初，为谦而又谦，故曰"谦谦"。

六二以柔顺居中，以中正之道而积谦德于中，六二顺承九三，九三乃治谦之贤臣，故见吉于外，谦德充积于中，谦名扬发于外，见于声音颜色，故曰鸣谦。鸣者，以谦有闻者也，取象震之声又坎之听者。六二居中得正，有中正之德，故云贞吉，凡贞吉，有为贞且吉者，有为得贞则吉者，六二之贞吉为其自有，因中正之贞而自得吉。在卦中，艮之巽，诚于中，止于逊，见于颜，播于远，此"鸣谦贞吉"也。

九三以阳刚之德而居下体，为众阴所宗，履得其位，为下之上，是上为君所任，下为众所从，有功劳而持谦德者也，故曰劳谦。坎为劳，艮为终，一阳值坎艮之体，履正而上下归之，九三者为全卦唯一阳。九三以刚居正，劳而能谦，终身持之，则其道吉；有功劳而持谦德者也，万民悦服；万民者，取象坤之众；服者，顺从也，取象坤之顺又艮之臣。

六四居上体，柔而得正，上而能下，不与物竞，为谦之至善者。六四近君位，恭畏以奉谦德之君，下之九三又有大功德，为上所任，故以卑巽以让劳谦之臣，六四动息进退挥扬谦德，故无不利。挥者，挥也，取象震之布施。初六与六四皆执谦道而继续养谦，使谦更谦富。从心所欲者，如六四挥谦之谓，不与物竞，而发挥谦之至善；不逾矩者，同处六般卑以自牧而健德之谓。

六五以柔居尊，为在上而能谦者，故为不富而能以其邻之象，是不以己富而得人亲者，因执谦道众所归往，或有不服者，则利征讨之。不富者，取象坤之啬；邻者，近也；侵伐，取象震之出；坤之坎，以地水师而是利用侵伐。

上六以柔处柔顺之极，又外谦之极，以极谦而反居高，未得遂其谦之志，故至发于声音，又柔处谦之极，亦必见于声色，故曰鸣谦。上，谦之极也，极谦反居高位，不能任天下事，则反求诸己，故利在以刚武自治。邑国者，己之私有；征邑国，谓自治其私；行师者，以师言用刚武。

在谦卦，初六敬始而谦，卑以自牧，虽位卑但德高；六二居中而谦，当位以健，厚积而发；九三履正而谦，当位且执位，以谦之主，屈己下人，以一阳志养全卦；六四执柔守正而养谦，发挥谦之至善；六五以谦之尊而执谦，恩威并施，以图德服而治邦体；上六处谦之极却有明，反躬自治而克私欲，集惩忿窒欲健身德之大要。所谓身德之大成，成在上六，成在有明私欲之明，处位之极还能有"明"，是因德健而真明，一般皆居极而反，而谦之上六唯独能明，是治君子阳足德裕而明的写照，上六之明在此通"复"，复者德之辨，辨则明，明则明其本而辨质见修，而上六不辨自明，不处困而知本因。同时，上六反躬自治而克私欲，以能克私欲而通"损"与"益"，集惩忿窒欲健身德之大要，上六以刚武之象克私，可见既有克欲之刚强，又有克欲之利器，此种君子是健身德之典范。对比身德之大成在上六，而当位之成在六二、六五、九三，二与五皆以中正之位而执谦，且以谦德充积于中，健其己之德位，为当位而健德位者。执位之成在九三，九三虽不中，但以己位领全卦，成执卦之主，以有功劳而持谦德者，使万民悦服而归，以德归服始发生在九三，九三不仅执位，还因德服而执卦，为六五之治世贤臣。以六二、六五当位，九三当位且执位可知，在谦卦，因治君子之终而有君子之质之大成，这也是之所以有能称位君子的原因，六二、六五皆阴爻，性柔，但能当位而执谦，且以谦德充积于中而健位德，可见虽以柔，且居阴位，但也不影响其君子刚明之才德，称位君子之质地，所以说同样一爻的阴阳属性，位域格局不同，结果会完全不同，这就要发挥同体位域方法论的作用。

第二十七讲 豫卦——建礼乐德治之师

　　豫卦，震上坤下，为雷出地奋顺动而豫乐之象。雷出于地上，坤地孕而育阳，阳始闭藏于地中，以行谦蓄阳健德，待豫时到，动而出地，成雷出地奋之象；其雷动乃阳气行健而动，行健之奋发从天之道与地之德，顺天道法序和天地位序而动，成顺动之至理，以此成其豫之顺动乃顺天应人而动，顺天之动，动而法序井然，应人而动，存共理而建美制而制用于人，为大众谋安乐之利；法天地、顺人心之豫动的豫体，得制礼尊德之德治，使坤又承之以顺，为动而上下顺应，使豫体通畅和豫，人心安乐，人与物尊法序而不逾矩，自得其和畅，由此形成豫卦动而和顺且万民悦服的和豫之兆。

　　豫之动乃顺而动，雷顺天地法序而动，且坤又承之以顺，坤师雷动而奋发行豫，形成"顺以动"之卦体。在豫卦，有君子进位建侯，故而坤众师君子雷动而奋发行豫，承之以顺，效法君子行谦而达豫；坤者，众也，乃民众之谓，民众效法建侯君子的健德并进位之举，顺其健动和出震之过程，行谦道修身健德与行豫道尊礼制而履位，成其坤遇震之顺以动也。

　　"刚应而志行"。九四一阳，其阳刚足以出震，上下应之，九四升志且志行而治豫，以动之主而带动上下群阴共应，皆效法九四之功而顺以动且行其志。豫卦独有一阳居九四，乃豫体的建侯君子，九四居大臣之位，承柔弱之君，以同德有功而当天下之任，君子升志且志行，行豫道治世，直到进位建侯而成建侯君子。豫卦之卦眼，便在于明建侯君子。豫卦的建侯君子之路径：草昧坤众隐伏行谦道修身健德，以称位身德君子而出震，继而升志且志行成志行君子，志君子处豫以"刚应而志行"行豫道治豫体，进位建侯成建侯君子，建侯君子治豫有功生德服而现文明之大象，而有豫明大君子。

豫卦建侯君子走过了从草昧到进位并建侯的过程，使豫卦成为君子进位作为之范式，随君子建侯并治世有功，以坤遇震的"顺以动"之功，行教化而启蒙民众效法建侯君子，亦给德治作了卦体范本。建侯君子以同德有功而当天下之任，其"同德有功"在于有身德、有位德以及有治德，有身德，以身德之成而有称位君子之功；有位德，升志进位而有建侯进位之功；有治德，以制礼尊德之德治行豫道而生豫乐之功。

豫卦之顺动有天地顺动、日月四时顺动、圣人顺动、建侯君子顺动、民众顺动等顺动之位序。称位君子升志且进位建侯正是豫卦行豫之旨，豫之顺动与君子志行造就了君子建侯作为之范式，称位君子以有位之位，执有为之政，立豫乐之功，故而豫卦乃卦君子进位立善功建侯之时。

豫卦所行之师，乃制礼作乐崇德的德文明之师，非兴兵讨伐的野蛮之师。德文明之师在豫卦，乃君子升志进位以制礼尊德之治道治其豫体，制礼作乐，重在履位序尊礼制，君子带动民众顺动，必尊位守礼，当以法制之全，来监督并纠察履礼制与守位序，以法礼德三位一体治豫体，使豫体成德治之师。建侯君子治世有功，使礼制享有豫乐大象，从而又作乐升"制"之文明，使其豫体成文明礼乐之师。建侯君子以顺动之明带动民众顺动，以德化之功启蒙民众，使民众能明顺动之理，从而又有传道之师。豫卦以德治之师、文明礼乐之师、传道之师三者行师，以文明代替暴力，以攻心教化的文明之教代暴力讨伐，以行师内容和形式之转换，赋予师卦与豫卦之于"文明"的不同位域和格调，这也是民众悦服皆顺而从之的原因，更是生德服产德果之本。

豫之时义乃法序之时义与豫体治理之时义。法序之时义，以日月四时顺动之理，在豫体治法序之明，以法序之明而知法序见天地，洞悉"顺以动"之至理，以及在豫卦所呈现的天地顺动→日月四时顺动→圣人顺动→建侯君子顺动→民众顺动等顺动位序之理。

豫之卦体，正是"时"所赋予的德果享有者，之所以有豫乐，便在于完成了行谦到治豫而生豫乐之过程，此"德果"之成，乃先王制礼崇德之功。先王以"元永贞"之精神当位，称位"修思永"之长久意识而作制并确制——制礼作乐崇德，此乃国之大事，必行荐上帝、享宗庙的宗庙之道。宗庙之道以收神取信之能，行德化天下而感格之王道，乃凝人心、摄众志、收神制礼、立德范之王道重器，正是豫卦顺承先王美制而德治天下生豫乐之因。

豫之民众之所以有"服"，乃以一制而位天下的制礼之功，且民众之服乃德服，其制礼尊德之道乃德治也。治豫怠。值豫卦以制礼尊德之德治而生德文明征象之时，易警惕豫乐之懈怠。安和悦乐之豫乐，乃治世有成亦有功，但更应明"生于忧患，死于安乐"之理，行谦使人奋健，行豫怠使人颓败，思患而预防之，乃思豫怠而行预防之道。治豫之怠必治豫之明，若不健明德以明治顺，其顺易生盲顺，盲顺之顺则是生怠之因，盲顺不知行健取新，更不知取顺在于明豫有顺之至理，从而解法序并明位序。治豫怠先纠违再察怠，纠违，违背法序与礼序之动，且妄动而无德者，必以刑罚之法制纠其错；察怠，有自察和他察，君子要有自察之能，再借他察鞭策之，但他察有迟，迟则生悔，察怠最终要治明，既明顺动之至理，又明行健革新之变，方能行顺礼践德之豫治。

初六以阴柔居下，以阴柔小人上应九四，受九四豫主之宠，满极其欲，不胜其豫乐，以至形于声而自鸣，如此轻浅之甚，乃凶之道也。豫之初六，从谦卦之上六，谦卦上六应九三，曰鸣谦，豫初六应九四，故曰鸣豫。鸣谦得吉，鸣豫则凶。六二柔而中正，乃豫卦唯一处中正之爻，上无应，乃居中自守之象，六二居中自守，不耽于逸乐且其介如石。豫体主豫乐，但以阴爻受"乐"义，容易因无明而沉溺自乐，并不知豫乐所处位域之大义，豫乐为德治豫体有成生文明之象而有其乐，非阴柔小人得其自乐，小人溺其乐而失正志，则是乐之忧。大乐乃奋发图治且得志之乐，享于精神，而小人之自乐乃纵于情欲，被欲所主，乃失正志之小乐。

豫卦下三爻皆阴，乃坤众之象，坤众处豫因爻位不同，则情状各异，初六鸣豫与六三盱豫，皆小人得志之象，小人得轻浅图乐之欲，失行健奋发之正志，无豫乐之大乐且陷溺于自得其乐之小乐，以丧正志遭陷溺而有凶有悔。卦中以坤遇震的"顺以动"使民众效仿建侯君子而奋发行健，便是六二之谓，六二以中德审视全卦体，因健中德而明顺动之理，以介石之操守远离欲乐，从而以得贞吉区别于其他有凶有悔之阴小。由此可见，小人得豫容易失正陷溺，唯有健德治明，方能如六二明顺动之理，知豫乐之"乐"本而勤以自励。

九四居大臣之位，乃卦中一阳主豫，以豫主使六五柔君亦顺从之，而有由豫之大象；九四以生大豫之位、得豫乐之所、顺人心而和豫当天下大任。九四为震之主，万物莫不由雷以豫，被雷所育；以阳之主成众阴所宗，阴被阳惠以及群物依归，莫不由之，而得由豫。九四乃建侯之位，君子进位而建侯，为君子志行且得志而大得其侯位，豫卦再得建侯君子治豫，因德治有功生豫乐大象，豫卦之所以有豫且能豫，皆在九四正当其位，九四之位，既震行健雷主之位，又为建侯得君主信任而任天下之位，上获君任，下领民众，又以阳明之德统领众阴，使阴类归附顺动行健，既有功于天下，又能传道而有大德。九四以生大豫之位、得豫乐之所、顺人心而和豫当天下大任，皆始于君子志行，无君子志行健德，无有出震之机，无君子升志进位，无有君子建侯之时。

六五柔居尊位，乘九四之刚，众皆不附尊位而附九四，乃处势有危，六五受制于下，如痼疾之在身，故为贞疾之象。六五当豫之时，沉溺于豫，乃不能自立者，之所以不能自立，在于权之所主与众之所归，皆在于四，四阳刚得众，乃以德称位其能，非柔弱之君以尊位能制，众人依德不依尊位，使柔君心有疾苦，处尊位反受制于下，是身亦有疾苦也。六五尊位，权虽失而位未亡也，然以其得中，以得中之吉，故云贞疾恒不死。上六以阴柔居豫极，为昏冥于豫之象。上六阴柔，非有中正之德，又以阴居上，执迷不悟，而当豫极之时。上六以其动体应戒其豫动，不知有戒乃昏迷不知反者，在豫之终，故为昏迷至深而昏冥已成。处豫之终，有变之义，若能有渝变，则可以无咎矣。

六五失权势而身心受疾苦，以"中未亡"而自振其沉溺，虽有疾苦而不失君道，同样任用九四贤臣治天下，又以得中自振思患预防其安乐之患，仍不失其明智。对比六五尚有明且智，上六却于昏冥中昏迷不知反。若上六不知变而迁善，豫之时则将变，若以豫之时变来生变，豫之上六则不能改其昏冥之现状，不能值豫治顺动之明之际来治其明，可谓将失去豫时，上六无得中之位，只有广迁善门方能健德治明来渝变其昏豫。

第二十八讲　随卦——唯变并唯善所适

随卦，兑上震下，为泽中有雷而随物应情之象；泽中有雷，雷震于泽中，兑主悦，外悦之情发自内之动，为外情随内心触动而自发情随心动之随义。卦中兑为说，主悦，为情流于外，震为动，主生发，为动而生发于内；内动外情相合而成随。内之动与外之情相合，使雷自地发雨从天降呈震雷兑雨之随，雷雨相随，使万物生长之情状可见，为以自然之道而见乎外情。卦中兑为少女，震为长男，以少女从长男之随，使女为随人者，震主春，兑主秋，嫁人之事宜在春，问斩之事宜在秋，此为四季随情之随；又震主春分之节，兑有秋分之气，震气出于春而交于天，兑气入于秋而感于泽，四季交替，万物随自然之序。

阴阳相随必有阴阳二气相交而合，使兑雨以随震雷，以此见万物之情。卦中震一阳息二阴，兑两阳共息阴，君子道长而小人道消之貌，也以此继承解卦去小人之治道。之所以否卦小人道长君子道消，在于不交不通而否塞，随有阴阳相交相合，是为阴阳二气之交，并伴雷雨相随，是为交而感通才有雷雨之随，故而随之体有气交且感通，才以此别于否卦。

以阳息阴者，既为行去小人之政，又为随情教化之道。随以气用，气以通才能行，故气通必治阴郁之塞，以阳息阴，便是以阳裕开阴路，使其通道洞开，以行气而交感，亦称去小人之政，并非限于为政之治理。

随卦言随"时"，便是气通而交，以及交而感，在乎时也发乎时；时者，虽无定数但有定法，无定数者，在于无时无刻不为时，有定法者，在于时之所生正是天人合一全息元象"动态"交易之序时。言去小人于无时之时，而行教化于无声之处便是此义。

随卦配元亨之德，以利贞称位。元亨之德，在于随物应情的交而感能亨通，使上下卦体以雷雨相随而通，内外之情以动而说而通，识、根、尘相继起用的气机交感能通。之所以言"元亨"，在于随物应情皆有序可依，有规则可法，虽言唯变所适时不可以为典要，但并非视经典到不常变之准则为无物，而是皆依典要之规则，以此正序谋万变之根基，再破规唯变以及再圆规为适，"不可为典要"正要遵其典要成正序之基石，才能做到随机应变并唯变所适。以"元"尊自然正序、位德正序，才能相交而通，若不触明自然之序则不能通物之情，通某一物，则要在某一物的属性之中洞悉法序。故以元言发乎于自然之序何其重要，不明元亨，则不懂正序之道。在随卦，刚承柔，尊接卑，兑主柔而性说，故利阳唱阴和，使物所以顺从而随，也是随之所以亨通之所在；随有亨通，自然利贞，以阳所发出震而利阳道，以心能转境的无故之随而利贞；无咎者，明所随必得其正，所以终元亨之义。

"君子以向晦入宴息"，随之道，利贞正，之所以利贞正，在于君子师泽中有雷随物应情之道，以知随物应情之本来，行养阳固德的向晦入宴息之法。随物应情之动而说，皆非固阳且固德之道，所以需君子洞明随物应情之本来，而行向晦入宴息之养阳固德之法。晦者，暗也；宴者，安也；息，休也；之所以有宴息，在于艮之止，艮可以止兑悦。泽中有雷虽随物应情，但阳动之于内，其情可隐而不发，使心能辨物不随外物而转其识，阳气则不被外物、外境所消耗。故君子师泽中有雷而随物应情之象，宜静养而不宜妄动，心神宜入宴息一念不起而不宜随识妄动以妄逐妄。只有自强不息修身健德方为大利贞正的随时之道，只有阳足德固的随时之生息，方能成一念之随时，一事之随时、一物之随时……从而心不随境转固守心阳，得其妙明真心才能治随道有成。

初九刚阳居下，以居随时而震体，成动之主；震之主居下为屈己处下，虚以受人，故众必从之，乃有所随者，并以此主随。既有所随，是其所主守有变易也，故曰官有渝。初与四为敌应，或曰无应，无所偏系，可随则随，既有所随，则变其常志，唯正是从。又出门以交，不私其随，则有功矣。可随则随，是所执之志能渝变也。初九以震主而主随卦，既然主随，则不当随人，阳在二阴之下，以刚下柔，而当人、物随己；刚为阴主且震体以刚言动为主，故曰官，言"官"则主守也贞吉，夫阳为主而阴随之者，为正随，故所随得正，吉。

九四以阳刚之才，处臣位之极，若于随有获，则虽正亦凶。言四有获在于四处兑之初，下据二阴，三求系己以此随己而获，故曰"随有获"。为何虽正亦凶？九四虽阳刚但失其正体，居于君侧，应知为臣之道，当使恩威应出于君上，四应以臣之道使众心皆随于君，但四贪有获之功，据功已有，以生僭越之嫌而多忧多惧，故而是其有凶的危疑之道也。有获又有凶，获在于其位，因位而成获，而凶在其德，因无位德和身德，故而有凶，四为近尊之臣，若势大、获大则将被君所疑，当以己位能获天下之随时，其凶险可知，且四既无治诚之道，又没有治信德，无法避免使君和天下起疑。故治凶在于明其功，并治使君和天下不起疑之信德，方能解凶。

六二阴柔，近初阳之随主，虽与五有正应，但较初九而远之，以随系初阳随主而无法随其正应，故为之戒云：若系小子则失丈夫也。以六二乘初九，故初九谓小子。以六二应九五，故九五谓丈夫。二若志系于初，则失九五之正应，是失丈夫也。值随卦，以随为主，故重随而轻应，二比于初，以阴比阳，故系之于阳主；二虽应五，但遇六三之妒，又被九四阳所据而隔，虽理上有应，实则难和，故失之。较初九随主之"官"，九五为天下之王。王大于官，天下之主大于一卦之主，故九五为大，初九为小。六二舍九五之丈夫、大人，而牵系小子，便是因小失大；这个"小"既有位小，又有利小；位小者，以初九之官对九五之王，利小者，以一阳之利对善政教化之利；这个"大"既有善大，又有义大；善大者，九五既随天下之善，又治善政而教化天下，故善有大，义大者，九五志在天下，能随天下之时而适变，非一卦之主能比，故有义大。

心随善道为心随天下大善——九五。子曰："为政以德，譬如北辰，居其所而众星拱之。"便是言随之九五。为政以德者，为九五心随善道，以尊位治善，先治自己尊位之位善，再以尊位治随善，又以至诚乐从天下之善者，为九五所主善政，以政行善，让善有教化之功。居其所而众星拱之，为九五居尊位，九四能臣下辅之，六二正应之，上六系之，有众星拱而共拥天下之主之势，以善政之德言"孚于嘉"，皆以位、以德而言天下随时之义，为天下随有德之主。

六三以阴柔承九四之阳，阳在上，故九四谓丈夫，居下者以初言小子，三近系四，而失于初，其象与六二正相反。三虽与初同体，而切近于四，故系于四也。大抵阴柔不能自立，常亲系于所近者。上系于四，故下失于初。三四亲比，舍初从上，为得随之宜。上六以柔顺居随之极，为随之固结而不可解者也，拘系之随谓随之极。九五孚于嘉，既随善又治善，故集众善于一身，以此而得上六拘系从维，也是随之固结如此的原因。诚意之极，可通神明，故其占为王用亨于西山。值随卦以随义言随时，而上六言拘系，以拘系而不可解，为随之上六，也是随之极者。

纵观随卦，六二、六三、上六以柔从之才，当随之时均不免于有所系，在于以阴系阳，多以柔质之目光驱阳逐利，以至于二系小子失丈夫，三系丈夫失小子，总有得失之虑。之所以有得失之虑，在于阴从之才容易被近物所迷，以失心之辨而失随善之心志。初九、九四、九五以阳刚之才，当随之时，则有所随而无所系。初九成随主，随渝变亦能适而随，九四有阴柔随之而有获，九五孚于嘉而随天下。随言无所系，却系随道以随天下。如何系随道以随天下呢？初九官主贵守，随有渝变也能适变，正是"唯变所适"之随道；九四因其位主获虽有凶，但能治诚德而明功，既能健己德，又能健位德，正是唯德通天下之道；九五孚于嘉以随天下之善并治善，成天下万民唯愿能拘系从维之明主。故随之三阳皆得其随道，以治随有功而不被随而迷，并且能纠正阴柔之迷随、利随。值"动而说"随物应情之际，以感通天下之民随，治随善正固。

第二十九讲　蛊卦——慎终如始而育德

　　蛊卦，艮上巽下，为山下有风而行蛊之象。不正之姤风遇阴势之逦山回转而行蛊，以女惑男行欲情蛊于人，再生蛊事而鼓动于众人，使众人皆受蛊；因蛊惑而生惑乱，又因蛊乱而有坏乱之蛊果，皆贯穿意乱情迷之蛊事。当不正乱情，蛊惑伤正，因蛊乱产生坏乱之蛊果而成祸，则应整饬而治蛊。蛊卦所言蛊事，既为蛊惑致祸乱之事，又为整饬治蛊祸之事。蛊祸在前，蛊治在后，从成蛊之因，到治蛊之法，使"治"立蛊体蛊事而全德政。

　　蛊惑者，以"风落山，女惑男"成蛊事，蛊事起于喜好，渐迷乱则生欲心，再到纵欲行欢，以致起心动念皆欲事而内生蛊虫；因"乱"生祸，惑乱者，因迷惑使君子沉溺，迷而不觉，致使善恶不分，正邪不辨，致使君子有失明又失志之祸；亦因君子沉沦而德政失序，从内乱到外序亦乱，以此祸乱德政与正序。阴小之类用阴欲之虫而蛊惑君子，迷惑大众，致使德政受乱，正道被害。

　　"刚上而柔下"。成蛊之事与治蛊之法，皆为刚上而柔下。成蛊之事者，取蛊体长女下承少男而意乱情迷，此为蛊事不正的乱蛊之起因，先有"女惑男"男女不正之起因，再行"风落山"之蛊事，姤风落二阴之遯山，独成蛊体，其蛊事亦从个体被蛊惑，发展到山下之民众皆被妌风蛊之，从个体受蛊走向众被蛊。治蛊之法，取艮刚在上，巽柔在下，山势不动在上，以制阴之治而不被外惑，以巽柔顺承艮刚的治阴之法在下体制阴，使阴从内便治，而无外溢成势。以"刚上而柔下"既成蛊又治蛊，亦是蛊卦虽有蛊惑之事，只能成祸，而无以生难的原因，在于治蛊及时且得力。

"巽而止"。在尚未祸乱德政与正序时治蛊，治蛊之将乱与防祸之未生，以"止"整饬治蛊。艮刚止于上，使蛊之妌风仅行于内下，无蔓延至外上之势，妌风惑于内，使蛊祸在从个体受蛊走向众被蛊的过程中能止，为止其蛊势。

制阴。艮男在上，巽女在下，男虽少而居上，女虽长而处下，尊卑位序得正，顺承位序之正，则上下顺礼而正理，则蛊风当治。当不正之妌风遇蛊体止阴之山，风欲落山而被艮山止之，使风无法回转而蛊惑乱人，则蛊势得治。同时以艮止之山制住"风落山"，不正之风不能落二阴之山，则无以成蛊象，无以生蛊事，便无以成蛊祸。不正之风无法成蛊，且遇艮止之山，艮山依礼且正理，使不正而正，则蛊风得治。蛊风得治则妌风将不存，从而以蛊势得制与蛊风得治，得蛊道大治。

"元亨"。蛊体有亨，在于通过整饬治蛊，以"止"住蛊祸发以及蛊体乱而得亨。言"元"者，在于治蛊使妌、遯之不正得正，经过蛊之治，使不正在蛊体失根，既无妌风之忧，又无遯阴势之虑。在蛊体，先有蛊事且将成蛊祸，经过整饬治蛊，使蛊势得制与蛊风得治，故亨通易得，而得其元亨不易。

"蛊，元亨而天下治也"。治蛊体而得蛊道，以蛊道得元亨之法而治天下，则天下得治。从坏乱之蛊果到巽而止之蛊果，经历了文明之转换；从不正之风到巽而止之文明，正是蛊体所经历的"蛊事"，蛊事从坏到好，蛊风从不正到正，蛊果从失序到正序，皆是蛊治之功。使不正得正，转姤风阴山成巽而止之文明，皆是以蛊道治天下之法，通蛊道而天下治，正是以蛊体正其本原之元亨而正法序，当德政不乱，德序刚制，则通天下之元亨。

"先甲三日，后甲三日"。甲为十天干之首，取"甲"言蛊为造蛊祸之端，从"甲"以记，先甲三日，为"辛"，借言新，以尚新、取新而言治；后甲三日，为"丁"，借言叮咛、叮嘱，以叮咛之嘱咐言防祸于未然。甲者，创制之令，在创制之前，需改过自新。从蛊体而言，在以蛊道元亨治天下之前，不仅要防蛊祸，且必须根除蛊弊，蛊弊自新才有创制之基。

"终则有始"。在蛊体言终始，为不正之终，大正之始。所谓"隔绝而百弊生"，经过整饬治蛊，根于蛊不正之因而使蛊体得治，虑之深，推之远，坏极必有复通之理，不正已久则以"止"通正，当蛊之弊能从根源上和根本上得"正"，蛊体得正其本原之元亨，并以此得治蛊之道，成就以蛊道治天下之始，使不正得正，便能使蛊事从坏到好，从失序到正序，成其蛊体终始之功。

"君子以振民育德"。居蛊体要知不正之来由，以及不正之蛊祸将祸乱何处，然后以知蛊而治蛊。以得正之"正"来振民，使阴阳刚柔不相交而能交，以正阴阳；少男与长女尊卑上下不相接而能接，以正尊卑礼序。不正之风蛊惑已久，必然失德，尤其是蛊乱之祸使正序大乱，致使德政不存，德化失灵，失德早祸及众人矣；蛊体言"天下治"便是从正个人之身德，到全众人之公德，乃言"育德"之所在。育德者，以正序使德政运转得常而能治之。君子法山下有风之象，振民心，养正德，以蛊道正其本原之元亨新民，则正是从蛊体走向治天下之始。

初六居最下，居内在下而为主，为子干父蛊，初六蛊未深而事易治，其子能整饬，治理父辈积弊，有子如此，则置父于无咎之地。子干父蛊之道，能堪其事。蛊者，言前人已坏之绪，故蛊卦前五爻皆以父母之象，上九有王侯之象。干者，为干预、治理义，犹以破中有立谓之干，以治理之作为，而言干立之功。为治理能使其立事之能，皆以能"立"言治理之作为。蛊之灾祸，非一日之故，必积弊日久，初六占其子则能治蛊，而考得无咎。考者，过世之父。子干父蛊，能堪其事，能治久弊，则父不受续累，故必惕厉则得终吉。初六之才，体阴能巽，居下无应而能主"干"，非能治蛊之人，言"厉"；但专言子干父蛊之道，心怀惕厉，勤勉从事，则子必克，以不累其父而有治蛊之成，虽厉但可以终吉。子能整饬父之积弊，在于继父之志，不承其事而承其意，意乃意志也。

九二刚中，上应六五，以阳刚承六五之阴柔，有母子之象，故以子干母之蛊立象。以刚承柔而治其坏，故又戒以不可坚贞；但以巽顺得中道，为善干蛊者。九二以刚阳之臣，辅柔弱之君，干之尤难；正之则伤爱，不正则伤义，以是为难。二巽体而处柔，顺义为多，虽以阳居阴有刚之实，但无用刚之迹，故而以柔顺事之，在乎屈己下意，巽顺将承，使身正而事治。曰"不可贞"，谓不可贞固尽其刚直之道，只能以刚行顺而从柔，实则为得中道。不可贞，为九二以中德明之，明其不可尽其刚直之道，以子承母，要行顺而从柔，以中道事之。

九三以刚阳之才，居下之上，为主十者，然三之位过刚不中，以子干父之蛊，蛊已积弊渐深，以重刚不中之才治积弊渐深之蛊，故小有悔。然九三在巽体，以顺主之，刚过而能顺，又能居正矣，故无大过。九三正位居体，以顺德处位，上亲六四，以刚阳之才与和顺之德处事，刚柔相济，勤勉惕厉，而终无大咎。九三重刚而居柔，从小有悔到终无咎，在于以顺德处位，得刚柔相济之道，以此干蛊，既刚柔相须，又宽严相济。

六四以阴居阴，柔顺而无应，虽无应但处得正，为宽裕以处其父事者；宽裕处蛊事，仅能循常自守而已，不能有为，则蛊事将日深，故往而不胜则见吝。裕者，放纵，懈怠义。六四以阴柔而无应助，又任事有"裕"，乃懈怠行事，蛊以立事为干，而宽裕倦怠者则不能立事，不能立事治蛊，则蛊事之弊将日深。怠且懦，使六四从吉而趋凶。初六虽厉却终吉，而六四言"吝"则临蛊事已深，又怠、懦事之，岂能趋吉？

六五柔中居尊，以阴柔之质，当人君之干，下应于九二，九二承之以德，以此干蛊，可致闻誉。之所以"用誉"，在于六五能任刚阳之臣，倚任九二阳刚之臣，则可以为善继而成令誉也。六五履居尊位，不承父以事，而承父以德，六五阴柔不能为创始开基之事，所持事业乃承其父之旧业，故为干父之蛊，居蛊需治蛊，非承父事守旧能安。故而必以中德治之，继世之君，虽柔弱之资，苟能任刚贤，信贤崇德，又以中德自处，以此除弊。六五干父之蛊，乃干父之前已坏之事，故守旧亦不能安，必然治蛊而除弊，六五至于用誉，是用誉以干之也，为干蛊之最善者，所谓立身扬名，体亲之誉，全父之德，因治蛊得蛊道而致元亨，使父亦有事德。九二与六五正应，九二以刚阳之臣，辅承德之君，以治蛊有成而立中道之典范。

上九居蛊之终，无系应于下，处无所事之地，在事之外，故而可高尚其事，以高洁自守，不累于世务，故曰，"不事王侯，高尚其事"。上九在卦之上，因无蛊事之承担，而可身退，处蛊体而不累与蛊弊，在于蛊势因"止"而无蔓延之势，使上九能逍遥于卦外。上九居蛊之终位，又得止蛊势治蛊之时，以时、位齐备而不当事，故曰不事王侯。初至五皆以蛊言，不言君臣而言父子，在于蛊事在前，治蛊在后，子承父业而治之，在于一体之事，乃蛊体言蛊事祸与治二义，为祸在蛊，治亦在蛊，祸在前，为积弊之父业。一体之事，犹子于父事。上九独以"不事王侯"言，在于合君臣之义，子于父母，有不可自逶于事之外，而王侯之事，君子有可为与不可为也，当必治蛊事时，以父子言，在于责任赋予，当蛊事得治，可处事外时，以王侯言，洁身以退而不为僻。上九居贤位，进贤志，非蛊体干蛊之事，不屑王侯事，自担天下事，以"志可则"而进退合道。干父之蛊与干母之蛊，乃除一国之弊，除一体之祸，而不事王侯乃从天下而治全体之蛊以及天下之祸难。

在蛊卦，初至五皆以蛊言，不言君臣而言父子，在于蛊事在前，治蛊在后，子承父业而治积弊之蛊，一体之事，蛊祸在蛊体，治蛊亦在蛊体，犹子于父事，唯上九独言事王侯，在于位、时皆出乎事外而不当事。蛊事之所以能治，在蛊体以九二与六五正应，刚阳之臣，辅承德之君，君臣上下同德齐用功，使蛊之积弊能早治，尤其以先甲三日，敬事于始，令蛊止于端，再后甲三日，慎终如始，防祸于未然，以虑之深，推之远，治蛊使正道复生。干父之蛊与干母之蛊，乃除一国之弊，除一体之祸，而不事王侯乃从天下而治全体之蛊与天下祸难。上九值止蛊势与治蛊之时，以时、位齐备而正志，进志。以正志且进志而天行，亦正志且进志者，还有九二与六五，九二刚直有明，六五承德有志，处蛊弊祸乱蛊体使失明与失志已久，以明志双用治蛊，立中道之典范振蛊而济正道。终以蛊体正其本原之"元亨"而正法序，并通天下之元亨。

第三十讲　临卦——复正道阳舒阴疾

临卦，坤上兑下，为泽上有地而德政临民之象；为卦泽上之地与水相际，地临水而水地亲比，地岸之众得泽水之阳，予求两相交融成临体。临卦二阳生于下，临之二阳乃刚复阳气"刚浸而长"成刚壮之临，临体之水乃泽水，泽之金性生水，故有水象，而泽之金性乃阳足德裕之刚复阳气所化，此种金性之成，随正坤返乾的"坤→复→临→泰→大壮→夬→乾"正固德盛过程，至乾卦成金性之全体，也正是这种"金性"特性赋予了临卦二阳必乃刚壮之盛阳，必刚壮出震气方能接通天地之金性，实乃阳足→刚壮→金性的渐进过程。这也是临之二阳能以少胜多、以弱盛强的原因，在于阳虽少但"壮"性十足，具备金性之资。

临卦以"元亨，利贞"立卦德。临卦有法序阳临阴和经世德政临民两义，其"刚浸而长"便是基于阴阳盈虚之法序而近本"元"，临卦之大时二阳长于下且刚壮而复，是临致亨通的关联，正是因阳气刚壮和正道复立而致内外亨通，内亨通乃刚壮来复，以法序之元而有元亨义，当临卦二阳居下且九二当位，外亨通乃以阳惠地众行德政，以正道大行而有利贞义。在临卦予求两相交融，以元亨与利贞之卦的，成其正道复立而行天道之功。临之元亨者，乃阳气刚壮阴妄消退的阴阳盈虚过程所呈现的法序转换之理；临之利贞者，乃正道复立以阳惠地众行德政的经世之理。

临有大时亦有小时，大时成体，小时占位。大时成其二阳复长于下的"说而顺"之体，小时以二阳应四阴犹以九二当位以阳临阴而显临义。小时占位之"占"，便是阳占中位，言"占"非阴小之争夺，而是顺承大时而有九二刚中之当位，从德政拯济民众陷阴之凶而言，必然要有"夺"位之战，阳夺阴而占之，便是从复卦到临卦成体的过程，此过程以阳战阴的"刚浸而长"为过程，顺承大时直到九二刚中当位小时乃成，阳占九二中位成其临体，而进入临卦小时之格局。

在大时成体与小时占位的"刚浸而长"过程中，实乃阳足→刚壮→金性的渐进过程。在正坤返乾的大时义中，阳自复卦起，刚长且足，以刚而出震之力言"刚"之阳足，"阳足"赋予了临卦阳气足而成刚，且以刚性渐长；"刚壮"赋予了刚性渐长之阳刚随阴息阳长而渐刚壮，临卦阳之刚壮乃阴息阳长之结果，阳进凌逼于阴且阳战阴而使阴息，为临之大时所成，虽阳弱阴盛，但阳亦然又强壮之势，阴长时生祸乱，阳长则拨乱反正，随阳气刚壮而正道乃复，临之当九二占中位，以中德之盛，复立正道；"金性"赋予了泽金生水之性而有地临水的水地亲比之状态，泽之金性乃阳足德裕之刚复阳气所化，且刚壮出震，以震之功接通天地之法序之性，故金性乃足。

"刚浸而长"乃临之大时降小时，又以小时贯大时，当地临水之临体乃成，临能使民众得阳利并从正，有成其正道复立而行天道之功，此"功"重在九二占中位且以德政临民而中德壮盛。以德政临民之事，乃以正道教民使民从正向阳，以阳正临阴妄，成其以正道临不正之道，使临秉承天道之大时，在小时卦体里大亨以正，既知临健明，又治临有德，以九二之当位，称位中德，且配位临之大明德。

"至于八月有凶"。至于者，乃先前之弊祸也，故临体先有凶，或其凶祸存于临体之先；八月者，乃消息之时也；程迥曰："阳极于九，而少阴生于八，阴之义配月。阴极于六，而少阳复于七，阳之义配日。"八月消息之时乃介于大时与小时之"时"，同更大时的法序之度而言，更偏重于小时。凶祸在哪儿呢？乃阴之不正为祸，阴之不正乃临体有四阴之存，且四阴之体盛于二阳，且临体继蛊，必临蛊事，此为知临之明必明之理，明阴之不正为祸存于临体之先且仍有四阴值临体。二阳临四阴，乃临体以刚临柔，阳值大时而势长，因"大时"之赋予，二阳方长于下，阳道向盛之时，要戒其阴长消阳，阳虽在大时义中浸长，从时令消息而言，至"八月"其阳有道消之患，故而阳消阴又长，使其原本阴之不正之祸更盛大而成"凶"，故言有凶。

九二刚中，六五"知临"而应，刚柔相济而共任天下，成临民布德政之典范。临卦之民众原本处不正阴患之中，因九二刚中当位施阳惠予地众，地众受德政之教化，渐而顺服，"地岸之众得泽水之阳"便是先顺之民众，"地岸"之众先顺，继而带动非地岸之众后顺，成其坤众皆顺。

"君子以教思无穷，容保民无疆"。君子法泽上有地之象，以临民布德政施阳惠予地众而行德政之教化，阳惠之利使阴妄渐消，民众得阳而渐明，民众有明则顺正序，顺正序则天下治焉。君子执德政之操劳，以阳正匡直阴妄，再辅之以育护启蒙，使民众自得其阳而自从正，再以从阳向正之道振其德，正是教思无穷、保民无疆之行。

初九刚而得正，以阳正之长感动于阴，使其阴得阳感化而临，成咸临之象。咸者，感也，阳正且长，阴阳交感，阴感阳而得阳利，使其感而动，以阳动阴，此"动"乃阳长阴息之动。初九应四，四为其感之者也，四以近君之位与初九阳正相感，此相应之感对阴从阳正而言尤其重要，四以阴与阳正相应，为得其正道所信，又近君，被君所任，故而贞吉。

九二与初九二阳并立，九二刚而得中且阳势上进，以阳正之长感动于阴，使其阴得阳感化而临，成咸临之象。九二值临之大时，阳浸长且势盛，上应六五，感化以临，感动于六五中顺之君，得柔君信任，能行其志，德政得施，为临体最贤明者。九二刚中比之初九刚正，因其有中位之当位，且有中德称位，故而吉无不利。得吉，乃刚浸而长且阳居中位，得无不利，乃正道改阴邪之弊，既利阳道，又惠阴小。九二之志，随刚浸而长且刚中而应，历经升志→志行→志刚之过程。

六三阴柔失正，乘刚据阳，居下之上，为以甘说临人之象。六三居兑之上，又乘二阳之上，阳方长而上进，阳进必使六三之阴息损，临之阳进乃大时之阳长，无可与敌，阳长必然阴息，六三乘阳，必损自身，六三爻体消损只能受之，此为六三所忧之事；六三近二阳，且二阳势长，六三必得阳利，虽有爻体消损之忧，但阳利更佳，故而有"甘"，且为甘美。六三虽有甘临，但甘之来乃阴身受损，得甘美阳利之乐，必乐受其身阴之损，故曰乐而受之。

六四处得其位，居上之下，与初下相比，是切临于下之临之至也。六四止位居兑坤之交，以"说而顺"之亲比，所处最当，所临最亲。六四居兑坤之交，下悦而上顺，乃临体位当之爻，"说而顺"之交，乃阳正改阴邪之交，更是正道复立君子予德政，而民众受阳惠顺正道之变。此种"交"与"变"正是临卦时、体、位使然。六四处阴从正而守柔，近君居正，屈己下贤，以得柔之利称位其德。

六五柔中顺体居尊位，下应九二刚中之臣，不自用而任人，五以虚中之位，下应九二，不任己而任人，所以为知，六五因"知"而明，以知临之明所以为大君之宜。知临为大君之宜。六五柔中当位，九二刚中亦当位，刚柔相应，阴阳相合，君明臣贤而共任天下；之所以有临道大吉，乃六五与九二行其中德，且称位中德，自然能配位其德，六五以知临而健大明德，九二以志贤临而健志德。六五与九二明志双用，六五知临而制大君之宜，九二刚中事贤临之功，同主德政，称位中德。

上六居坤之上，处临之终，敦厚于临，顺之至也，乃吉而无咎之位；顺之且敦厚，使其上六有坤厚之德。上六高而从下，以敦厚之至顺从于阳正，故曰敦临；上六阴柔在上，本非为临者，故有就在先，然以改临之明，舍阴改正，以其敦厚于顺刚，当"厚"与"顺"积累至极处，自成敦临之德。上六敦临，正是阳教阴的德政之功，让教思无穷、容保无疆非一句空谈，也可见德政之教化亦然能教到上六"极"位，使其顺正，之所以能教思无穷，全在君子志行且志刚之用，无君子主正道而德治，不会有坤之极也能顺之至。

初九与六四之咸临，以至临之交，感同且身受，上下和悦，初九行德政化天下之志，使其六四先有咎，再无咎，改阴妄而顺正道使其阳舒阴疾。知临者，乃六五与九二皆有其明，只是六五有从不明到大明的过程，也正是从不明到大明，使六五从正改命。六三与上六二阴值正道复立之际，以知临之明改临从正，且坚固其改临之心而志从内二阳，以敦厚且顺之德坚固其改临之举。

第三十一讲　观卦——行王道德化天下

观卦，巽上坤下，为风行地上而修德行政之象。在观卦，二阳居尊，犹以九五居中履正主卦，以上观天道，中观法序，下观民情，成其观体；在卦体，九五以位德敬天地之道，敬道法伦序，敬先王宗庙，再以御天下之位政，从位见德，使坤众顺。顺之有二，为君以政之予、民得君之惠而顺君，以及君以德之化，民得君之教而顺德。巽者，风也，风善行，为王考察世风民俗，以民之需、民之求行政，以政善行天下；风善入，风行地上，无物不被，圣人行无为之事，立不言之教，正是风行而教化。修德行政在于言君，君先治君德与位德，再行有为之善政，君修德在前，行政在后；而民睹赫赫君德，自然被德所感化与教化，又因君之风入教化，民健德在后，这便是观卦以风行地上，民得政利又健德于正，使其顺之又顺之所在。

"盥而不荐，有孚颙若"，盖致其洁清而不轻自用，孚信在中而颙然可仰。盥，将祭而洁手也；荐，奉酒食以祭也；颙然，尊严之貌。无不是以"盥"言洁，洁在于敬之，"颙"在于诚，而有德使之敬仰。其一在于敬，敬必诚敬之，祭而洁手之敬是外象，敬于外而诚于内，是九五取信天下的关键，以敬示诚，以一个致其洁清的"盥"行为，在于检点行为而修德于外行，以洁身自好健德于身。其二在于信，敬于外而诚于内，在于治信，既是信德，又是以信德向天下发出的信号，也是九五治天下之思想，无孚信则失基，更谈不上治天下，欲取信天下，便要以信先言自己。其三在于仰，仰则同，求仰不是满足自己浮夸的虚荣心，而是君民同心，邦民同志，仰行为的发生，一定是从下仰上，且在于因德而仰，在天下之民因君德、位德、政德而仰望时，君便可以德统帅天下，使君民同心、同志而有大行王政。以观之主体，立辞言德政与德化，其德既在以敬示诚之行外，又在以诚治信于身内，还在以仰求同的王政之中，使"德"的外、身、政之位域明晰，又在同一观体之中。

"大观"。何为大观？从观天道、观四时法序、观宗庙、观天下民状、观政、观教化……而言大，正是根于道→法→术→用之王道系统之观。之所以从观天道、观四时法序言观，在于言九五之明，以大开明来言九五治"以德政观万民，以德教化天下"的治国之术，以及以德行政的思想之源，以术循源，在于根在道、法也。言大观者，在于观之九五治其大明，以明德而位中正，正是以道→法→术→用之王道系统设观、治用之所在。

"以神道设教"。因明神、先神、众神而有神道。明神者，因治其明，而有用之神，知其道之源与法之序，因明而神；用之神，以明而知用，谓知其所以神。不明道、法之源，事物之本，皆信乎外神，故而迷信成神，以为有"外"神。以"神"言之在于以变幻莫测之用，示万物之联系，通常世人皆只知用，只见外象，就如在"盥而不荐"中，祭而洁手之敬只是外象一样，其内在还关乎明、诚、信诸德。只有在道→法→术→用的王道系统里，才能知神之所在，以及用神何在，因"明"神便知神之本，曰道，曰法。先神，此先神者，为崇敬先王乃至祖先之神庙也，以礼敬先王治国之术而有宗庙之道。因先王崇德，观体之文明，建立在先王德政治基上，以宗庙之道崇敬先王，在于知源而重本，既是九五君自健之德，更是教化之工具。众神，以民意之需、求而左右社稷当政之风向，而言神；众神为民，在于众听、众察，听任于君德，察行于己、察弊于政而以民载社稷。

涣卦云"乘木有功"，以木道乃行，言乘木的舟楫之利，而达成利涉大川之愿。乘木者，更以"乘"而言凭借；首先木有根才能长成大用，同宗庙一样，祭天地，配祖考，在于法"物本乎天，人根乎祖"，以传承有序而示根本；其次，成材才能做成舟，来行舟楫之利，因成其材而有其用；最后，和乘木有功一样，宗庙亦为可借乘之物，皆以德教化之工具，只是此"工具"重之又重，不可随意用而弃之。

教化之政，是以能使民成其大之善政为基础，若民尚不能安，何以言化？所以化民必先以政安民；风入教化者，圣人以德为凭，行无为之事，立不言之教，在无为之境。以有为之善政，再行无为之教化，正是治"天下服"之时，服者，德服也，为君王中正以观天下之身德而服，亦为九五以尊位行修德行政的大观之善政而服，更为以观行王化之道的王道而服，生此三服，则观体大治也。服则同，以服同而同君、同志亦同心，以君同天下民，使君以帅民；再以志同天下志，使天下民进正邦的大同之志；以中正之道同其心，使见道、证道而正其道心；王化之道以及王道之德，被天下服同，而有其德行被人所赞，德政被人所观，德性被人所仰。

初六阴柔在下，以阴柔之质，居远于阳，以观见者浅近而无远见之观，如童稚然，故曰童观。小人者，位下之民，所见昏浅；童者，童稚，幼稚，取艮象；小人之道，君子之羞。观体阳刚与中正均在上，尤其是圣贤之君有大观之深远，而位下之民，因所见昏浅，故见而不明，正是童蒙之观，童则稚，蒙则昏。之所以言小人无咎者，在于童稚昏昧之见，就是初六位下之民之本见，被位所限，故不会责其昏。以初六言小人，在于以"位"来称，又因初六阴柔质弱，故而只能依下位行小人道，小人行小人道，是称位之表现，因其德、才不足以配位君子之道，小人行小人之道，为安享其位序而称位其事。

六二阴柔居内而观乎外，有窥观之象，六二阴柔，居坤之迷，行坎之暗，为二阴所蔽，不能达观九五大中正之道；二应于五，为二观于五，既为以下观上，又为以柔观刚，五刚阳中正之道，非二阴暗柔弱所能观见，故成其小见而不能明之窥观。二既不能明见刚阳中正之道，能如女子之顺从，则不失中正，则利女子贞。窥者，由暗向明，倚门窃视，因见之不明而窥之者少。坤与坎，迷而暗，管窥之视，不能明见。窥观者，妇人之行，不庄之举，以丈夫之阳对衬，则为丑行。

六三以柔居下之上，处顺之极，能顺时以进退，以可进可退而承上启下，进可以观国之光，退可以守女子之贞；远则不为童观，近则未为观国，居在进退之处，可以自观，时可则进，时不可则退，故曰"观我生进退也"。

六四以阴柔近于五而观。观莫明于近，五以阳刚中正居尊位，四近观之，观见圣贤之道，故云"观国之光"，既近观见君德，又观见国之盛德光辉。四虽阴柔，而巽体居正，切近于五，为观见且能顺从者。观之者大者更在六四，六四以近九五，既见君德，又见国之治，君德又大，国之全域更大，是为全体也。六四之观，为以观言仰，因盛德光辉之成，而成其以下观上之观仰，六四民也，为以民仰君，在于君以位有善政，亦有位德之大健。

九五阳刚中正而居尊，为观之主。其下四阴，仰而观之，成其君子象。九五主观，其观天之神道而设教，抱一以为天下式，四阴臣民皆仰观之。是故，天下兴君子之风，则是君土德政所化，可得无咎矣。九五以观民来观己所行，如镜子之烛照，足可见其君明。以九五之善观，使天下兴君子之风，就是实已为天下之表率，因有修德行政的大配位之德，而有大君子之称位。既履尊位成君，又能称位大君子，实为健德与进位皆履得其所，九五自己成为人君子实属罕见，既施大善政，又行德文明以健之教化，这大概就是众君子与天下民最崇高之夙愿。

上九阳刚居尊位之上，为下之所观；然而不当位则无政可观，既被下所观，便在于贤人君子不在乎位，而以道德为重，其德为天下所观仰。观其生，为观其所生。以观上九之道德而成观，为观之视野发生重大改变，无论是观小体，还是观大体，以及观己、观君，乃至观国，无不是围绕可见之体而观之，在乎位，在乎政，皆不过朝堂与庙堂之事，而上九之观，因观其道德成无形、无体之观，道德者，世间德政，也可通过政、事来观，而上九所志于道的大道、道法则不能通过政、事之有形有体之事来观，使观的位域层次发生变化。

观卦为四阴势长之观，在姤→遯→否→观→剥→坤执迷妄失过程中，其阴妄从姤起，到观卦有四阴，四阴已然成势，值三阴成四阴长之际，必以"观"道察阴妄之生，恶佞之长。观卦观阴妄之生且观阴妄致祸，从灾祸之体寻求治理，观卦正是以众卦未有的制阴教化之力，才得德化制阴与修德行政之典范。以中正观天下行德政教化，以德化之力使不正能正，使阴能从阳，乃观体之责。

观卦以九五主卦，围绕君及位之主体，设象立意。从九五君位言"位"，以俯仰之察，察"大观在上"之天地之道，再以"顺而巽"入法序之要，师法、效法、取法自然法序而"中正以观天下"，中正以观天下者，王政之术也，秉德而观，因观而治，且治之有术，正是以道→法→术→用之王道系统行王化天下、德被四方之道。

第三十二讲　噬嗑卦——恶佞作梗宜治刑

　　噬嗑卦，离上震下，为离火照震威而用刑狱之象。为卦上下两阳而中虚，乃颐口之象，九四一阳间于其中，象进食而有梗，必啮之而后合，故为噬嗑。噬者，啮也；嗑者，合也。有物作梗，必有恶佞为祸和谗邪隔于其间，故当用刑法，以强力战阴恶，使其先啮而后合。恶佞作梗，在于谗邪间于德政其间，乃有为造梗，蓄意坏之，治恶佞之灾，必利用刑罚除恶佞，再用德政使不合能合，以正序复生来保民有食且能食，言进食，民以德政为食，再以德之正序保民生，使民有食而能食。离上震下，下动而上明，乃恶佞作梗必有离火明照，识其为祸的恶佞阴类；又下雷上电，惩戒恶佞，宜用刑狱，以雷震之威，大器重用，强力战恶，以"雷电合而章"，引刑入礼，再刑礼并用治乱之已生和恶之既昭。

　　"颐中有物曰噬嗑"。恶佞之徒蓄意作梗为祸德政，使其祸败坏德风并致灾生难，明君子用噬嗑之道治其为祸作恶，用刑狱惩戒恶佞之徒，先啮之而后合。"颐"者，乃艮止于上，震动于下，颐之象；颐中，为进食之中，乃进食之中遇梗，使物间颐中，吞吐两难。有物者，乃有阴核妄根的恶佞之徒，以恶佞之内行伪善之表，借巧、谄之技混入食中，使其不进食不知有梗，可见恶佞之徒狡诈之手段。民以德政为食养，恶佞之徒必然扮成君子混淆视听，行走于德化布德政之列，直到食后被梗，方知为恶之本性。

"噬嗑而亨"。颐中有物作梗，使其吞吐两难，行噬嗑之道治其恶佞作梗之祸，则得其亨通。吞吐两难不能合，梗去则能合，而去梗之法乃噬嗑卦的噬嗑之道。噬嗑卦以雷电立象，在于治恶佞作梗之祸，惩戒恶佞以强力战阴恶，在大观卦德教风行天下巽风无力时，必以雷震之威，大器重用，立刑狱而治恶惩奸。噬嗑卦以"亨"立卦德，其卦体与卦象，皆有亨通之象，乃噬嗑得力，奸佞能除，以恶除梗去得其亨通，故曰"噬嗑而亨"。

"利用狱"。不言利用刑而云利用狱者，乃卦有明照之象，以明照而能明判，恶佞为祸，其乱和恶皆昭然若揭，不存在察而不明致有冤狱的可能，故惩戒恶佞不在"刑"，而在于用狱，以用狱隔绝阴核妄根的恶佞之徒，杜绝行结阴之群党而长阴势的可能，以此除天下作梗之间和去阴势渐长之弊。以利用狱，来惩治天下恶徒。

震之大威德，有起势、起气、起神、起礼、起德之功用，亦是护正道行雷霆之威的重器，遇恶佞为祸，当行雷霆手段。正是以"利用狱"去作梗之间隔，使不合能合。噬嗑卦取"颐中有物"而不合之象，推天下万事之当合而未合，皆有间也，尤其值阴妄为何之体，必有谗邪间于其间。

"刚柔分，动而明，雷电合而章"。卦中三阴三阳，刚柔各半，卦中上下二刚爻而中柔；上卦离体一柔分乾刚，使乾中虚而成离，下卦震体，一阳分坤柔，坤下有刚成震。坤之纯阴为阴类群体，坤阴生刚，乃恶佞之阴刚，正是阴刚动而离火照之，使其能识恶佞之徒，恶佞之徒始居下为躲藏较深，当恶佞妄动则离火照明，以"动而明"之功见其恶；震再用，以雷电之合制恶佞服法，雷电以去天地之梗，刑狱以去天下之梗，而行噬嗑之道。震始动为恶佞生而妄动，乃阴刚之动，震再动，为雷霆之威，刑法之严，以震两动而见刚柔之分，震之两动两用，皆有离火在上生大用。正是"动而明"才能"雷电合而章"，离火照恶佞妄动，以乾之明识恶佞之徒，为恶佞动而识别之的"动而明"；明恶佞之所生，亦知恶佞之所动，必然行雷霆之谓，以雷电合力惩戒之。处噬嗑卦体必知震之两动两用，否则将不得其要领。

"柔得中而上行，虽不当位，利用狱也"。柔者，乃六五中柔，六五以阴居阳，位不当，但依然有明，能发号施令，以利用狱而惩治恶佞之徒，虽柔却能行雷霆手段，既有离火之明见，又借雷霆之下阳，使下阳上行而立威德。

"先王以明罚敕法"。治恶佞之灾的噬嗑之道，以"利用狱"而明罚敕法。其雷电合章的惩戒之法乃取先王之道。用雷霆手段治恶佞之灾，乃先王立法之功，亦是柔中而上行之谓：六五中尊之位借雷霆之阳上行，行雷电之合力而得惩戒恶佞，雷霆之阳，正是先王所立之法。雷电合章之"章"为立法之章文，立法成制，乃德文明之法、礼、德三者之法制正序，值噬嗑卦明刑罚、宣法令而治灾妄，正是兴法制建法序之时。

初九位卑居下，乃无位者，值噬嗑卦"利用狱"治恶佞，初九以下民之象为受刑之人，中四爻为用刑之象；初在卦始，罪薄过小，又在卦下，当用刑之始，罪小而刑轻，故为"屦校灭趾"之象。校者，狱具，乃木制枷锁。在噬嗑卦，有刑具之象，初九类脚枷，九四类手枷，上九类颈枷。初九在下，乃趾象。灭者，没也，没而不见，取初九隐伏坎下之象。以刚物加于着屦之足而没其趾，故曰屦校灭趾。震两动两用加于初九，非初九之凶灾，反而为初九之福，初九有阳在矫枉之前为不正之小人，而小惩大诫之后，能使其得正，有从阳得正之福。

六二居中且中正，是用刑得其中正者，用刑得其中正，则恶者易服，故取噬肤为象，其所治如噬肤之易，噬啮人时，肌肤为易入。然六二以柔顺乘刚，治刑虽甚易，亦不免于伤灭其鼻。灭者，灭而没；灭鼻，乃深入至没其鼻。噬而言肤与腊肉者，乃取颐中有物之象，各爻有取所噬难易程度之象，六二柔而中，所治如噬肤之易，故六二有噬易之谓。言灭鼻，有治始之义，初九刚而不从，不止其行，必受六二噬肤灭鼻之刑罚，六二"噬肤灭鼻"乃柔乘刚，六二中正明罚敕法，使初九受其噬肤灭鼻的刑罚，非用刑严苛且重，乃职责赋予，对待罪积恶累且不肯改过从正的恶佞之徒，必然严苛，此为正道对邪道之胜。

六三阴柔失正，自处不得当，以居下之上成用刑之人，用刑治人而人不服，怨怼悖犯之，如噬啮干腊坚韧之物，遇毒恶之味且反伤于口，故为噬腊遇毒之象。六三体柔位刚，故象腊肉，肉因六柔取象，腊因三刚取象；六二以柔居柔，所噬象肤之柔，六三柔居刚，所噬象腊肉，虽为肉但有刚，柔中有刚之腊肉，比二难治矣。六三既无当位之位，又无称位之能，故刑者难服，且怨怼悖犯之，而被反毒。

九四居近君之位，当噬嗑之任者，而"利用狱"的治狱之任尽在四五两爻；从全卦言之，九四乃颐中之物，为滞于颐中的强梗者，而从爻位言之，九四刚直聪明，以近君治狱之任，所以去强梗者也。九四失中，利在克艰其事，故其道未能光大。九四之所以艰难克艰，在于既兼全卦之位，又担爻中之责，从全卦言为滞于颐中的强梗者，从爻位言又需治梗，为既作梗，又需治噬嗑而去梗；以己之任担全卦之责，只能以刚直之道克艰。六三柔居刚，所噬如腊肉，九四刚居柔所噬如干肺。三遇毒，所治之人难服且怨怼悖犯之，四得金矢，其人服，其梗去。

六五居尊柔中，得九四之辅，又以居尊位用刑于人，刚柔相济，人无不服矣；六五阴柔，有人君不忍之仁，顽民当道之时，治狱需常怀戒惧之心，咬合干肉，返还钩金，乃守正怀惧是也。噬干肉难于肤而易于腊肺。五居尊位，乘在上之势以刑于下，其势易得，然为间甚大，亦非易嗑，但五得四辅以刚，乃得黄金之象，黄者，中色，金者，谓钩金。五无应而四居大臣之位，为得其内助，五执中道且得辅，以刚柔相济治刑理狱，故而治其服。

上九居卦之终，过乎尊位，为无位者，过极之阳在卦之上，恶极罪大，以受刑惩其恶。《系辞》所云"恶积而不可掩，罪大而不可解"便是上九之凶。何者，负也，谓刑具在颈；何校灭耳，为罪之深刑之重之谓。戴着刑具，淹没耳朵，听不到声音而聪不明。听而不聪，视而不明，见治刑用狱之当时，仍不能收敛其恶，小惩亦不能大戒，而履凶道。

噬嗑六爻，自初而上，其罪由小积大，其刑治亦由弱变强，乃根据作梗之间的强弱而定刑。初上无位，为受刑之民，初罪小，能小惩大戒，上罪大，不能小惩大戒。六五柔居尊位，以治狱之主，得九四大臣之辅，从而刚柔并用，君臣共担治刑用狱之责，九四以刚直之德，克艰其事，而得金矢，亦助六五得金不得矢。二三象干吏，为治狱之吏，治噬肤、噬腊肉之讼，亦尽职尽责；六二以中德用刑致"噬肤灭鼻"且无咎，六三位不当，所行失正，使受刑者难服，且怨怼悖犯之而被反毒。值恶佞为祸之当时，恶佞皆顽抗如干腊坚韧之物，更应用强去梗，维护正道。

第三十三讲　贲卦——内外合德质相资

贲卦，艮上离下，为山下有火贲饰文明之象。贲卦以聚王道之德政成山于外，集内德刚壮而成阳火于内，以山下有火照见山上草木百物，使其外物能披被其离火光彩而显外物之质，又以阳明在内，使值明夷而能内外通质。乾施坤受，坤得一阳而生艮体，刚质柔文，是质不害文，更能显文，有质居其内，而有文发乎外，所以能以外文明而知内之质文明。

贲卦以聚王道之德政成山于外和集内德刚壮而成阳火于内为内外卦体。言贲卦文明，首先集德政之大成，以山势之成而有治道、气、神聚于贲体；德政者，执天道行王道所能言及的一切有德和教化之政。贲卦聚晋制离序之功使外政能自养并正固内阳，而有德政文明。贲卦言治道、气、神之聚，而引发外在诸多之聚的终是德聚，德之聚在于蓄德养正之功，因蓄德养正且刚壮其内而有养正文明。晋之照，离之明，皆言德化，以内阳化外政且外善养外政之德化，而有德化文明。德制之建，起建于比卦，成于夬卦，升华于晋卦，成序于离卦，以贲卦文明之成，而成德序。从贲卦集德政文明、养正文明、交感文明、德化文明、君子文明等诸文明之成，也因此构建了德文明之模型。

"亨"。贲卦以"亨"立卦德，在于贲有亨通之能。集晋制离序之汇而成德序，以一制决所有升华成一序载所有，因能载万政又能厚万德，而有元亨。德序之元亨，使其诸卦之制、序皆能以德序之贯通而齐亨通。贲卦集德政文明、养正文明、交感文明、德化文明、君子文明等诸文明而成德文明，以德文明成型于于贲体而有大亨。贲卦以山下有火而言文饰之象，以内阳照外物使其物能近质，而有近质之亨。且近质之亨发乎文饰于外，使内外依质以文而贯通，能使其内外贯通者，在于德政自养，且有外善入内阳正固其内，乾坤合用，内外合德，以此驱动了内外合成，而有内外之亨。

"小利有攸往"。贲之成于阳壮且固。成于德政养外善于外，以成山之势止万政之动，以得静而使阳善有裕，外善入内阳正固其内，又集内德刚壮固其内，内外合功，使阳壮且固而有阳火值明夷能照外物。利有攸往，利在制决所有，序载所有之功；小利有攸往，贲卦德序与德文明皆以德为核，德以内守正固为大正，故尚静戒动，凡将动，皆以明而动，使动而亦能正固。

"分柔来而文刚"。"柔"者，柔性也，德性以刚成，以柔显，文以外，刚以内，乃象由性显。柔，从德政而言，履法、礼、德三者之制治万政，虽制刚，但履制以政，而有施政之柔，这是贲卦德政之柔性。柔，从德文明而言，文明出柔，德文明以"文明"化柔。从贲之德性而言，内阳与外善皆无色而显柔性，亦是贯通贲体内外之柔性。"分"者，分离也，乾之九二分出离体，离自乾来，故而离明通乾性，又离体之阳爻居上文饰了坤，使坤成艮，以成艮离之体，故艮柔自坤柔。艮主止，以柔之静止刚之动。"文刚"，文明以序成又成于序，故而刚，文明之柔在下，文柔驱动刚上，文之所刚，在于内刚壮之阳贯通于外，内外同质，故而外之文亦能刚。言"刚柔交错"，为卦中艮之阳与离之阴交错，为成卦时乾之九二分离；乾言质，坤言文，故有乾质坤文；以刚内外柔而内外交错有别，岂不知刚柔同体，无内刚健之阳德，便无外显之文饰，当以交错分别之，便未得内外同文同质之通，要以刚柔交错之义，见乾质坤文之本。

"观乎天文，以察时变；观乎人文，以化成天下"。乾质坤文成其贲卦之刚柔交错，使其能文明以内而文饰于外，并以乾坤同用而有德文明之成。乾者天也，坤者地也，只有师法天地自然法序，观乎天文，方能顺天应人而大治。天文者，从明入地下之明夷到明出地上之晋，经过旦觉、晓知、景明、晋中、昃警、昏暗、暮没之过程，值贲体在昏、暮之夜亦能照而能明，在于内德刚壮而成阳火照外物。贲之天文，有明夷暗黑不见到照明能见之过程，亦贯通晋照、离明之过程，为以"时"贯通于体；贲卦德文明之成，以德文明贯通各卦治道而化成天下。能化成天下者，唯德以生化之性而有生化之功。

"文明以止，人文也"。据天文之质，而显人文之神；离者文明也，艮者精神之质也，艮德止而不过，又有不尽饰之象，无本不立，无文不行，有实而加饰，从天文至人文，而尽显性→相→用之文明贯穿。"观乎人文以化成天下"之所以言"化成天下"便是以《象辞》通"离"而言生化与生养本性。"君子以明庶政，无敢折狱。"值德序之成与德文明有成之贲卦，君子师山下有火贲饰文明之象，应明贲体以德序成其外文明且内外合德，汇同文明之体。

初九以阳刚居明体而处下，有德而无位，无所施于天下，唯自贲饰其所行。自贲所行，为舍非道之车，而安于徒步之象。趾取在下而所以行。初九无位，舍车而徒，不因富贵而淫，不因贫贱而移。初比二而应四，应四为正，与二非正，应四取义而有德，君子守节义，乃君子之贲。初九有刚明之才，不应亲二而远应四，舍易而从难，在于志在求贲。舍易而从难，如舍车而徒行，弃近便之路而行远行之跋涉，近便之路便如车乘。君子所贲，世俗所羞；世俗所贵，君子所贱；君子弃车不乘却徒步而行，所谓特立独行，在于君子行志而求贲，而世俗以驱利为常。贲趾舍车，不假于外物，宁愿素位而行从其志。君子贵德，故内刚，贲趾舍车虽远行，以刚在内而守志，远行之累却不足为君子虑。

六二以阴柔居中正，得其位而无应，三以阳刚而得正，三亦无应，二三皆无应与，故二附三而动，近而相得，动静随刚，故有贲须之象。须者，随颐而动者，动止唯系于所附；休命者，顺天而行。须之为物，上附者也，故曰贲其须。二为贲之文主，主言贲道，饰于物而不能大变其质，乃既不能文饰太过而失刚，因其质而加饰，故取须义。二无应而比三，三亦无应而比二，故与之相贲，须于人身，无损益于躯体，但可为仪表之饰。

九三处文明之极，一阳居二阴之间，为得其贲而润泽者；九三处六二六四之间，故曰贲如濡如，三本刚正，特虑其为二阴所陷溺，未免有文过而灭质之患，文过则质丧，质丧则文弊，不可溺于所安，要当永久以刚正之德固守则吉，故有永贞之戒。九三以一刚介二柔之间，文饰之盛，润泽充盈，为贲之盛者；互坎有濡义，亦有陷义，既济与未济濡首濡尾，濡而陷者。二阴于九三有润泽之濡，而九三以能永其贞不为陷溺之濡。九三长守阳刚之正，而不为阴柔所溺，则不至以文灭质，文不胜质，故不至于陷溺。

六四正位居体，与初正应，为相贲者。本当贲如，但遇三所隔而不得遂，故皤如；虽遇间隔，然二三相比，间而不滞，其往求之心，如飞翰之疾，终必获亲，故曰"匪寇婚媾"。然九三刚正，非为寇者，乃求婚媾耳。是固白马疾行如飞，并非寇盗，而是求婚之人。贲如，贲饰而光彩之貌，或以为来之疾也。皤者，白也，头发花白之貌。发白为皤，马白为翰。翰如，疾行之貌，其从正应之志如飞；取震行坎疾之象。匪寇婚媾，应而遇妒，先疑后合；在屯之六二、睽之上九亦言之。匪为九三之所隔，三爻皆失位，故坎为非，取坎为寇盗。六四居巽，初九居震，震巽皆白，发白马亦白，乃同一白贲之风，谓文饰之极，反归于质。四应于初，其前往求贲之心切，如飞翰之疾，故曰白马翰如。

六五柔中为贲之主，阴柔不能自为，密比于上九刚阳之贤，阴比于阳，复无所系应，求贲于贤，故有丘园之象。丘，谓在外而近且高者，园圃之地，最近城邑，亦在外而近者。丘园，远离繁华，安静质朴之所，谓在外而近者，指上九。六五受贲于上九。然六五性阴而吝，外比于贤，礼微物薄，故有束帛戋戋之象，束帛之为物，以其纳征也厚，以其招贤也薄，故可羞吝也。戋戋，翦裁分裂之状，帛未用则束之，故谓之束帛。及其制为衣服，必翦裁分裂戋戋然。束帛，喻六五本质；戋戋，言礼薄仪简；六五以柔中文明之质，简择而求刚明上九，上九亦知见素抱朴之理，重于质而轻其文，以刚柔相济内刚外文之通，使其成为贲文明之志同道合者，以见素抱朴之质求而有应，共治贲功，故得终吉。

上九居艮质之终，当贲道之极，贲极则返质，贲极反本，复于无色，终归于无所饰，故贲道成而无咎。上以阳刚居艮止之极，止文而返质，言"白贲"，终归于无所饰。上九高尚其事，终得见素抱朴之贲道。始则因天下之质而饰之以文，终则反天下之文而归之于质。上九最得贲之道，穷天下之文而终守其质，华丽之世，总有高尚隐士，守质素之心，行见素抱朴之道。上九以文归质，使以文饰之道而通本末者。得文明皆在世俗，而得道皆在于心。

纵观贲卦，六爻饰以文华又务本求质，前三爻重文，后三爻重质。初贲趾而四翰如以文入质，从文之表象得见质本，初与四为应而相贲者。二比三而贲乎三，五比上而贲乎上，为无应者以比而相贲。二之贲须附于三，唯三润泽充盈而有文饰之盛，见文饰大盛而不溺，且引文从质，以质之坚贞使文饰之极归于君子之质。五比上而求贲于上，五以敦本又尚实主贲，宁俭而舍奢，忘殿陛之华，守丘园之素，用"束帛"之简礼，行见素抱朴之质。贲卦三阳皆得贲道，初九舍车远行，如无位而守道之贤人，九三被二阴润泽华丽至极而不陷溺，如明时势而有主见且决断之贤良，上九以见素抱朴之心见"白贲"而从质见性，实为得道而超乎世俗之大隐士。

第三十四讲　剥卦——止剥当厚生安民

剥卦，艮上坤下，为山附于地而剥落之象。剥卦被阴"时"所赋予，阴自姤卦始，阴渐长而盛极，五阴在下而方生，一阳在上而将尽，阴盛长而阳消落，为群阴消剥于阳而成体。贲有德文明生成之功，而剥以一体之阴力，尽剥贲体之阳，当无阳可剥时，则剥其民众所依附之"山"，使其民众无依附之序，而落难履灾。

剥卦之所以成剥落之灾，乃"正"丧也，正丧则阳无基，更无德政之迹，群阴消剥于阳，而成剥落之灾。众小人皆来剥丧君子，君子在剥体，失阳正，无位又不得时，阳又被阴剥丧，君子被戕身落难，且烂落在地。积阴为地，聚土又成山，民众被"剥"体剥落无有依附之序，只能依山而存，山又存之于地，地可载，又可剥覆，民众依山而食，必然剥山。剥消者，乃阴浸而阳消使正之不存，阴起于姤风，姤之柔遇刚并浸刚体，姤之一阴生与遯之二阴生，皆以阴"时"成轴，至五阴并起，阴之所起处，便是阳之所消处，言阴剥阳之剥消，必有阳消而阴进之剥消过程。剥离，为阴剥消阳后，卦体逐渐离贲体而成剥体的剥离过程，剥体继贲体，必然阴浸阳已久，且阴剥消成势，使原本积阳、积德之山，被五阴共浸，以贲阳剥落而成剥卦之过程，呈现剥继贲的剥离过程。剥裂，阴剥阳而彻底离贲体成剥体，阳无以养外，使阴剥裂而落，成剥卦之体，裂者，阴剥阳而使卦体脱裂于贲，与贲体失去"阳"之联系，剥裂之成，其卦时已全然在剥卦。剥落，为剥卦小人害君子致使君子落难履灾，君子在剥卦因阴势强盛而失阳正，继而无位又不得时，阳又被阴剥丧而烂落在地。剥乱，剥卦五阴祸乱卦体，不仅君子落难，因无君子主德政，民众亦履灾，卦体无有可依附之秩序，皆被剥落之灾所乱。

剥卦以"不利有攸往"立戒，在于剥落之灾祸乱卦体而言立戒惧之必须。剥卦阴盛，其阴势之长被"时"所主，大时乃自然法序无以匹敌，卦体小时五阴已成大势，皆不能"制"与"止"，只能任其小人当道，使其众小人皆来剥丧君子而让君子履灾。君子不利正固，无正固之基则不能以内阳化外政，故戒其攸往。君子怀全大体的正大之志，值剥卦戒其攸往，在于识"时"务，时者，大时体，乃阴长阳消的自然法序；小时体，乃剥卦五阴当政已然成势，其大时与小时皆无可与敌。这也是剥卦之所以"灾"言之所在，同诸难一样，难以救济，只能适时和待时而变。同其他难卦小人遭难犹为深重不同，剥卦为君子履灾遭难之卦，卦体呈现众小人皆来剥丧君子，君子与正序首要地受到冲击，以失阳正、失位、失时，再失剥卦小体之政而烂落成灾，剥卦虽伤正伤君子，实则民众履灾更甚，君子虽然失位、失时、失政，但君子尚有明，可遯而避之，而民众只能任其德政不在，正序不存，任由小人祸乱。

"柔变刚也"。在姤→遯→否→观→剥→坤执迷妄失过程中，其"柔"起于姤风之"柔"，盛于否卦之长，变于观卦之时，成于剥卦之刚，故柔变刚，有渐变之过程，且伤害之力亦随柔变刚的过程而增长。

从"柔变刚"的渐变过程，亦知君子失阳正、失位、失时、失剥体德政，继而烂落在剥卦成灾之过程。柔变刚，乃大时所变，亦是卦体执迷妄失的变易之序，此序乃阴阳盈虚法则所主；之所以在阴阳盈虚变化过程中言"战"，正是阳之刚战阴之刚，两者属性力量在变易转化中博弈，阳刚迅猛，阴刚缓成，阴蓄势且大后成刚，从姤之柔起，言阴浸阳，以浸之性，使阴渐蓄缓成，而阳逐渐被阴吞噬剥落。

剥卦立"不利有攸往"之戒，且如归妹卦等其他卦亦立戒，便在于以立敬戒而言戒惧之必须，且时常要以震之器用，以雷震之威惕惧之，在于警醒君子不可疏忽大意，阴浸阳之渐变，往往在毫无察觉中。"小人长。"众小人以阴刚之力，剥丧于君子使君子烂落在剥卦，乃"小人长"势。

"顺而止之，观象也"。坤主顺，艮主止，乃顺而止之，之所以言"顺"，在于五阴成体而小人势长，民众之阴与阴妄之阴类同，同类归类而顺之，同类归类则阴类聚势成山，使山附于地，民众皆依山而存，而山又为地生，故而民众有抱团取暖之义，抱团取暖，坐山吃山，故而山亦被剥，剥而渐落。五阴之剥体，阴妄势大，剥落阳道与君子，君子不以力敌而顺其大时之阴势，在顺中止阴，为居小体的治阴止阴之法。

顺而止之，乃剥以安民之法。大安民必先止阴，明大时，而治小时。在卦中，上九一阳在上，一阳制众阴，使其阴顺，一阳在上众阴皆有顺从之义，众阴顺阳，乃有"顺"，阳制众阴，乃有"止"，其顺而止之功，不仅在上九，更在六五，六五以群阴之长能制阴使其能顺序，避免众阴各自为政而不能从顺。顺而止之，从六五位而言，制阴使众阴顺序而无剥阳之忧，又得上阳庇护。

"君子尚消息盈虚，天行也"。消息者，言九月之卦也。君子居剥体，应随时消息，察时亦察变，知阴之长与阳之剥，知祸之处以及灾难之缘由，尚消息盈虚，便是知时与得时，处剥体得时则得察，得察则能固阳，可及早进行灾祸之应对。

"上以厚下安宅"。君子观山附于地而剥落之象，以诸象之"剥"而行"止"道，行安民之法，厚待百姓。剥卦的烂落之灾，使君子烂落在剥体，君子尚且如此，民应剥落之灾，灾如火临宅，突如其来又灾难深重。故必当临剥而安民。知成剥之因，从因上治理，明大时，而治小时，剥卦顺承大时，亦主卦体小时，应师法众卦的制阴与止阴之法，使其形成剥卦的止阴之道，当安民得正，剥卦可得治剥安民之道。

阴之剥阳，自下而上，初六以阴居下，故剥之犹甚，为剥床及足，初在下，剥床而先以床足，为灭于下之象。剥床及足，剥自下始而灭下，渐至于床身，身者使床正也，灭正则凶，当正道消亡，其凶可知。剥卦以床为象，床者，乃取身之所处，床正可安身。阴自下始生，故剥自下而上，自下而剥，渐至于身。剥床以足，为剥床之足也，故为剥足。蔑者，灭也，谓阴盛而消亡正道。

六二居中位，却无中德，六二之凶，以其不能见微知著，居中位而不知阴长之消息，临凶固执而不知变，履凶不知应济，所守之常亦为非常。同时"辨"亦有判断之义，为六二不知其判，居中却无识阴之明，为阴而不能判阴。当剥床以辨，六二则孤立无援，远无应近无助，故曰"未有与也"，与者，应助也。阴势长进而阴祸切身，从始剥于床足，到渐至于肤，为将灭其身。

六三以阴居下之上，与上九阳应，意脱离群小，剥离众阴而从正道，故其道无咎。六三脱离群阴，独应上九，故曰"失上下也"，失上下，为失上下之阴类之党。上下者，剥卦阴类同党之谓，三与上应，群阴剥阳之际，三亦在其中，虽有剥阳之同，但其心志正，值群阴无明亦无志之时，六三以志从正，虽处于剥，但可无咎。

值六四阴势长进而阴祸切身，从始剥于床足，到渐至于肤，为将灭其身。阴之盛，已从内体盛及外体，四居外体，而身之外为肤，肤布在身表，当肤被剥落，身早已被灭，阳剥之甚，已然将贞道消亡，故更不言蔑贞，直言其凶。剥床及肤，身死垂亡之际，以曰"切近灾也"而言凶祸之甚。

六五为群阴之长，当率其类，受制于阳，五近比于上，能率群阴顺阳相次，如宫人获君上宠爱，故曰"贯鱼以宫人宠"。六五取鱼为象，鱼者，阴物也，宫人者，阴之美而受制于阳者，后宫妻妾鱼贯相次而得宠幸，则无不利。妻妾者，侍使也，以阴言，乃取获宠爱之义。六五居尊，以阴承阳，率众阴承阳，如后宫之妻妾待宠，后宫妻妾多为争利之徒，乃剥卦群阴趋利之群小，争名夺利，六五近阳而最能得阳顾，故曰"宠"。众阴听从阴长，五能使群阴顺序，如贯鱼然，反获宠爱于在上之阳，如宫中美人，则无所不利也。

上九一阳在上处剥体，为剥未尽而阳亦复生，诸阳被群阴削剥已尽，独有上九一阳尚存，如硕大之果不见食，将见复生之理，故曰"硕果不食"；贯鱼者，众阴在下之象，硕果者，一阳在上之象。硕果之得，乃君子之存，君子在上，一阳独大，为众阴所载，是"君子得舆"之象。君子得民众拥戴，小人则自失其庇护，上九下应六三坤体，六三志在从阳，故曰"君子得舆，民所载也"，且亦有众阴宗阳的共载之象。

第三十五讲　复卦——修身健德复阳道

复卦，坤上震下，为雷在地中震往坤来之象；在复卦，阳气复生于下，阳气渐而君子之道复，阳长则万物发育，以一阳之体成复，谓一阳来复。一阳来复为修身有成，可立身，反复其道，为固阳，阳固则能称阳道，阳道初成，才能成复卦。阳来则震，故内震，为阳在内发动，外顺有坤，为阳动在内而顺以上行，阳道得以升，以此能泽济天下，故而可立志。阴掩阳而困，阳舒阴疾走而无病，故能解困者，复也。先复其体疾而能立身，为健德修身以立身；再复志疾以上行立位，为修持健德当知有天下有疾之人，故复者，有复亨之道，所谓"既复则亨"为复道已成，复道者，阳之道也。

"刚反"。刚者，以德言阳之性，反者，阳长且蓄；因阳反而有刚反，以刚言则强调"德"，阳反不一定健有刚德，而言刚则表明阳已蓄德，阳道有成，其刚反便是蓄德之阳的复道之成。也正是因为"刚反"之阳德之性，可以阳舒阴疾。从困可知，疾在体，不能立身；疾在志，安图现状而无济困之志；疾在既无明德知其德本，又无健德修持之道以供修福，故而使其困身、困志，乃至交困缠绕。

"出入无疾"。阳复生而震于内，为入，阳固且长进顺于外，为出；

出入者，阳生德长也。"朋来"者，为志同者通其心志而来，为阳复生德，阳德所招感，如同人于野中野之所起——众君子由野济否，以济天下之志通众阳君子，当天机与天时具备，众君子当自明而进志，在复卦亦是如此，志同道合之人皆来，在复卦的志同道合之人，为明德本且重修持自健德之人。有朋来之象，说明出困之人越来越多，复阳出困之法完全足以解困。朋来无咎，面对志同道合且出困的朋来之象，仅以"无咎"言，在于复阳出困之法还只能被少数人认同且掌握，远非德政普施的恒常之道，故言反复其道，以阴阳消长之道，既固阳，又育德健德，七日者，七者生变，为阳蓄成刚的实质变化。为何会有消长？为阴柔侵阳，使阳不固。从消息卦而言，阳长至于阴长，历八月。

"天行也"。基于复阳之道，而明阴阳消息之天行法度，取法阴消阳长之自然法序，效法天行规律以固阳，此为复言"天行"之所在，而复阳之道的根本在于扶阳抑阴以健德，使其君子道长。当君子道长，小人道消，故而利有攸往，利有攸往者，表明复道已成，有复之成且已收复之利，故应往，以修身健德小乘之利怀德普广施大乘之心。

修身健德复阳之复道，取"先王"之道，从象辞言"先王以至日闭关"可知，先王重德以及倡导修健之传统由来已久，也是在复卦以"德之本"言治君子治理的休复之美政之所在。休复之美政，取自六二以柔顺中正近初九，能下从阳，有复之休美之道，六二以初九阳裕而自获益，并以阳善之政而惠己位，正是大获阳道之利，故而取先王重德及倡导修健之传统。之所以言复道为先王之道，在于以阳裕而自益的获利之实，言阳道之信，继而取复道之信，行治复之法。"以至日闭关，商旅不行，后不省方"便是发乎于先王复阳并裕阳之道的修健古法。

"复，其见天地之心乎"。复者，扶阳固握之修身健德之术；天地心者，天地大道之本心——德性，为由术，洞法而见性的德证过程。以修身健德之"复"阳术，洞悉阴阳相易之法，从而见大道本性，只有从大道本性之本体认知，方明为何要见修，以及如何见修，这便是复者，德之本之所在。

初九一阳始生，居震之始，为阳动而震，是阳蓄成刚而动震之象。初九以阳生且震出为复卦之主。复者，阳盛而复，是君子之道复反，也是治君子复阳道之始，更是性命见修之始。其阳道消息——一阳来复就在不远处，反复其固阳之道，则能阳蓄而刚出一阳来复之消息，所以"不远复"为勉励修身应勤，"无祇悔"应示一阳来复的阳道消息到来是胜过所有价值的，故而应恭敬其修身之道，更要敬阳。

六二以柔顺中正近初九，能下从阳，是复之休美之道。休者，吉庆、美善也；为以阳善而自益，吉庆美好地归复复道。六二虽阴却处中正，因阳复蓄刚出震，其震联动二，故六二志从于阳。

六三不中不正，处震极，复而不固，为频失频复，频复频失之状，有不安于复之象，不安于复者，危道也。但又因频失又频复，故而能无咎。

六四阴柔处坤之初，又处群阴之中，居正而独应于阳，为虽与群小同行而能独善其身，从初九之阳善，应初九复阳修身之道。虽应初九但隔二阴，阳气已危不足以济，再者四以阴居阴，既与初难合，又复道多艰难。"中行独复"并不完全在于阳之利，而在于自知且自明；阳之利，在于六四下应初九得复主阳之应，既得初九阳善之阳，又得初九刚反之阳足且裕而养四，使四得亦得复道；四得阳之利在所难免，但功在初九，而自知且自明便是六四己之功，独复者，在于独知复道，知则明，明则藏志，既健明德，又健志德。

363

六五阴柔以中顺居尊位，"行顺而志笃，居中而自成"，故其德敦厚，而能载物。敦者，厚之至也；考者，成也；敦复，以德厚行复道而能健德自成，故而无悔。六五不与初应，本当有悔，但因居尊位，虽阴柔但德厚，初九一阳来复，修身健德之象，而六五以有德便能自行复道，可见言复道者，阳出只为表象或为借阳修德，其终究目的在于健德，既有德便自有复道之成。从丹道而言，有复道自成，为不借命功而直入性之顿悟者，虽言顿悟，也在于往昔所积累的能使其顿悟之因缘成熟，如六五之德敦厚之至，不与初应，也能自成。

上六以阴柔居复终，为终迷而不复之象，终迷不复者，无阳可应，无刚可比，凶道。终其所有不见阳，亦终其所有而无德，以此质地，用行师亦会大败。灾祸自来，败师自招，皆因迷复不返。可见，君之道必健其德，凡在迷道者必有凶、灾、败之祸，这是道体德性所赋予的吉凶观。

在复卦，初九为复之主，以阳出之消息，蓄而出震，震之发生便是有德之征兆，亦是可以无悔之价值，故而宜居敬行简以师法阳复之道贯穿修身奥秘；六二中正且亲比复主，以复之休美，克己下仁而得休复之美善；六三以阴躁处动之极，失位，又不比不应，频失频复；六四以正位中行独复，下应初九得复主阳之应，实为得初九阳善之阳，初九刚反之阳足且裕而养四，使四得亦得复道；六五以中顺居尊位，行顺志笃，其德敦厚载物，志心治复道；上六居极，昏聩迷复，灾祸自来，败师自招，皆因迷复不返。对比修身之复、休复与敦复有"亨"而言，频复危厉，迷复有凶；之所以有"亨"，在于复之道，在于以阳复而通明，阳裕则明，明而亨通，阳之道渐长则明亦大，继而贯通"复，其见天地之心"之大明，大明亦大亨通；之所以有危厉与凶，在于复之道，本以复见天地之心，从性而达命体之本，其频复与迷复皆在于不能明，且频复与迷复皆非复之恒道，与复道相背离故而成其危厉与凶道。

从丹道而言，坤卦初六阴，随阳气初动，一阴刚反，变阳成复卦。这是以坤卦初六阴爻到复卦初九阳爻的变化，来说明一阳初动的功态现象，以及在一阳初动的基础上如何证得一阳来复。所谓"刚反，动而以顺行"，刚，为阳气升则刚，是阳的写照，阳升则动；阳升并循经身热正是对"阴凝"的驯致之道，也就是好的事情一定要懂得坚持，为顺行，故而要"动而以顺行"。刚反而动，则是复卦阳气初动的写照，是一阳初动之时。在一阳初动和一阳来复的功态实质中，以"出入无疾，朋来无咎"对照"先王以至日闭关，商旅不行，后不省方"两者的功态行为要求。在一阳初动至一阳来复，就要懂得应该专注"至日闭关"，闭关修身的时机已到。一阳来复，师法与取法天运自然而复阳于身，阳复则德长，故而成修身健德之复，修身健德之复虽言修身，实则为性命双修之道。以见天地之心达德之本性，以此悟后起修。振济交困，当以修身健德之复行阳刚反而长之道，以复阳而复善。言复阳，不能以一阳始生至微而不固阳之小，言阳善，在于以复长的君子之道胜小人之行径，使小者能大。

第三十六讲　无妄卦——尚正道而治灾妄

无妄卦，乾上震下，乃雷行天下履刚制而无妄之象。无妄之体，以刚外来居外成乾体，以乾之刚制驾驭阴类妄动而制妄，使其去妄存阳，阳刚足而出震，又以震居内，行动而健之正望之体，震之出乃刚自生，从刚外来治灾到刚自生得正，使正道复立，君子复位，行大亨以正之天命。无妄卦呈现了有灾、治灾、灾变、正行的变化过程，以灾为体，立灾为用，先有灾，后治灾，再定序，从有灾妄，再主不妄，最后行正望为治理过程，且力求达无妄之望的理想之境。因治理得体，无妄卦有从灾妄之体到正望之体的转变过程，处灾妄时妄动成灾，以制其妄动而治，以正道得复而得其正望之体。

灾妄之体。灾妄之体以"妄"为特征，无妄卦亦以"妄"立意，其妄便是剥落之灾成体后，民众行欲妄动，行妄且多欲，无节制之明和节制之手段，只能更加妄动而剥落一切可剥落之事物，使其原有秩序皆烂落而见凶，此为无妄体起始之妄，到灾妄得到治理后，其无妄卦体之"动"，亦有妄动，言"动而健"并非全然是明动，亦有正序之偏差和习气浅薄之欲动，从妄动到明动有履刚制而复正序的过程，在正序复立且履制正行的过程中，亦有"妄"，此妄亦会致灾祸，故而治理灾妄之路和矫枉得正之路还很漫长。

"刚外来"。灾妄之体如何治理使其止妄动而复正道呢？乃以刚制治之。在灾妄起始之初，正道之刚制皆被剥落，原有秩序皆被破坏而烂落，且群阴当道无有自生的可能，只能"刚外来"而引入刚制。以"刚"之严与行之谨来止妄动，以"制"的制度规范来广应大众。此处的刚外来非一爻之刚，乃上体之刚，以上体之刚驾驭下体之动，以刚制其妄动，去妄存阳，待阳足出震时，再复立正序，依正序再动而行健，则成无妄之体，故无妄之体乃从灾妄之体治理得正而来。

"刚自外来而为主于内"。以刚外来治其妄灾，当阴妄得制，则可去妄存阳，阳足则出震，震之出则有刚主内，有主内之刚，则无妄卦体正序得复，正道可立。以外来之刚制止其妄，则能去妄存阳，此为刚制之功，当阳足蓄而成刚，刚复出震，则借外刚而生内刚，此为主内之刚，主内之刚为自生。经过刚制治灾，使其发生灾妄到不妄的变化过程，亦是正道和正序复立之过程。

正望之体。刚外来是成复出震的关键，而正序复生为得正望之体的关键。妄动被治而止，借刚外来止妄而生不妄，以不妄生其正望，将行欲转变成为政。震出而灾退则正望可行，以德政之正来正灾妄之大妄，使大妄变不妄，去妄存阳则不妄，以不妄而动非行欲妄动，乃戒其妄动且动有所制，经过不妄的去妄存阳后，尤其是震出有刚，使其内体充实而有孚信，故正望之体亦是诚望。

无妄卦以"元亨，利贞"立卦德。在灾祸之体，通常敬惧立戒，少有"利贞"且通元亨者。无妄卦之"元亨"，为从人亨以正至实理自然而通元亨，从灾祸之体得其无妄的治理之道，从不正，通正，再到得大正，亦乃无妄卦利贞之所在。无妄卦之"大亨以正"乃从治灾妄之功，群阴迷心性生妄，逐妄行欲而成灾，以无妄通元亨，乃心性得其光明。无妄卦经过有灾、治灾、灾变正行的治理过程，而成灾祸治理之典范。

"其匪正有眚，不利有攸往"。无妄卦从灾妄之体来，且有治灾妄而得正之过程，当灾妄未治且正道未复立，则不利有攸往。卦中上九虽以刚明之才处无妄之极，却不识正理，如目生翳而视不清，值无妄得正之时不知固守，反而恣意妄动，行有过而亢龙有悔，虽刚健但动穷生灾，故而更要识正理履正道，行健而非妄动。

"无妄之往，何之矣？天命不祐，行矣哉！"无妄卦有治灾妄而得正之过程，在灾妄之起始，若无外来之刚制治其阴妄行欲之妄动，只能以其妄动之"往"加剧剥落之灾的深重程度，因无"正"来对照，纠正其妄动，民众的无知之往，只能在灾祸中火上浇油，而出入无期。

"先王以茂对，时育万物"。值灾妄之体并治妄之卦体，灾妄若治则得正离灾，若任其妄动而不治则灾祸加深。有灾、治灾、灾变、正行乃无妄卦以"灾"为体的治理过程，亦是卦体的变化过程。灾之因在妄，其妄之大以及妄成害，先有灾妄，再主不妄，行正望，力求达无妄之望的理想之境。先有灾，后治灾，再定序，最后适心所变而定其心。定序便是制定刚制秩序，以履制而行不妄，以不妄言妄，乃戒其妄动，宜动而有所制。从失正道履灾，再治灾履制复正道，当正道得复，又以刚制成正序，得正序则得大亨以正之天命，使无妄卦配位有"元亨，利贞"之卦德。从不正，通正，再到得大正，以无妄一卦，实则担其诸多卦体之责，乃灾祸治理之典范。

初九以震爻执震体，为以刚在内而主于内，有刚、有实、有诚而得无妄之象；初九以刚实居内，为中诚不妄者；卦辞言"不利有攸往"，乃戒其妄动，如今初九得无妄，往而无过，则当往，当往之往乃济灾之任，灾妄之体无以济灾，在于无阳无正，初九以中诚不妄之诚主，有刚有实，乃济灾妄之主也，灾妄之卦体得其济灾之主，自然得吉，君子前往亦能得志。初九以诚之主，当其无妄，以诚主妄，又以震之刚动，以刚主阴，其阴与妄皆被初九所主，故而初九担当其济难之主。灾妄之体如此深重，自有济难振灾之人，初九担其救亡的匹夫之责。故而初九一爻担其无妄全卦，以动而健之大亨，复立正道，以此而往，既得志又济灾如愿，动与天合，志与心齐，乃大吉所有。

六二柔顺中正，因时顺理，以宽裕居中，而无私意期望之心，有不耕获，不菑畲之象，故而为理之所然者，凡理之所然者，非妄也，而人所欲为者，乃妄也。六二居中得正，与九五正中而应，为动而能顺乎中正，使其身无妄行且心无妄念，随无妄之正道，而利有攸往。六二未富，在于阳刚不足，中德待健，六二之中德者，乃勤于本分之事，六二以阴居中，虽勤于本分，却仍有妄取之嫌，爻辞以"菑畲"言之，在于告诫其收获有从生田到熟田的转化过程，这个转化过程便是健中德之过程，本分之事便是做好耕耘之事，而收获之得乃到熟田时期方能得成，当耕而耕，不以获计，想不耕而获，便不是妄想的问题了，而是行欲之凶道。

六三以阴柔而不中正，以失位而为有妄者，卦之六爻皆无妄者，三之时位乃有妄，无故而有灾，如行人牵牛以去，而居者反遭诘捕之扰。六三应上九，志应于上，乃有欲也，乃妄而行欲之徒，持身匪正则有眚，肆意妄动而生灾。行若系牛，火若失牛，正是六二之谓，有妄而行必系之不住则失牛。行人得与邑人灾，乃有得有失之谓，行人虽得牛，灾却亦随之，妄得之得不能为正得，反而为失，为得非其所。

行人得牛，却不知天数，其"牛"乃六三行妄而系之，行人得牛必解牛牵牛，实则行贪欲，同六二耕田得获相比，行人得牛乃不劳而获，故非祥事。

九四刚阳而居乾体，下无应与，以阳刚处位，本自无妄者，再以贞固自守而刚而无私，岂有妄乎？故而贞固守位，而得无咎。对比初九无妄往吉，九四刚居阴位，并非怀才不遇无所施展，在于无系应而不妄动，九四能止其妄动而固守，乃有明也。无系应而不妄动在于有才不施，乃时位不予，非己之过。九四以刚居柔固守安稳，既不外求，又不妄行，故而利于贞。

九五中正居尊位，下复以中正顺应之，乃《象辞》所言"刚中而应"之谓，九二刚中，下有中正顺应，上刚下柔，为无妄之至者。刚中而应，动而健却遇四为滞，犹身遭疾，五与二刚中而应，但二为阴，九五君王求贤，九四有刚明之才却失位，必以刚妒柔而成滞，然六二勤勉耕耘健其中德，终与五正应，乃不药而愈也。治病之药，健中德便成大药，勿以药治，则有喜也。九五将六二视如己身，以无妄治其六二有妄，为治其疾，而医病之方非药石攻之，乃以正应之"正"治之，九五勿药有喜，正是治理得正而正道复立之过程。

上九居卦之终，处无妄之极而不知固守，反而恣意妄动，极而复行，过于理，过于理则妄，故而自招其灾祸。上九之"行"，正是《象辞》所谓"匪正有眚，不利有攸往"者。上九不循实理而动乃妄动，妄动则凶，乃从无妄而生妄。上九值乾之终，乾主行健，行有过则亢龙有悔，虽刚健但动穷则灾。六三与九三皆妄且动，动而有灾。六三言"无妄之灾"，灾非在无妄，乃在有妄，上九刚健动穷从无妄生妄而有灾。

第三十七讲　大畜卦——蓄德治蓄通蓄神

　　大畜卦，艮上乾下，天在山中而大畜之象。大以畜体之大而有大，又以蓄于德方为蓄之至大；蓄以蓄聚、蓄止、蓄通、蕴蓄成其畜义，以通乾至阳至刚之性而得蓄德之"大正"。德与乾性之气，一脉相承，且以刚健为性，德蓄正需行健，方能因阳气大健而德固，以成健德之实。之所以从蓄聚、蓄止、蓄通的过程言大畜，便是以养阳气之健，通德固，以德固而健，通乾性之气，又以乾性之健，通道体德性之大正，通得体德性之大正则能施生万物，运转精神。

　　大畜以外畜内止为象，以二阴畜四阳成卦，内卦受畜，以自止为正，外卦能畜，以止之阳为政，独上畜极而通。卦辞与《彖辞》兼取蓄止、蓄聚二义，多以蓄聚为大义，在于取蓄德养健之大正，六爻专取蓄止义，犹以爻位相应而以阴止阳。三与上居内外卦之极，畜极而通，在于以志相通。初九有厉，九二说輹，九三闲习，三阳健于内，以内阳刚健蓄德；六四牿牛，六五豶豕，二阴止乎外，为执止阳妄动之政，从爻位上看为节制而止，从卦体而言实为助阳，制其妄动奔逐在于制其阳健之性，固守而蓄；唯上九何天，御气有术，又养阴有方，成其阳神出窍得大亨通之逍遥，虽得逍遥，但以处大畜之责，守道而安于教化，以教通君子，以无妄养正之诚、启蓄德固守之规而大教天下。在大畜卦中，二与五，有难得之明，以"明"治于政，并以贤养大体，成其畜之功；三与上，有难得之志同，以"志"通健，并广开贤路通天下君子，成其畜之神；畜有功，在乎畜体本身，二五得中，肩负社稷之责，畜有神，在乎超出畜体之外，以得大道、通乾性而和光同尘，以通神明之德，类万物之情而自在逍遥。

养之功。德教的性质为以德政教化养德，教化并养德方目的，养德能成势，全赖养之功。养之功，从草木生、百兽育、物华蕴，到养正七渐养革体、养家人体、养颐体、养渐体等，从小体之刚畜到全大体成大畜，均要依赖养之功。乾马、艮牛、兑羊、鸡、豕等皆大畜之名物，便是从小家之养到用大牲以祭祀的大国之畜，以小家牧养六畜力田蓄积，到以小养全大养，用大牲祭祀，为感格天下的国之精神，以合人心、摄众志、敬取德之大用，既能萃聚君子同人之志气，又萃聚贤才养邦之正气，以"宗庙"精神崇德政，以崇德之治道行感格天下之教化。此种从养家人口食之小体，到全大体的感格精神，以养之功成全大畜之功。

"不食家，吉"。不自养求食亦不被家人奉食，而取被养而食。不食于家，从家人进位，被德政养而食，君子进位而当位以正，以位食禄于朝，以及食在德政。不食家，在乎从家之小体进而与共向邦之大体，君子食禄于朝且以政为食，民众被德政所养而食。食于家者，多被"难"伤于外而反于内，藏身于家，被家奉食，而不食于家，从家进位，被养而食。崇德政并以政代教，正是养天下、全万民之舟楫，此"舟楫"民众行之，虽不食于家但可得养，君子行之，可进位得当位之位，又可以位行善政，实则为济通之楫，故曰"利涉大川"。大畜之舟楫，以德政为舟，以养而正固为行，以外动内止成德蓄而通乾天之性为岸。

"刚健笃实辉光"。刚健，乾之性也；笃实，人之德也；辉光，天人之合，德固而德被天下。德为核，且得正固之利，以蓄而通乾天之气，乾性刚健，师法乾之刚，人正固健德有实，成其刚健笃实之蓄体。艮为火始，其象辉光；刚健笃实之畜体在成其所蓄时，以蓄止正固之成，而成其辉光大象，其辉光正是崇德政并以政代教，德被天下之辉光。

"日新其德"。日新其德是大畜之所以能畜之根基，日新在于勤健，君子自强不息也。德之为核，无论是以善政养之，还是以静止而正固之，都是大畜成体之主体。

"能止健，大正也"。止者，蓄止而聚之义，以艮止之静，使阳气正固而德固，正是言乎蓄义；健者，乾性刚健而生发，以乾性之刚，使正固且蓄聚之德能成其蓄势。在大畜卦，围绕"德"之正固而健，以大养而能蓄聚成蓄义，而蓄聚之核心便是蓄止之能聚，以守静笃而凝神聚气，行萃正之集而固德。同样的蓄止义在大畜卦与小畜卦截然不同，在于体、时、位皆不同。

尚贤与养贤。颐卦重贤，且尊位从贤使贤养天下，成就颐之功，大畜体亦尚贤并养贤，养至大并德至深，唯贤也；能"日新其德"者，唯贤人，以此激励君子健德向上之志。在卦体中六五应九二，为养贤之体，以九二之贤，应六五之明，促君臣际会。从颐卦之上九以"由颐"之贤，成颐养天下之主，群阴从"我"而求养，这止是亲贤、养贤并从贤得治的好处。在大畜卦，崇德便要尚贤，贤有德可成众君子之楷模，也才能成其以贤范式天下，使畜有大体。

"应乎天"，在卦中，六五下应乎乾，且尊而尚之，既崇贤，又崇尚天道，当蓄止正固阳气以蓄聚，便从外养蓄势，内固蓄核而成大畜之道。大畜，蓄止在山中，成蓄在天中，应乎天者，通天之气，得天之道。应乎天，便是君子大治明德之时，所谓德蓄而明，大畜则大明，明在通乾性，法天道。

"君子以多识前言往行"。德蓄之道，非得体、时、位皆齐备能蓄，乾天之性，非固德刚健且笃实而能致通，固而君子师法天在山中而大畜之象，以"多识前言往行"应亲圣贤并从圣贤以学。圣贤之道，学而通达，以致修身、亲贤、正固之利用，以蓄其德。

初九以阳刚又健体而居下，一阳初畜，但德未必正固成畜，故必为妄动上进者；六四在上，蓄止初九妄动。戒其妄动而利己。初应四，遇二三相滞，初九不可进而未必能自不进，危之道，故戒之云进则有厉，唯利于己，在于不进而守己位；动则犯灾，厉则利己，不可犯危厉而行。

九二刚中，上应六五，九二为六五所畜，二处中故能自止而不进。五处上有尊位，在上之势不可轻犯，虽有应，但遇三相滞，虽有阳势但不可进。为五所蓄，犹车脱輹而不能行，处乾健之中，虽志于进，但以明度势，进之不可，故止而不行，如车舆说去轮輹，谓不行。輹者，车伏兔，垫在车箱和车轴之间的木块，使能承载车箱；舆说輹，车从伏兔上脱落，而不能行。九二阳刚而居中，能知位而存大势，见进势不可为，故自说其輹而不行。九二不行，自畜其止，为明德所致，自知之明发挥了作用，明位亦明势；明位者，不以下犯上之尊位，明势者，处大畜当蓄聚而止动，取大仁而舍小义。在大畜卦中，初九蓄止，虽迫于危厉，但得四相助而利己不行，亦有求仁舍义之明；九二不行，以主观自蓄其止，在于有时、位、势之明；九三良马驰逐，利有攸往，君子为上所牧。

九三阳刚居正，以阳居健极，上以阳居畜极，止极而行，犹良马驰逐，极而通之时。三与上皆阳爻，故不相畜而俱进，有良马逐之象。然过刚锐进，又处蓄之极而思变，故其占必戒以艰贞闲习，虽有戒，但利于攸往。畜至九三，经过初、二之畜，其畜势强健，而有良马之谓，舆者用行之物，卫者所以自防，当日常训练车舆与其防卫，宜有所行动而前往，三上无应，往遇二阴，宜艰难其事，三乾体而居正，为能贞者，乘锐进之势而戒以知难，知二阴滞阻之难，则能不失其贞，志在锐进，其刚健必被二阴所耗，这是有失之所在，故不得不戒。

六四正位，蓄止初阳，然四能止之于初，故为力易。初九居下，阳之微者，微而蓄之则易功，犹童牛而束牿，令抵触之性不发，无伤人之忧，虽抵触而无伤，大善之吉。童者，初生之牛，震初生而艮类牛，以初生未角而称；牿，施横木于牛角以防其触，所谓楅衡者也。以位而言，四下应初，处蓄体，为蓄初者，以阴蓄阳，止乎动，初居最下，虽阳位卑而力微，力微之初蓄之则易制，以阴蓄止阳，本为难事，但四蓄止初则易，犹童牛而加牿，大善而吉。四以阴蓄阳，止之于未角之时，为力则易，在于安其初九欲动之位，使其有蓄之实，蓄之道在乎静，所求的便是阳能守位以静而能蓄，故而四尽其位职。四居上位而得正，以正德居大臣之位，身肩重任，把蓄止于初当成"政"务，以己政安分其欲动。童牛而加牿，禁锢其恶，得其时，童犊始角而加之以牿，使抵触之性不发，使人无伤，六四能蓄止上下之恶于未发之前，以位得其时。牛之性，抵触以角，故牿以制，乃得其牛之本性而治之，为得其性。得其时又得其性，虽加牿以禁锢，在于治而得其法，得能畜之治道。

六五以柔居中居君位，止蓄天下之邪恶，阳已进而止之，是以得其机会而可制。豮者，阉割，豮豕，劁猪，为猪去刚暴之势。豕，刚躁之物，其牙尤为猛利，若强制其牙，若制豕之牙，不唯难止其暴，不能去其刚暴之根本，若豮去其势，则牙虽存而刚躁自止。若制豕之牙则用力劳而不能止其躁猛，只能勉强维系当前之健，不能使刚暴的本性发生改变，故而从根本上止其刚暴。如六五蓄九二，蓄之则止，不劳而治。六五居尊以应九二，制其刚暴，用其贤能，实为养贤之道。

上九居大畜之极，畜极而通，豁达无碍，以一阳蓄止于外，而三阳藏蓄于内，成其大畜通达之体，畜极而通，豁达无碍，故畜极而亨。衢，通达的道路，何天之衢，因通达而能至志通之地。天衢之亨，谓其亨通旷阔，无有蔽阻。畜极而有终，亨通有致始，便是大畜上九之象。畜极而有终，为大畜体畜极而有成，值大畜体当有畜之能事，不仅畜体大成，且因畜势通天，有天路四达之通，此种路通，为在乎蓄德的畜极而通，随畜随发，不足为大畜，唯畜之极而通，豁达无碍，如天衢然。亨通有致始，在于从畜极而通，致使贤路大通与君子之志同而大通；贤路大通，为贤路广开，贤才与君子皆有进而致通的通道，君子之志同而大通，为志同通天下君子之志，天下君子同，则大通，此处大通全赖德蓄之力。上九得道，且得大畜御气之法，以及乾性施生万物之用。上九值畜极而通之时，以得"天之衢"之大亨通而通乾天之性，乾天之性有大明，故而上九既明心又见性，成为得大道之真君子。

纵观大畜卦，初九进则有厉，唯利于己，知难而止，正应其当大畜之任的六四，六四以童牛加牿的大畜之政，止动于初使安分其位而正固。初九与六四呈现出求仁舍义之美，当初九蓄德之功德未隆时，必静潜而勿用，静在乎得养，潜在乎正固，以此方得大畜之要领，妄动一事，阳应阴最易动而往，初九以明而治明，静守为大局蓄力，舍弃援四之义，就大舍小，就其大仁而舍去小义，使四得蓄政，初得固正。无论是得其法并安其位，还是得其性并安其政，皆是以动静之法行大畜之宗旨，以静止动能正固，以静蓄聚能蓄力且笃实。九三良马驰逐，止极而渐通，上九畜极而通，养成而施用；九三与上九以同志之同，应以志进，进而合，以志同道合而致大亨通，三以刚健之才与上合志而进，其进如良马之驰逐，其健有速，亦为蓄势有速，同志之合乃亨通之合，可以去阴除滞而畅快通达，上九值畜极而通之时，以得"天之衢"之大亨通而通乾天之性，精于御气之术而又能守道安于教化，成为得大道之真君子。

第三十八讲　颐卦——内养神气外养贤

颐卦，艮上震下，为山下有雷而观颐自养之象。颐，养也；取象口食物以自养，故成其养义；震动于下，当牙车，艮止于上，当牙辅，牙车与牙辅互体，以颐食而养，颐口腹而食者，养其身之小体；艮主休、息，震为生，坤为养，以休养生息而养，为颐食正气，养其气、神之大体。

"贞吉"。颐卦言"贞吉"在前，故而颐之占以得正在成卦之先；得正之贞吉，在于颐养成于自养，以观自养之颐，得其以食养口体之身，再以食养气的颐养之法，继而以颐养之法，求能养贤、养邦民、养浩然正气的大体之养，为求颐养之道。

"观颐"。从观颐体所养的过程，而求养之道。之所以有"颐"可观，在于颐有自养之前提，人、物能自养是颐的自然状态，也是人与自然相处最不违背自然之处，人以口腹为食是可观的自然现象，人处家中被家人奉养口食是颐养的居家状态。自养以始于自然状态而成自发之颐，亦为生存之本能，自求食，便有求食的众多方式方法，亦有家人奉养口食而安居的颐养方式。民以食为先，填饱肚子的问题一直关乎人与自然的深刻关系，观颐的过程，总结如何能养的方法，通过颐养与自然建立更深更广的交流通道，是观颐求养正的目的，况且从颐自养之小，要找到解决颐养万民之大的途径，并在颐养之"道"上升华，如何从民之己身养气、养神，使其富足精神，如何从邦之大体养贤、养德、养浩然正气，使其能治于精神，方为重中之重。观颐，为通过颐之自养找到"颐"之所以能养人之道——颐道，此颐道贯穿天地养万物之中，人在自养过程中日用而不知，而天地养万物为以道体生之，以德性蓄之，呈天地大养之道。

"自求口实"。有口食的生存之求和口实的节制之求两者，口食的生存之求，为存身之本，以口食求生仍是人生存第一要务，无食则人将不存，何谈其他，故而能养人于口食，功德很大，也是君王之所以志养万民的原因，既是尊位之责所赋予，又是以德通善之所在；口实的节制之求，为立人之本，从立身之基有善恶之辨是人之所以区别动物属性之所在，且能选择从善还是从恶，仅从求口实便知价值取向。口食之需是从动物本能，口实之择是从人性向善之能，人从张口的那刻开始，便从动物属性走向了更高尚的人格属性，既然言"求"，这便是基于"自求口实"从人的生存之基，所具备的"正"的导向和原则。

养小体。身者系私言小，从养万民之公，而有养身之私。从"自求口实"先养口体，再以食养身。养口体为口食之求，此为生存之本，故人皆自养为养私之序。全大体。养贤因责重而大，养万民因万民体大而大，养大体并非能全大体，但以求全大体为颐养之理想。求颐道，在于随颐而通颐；驭术用，在于通过驭政、驭贤之术来达到养正的目的，故养贤、养政皆为颐养之术用，用之得法、得休则能养大体。言全大体，在于养万民之政要见大善，以善政之普施能全所有民，使民受养。无论是养小体还是全大体，养于内还是养于外，皆要渐养，依治君子九德来养君子之过程可知，固阳健德非一蹴而就，凡事行渐，任何激进和违背颐养规律，皆不能得养，反而有失德、失气之危险而最终失养，失养则易生祸变。同理，养万民时亦不能急养，急养易生迫民、害民之急政，急政多为祸国殃民之政。

"君子以慎言语，节饮食"。君子法山下有雷之颐象，应知养大体要重于养小体，养于内要重于养于外，但养小体为养大体之基石，养外之身存才为再养内之途径，故而君子应求两者兼得，道术相济，在"节饮食"的基础上"慎言语"。"节"重在养德，"慎"亦重在养德，言语一出而不可复入，饮食一入而不可复出，节食欲之小而就养德之大，言节者，食物多而不急，故口食之事应在节口实之后，从每一口食中得正，渐养其气，便在养德。卦中内三爻多以自养口体，既有大快朵颐之妄动，又有舍尔灵龟之愚，故而有凶；外三爻多内养其德、外养其贤，能知妄动且安止所动，因明颐之所在，故而有吉。

初九以一阳而伏于四阴之下，阳刚足以自养而不食，上应六四之阴而动于欲，见其可欲，朵颐而慕，为阴所致，故凶。尔，初九之谓；我，六四之谓，艮主我，震反艮，故主尔；灵龟，无待于物的不食之物，以不食而能长寿；朵颐，鼓腮、垂动、欲食之貌。以放弃灵龟自养食气之能，而去躁求朵颐。处颐体言求颐，皆人求生之能，食之欲在所难免。初九以阳刚不能自守，本以德能自养，且进志可正固而继养德，但志却上行，上应于四之阴，阴者多欲，且不能自制而节。初九以失阳刚之德，逐口腹之欲，把口食之欲放在立德之先，为"自求口实"之大忌，故而舍德而逐欲，舍道而求用，以阳而从阴，走入颐养之凶。

六二柔中，近比于初，居坤之离爻，离象薪火，虽得中但不能自处，不能自养自济，求养于初，则颠倒而违于常理，求养于上，则往而得凶；阴不能独生，必求养于贤而宗于阳。颐体卦止二阳，二既不可颠颐于初，若求颐于上九，往则有凶，曰"征凶"。六二以柔处中正，在他卦多吉，而颐卦有凶，在于阴柔既不足以自养，又往求悖理，两者皆不与颐道相合，颐卦从卦辞言"贞吉""观颐""自求口实"三者，皆是能自养之象，处颐不能自养，本身就凶，不得颐道，六二又以阴柔之才，往求"颠颐"与"于丘颐"之悖理，求养之道不得法，不仅不能获其养，还将六二无明辨得失之德暴露于外，故而有大凶之言。

六三以阴柔之质处不中正之位而失正，又在下卦动之极，是柔邪不正而动者。拂颐，不养之谓。六三应上四之妒，求养于人而不自养亦不养人，处动之极，不安其静，反害其正，故有凶。

六四正位居体，柔居上而得正，所应又正，初四相应而求养于初，求谋顺遂，虽颠而吉，四在人上，居大臣之位，虽有大臣之位，但阴柔不足以养天下，初九以阳刚居下，为下通颐之贤，与四为应，四以柔顺应其正，为赖初以养，以上养下则为顺，今反求下之养，以颠倒曰颠颐，虽颠而吉在于得养，又以高位亲贤。四之吉在于养德，知贤之德，从贤以养的柔顺之德，得贤养民，养之于大体而有德。

六五柔中失正，居尊位不能养人，反而赖上九以养于人，故其象为拂经，言反常。阴柔之才，履居坎爻，自陷其自养中，处位又犹在坤中，被众多待养的坤众所附，颐道未大成，故"不可涉大川"，居坤顺之体，近上九之贤，若顺以从上，以养贤而从贤，有待上九之由颐，乃得居贞之吉。尊位任大责重，然而因才不济终不能胜，故不能涉大川，若涉大川，终不能济还将应难，养贤并用贤，在乎己身之明德与位德，以位从贤而养之，是九五治颐之道，亦是见吉道而思养德之典范。

上九以刚阳之德在上，故利涉大川。上九以阳处上，而履四阴，阴不能独为主，必宗于阳，且六五之君，柔顺而从于己，领臣众一起赖己之养，故而上九当颐养天下之大任，天下由己所养。阳实阴虚，实者养人，虚者求人之养，故四阴皆求养于阳者。然养之权在君，养之能在上，是二阳爻又以上为主，而初阳亦求养者，上九以养天下之所有，成其《象辞》中的"圣人"。

在颐卦，唯有二阳，两阳爻居天地之位，上九在上，谓之由颐，为颐主亦为颐养天下之主，群阴从"我"而求养，使处颐而能得养。以两阳颐养四阴，坤主万物、类万民，六五以尊尚贤人，不仅养贤还从贤。初九在下，以灵龟伏息而自养，实为得颐养之道的自养之贤。由颐者，养而得利；丘颐者，养而有位；拂颐者，不养而动，道之所失。颐之上体言止，皆吉，而下体言动皆凶；在上而止，为养人者；在下而动，为求养于人者，动而求养于人者，必累于口体之养，以求口体之养，动欲而观朵颐，不知内养其德、外亲其贤，安止其所妄动。

君子观君王养贤、亲贤并从贤之道，观臣民自养之术，观阴柔失养且致凶之因……以种种观颐而师法颐道，正是知颐时，通颐德，进颐养万民而正邦之志，行颐养术用之正，而大行颐道之时。颐养之道，以养人为公，养己为私，以养德为大，养体为小，得颐正为吉，失颐贞为凶。颐养之道，在乎静，以静养气，养之于内；在乎诚，以诚亲贤从贤，使贤养之，养之于贤；在乎定，以定制妄动，养之于明，舍欲从定在于明。

第三十九讲　大过卦——健德养正皆不实

大过卦，兑上巽下，为泽在木上的灭木致过之象；大过者，以"大"言阳过中而盛，以"过"言大盛壅滞而致过。四阳居中以大盛壅滞，使泽的润木之性，以阳过之盛动灭木，使木之不存，而致大过；上下二阴不胜其阳重，成"栋桡"之象；故致过在乎阳，使栋桡亦在乎阳，其二阴被阳逼迫使其一阴退而居卑，无以承阳之盛、重、激，另一阴远遁阳外，避而远之，只能以身涉艰险；而中间四阳以阳盛过激使中位郁塞，迫使泰通往来无以交通，以政不通而使王道壅滞，鼎足不强，成其大过体。

"栋桡"。栋者，栋梁也。以"大壮"取栋义，在于师法大壮之体，为以德之大畜与阳之大壮两者相辅相成而成栋。四阳聚于中位，有承重之象，又九三、九四皆取栋象，而获任重；是故，卦辞言"栋"是指中位四阳，爻辞言"栋"专指三四爻，在于举中枢之任。在卦中，四刚居中，二阴不胜其重，造成"阳过于中而上下弱矣"的栋桡之象。中位之阳本来要自做栋梁，并以阳性养木，使木能渐养渐长而厚其本实，却因泽性太过，使其弱木避而远之，以灭木之象成其栋桡。

本来在大过卦，以"大"可行大事，以"过"有阳过中，是以得阳而行大事之良机，却奈何其阳不实为虚而无实之激阳，所行大事亦为无德政甚至无良政的激进之事，以激阳激进用过，既冲击了称位君子，又冲击了原本泰通往来之政；既使称位君子远遁避祸，又致王道壅滞，鼎足不强，成其大过体。大过之难是过君子群体以虚而浮夸的非君子行为所造成君子文明之大难。值大过之难，别说有所作为，称位君子及民众唯恐避之不及，或卑以居下，或远遁阳外，使本来鼎足支持之群体，成弱而无力之人，能如初六保其自洁就已不错。最终过君子群体违背事物正而序的发展规律，行其泽灭木之大过，以害称位君子、害位、害政、害王道、害民、害泰通文明之栋桡，成其大过之罪。

　　过君子。"过"君子为出现在大过体的独特"君子"现象，他非有称位君子（真君子）的德之实，却又非有小人无志、无德的阴柔之害，虽言君子，但又有小人之质，言小人又行君子之志，又具阳之属性，故为介于称位君子与小人之间的过君子。过君子的特质便是：德不备、才不具、功不成、行有过；过君子是违背了养正之正养的群体，以养而动表象之成，自以为有称位君子才德之实，以此妄动而往，求进位且当位，益虚而空的内在，欲充当大任，从而致过且有大过的群体。过有多大，在于所充塞之位的高低与责任之轻重。位高、责重过君子之质行称位君子之表则大过，才德越虚，过则越大。言过君子，并非已有过，而是以过君子之质，进而动则会致过。故而，过君子为健德有虚，养正不实，自视过高，言过其实，浮夸妄动必将得致过的群体。

　　大者过与本末弱便是造就栋桡之因。过君子壮大成群以虚而浮夸的无根之阳，行过激之进，据位以政导致政不通而使王道壅滞，以致泰通往来滞阻，使阴阳输布失去平衡无以养邦民，继而称位君子及民众避之不及，或卑以居下，或远遁阳外，使本来鼎足支持之群体，成弱而无力之人。大而过之激阳无以成栋，鼎足不强之人又无以承重，使其栋桡而危。之所以成"桡"，就在于过君子群体通过激进事件占位而害当政之位，继而又以当位之利害政，以当政之无能害王道，再以王道壅滞使国陷难而害民，当民受大难，政不通人潦倒，而害泰通文明。以害称位君子、害位、害政、害王道、害民、害泰通文明之桡，成其大过之罪。

"利有攸往，乃亨"。利于称位君子往，以当位且能称位之能用良政疏通窒塞之满，以有用取代无用，治壅滞不通而亨通。称位君子志通而知通，又善治通，尤其是以交感五通治否难——从否塞不通到泰通之治道。卦中虽四阳大过，但二五得中，内巽外说，有可行之道，在于守中正之道而济通，过君子有阳而无实，言养而泽性太过，所发起的众多激进事件终无以胜正道，故利有所往而得亨也。

"君子以独立不惧，遁世无闷"。在值大过之当时，从致大过之因到以匹夫之责利有攸往济大过之体，君子应以"遁世无闷"为避祸方略，以及以"独立不惧"为正固指南。君子师法大泽灭木而大过之象，首先应洞察致大过之因，其次从致大过之因里找到振济大过之良方，然后在大过之盛时，明时局之盛衰，用正固指南用之则行，行则独立不惧，用避祸方略得之则藏，藏则遁世无闷。

初六阴柔，履居巽体，卑以处下；以阴柔居巽下，用茅藉物之象，以过慎之行是以无咎。白茅，洁物与薄物。物之洁者，洁物示敬于神，值大过体，遇大过之事，必先祀天、祭地以示专诚，同时再以物之洁而洁自身，修身而自洁。物之薄者，趋时而敬慎，茅之为物虽薄，而用可重者，以用之能成敬慎之道。藉者，衬垫，用白茅垫祭器。白茅，菅草。古时祭祀，以白茅藉祭器，包牺牲，缩旨酒。巽象白茅，兑主祭器，藉用白茅之象。正是以藉之用茅言敬慎之至，茅虽至薄之物，然用之可甚重，以之藉荐，则为重慎之道，是用之重。茅之为物，薄而用重，在于敬而成慎，慎而有诚。初六执柔处下，不犯乎刚，以独立之慎，修专诚之德，以洁之诚而自洁于己身，正如"白茅纯束，有女如玉"所云，为以白茅譬喻贞洁。

九二居中，刚健履柔，以阳从阴，独能济其过，卦爻以枯杨生稊取象，占其老夫得其女妻之事。阳之大过，比阴则合，故二与五皆有生象，此"生"象犹老夫得女妻，阴阳相与，能成生育之功。九二当大过之初，得中而居柔，与初密比而相与，九二象老夫，初六象女妻；九二处乾，为老夫，初处巽下为女妻，二乘初，巽承乾，阴阳有情，故曰"老夫得其女妻"。枯者，木之老也，巽木长成而至乾为老；杨者，速生早凋之木，易感阳气而生，阳过则枯，兑为泽，巽为木，木生泽中之象；稊者，木根新生之芽也。九二以中正自处，得柔以相济，使其复生稊。老夫得女妻，以能成生育之功使其再生大用，且无阳刚过极之失，故言无所不利。

三四二爻，居卦之中，栋之象，象栋居中而众材辅之，奈何过刚特甚，以刚居刚，独刚过而不济，不能近于人，人亦不能近之，无辅而不能任重，以不胜其重而不支，犹栋梁下桡，象桡而占凶，凶之道也。九三栋桡，乃太刚则折之自桡。之所以有栋桡之折，在于激阳用过又激进欲独大。一位之位可以说是全他位来辅，同时又以己位辅他位，无辅而不能任重，何况九三欲独大。最终九三因才德不具，时位不予成为过君子群体中最典型的代表，以栋桡而致大过，风雨飘摇，大厦将倾，不可终日。

九四刚居阴位，居上卦之下，下实而不桡，以阳居阴，过而不过，其象隆。隆者，盛大，取乾之大。九四之所以"隆"，在于三以刚居刚，而阳激刚过，四以刚居柔，阳爻皆以居阴为美；三在下卦之上，下卦巽木有表象之长成，有自视之短见，而四在上卦有泽之润物之性；三处下为上实下虚，四于上卦为下实上虚。

四居近君之位，为担当大任者；之所以能担大任，在于九四乃以刚居柔，能用柔相济其阳，使阳不过刚。值大过体时，阳刚不能济体，四阳已满，中位已滞，再用阳则阳太过，唯以刚处柔，从柔来济刚，使刚柔相济而得济，况且九四与初六相应，得柔之气，以此能胜其任。值大过体虽言独木不支，但大难时总有支撑者。

九五承上，近于末，阳过之极，又比过极之阴，以生华耗气，使气势将竭，故无咎无誉。九五虽以中正居尊位，但值大过体，苟泽灭木有其体亡之祸，九五亦当不能免难，九五应难，不能济全体，下亦无应助，不能行大事成大过之功，更不能济大过之难体。然而九五上比过极之阴，以阴济阳，使其枯杨之生华。枯杨生华，首先是枯木得生机，其次是生华耗气，使气势将竭。五上亲比上过极之阴之老妇，为老妻少夫的夫妻之象，老妻少夫不能生育，犹老树开花，为不可久长之象。九五得丑既在于处尊位未有济大过难体之功，有政之丑；又在于本阳刚之才却以极之阴济之，使其枯杨生华，有行之丑；再以士夫而得老妇之行径，虽无罪咎，殊非美，故象辞言其可丑。

上六处过极之地，才弱不足以济，值泽之灭木之极，处上为其灭顶，呈大过体的灭顶之灾凶。值大过难体的灭顶之凶灾，为难上又有凶，而辞言"无咎"，在十应"遁世无闷"之言，以灾祸成其独立不惧之人格和健德修养之良机，所谓在大失处有得，便是此义，在于应大难而有大思，物不可终过，亦不会全灭。

在大过卦，初与上对；初六有"藉用白茅"之敬慎，上六有"过涉灭顶"之危行，为"位"之大过。二与五对；九二有"枯杨生稊，老夫得其女妻"之利，九五有"枯杨生华，老妇得其士夫"之丑，为"时"之大过也。三与四对；皆为栋象，上隆下桡，九三有"栋桡"之凶，九四有"栋隆"之吉，为"体"之大过。唯有持中正之道的二与五，稍有生机，以上华下稊之"生"象，处不利之体言可为之事，实际上是难得作为的勉为其难。大过以阳盛为过，又以阳多塞而满，在卦爻处位上，又复以刚居阳，有过上加过；故而出现刚居阴位得吉，刚居阳位得凶。

第四十讲　坎卦——坎陷须维心尽诚

坎卦，坎上坎下，为阳陷阴中而重险之象。卦中一阳陷于二阴之中，以阳陷阴而成坎陷，阳居中成实，上下二阴成虚，阳实阴虚，上下无据，使其头上无明，脚下无根，阳实有重，阴之虚无力承阳重故陷；坎者，水也，水以润下之性而陷体，相比性柔体则沉重，坎之体者皆小人之体，其中实之阳，为根于大过卦体之伪阳，皆欲重而妄沉，阳且如此，阴体更甚，欲、妄沉重堆积，故无力承受其难而重陷。阳实居体而重，亦是出坎之任重，唯寄君子本心，习坎而见性，以有孚心亨处险难，而得居坎之道。

陷之又陷。初六脚下无根致陷而又陷，上六头上无明致牢狱之灾。在坎体中一阳陷于二阴之中，以阳陷阴而成坎陷，上下二阴成虚。上阴者上六也，下阴者初六也，初六脚下无根，阳实有重，阴之虚无力承阳重故陷，致坎陷时又迷不知复而又行险，心存侥幸而妄动，往而又致陷入坎窞。上六头上无明，无明无以习坎，更无以知坎，坎之伤阳亦伤阴，尤其伤阴使陷而至深，坎之阴皆无明，上六无明犹其。初六与上六皆尽失坎道而不能出险，既不能自救，又无引援以救，更无正道来救，无引援之人亦无助援之体，可谓悲惨至极。

"有孚，维心"。坎以有孚维心立卦德，在于睹坎象，见重险之难，明处坎法则，而得居坎之道。居诸难于一身的重险坎难中，当以习坎为居坎法则，从坎难中学习坎道法则而居坎，以图出陷而济难。谁能习坎而明居坎法则？唯坎体君子，值坎陷至盛时能以明避祸，再固志习坎，以得坎道而通险难。坎体中虽阳不实且受陷，坎阳与众阴皆应坎难而无力习坎，唯从坎难中出维心君子，通过应陷，习坎，再居坎和出坎。陷体所出君子，便是维心君子，坎体因陷伤阳，阳被政所伤、被体所陷，阳虽中实但阳为欲重妄沉之实，在坎之表体只能因"重"而沉陷，这是为何坎之阳亦陷之所在。

维心君子者，乃坎体真阳，经坎难之炼方出，为何真阳君子值坎难要经坎难之炼方出呢？在于坎难时有表阳逞能之过程。坎难先炼出表阳君子，再炼出维心君子，维心君子经过坎难炼出习坎之道，君子再在坎难中炼难救众。

"习坎"。为居习、洞习、师习三义。居习者，应坎难而居之，不以重险之陷而乱志心，以外在之难而炼心明；洞习者，洞悉坎水致陷之因，以及从润下之特性而明坎水法序，再从法序知坎性，洞而习，以习炼智明；师习者，师法坎性而用水，用水之所行，当居物能用物则能得心应手，炼出难之明。三习三炼，便是坎炼维心君子的过程，在坎卦只有维心君子能习坎，从水流不安众求安，从坎之悲苦中求乐。当维心君子从坎难中炼出，君子内圣外王时，方是维心有用武之地时，方是君子之时位，方能君子正位居体而拯重险之难。

"维心亨"。居坎如何得"心"？在卦中二阴得之于坤，一阳得之于乾，乾辟坤乃成坎象；天地开辟，唯水始生；坎，水也，一始于中，有生之最先者为生水，所谓天一生水，地六成之，生于中，乃金性生水，才成于水之物象。金性生水，习坎既见坎性又见相生之金性，金为水之母，从坎性循金性为循流而达源，以致乎心。故从乾辟坤之坎体，以习"用"而见体，从见体而见心。六十四卦，独于坎卦指出心以示人，八纯卦，亦唯险非基于德，而直言心，便是坎之重险之难已为诸难之最，难之至难矣，唯有君子明心见性之大洞明方能出难济难。当维心君子出则刚中，所谓"维心亨，乃以刚中也"便是如此。以维心君子对比华而不实之表阳君子，可知道心唯微，必知至深至微处。言"亨"，为维心君子明心见性习坎通坎，从三习三炼居坎难而达明。

"行有尚"。乃维心君子济难之行，有可嘉尚而有功。维心君子身虽居险，但经过三习三炼，以维心之亨通心已出险，之所以有"行有尚"之谓，在于阳实而有孚，阳明而心亨，以此诚一而行，维心君子以有孚心亨济难。

"天险，不可升也。地险，山川丘陵也"。维心君子以中孚维心居坎习坎，以行有尚济坎险，当明天险与地险之分别，天险者，致重险之坎难的内因，也就是因果法则所主导的心险，唯因果不可违，而天险不可升。地险者，便是君子能三习三炼之所在，通过师法水象，从山川丘陵中找到生克制化之理，洞悉坎水润下之特性而明坎水法序，再从法序知坎性，师法坎性而用水，用水之所行来济险。

"王公设险以守其国"。言应重险之难时应"设险"防重险波及甚广，心神涣散如水决堤将一泄千里，只有以"守"言固守。国者，大国小民，小国寡民，乃心中一明神，身中一口真气，必当固守之，以待时变，当真气守于内，方能设城隍之险，以守山河在外。之所以言守神守气，在于心神最易涣散，要能从坎之悲苦中固守求安。

"险之时用大矣哉"。坎卦言"时"，在于坎难发生过程有"时"义，从初应难到陷难，又从陷难到陷之又陷之重陷，从重险之难到坎难至深重，再到维心君子济难，皆依时而成，尤其是遇时位得体时方有维心君子出，亦时位得体时才能使维心君子正位居体，且中间还贯穿了君子三习三炼之过程，以及"行险而不失其信"治中孚健信的过程，皆依时、待时而成。不知"时"之变，不明出入无期究竟何义。时者，处坎体乃正道之天时，唯有孚维心者能通天时。

"君子以常德行，习教事"。值重险坎难，应思坎难之因，如水汇江成海而亦在源，源者，因果之"天"，而能主导因果者唯德，德积之于行，健之于明。君子习坎、主坎、济坎皆当知因果，唯明因果之教，方至维心之境。积之于行，以常德行尚之，积小以汇大，如涓涓细流终成江海，习教事者，教之以明，以因果之道教之，使其自健德而出重险之难，唯德能自升，非外力可主升与助升。

初以阴柔居坎险之下，柔弱无援，阴柔失位而处不得当，为不能出险且险陷益深者。坎主陷，坎中小坎为陷之又陷。初六居下已在坎之至深处，又陷深坑，其凶可知。初六以不实、不中、不上居坎，陷之又陷而不能出险。不实者，阴而无阳之实；不中者，既无中位又无中道；不上者，无引援使其上。迷不知复又行险，心存侥幸而往，往而又致陷，使其入坎窞。

九二以阳刚之才居中，虽居中却处重险而未能自出，为有险之象。然刚而得中，使其求而有小得。求者，自求，刚中之才虽未出险，但亦未深陷，求于心以中济之；外虽有险而心常亨，故曰求小得。

六三阴柔失正，履重险之间，来往皆险，前险而后枕，进退皆无事功。枕者，支倚，倚着未安，为不安之甚之义。六三在坎险之时，居险支倚以处，不安犹甚，是因入于坎窞至深，下险未终上险又至，以致进退不得，以"来之"入坎，下来亦坎，上往亦坎，之者，往也，进退皆险而不能自处。险且枕，犹在意不能安睡，非枕得安，却使枕而不安，不枕又困倦至极，心神憔悴非同一般。如此危厉临近，不可以有为，无静处之修为，动之为皆为行欲，恐为不及而又致祸，言不可用，故戒勿用。

六四居正而顺承九五尊位，以柔居柔，履得其位，五亦得位，使刚柔相亲而各得其所；相比他爻无应，六四比五而承阳，明信显著，故修其洁诚，进其忠信，祭品虽薄，祭礼虽简，以进结自牖之象，尚其质，终得无咎。

九五以阳刚中正居尊位，为得时而将出之人。九五居坎中，是不盈，盈则平而出矣，必抵于已平则无咎；曰不盈是未平而尚在险中，故未得无咎。有咎在于人君之才却不能济天下坎险，不能使天下人皆能出险，未有称位之德，故而成咎。九五居尊位非求自身之平，若不能济天下太平，则为有咎。在坎之重险中，九五有阳刚、有中正、有尊位尚只能求平，可见坎难之深重。

上六以阴柔而居险之极，坎陷已深，又居险极，失济坎之道而不得出，以其陷之深，取牢狱为喻，以牢狱拘系为象。系缚之以徽缰，因置于丛棘之中。阴柔而陷之至深，三年牢狱之灾不可免。

纵观坎卦，坎以陷义主险，本以阳陷为象，实则阴阳皆陷于坎体，上下皆坎，陷之又陷，是为重险之难，故六爻俱无吉辞。二小得与五既平尚能以小汇大，且求还不能立得；初与二皆值陷时又入丁坎窞，为陷之又陷，上以牢狱之象三岁不得；唯六四正位，亲比九五而刚柔有情，知示诚示礼于天地，又知开牖户而通明，虽阴亦在陷，但为治孚得孚之人，且知谦恭自处，应是居坎重险之难中习坎之人，亦是卦辞言维心有孚之人，维心有孚而三坎三炼之人，必陷深难而目睹九五尊位无力济难，而自身通过治孚通明来习坎炼坎，终以自身苦难尝尽行险，终致大通明之人。

第四十一讲　离卦——明照而服同天下

　　离卦，离上离下，为明两作而照之象。离之为卦，以柔为正，柔处于内而履正中，区别于坎之明在内，离之明在外，为以柔顺之德养之，由养以成，故而能丽于正。离者，明也，阴丽于阳，其象为火，体阴而用阳，法负阴而抱阳之理，也是阳之所出且继而阳壮之理。"物之所丽，贵乎得正"，万物莫不有所丽，有形则有丽，无形丽有形，阳丽于阴，气丽于形，神丽于精，圣人丽于道……此所以因"丽"而成文明也。离者，有柔而丽、明而丽、健而丽、正而丽、履礼而丽、德礼而丽，可各从其丽。柔而丽者，牛之性顺而又牝焉，顺之至也；附丽于正，必能顺于正道，有正而丽；丽者明也，因离火照而明；火性炎上，阳从阴出而壮，阳壮而明，有健之至也；万物各得其丽，皆因礼而正，故履礼而丽正序；万物莫不有所丽，有能履礼而正序，故行德礼之道而丽，正是离之大义。

　　"日月丽乎天，百谷草木丽乎土"。因日月有序而知"天"之自然法序，因百谷草木而知"土"的生养之性；天，生化万物，垂之以日月象；土，生养万物，呈之以百谷草木；日月者，法序之外象，百谷草木者，土性生养之外象。以日月、百谷草木之象，言生化之本和生养之性，以此呈生化与生养之情状，以性→相→用程式贯穿，以"天"言生化之性，以日月为天的法序之相，以土为生养之内相，以百谷草木为可见用之外象，内相之土性，以外象之用以藏相法则的内藏外象可见之；天道生化之性——玄德与圣德之性，以藏相法则的内藏内相可见之。而"丽"正是藏相法则以性→相→用程式贯穿之景象，故言丽为"丽"而有法，且有法度，藏相法则的"藏"之性与法，只能通过其"用"象——百谷草木而见之。言丽者，性→相→用程式转换之机要也，以"丽"连接性与相之法序，又以"丽"转换性、法与外象之间的联系，从而各丽其类，各丽其正，各丽其序，以百谷草木可见之外象，丽其自然法序之礼序，以及天道生化之性的德礼之道，正是丽之大义。

"重明以丽乎正，乃化成天下"。重明者，上下体皆离也，上下者，内外也，为内外皆离，内外皆明，以内外之无所不包和无所不达，来以此言无极而太极道体。无极而太极之道体，为周易易周程式在圣域和圣化凡域，在道→母→器程式中，在圣为"道"域，圣化凡为从道域联系"母"域生化"器"域的生化关联。道生德蓄体性合相的大道具足清净、周遍圆明，为至阳金性明离之本，或明离之极，以道生德蓄体性合相十方圆明无所不照，无所不化，也是"重明"之大丽，而美之至也。离之化，根于生化之性，又履法序之正，故而成其能化之因，也是离之久照之源。

"是以蓄牝牛吉也"。从性→相→用程式而言，以"蓄牝牛"之用和用象，言生化与生养之性，正因处处不离本原而日用不知，才法天下之正序而可用，现状能明其知，在于以外用而贯穿本性。蓄牝牛，正是离卦呈现的天地之大用，在于以附丽言柔顺之德，此柔顺之德，正是坤德，因有生化与生养之本性使然，方可顺其"性"而能有为，法天下大道而师法、取法之，是以行天下正道而用之，故而有吉。丽明以照，可通晋卦。晋卦以明出地上阳"进"立象，有大壮之进、夬制刚进、升晋之进的"进"在外，又有德核驱动，因德的三次升华而至晋体而"进"于内，再以内外合德，使大正之进在晋成明德。所谓"君子以自昭明德"从离与晋而言，明德已在身，自昭者，为以大德而自照，施德行教化，以显德而宣德，以昭之盛而照之盛。晋体与明夷互综，明入地下谓明夷，无论是用明用晦，皆处不同时、不同位、不同际遇而行为臣之道，晋能进位得志，明夷则不得其时，不得其位，君子与臣处困志、困位之当时。

离以"文"言文明，可通贲卦。文明者，贲也。贲卦以"亨"立卦德，在于贲有亨通之能。利有攸往，利在制决所有，序载所有之功；小利有攸往，贲卦德序与德文明皆以德为核，德以内守正固为大正，故尚静戒动，凡将动，皆以明而动，使动而亦能正固。

"观乎天文，以察时变；观乎人文，以化成天下"。乾质坤文成其贲卦之刚柔交错，使其能文明以内而文饰于外，并以乾坤同用而有德文明之成。贲之天文，有明夷暗黑不见到照明能见之过程，亦贯通晋照、离明之过程，为以"时"贯通于体；贲卦德文明基于诸文明之成，在于文明有位。贲卦德文明之成，以德文明贯通各卦治道而化成天下。能化成天下者，唯德以生化之性而有生化之功。

"离"的四种释义治四种文明。因生化之性而化生养，以"化"治本性文明；言本性文明者，在于识道认性，无论是离卦还是贲卦，均以辞言"化成天下"，大道之所以能化，在于道生德蓄之本性，在道→母→器程式中以道域生化器域，天下生养于土，以土性而言生养，皆要明其"性"，离之化、离之美、离之明、离之照……皆根于生化之本性，因其本性文明而成久照之源。以臣道之能"蓄"言生养，治社会文明。无论是从"蓄牝牛"还是"康侯用锡马蕃庶，昼日三接"，皆首言治顺德，以柔顺之德所贯穿的性→相→用程式，以蓄牝牛的天地之大用而言生养之能事。以德盛而明丽之"照"，治王道文明。言王道系统者，观卦以呈，也正是因为观卦行养正王化之道的积累，再以有为之善政，行无为之教化而治"天下服"，而王化天下，德被四方，需离明以照，万物无照不生，无德不序，以德礼之道履礼以正序，健德文明以序而成离，故以"离"之德盛而明丽，言君德以照。以文明而文丽之"文"，治德文明。言德文明，为前三种文明之集汇与沉淀，尤其是为君之明逢臣道之明，以君臣际遇治万民生养，以道→法→术→用之王道系统健德，从本性之德到外象所显之德，以其本末贯穿，便是德文明之健之极也，故而生"文饰"来积累与沉淀德文明。

初九以刚居下而处明体，阳居下而志欲上进，离性炎上，志在上丽，几于躁动，故有履错然之象。履，以足所依之践行，言践行之礼；其履错然，谓交错也。初在下，虽阳但无位，虽未进而迹已动，动则失居下之分而有咎，能明其身之进退，方是初九所丽之道。其志既动，不能敬慎，则妄动，是不明所丽，乃有咎也，故妄动且不知敬慎则不久。

六二阴柔居中得正，为丽于中正。履文明之盛而得其中，故曰"黄离元吉"。黄者，中之色，喻文之美。以文明中正之德，上同于文明中顺之君，所丽"黄离"，尽得附丽之道。

九三过刚而中，重离之间，前明将尽，时不我与，志不我得，故有日昃之象。昃者，为太阳西斜之象，谓处重离之间而前明将尽；鼓者，取震之动言敲打；缶者，瓦罐；耋者，老年，取下体之终而言老。嗟者，哀叹。鼓缶而歌，为乐其常也，达者顺理为乐；大耋，人之终尽，达者则知其常理，乐天而已。值人之终尽之大耋，盛必有衰，始必有终，皆物循环之常道。

九四以阳居离体而处四，四为出下入上之位，以离下体而升上体，在继明之初，故言继承之义，在上又近君，更是继承之地；而九四以刚迫之，刚躁而不中正，且重刚以不正，如此刚盛之势，既突如而来，又无巽让之诚，以非善继者而失继明之道。

六五以阴居尊，以文明之德而阴柔丽中；然不得其正而迫于上下之阳，在下无助，独附丽于刚强之间，处危惧之势；因忧虑之深而至于戚嗟。之所以会出涕戚嗟，在于极言其忧惧之深，也正因知其忧畏，能省察深戒而自恃守正，因守正又自健文明之德而获六五之吉。六五之吉，在于以其文明之德，丽得王公之正位而泰然不惧。

上九以阳刚居离之极，刚明及远，继明已成；以阳居上又在离之终，明则能照，刚则能断。能照足以察邪恶，能断足以行威刑。震为王、为车，离为甲兵、为火，兑为毁折，呈王用出征之象；君王出征，有功嘉奖，斩灭敌方首领。上九去恶，在于上九以其刚明来察奸除恶，以"王用出征"且"折首"去天下之恶，而且是去恶之首，以此正治邦国。上九威震而刑不滥，虽去恶，但不滥刑，故而能处无咎之道。

第四十二讲　咸卦——感物而虚我从心

　　咸卦，兑上艮下，为山上有泽而山泽通气交感至感通之象。兑柔在上，艮刚在下，两气相交感，艮之少男下求与兑之少女上应，艮以止则感有专，兑以说则应而至，以此感而通，男女互通而交合；交合中，兑悦言情爱之始，艮止言闺房之乐；值此男女交感、感通、相与皆成其咸义，继而男先女后以婚姻六礼，自纳采以至亲迎，而有女归成其家；以咸义之成，而有男女感通之道成，再从婚姻之道的婚姻之成到女归的家人之道成，各种类序自然生成，以此得咸"正"之义。从男求女之正，到夫妇咸正，继而成其尊卑、上下位序正，以"正"成咸体，再以"正"从类序而发乎正序。

　　"二气感应以相与"。二气为山泽之气、男女之气与感通类序之气。山泽之气，为兑柔与艮刚之气，柔为阴，为兑气之性，刚为养，为艮气之性，董楷曰："泽气之升于山，为云为雨，是山通泽之气；山之泉脉流于泽，为泉为水，是泽通山之气、是两个之气相通。山泽一高一下，而水脉相为灌输也。"[1]山泽通气，使兑柔与艮刚之气得以交感，在

―――――――――
① 《周易传义附录》卷十二。

先天八卦，兑居东南，艮处西北，山泽之气往来相通，因通而二交，因交而山泽有感，因感而二气相与，因交感相与而二气归一气，山泽二气之类归一气之序，以类序之成而得咸正，这也是为何从咸必生类序，从类序必得正序之所在。八卦之气在山泽相通，在于山泽有往来相通之通道，有通道才能使行气能通，此通道依八卦之德会，从阴阳法则之交，合以乾坤之感，成于先天，谓元气。

艮之山和兑之泽取象比类，既有山泽通气，又使男女交感。艮为少男，兑为少女，男女之气相交，交而感之，呈现"男志笃实以下交，女心说而上应"的交而应的感应状态。气行者，以男之气行于先，为阳气冲升，继而男感又在先，在于男先得阳，以此而有气发之速以及交感之动，女得阳而感，谓心悦，再感而应，流悦之情在外。女得阳而感在于有阴之基，阴阳二气在山泽通道里以同频升发而交，之所以言男感在先，在于阳速阴缓，阳明阴钝，另外男先为以诚交而有先，之所以有诚，在于阳者精气足而专诚。

在履咸正之序上，言男女交合相与、以人伦关系确定夫妇之道，皆是在终了因缘和履人论之正序，"故人道始焉，为贤为愚，为圣为凡，皆莫能外也"正是如此。言"心"在乎真如之净，从"净"而有去迷知晓的方法：以静守出阳，以阳成德，德圆而神，以神通大明，自然能以明照其因缘，使其感而通并非行欲，产生缘感于欲感之区别。缘感有明，欲感有迷、有惑，缘感有元亨，欲感若能履咸正之类序，亦能利贞，之所以皆能利贞，在于有感而通的过程行其亨通，故而在咸卦《象辞》言"以亨利贞"。

"取女吉"。从姤卦言"勿用取女"到咸卦言"取女吉"，区别在于咸卦以无心之感履咸正类序，以因缘的缘起与终始，不被物所迷，不被阴所扰。阳乘阴气而驭和合，从负阴抱阳之理，感通女之阴气以充阳行之精，能使气足，促履序之稳定。以类序通类而归一之正序，故而可通万物之本性，以本性言万物之本，再从万物之本，行以感通之法，而有夫妇的人伦之始，父子、君臣的尊卑上下之始。

"天地感而万物化生，圣人感人心而天下和平。观其所感，而天地万物之情可见矣"。因感道正序而天地能感，天地能感而万物化生，出则见万物之物象，入则见物象之法序，贯通感于物再通于物的感通之法，其规律与本质皆贯通一气。此境界在乎本"诚"，且为专诚至一，圣人以至诚通天下，故而应合君子通天下之志，志通则人和平，人和平则精气足而专诚，精气足则阳裕，以利阳之事成其大德，故而能感通天地万物之情，并见万物之感通，再履咸正之类序，缘于天地而全于天地。

"君子以虚受人"。君子师法山泽通气交感以及感而通物之象，虚怀若谷，健德修持咸道交感之境界，治有人、物皆随适、虚我而不辨、舍识而从心三重感通境界。

咸以人身取象，初六在下卦之下，为感于最下的咸"拇"之象；为以微处初，感之尚浅，欲进而未能。拇者，脚大指，初爻取象震之足，以为附于足而足不能禁其动者言拇，之所以说足不能禁其动，在于初六外应九四，其志与阳相通，当言感通之事，以动而言有感，动之微者感其拇，犹足之未行而拇先动，是有其感并成其感，唯愿拇有感而足有动，以拇之动而感，以正应九四言感通之志。

六二以中正之德上应九五，因阴柔而不能固守，有感但感于"腓"；腓者，足肚，无骨之体，足行则先动，非如腓之自动，为感物而情欲躁动，以欲行先自动，躁妄不能固守者成其所感。由于所感为情欲躁动并不能固守，故爻辞戒其妄动，告以咸脢之凶。二不守中正之道而待上之求，以躁妄自失的咸脢之感，既失中正之位，又失固守之妄，二本自有中正，却志在应五而上求，随股而行，不守己德而安以从上者。

九三以阳居刚，居下之上并主于内，以感于"股"而不能自专，随物而动如股，尤其说感通还不如言随物。股者，下随足而行，上随身而动，故股之动言动而不能自专者；九三之所以随物，在于下二爻有感而动，不过二阴之动皆为欲动，三以主内而亦不能自安处，故随股而随动。三以阳刚之才，以内之主应当执守，反而以非感于心从上随往，当重刚之才而不能执守主内，随物躁动，便失正，如此而往，可羞吝。

九四刚居阴位，为失其正而不能固，言感者，以不能正固而累于感其私的私感。咸卦以感而就人身取象，九四居股之上，脢之下，处位在三阳之中，正是"心"之象，咸卦言感以心感为正，故而九四为咸之主。九四以位居三阳之众，而无所取，直言感之道，从感之道而言，贞正则吉且悔能亡，感不以正则有悔，九四处兑体，居阴而应初，故戒于贞。

九五居尊位，本要以志诚感天下，但以感于"脢"而无私系，亦无亲狎之悔。言脢者，与心相背而所不见，虽言感但因不能感物而言并无私系；九五应二但遇滞，唯比上，犹咸其脢而未能感动天下，为治咸道浅矣。志末者，为九五心系上六。无悔者，九四言悔亡，在于有悔而能固守贞正以避之，九五无悔者，在于根本无悔。之所以言九五治咸道浅矣，在于九五以尊位应治咸道而感通天下，以感通天下再通天下之政，而恰恰是九五以感于"脢"而无过，但亦无功。

上六阴柔居感之极，是其欲感物之极；以居咸之末而执兑之主，腾扬于口舌言说，感人以口舌而无其实，处咸之极而不能以至诚感物，发见于口舌之间，以阴柔之才显小人女子之常态，凶咎可知。辅颊舌居身之上，为所用以言而成语言与言说之工具。

在咸卦，咸六爻以身取象，上卦象人之上体，下卦象下体。寂然不动为咸之体，在乎感于心内而不动于外身；感而遂通的感通之法，为咸之用，以此感其六爻的吉凶。初在下体之下，以"拇"之动为言感之微、动之卑，动合乎随，感合乎咸，故而无凶吉之言。六二在下体之中为"腓"，咸腓之感以不守中正之道而待上之求，实为情欲躁动之感，以失中正之位，又失固守之妄而告以咸腓有凶。九三在下体之上为"股"，三以阳刚之才主内，以不能执守卑下，反而以非感于心从上随往，志在随人却随物躁动，失正而往而羞吝。九四在上体之下为"心"，以"心"得其咸要成为咸主，九四以咸之主大得感之道，虽感其私但未被私所累、所害，在于九四立于心而不累于私，得正固之利，使其悔亡。九五在上体之中为"脢"，以尊位感于"脢"而无私系，亦无亲狎之悔，为治咸道之浅者，无过亦无功。上六在上体之上为"辅颊舌"，以言说之具以言感人，言以口舌而无其实，未及德行，乃咸道之薄者。

咸之道。以内在神识之用，既感物之法序，又通物之本性，再以洁静精微之感而感于心，成其唯变所适而心能转物的咸之道。其感通过程为：从德合出震，震动发气，神主气用，气行以通，通而行意，以意感物，感物而神知，神知以意达，意达则情悦，情悦则有应，应则明辨物，辨物则通感，通感则物我有合，以大明合物我，则心物并一，心物齐一则舍识弃意虚我而从心，再以洁静精微之感履咸正之序，履道法之礼序顺应物来而不留，以心寂然不动得心境大光明，守真如而妙化万有，成其感而遂通履咸正之序之实相。

第四十三讲　恒卦——固德恒养立恒道

　　恒卦，震上巽下，为雷风相与而恒益、恒久之象，故取恒，恒通亘，《说文》曰："亘，求回也。"徐锴曰："回，风回转，所以宣阴阳也。"何以求回转呢？为以风形回转之形而象阴阳，以阴阳回转而互抱立象，阴阳回转而互抱者，夫妇之道也。所谓宣阴阳者，为以"回"形之象而立阴阳之法。何以使风有回转之象？为雷风相与使之，雷动则风起，雷迅则风烈，雷止而风息，犹如夫唱而妇随，雷风相与而有恒益，雷风者，震者长男，巽者长女，男在女上，男动于外，女顺于内，夫妻成室之象，既宣天地之气，又唱夫妇之道。恒卦次咸卦，咸以交感而应，恒益恒常而久，咸者男女之初，恒者男女之成，"咸恒往来，乾辟坤体，阳动阴中，而肇始人伦之初，皇建人道之极也"故恒取久、常、固、恒益之义。

　　"久"。在恒卦，以雷风相与，刚柔相应言夫妇之道，虽言夫妇之道，而是取男女和合立象，以此示"恒"，为取法象示常道以恒。常道者，不易其常度，所谓独立不改便是此义，不易者，恒的阴阳法象——阴阳回转互抱而成恒。从道法之序而言，独立不改、周行不殆，不易其常度而曰恒，法度之恒必久，故恒之道有亨通之能，恒而能亨。

"雷风相与"。恒卦刚上而柔下，震刚在上，巽柔在下，震雷巽风，二物相与，所谓雷动则风起，雷迅则风烈，雷止而风息，"巽而动"柔巽以震而动，居其下而抱震阳，以"刚柔皆应"而你动我应，以此风回转，雷风相博，交助其势，立恒象。皆应者，震巽上下二体六爻皆阴阳相应。

"天地之道，恒久而不已也。"雷风相与，裁天地之道而运；刚柔相应，以阴阳之机而成，皆以立恒之象言道法之序，道法之序者，以独立不改其常度唱天地之道。天地之道者，夫妇之道者，皆阴阳和鸣而相与互益而行恒，故恒乃恒益之道，天地恒益万物，阴阳恒益夫妇，震巽恒益交通，刚柔恒益君子……故曰："日月得天而能久照，四时变化而能久成，圣人久于其道而天下化成。观其所恒，而天地万物之情可见矣。"立恒而恒益且久者，唯道体德性一理，德性随道、法、物等演而不察，皆外化于可识、可辨之象。言治君子者，借君子健德而示恒象，恒则恒益，益阳而阳裕成恒德之固，德固而久者，有治身德之大成。

"君子以立不易方"。君子观雷风相与而恒益、恒久之象，当明恒常不易、居常变易以及万象所变之原因——依性→法→象程式而贯穿的恒道。应师法恒道不易之本性，变易之法序，以此洞明之"立"，确乎洞明道体德性之大"明"而不可拔。君子更宜师恒道，恒益的持守弥坚之性，不变易其利恒又恒养之操守，当持恒道而恒益万物于四方，纵然雷风与万象虽变、能变，但变而自有方序，万象变易不过唯法序而变。

初六居下，与四为正应，有深以常理求之的浚恒之象。浚者，为入水深挖之义，处恒，以巽入兑泽，为求恒愈深之义；初六为执巽之主，巽躁而柔，以深有所求求往应四，然四震而阳，志在上而不下，又为二三所隔，出现"应初之志，异乎常矣"。故以初之柔暗不能度势而应变，虽正亦凶，失时而无所利。

九二以阳刚履阴位，本当有悔，但以其居中，又应中，故能恒于中，为典型以其中正之当位，有配位之德，故以久中而称位。故而有忧悔消除之悔亡。

九三阳刚居正，以刚居刚而有过刚不中，志在从上，又不能守己位，为无常之人，无常之人则失恒常之道，故曰，"不恒其德，或承之羞"，不能正固其德，则羞辱或随之。承者，奉也，跟随之义。

九四阳居阴位，不中不正，久非其处，亦不能久安，虽求恒久，但如田猎而无禽兽之获，徒劳无功，以失恒而求恒。田，田猎；禽，鸟兽，取震类走兽，巽类飞禽。

六五柔中应九二刚中，谓常久不易，但能正固其德，夫以顺从为恒者，妇人以此常道从一而终，故有妇人吉。若丈夫以顺从于人为恒，则失其刚阳之正，失恒正则凶。五居君位而不以君道言，却以妇人言，是丈夫犹凶之所在。

上六以阴柔居恒之极，处震之终，恒极则不常，震终则过动；以阴柔居上不能坚固其守，非安其所，以振恒之象失恒道，失恒则无功。振者，动之速也。

初六以浚恒之象虽求速而不知时，故不恒；九四以田猎无禽兽之获，徒劳无功，亦不恒。不恒者，当求恒。如何求恒呢？在初六欲求速必治渐，渐者，渐进也，在乎日积月累；在九四应以中正治"田猎"之术，专而在己位，以常道治常。九二阳居阴位，为非常理，而又居得其正，处常道，以处常道之位行非常之理，本应有悔，而九二以中德应于五，以得中而恒中，中则正。九二得恒之所在为以刚中之德应于中，为以德胜而除悔亡。六五柔顺之德贞固，正因正固其德，故以德胜，又从一而终，以行致胜。所以，九二与六五得恒之所在，均为正固其德，尤其是正固其位德。正而固，便是得恒之要。

在恒卦，有雷风相与、刚柔相应之恒益状态，失恒从何而来呢？失恒有不居恒而失恒和居恒而失恒两种类型，困极必复，经辨质见修，从一阳来复阳气健开始，以损益之道损其陋习与阴疾，此时因"阴"消而阳待健，使其失衡，这便是恒初阶段的失恒状态，衡者，为阴阳之间的平衡，失恒之"恒"为尚未处"恒"的非平衡状态。

从恒初之失恒可见，最怕不得本质、不近法序的自以为恒常，这是一种昏昧且自我麻痹的非恒阶段，故需君子以健，从损益之道步入恒益、恒久的状态，而得以求恒。求恒者，从昏蒙以明，且从麻痹的不知所困以健其志，逐渐以"复"出困。求恒者，为恒卦初六与九四爻，求恒当以渐治速，欲速不仅不达，还会因速而失方，如初六以浚恒之象虽求速而不知时，时者，在恒卦以巽春、离夏、兑秋、坎冬而四时象全，欲求速却四时皆不达，可见求恒之方极其重要。方者，方术也，如九四应以中正治"田猎"之术，专在己位，以常道治常，便是九四求恒之术。求恒者，必以损益之道为基，且反复其道，再专其求恒之术，以免陋习、阴疾复染其自强之志，才能师"渐"而达常道。

从恒初之失恒与求恒不达可知，不知治其损益之基，亦不重守位是失恒与求恒不达的原因。初六以浚恒之象欲深挖，而四在上不下故不应其求，实则初六损益根基不足，己志不能上达，阳气不能破二三之隔。九四虽求恒，却不知守位，若欲求恒则必守其位，且要专而己位，才能免凶；守位者，健位德也，之所以言守不言健，在于身德要以损益为基，阳裕而固才能言健，言守者为守其损益之道，待阴消而阳出，日积月累而阳裕，阳裕以健才能显德，所以守位极其重要，为守"位"之本分。

君子修身正固其德，当值恒卦治其大明。处恒卦，无论是利恒，还是恒养，皆以达本性而大利，以达本体而大养，虽处外象之恒变，亦不会偏废其善。

第四十四讲　遁卦——以迁避存阳护德

遁卦，乾上艮下，为天下有山而君子行遁之象。卦中二阴浸长于下，阴长将盛，阴长则阳消，君子避其阴长之势，行退避之让，为有存阳护德而避祸之明。为卦天下有山，天在上，阳性上进，为进明亦进志，而山在下，有阴存之，形虽高起，体乃止物，值阴势之长而成山，天以上进之性遁去。避祸有明，行藏有志。艮山有止，二阴浸长势长如山，山势参天与阳战于天际，阳强性刚，阳战阴则阴有祸乱，阴弱需蓄势，只能避之，阴势虽长却远遁天下，以避阳刚。以"遁"成卦义，君子行迁避，小人行逃遁，皆互畏其势。

君子行迁避在于有明照见时势，以存阳护德行固本之职，小人逃遁在于尚无力与"天"刚决势，以远遁而蓄积山势。高山之下皆阴长之势，且蓄势待发，天上皆阳刚上进之势，守刚制固本，故君子应进志升于天上，而非远遁山下与小人为伍。天下有山，正是君子远小人而遁志上进之时，君子遁志上进，力足时以乾健之性而志在天下，力不足时行藏，值阴浸长之际，行避祸之明而藏志蓄德，以图上进于天。

浸而长。姤阴渐长，被"时"所赋予，渐长成姤，继而成遁，阴长之势不可与敌，能敌者只能在卦体之当时，如成姤体时，以五阳包一柔而制阴，此阴可制，在遁体时，以天之刚强战山阴之势，使阴小畏阳势而远遁。

"与时行"。在"时"轴上，其阴长之势不可敌更不可逆转，但在成卦之体上，可有所作为。所以君子当明时之大势而有为在体势。时之大势，是周乾而易坤的乾→姤→遁→否→观→剥→坤执迷妄失过程，此势一旦阴从内识生成，便能经过气形质的浑沦状态成形、有质，发展成姤，从姤进遁，皆不可与敌，其法序可夺任何卦体。有为在体势，周乾而易坤的执迷妄失过程，由乾、姤、遁、否、观、剥、坤卦体组成，在这些卦体过程里，又有卦体之时，卦体之时以位为体，故可据爻位而定有为之策略，虽言阴浸长之势不可与敌，但在卦体之时里，因位之限制，使有可为之"小"时。如何有为呢？为"刚当位而应"，阳亦有阳责之位，必然捍卫守阳护德之责。

遁行双避。君子行迁避，小人行逃遁，以两义共存于遁体而正"遁"义。为何要值二阴势成行遁而避祸之举？二阴浸长从姤成遁，阴渐蓄长成山势，虽有山势，但从卦体而言，其阴势尚在势中，若任其阴势浸长发展，则势大成否，值否时将有阴窒塞不通而无所遁，故遁之君子以明察其"势"，在阴势中之时，行迁避，若不在遁体行迁避，至否体后，小人当道，贤与君子将失去寄存之所，还将处处遭小人与阴妄陷溺，阳必然被伤，被消耗，而在遁体尚有存阳、保阳之所，应明察其势，在势中行避。虽言双避，但君子因有明，做出了行避而藏之举，其祸患并未触及和伤及君子，反而祸端却真实地发生在小人群体，这便是为何要健明德治明，首要的便是能明时势而避祸，集诸难于一体的重险坎难还犹在眼前，阴小之类应师法君子，避祸有明，行藏有志。

遯体以"亨"立卦德。遯卦君子以明德照见遯体大势而亨，尤其是在遯体行避有明，照见时势，应对有度，使天在上，阳性上进，能进明亦进志；遯体以明志双用，既明遯势，又藏遯志，以此致亨。"刚当位而应。"刚当位，为九五居中履正而当位；应者，以阳刚之制应阴之浸长，六二柔顺以下应。刚当位而应，有遯体阳刚之体应阴体，为四刚应二阴；其次为卦中六二下应九五之应。

"遯之时义大矣哉"。遯有大时亦有小时，大时为周乾而易坤的乾→姤→遯→否→观→剥→坤执迷妄失过程，此为阴长成势之时；小时，为卦体之时，卦体之时以位成体。大时不可与敌，遯以行避藏志应对之，显遯体之明。大时之法序可夺任何卦体使其失体，但此种之"夺"为"浸而长"，其"时"是宏大时空的时概念，或已然超脱常规时概念，存在于不同法序体系里，只能以"震"网通大小法序而通之，从小时贯大时，再从大时降小时，必通易的时、位、体以及震传德承序之大器。

"君子以远小人，不恶而严"。遯体之所以遯行双避成"遯"义，在于阴浸而势长，阴夺姤之九二成遯体，原本一阴微存之姤阴，成遯体而蓄阴成山势。遯以天下有山之体，使君子行迁避，又使小人行逃遁，皆畏彼此之势。

初六阴柔居下，居遯而在后，以遯尾之象言位卑职小；尾为在后之物，遯而在后，为处遯之危。阴进为前，遯体为姤之初进二所成，遯之初六在进之下，故为尾。初以柔处尾而不能决，止而不能行，遯而在后，危厉之象，退而不果，动而不及，危厉益甚矣。

六二处中居内，以中正顺应于九五，五以中正亲合于二，顺道相与，两相交固，其固如执系黄牛之革，其相交之固莫之胜说，不可胜言也。执者，固守；黄者，二以黄，中色；牛者，顺物。革者，坚固之物。二五中正相与而应，相交固如执系以牛革，犹为坚固也。六二虽陷在阴类之群，却能固志向正道，乃中德所赋也。从遁义而言，无论是君子行遁，小人远遁，皆遁而隐去，而言"隐"者，正是六二藏志之隐，以中德自守而不形于外，处阴而不群之，有志既不张扬于群阴，又固而应其正道，在阴类中从其正。

九三刚居阳位，下比二阴，当遁而有所系，有疾而有危；言遁贵速而远，有所系累，则遁之不速，系累害于遁，故称有疾；有疾之遁，危厉也。九三比二，蓄养臣妾，怀小人女子之道。所谓阳志说阴，三与二切比系乎二者，二乃为三所蓄养之臣妾。臣妾者，小人女子，怀恩而不知义，亲爱之则忠其上，系恋之私恩，怀小人女子之道也，以蓄养臣妾，得其心为吉。

九四正应初六，性体刚健，是所好爱之好遁者，有所好而能决然隐遁者，唯君子能之；君子虽有所好爱，然值当遁之时，则遁去而不疑，所谓克己复礼，以道制欲，便是如此，所以有吉。然小人不能以遁义处之，被所好牵于私情，而陷辱其身不能已，小人失明，耽于安乐，不能察遁时，故而被私情拖累而失遁之先机。好遁，言其不恶，乃情之所好，然遁为处遁大义，唯君子能刚决以义断，值遁时而舍弃所好，明遁而去，于情于义于时皆吉。

九五刚阳中正，下应六二，六二以柔顺中正而应九五，为遁之嘉美者也。九五执遁而不为情移，更不为阴势所屈，以执天道行王道之正，而得贞吉。遁之嘉美者，九五中正在上，下应柔顺六二，致遁体虽言遁隐，但因志相连且使上下亨通，亦致正道亨通，所谓"亨者，嘉之会也"乃九五与六二嘉美之会。是故嘉遁者，遁而亨，九五同上体行遁天上，以乾之美居天下应六二，六二固志相连且中顺其正道，使正道亨通，虽遯之下体有二阴，但因九五之嘉遯而贞正。九五正志者，为九五与六二虽应但无私系，均是正道相连，以道相牵而不系私，为亨通之至。

上九阳刚居外，处极远之地，下无系应，成其心无挂碍而远遯者，遯之远而处之裕，是谓肥遯。肥者，充大宽裕之义。能遯而远之，在于得其遯时，又能以肥遯处之，在于得其遯势。上九知时而行遯，得势而远遯，是得遯道而无所疑者。上九远遯，飘然远去，无所系滞，心无挂碍，得其遯道之大善。上九居乾之上，刚明果敢，值下无累系时远遯，既无阴浸之忧，又无阳责之累，以阳足德裕而肥遯，所去之地亦宽绰有余裕。

纵观遯卦，姤之九二被阴势浸落，以二阴浸长之势成遯体，在遯卦，以君子行迁避，小人行逃遁，以两义共存于遯体而正"遯"义，君子行避，在于舍小得而避大时，以明德治明而有迁避藏志之远见。君子以远小人在于以明德防祸变，以"远"行避祸之举，若不避阴势且远小人，因阴浸恐遭陷溺之祸，使阳失明，继而失志，如同姤之九二被阴小同化而沦为阴类。在卦中，下三爻共艮体，主止，阴势不宜进，在于阴进则阳战，天道阳刚之战使阴畏，故而远遁成山，以畏阳势，成其卦体小人行逃遁避祸之态；上三爻共乾体，主行健，既行阳刚之健，又行藏志之健，为明志双用之体，因用明且藏志，故九四好遯，九五嘉遯，上九肥遯。遯之道，利速遯且遯远，初六遯尾，遯失时；六二执革，以固志之进不言遯而居遯，行非遯之正；九三系遯，遯而有系，蓄阳臣妾；九四好遯，明能断系；九五嘉遯，中正在上，中顺在下，执天道行王道而主德政；上六肥遯，使遯之全体存阳护德有功，上九阳裕德固而肥，以心无挂碍而飘然远去，得超然心境。

第四十五讲　大壮卦——内刚化外政而壮

　　大壮卦，震上乾下，为雷在天上蓄大而壮之象。卦中四阳阳势过中，长而壮，犹雷霆动于天，其势盛大，既有壮之盛，又有势之大，而成"大壮"。大壮在于渐蓄，故而成在大畜卦，由德蓄刚健而壮，值大畜之体，艮乾同宫，山天同气，蓄而见天，壮而见势。之所以有大壮之谓，在于集阳壮、德壮、健壮、志壮、政壮、善壮于一体，成其"刚"，亦成其"大"，以积壮之力强而言大，犹以成壮之体多而言大。壮者，刚壮曰壮，以内壮和外壮皆有刚而成大壮，大壮从刚，刚从德蓄，德蓄从养，以成乎刚壮之实为内在，养大正在外。

　　大壮利贞之大正。大壮之道，为从内刚壮而养外壮，故大壮之道为君子正固之道，若大壮不得其正，则空有强猛之势。利贞，值大壮体，以正固之利使其壮而盛的贞正之道；大壮成其刚壮强盛，在于行渐养之道以"养"贯穿萃正之聚、颐养之正、德蓄刚健的前后。

　　所谓大正之道，为君子依明德，值任何一卦之当位，履卦体内在法序，行卦体自身之治道，使其能称位和配位卦德，自然能得其大正之道。同时，则能依任何一卦的大正之道，探究卦体治道，洞悉卦体内在法序，履卦体当位之时、位，从配位之德健卦体大明之德，最终通其道体德性，治大明。大正之所以"正"，在于行中道而唯变所适；持中，以得正，谓中正。以中正之大正，唯变所适任一卦体而得其正。从中正而大正者，又在乎体，为体、时、位三者履中正而成体序。

"刚以动"。卦中四阳息阴，阳势过中而壮，犹雷霆动于天，其势盛大，虽雷动于天，但大壮体壮而稳固，以待风雨而不惧变故。乾体居内，震体居外，乾体正且刚壮，成大壮之基，大壮之政根于乾天之道而行于王道，王道行震，正是执中正之道为天下正序之时。天道为王道之根，君子法之，内外齐德，以内在纯粹之精气，化外在之政，以震响于天际，乘雷雨之势，行乎四方，正是大壮体内刚化外政之时，亦是执天道行王道之时。德大之健动，非空有其强盛之体，而是有德之内核，大壮刚盛在内则"刚以动"，以动反静，常为壮盛而过之动，为防伤阳、伤德之动，常使壮不可过而止健。刚壮之动，非大壮之过盛之动，以德大之健动，行以内刚化外政的转化之能，不仅无需止健，还应大行正固之利。故德大之健动，非违背正固之利的妄动，而是依内在之刚壮为阳之源，以内神化精气之功，散而在外成政于教，以内刚外化之平衡解决了壮盛之过。

从大正到正大。大正者，大壮体刚盛之正且盛而大之道；正大者，从大正之道执天道行王道，以中正养大体并全大体，能建"中正"成序。从大壮之大正，走向正大，便是从一卦之体，走入卦体之全，以"大"而应所有，把中正之道，放"大"在全万民之体，并建"中正"成序，以大壮一卦之序贯通所有正序，从而成其"正大，而天地之情可见矣"。以治道通正序，内刚化外政之大壮治道通正大之序，使天下所有体皆能壮大，便是大正到正大之义。

正大之序，把大正之道，建成适用于大体的正序，使正而大能全大体之正。正大之序，以"中正"立义，以"全大体"为用，贯通法、礼、德三者正序之"正"，既是法、礼、德三者正序之载体，又能表达且承载任一正序之大义。在大壮卦，正大之序，为中正之道大成且稳固，能以大正之治道沉淀成大壮文明，又以能全大体之正，而从养阳之正、健德之正、正固之正、精神抱一之正、进位升阶之正……凡能得正之事，皆能以健德、善政、德教等，贯通于执天道行王道之政中，使纯粹精神而终能治于精神。

"君子以非礼弗履"。从大正之道到正人之序，以治道通正序，正是大壮既壮其自身之体，又以建序履序而扬升至正序，故而君子师法雷霆震天，执天道行王道之象，应思刚壮而盛大的来由，以及大壮从大正到正大之去向，思来由者，应行能使取刚壮的正固之路；思去向者，履礼成序正是正大之所在。

初九阳刚，居乾体而处下，为壮于进者，处壮承壮，居刚用刚，在下而用壮，壮于趾。九在下用壮而不得其中，居下而壮于进，其凶咎之加身必如影随形。趾者，脚趾，为在下而进动之物。以刚处壮，居上犹不可行，何况在下。初九之所有凶，在于动而在乎进，因进而失恒，在大壮卦以刚壮为义，固守刚壮在于以静摄受之，动则违背静的正固义，又值阳爻，更当用柔，而非刚动；动而在乎进，言进为壮于行而不顾本位与本职，不守位亦不正固，故而当凶。处初九且遇阳，在虽刚壮但壮而不盛时，宜贵于用柔，方能得正。趾在下而主于行，初乾体而居刚用刚，为用之有误，用刚失恒，为失恒常固守之养。阳以居位静守为孚，故初在下，壮未盛，刚未过，本为有孚之位，但因壮于趾动而欲进，使用刚失恒，而孚道则穷，孚道以专诚为信，专诚则需静守无妄动之举，故初九之凶，在"征"凶，无征不凶且尚有孚。

九二以阳居阴，又履居中位，以中求正，履谦不亢，是以贞占。九二得位且刚柔相济，以中求正而得中道，又值大壮以刚居阴为吉，故九二以“贞吉”为爻辞。从九二以阳居阴而言，虽有不正，但又能得其正，在于得其中位，以位求正，以此刚柔得中，以得“中”恰如其分，戒其阳刚过于壮，从此得大壮之吉。从处位而言，以中位止动，从爻位止其刚壮之过势，从九二可看出得中道之妙，大正之所以“正”，在于行中道而唯变所适，九二以位求中变阳壮而刚柔得中，便是唯变所适而得其正的代表爻位，既能通变，又能以变通适，有“适”则不据于一位之爻而能得全卦之义。

九三以刚居阳而处壮，乘承皆乾体，又当乾体之终，以壮之极，为君子过于勇者。九三过刚不中，又极壮如此，在小人则为用壮，在君子则为用罔。罔者，无也，视有如无，以其至刚，蔑视于事而无所忌惮；羝羊者，刚壮喜触之物，凡物莫不用其壮，齿者善啮，角者善触，蹄者善踶，羊壮于首，羝则喜触，故取为象；藩者，藩篱也；羸者，拘系之困也。公羊顶撞藩篱，被缠住羊角。九三处下卦之上，以阳居阳，为强壮之人，君子值强壮之极，以明德将知进退，而小人乘此，则必恃刚强凌犯于人，小人尚力，故用其壮勇，君子本刚，又有君子之明，故用罔，以用罔而不用其壮。小人之所以用壮，在于九三位刚已过中，小人必不知固守而动，有动而不顾之进，犹刚狠之羊，虽藩在前，必用其勇壮而往前，故顶撞藩篱，触突而进，以至反羸困其角，以勇而欲进却困其进，故凶。

九四居四阳之终，爻刚位柔，虽有壮之甚但非壮之极，群阳并进，非二阴所能羸困其行，冲破九三屏障，犹輹壮则车强。三以九四之刚在前，如藩篱之障而不能进，故触而受羸，四以六五之柔在前，如藩篱剖破而无俟乎触，故不羸。曰藩决不羸而不及羊，承九三之辞也。壮于大舆之輹，亦可进之象。藩决不羸，其道通也，壮于大舆之輹，其行健也。九四承两阴，阳滞阴通，谓无触而剖破，亦曰藩决不羸而不及羊，在于自有其通道。无触而破且不及羊两者，在爻中为有违谦越礼之举。藩篱决开，不复羸困其壮，故尚往。车之败，常在折輹，輹壮则车强，车强则能往，高大之车，轮輹强壮，便有行之利，故云壮于大舆之輹，车壮于輹，车主进，则壮于进，进为君子之道，从升卦以升义主进便以阳进主君子道长，当君子执进道，则有"正"，故而能悔亡。

六五柔中，阴柔居尊，为离阳之类，行不与时，不能抵触，无所用其壮而丧羊于易。易，容易、平易，取兑和；羊，外柔而内刚，群行而喜触之物；丧羊者，为羊失其刚性，言离其群类；丧羊于易，言忽然不觉其亡。卦体有羊象，在于言外柔而内刚者，羊群行而喜触，以象诸阳并进，四阳方长且并进，为阳势强壮而有触之象，六五以柔居中，若以力制，则独柔难胜群刚，将会有悔，故六五以和易处之，不以力制，则群阳无所用其刚，使群羊丧其壮于和易，以用"和易"之法而无悔。六五阴柔居尊，值阳壮之体其性柔则为离阳而居，故言六五位不当，但位中得正，又居尊位，以得中和得尊化解了其位不当之忧虑。

上六以阴柔之质居极，壮终动极，故触藩而不能退，处穷极之位，进而无所得。犹羝羊触藩，进则碍身，退则妨角，进退皆不可。三前有四，故为触藩；四前遇阴，故为藩决。上六在众爻之上，为不能退者，又处壮之终，故又不能遂其进。遂者，前往；详者，审察；上六妄动遇困，遇事不能详审致过之因。上六以阴柔处壮，不能固守则妄动，而妄动则遇困，因困而失其壮，但犹幸其不刚，用壮则不利，有摧必缩，无所往而利，艰以处则尚可以得吉，故占曰"艰则吉"。

纵观大壮卦，四阳息二阴成卦体，刚壮而盛且过中，故在乎中正。初九壮趾，以动而在乎进，失恒养，有征凶之占，且以征进害专诚之孚，使孚穷而致凶。九二居中，以位求正使刚柔得中，执中正之道且唯变所适，有当位之位与称位之德，故以贞吉之占为爻辞。九三以刚居阳处乾极，正是小人用壮，君子用罔之占，小人妄动虽有勇用壮，但却陷困，征凶贞厉。九四壮进却能贞吉悔亡，在于君子以"正"执进，合《象辞》的大正之道。六五阴柔居尊，用以柔化刚的和易之术，防其刚壮之过，有称位之能却无配位之德，在于处大壮居尊位却未执正大之主旨，行其内刚化外政之功，虽有止刚之术却无正大之道，虽无悔但政绩平庸，离正大之圣功远矣。上六进退不得而无攸利，虽艰但以柔化刚而自得吉。

第四十六讲　晋卦——合德而精气化神

晋卦，离上坤下，为明出地上德进成晋之象。离日，坤地，为明出地上，万物进长之晋卦。《杂卦》曰："晋，昼也。"为明出地上的白昼之象，白昼者，阳、明之渐长，基于明夷之综，依大壮→夬→晋的路径，从四阳并进到五阳决阴之进，阳刚壮化明而成日出地上之晋。经过大壮升华之进、夬制刚进、升晋之进为过程，明夷所隐的内阳，又因在夬体之德蓄，使纯粹精神之内阳从坤地升而进，以明出地上至日中成晋体。从明入地中之明夷到明出地上之晋，皆有"升华"之实，尤其是德为核的三次升华：第一次升华为精气化神之升华，亦为"德"升其品格，华其精神；第二次升华为神主气精之升华，亦为"德"升其境界，华其光明；第三次升华为精气神三全，亦为"德"以乾坤合德之用，而德驱内外，升其神通，华其万用。

"康侯用锡马蕃庶，昼日三接"。晋卦以康侯立象，康侯，安国之侯也，晋为进盛之时，大明在上，而下体顺附，诸侯承王之象也，故为康侯。天子赏赐众多车马，一日之内三次得到问劳，锡马蕃庶者，众多重赏也；三接者，礼多而厚也，三飨三问三劳，天子迎接公、侯、伯、子、男五等诸侯之礼。锡，通赐，恩赏之义；马，坤为马；锡马，其德可行者赐以车马，为《礼记》九锡之首；蕃庶，繁盛，取坤坎之众、康侯之功。晋卦之康侯恰是夬卦之九二，在夬卦有定邦安国之功。安国之侯，是谓康侯，艮主安，坤为国，以"康"主安定。诸侯不来亲比天子者，称"不宁侯"。上比天子，下安庶民者，称"康侯"，因能安国而有侯爵，又因治安而有德、有功，而能重用于天子。在社稷恐将溃决的局面下，天下兴亡匹夫有责，九二在私邑尚武，作讨伐之兵事准备，欲合力讨伐阴小之众，决其首领。九二以内怀兢惕而外严诚号得中道，以呼号之告，既知危厉之所在，又尚武作讨伐之准备而尽匹夫之责。在夬卦最瞩目便是扬于王庭之德决事件，而支持"扬于王庭"之公决者，九二亦有至功，九二与九五皆得中，虽处位不同，但九二处下体三阳之中，居乾体行健而得中，其群众基础非九五尊位能比，九二以中正之道，同九五一起，集众阳而举公决。当德决夬制一出，九二又将去故取新之决果作为新政率先应用在私邑而自治，率先相应国家体制，使其新政初始无有动乱而安社稷。以定邦安国之能得以上三者之功，功劳甚大，故而在晋卦被封康侯。

"昼日三接"。以表功、彰德、显明的三次表彰，来彰显康侯之功德，并以此激励天下有德有功之人。表功者，为表康侯在国之危难之际志心报国，犹以内怀兢惕而外严诚号，使所治之邑不同流合污，还有为国请命之明。在晋卦先表彰其为国请命之功，再表彰决夬制怀万民且长治久安之德，继而再表彰明德普施之德政，所以才出现"昼日三接"的表功德事件。之所以言"昼日"，在于以昼日之明将功德和表彰皆大白于天下，以"显"行激励之事。晋卦以"昼日三接"彰显晋体崇德尚明之新政，亦是晋卦明德彰显之精神，且以神主气精德施万物。

晋卦崇德推明，是晋言"进"之所在。晋卦以德晋之核，驱动君子之进以及夬制之进，使晋之大明能显明。君子之进，进在大明德与升志之进；君子经过明夷之综而成晋，对明德之体会已有大的晋升，尤其是行教化以明，从中孚以境界甚深的乘木舟虚教之以豚鱼，教之明与受之昏，形成强烈反差，原因皆在暗众阴强妄大，而言大明，除了君子有内明，还需化外明，需教暗众与小人皆明，方能言大明。君子知内外合明，方能成其德进成晋，以及乾坤合德之用而精气神三全。制决在夬体，制尚德推明在晋体。在晋体言晋制，是因为从夬制起便有了正大之序的雏形，以夬卦之小体，德决出载法、礼、德万政之制，成在晋体，以适用所有体而全大体。

"顺而丽乎大明，柔进而上行"。顺，有夬制应万民，而有政顺；德政施顺则万民得益，使万民顺。之所以言"顺"在于有夬制，履一制而决所有之顺，无夬制之基，无以谈政顺以及万民皆顺。柔，成在晋卦为晋德文明，文明显柔性，因阳德充实其内，虽外柔而内刚壮，有内阳刚壮而能上行，能言晋德文明之"柔"者，皆是精神与品格之沉淀再扬升所致。晋德文明，为晋体所呈现的德文明，是德文明的重要内容和组成部分。晋以进为义，又以德为核驱动并升华，其晋德文明自然随上进之特性而德晋上行。

初六以阴居下，处进之始，上应九四，遇二三为滞，虽应难和，以应不中正而有欲进见摧之象。欲进还退者，晋如摧如，进退两难之貌。晋如，升进也；摧如，抑退也。初六以柔进，为度礼义而决进退者，有君子之明，于常人而言，或急于进以求有为，或急于退则怼上之不知。处进退之位而知进退之道，君子无急于乘势趋时。于始进而言遂其进，不遂其进，唯得正则吉。处六应阳不能，承阴遇滞，为无信于人者。罔孚者，在下而始进，上未见信，则当正固自守，雍容宽裕，无急于求上之信，所以能裕而无咎。言贞，为进退皆以正；言裕，为不急于求信；贞且裕，君子处晋体的进退之道。便得此义。

六二以柔处中正，得敌于五，乘承皆阴，故欲进而愁，虽柔但中正，非强于进者而守其贞正，不为进而犯难，持贞正之道而吉，故云"晋如愁如贞吉"。六二守正，受福于王母。王母，祖母也，谓阴之至尊者，指六五。介者，大也，取坤之大。晋如愁如，有欲进还忧之貌，但忧而无难，在于中正自守。六二以中正之德持守，久之其德必彰，晋卦以德进为晋，六二虽上无应援不能自进，但终以德进而晋。之所以六二要进，在于六五为大明之君，且有晋体大明之德，六二进而求之，为崇德且亲明，故而六二能安持中正自守，以期如愿晋之，加之宠禄，受介福于王母，实则已受晋体明德教化，而顺于晋，六二得中正以及得宠禄，致使最终得顺，而得晋道。老子曰："守柔曰强。"乃谓六二之晋。

六三失正不中，为宜有悔者；然三在顺体之上，居顺之极，以其与下二阴皆欲上进，呈三阴皆顺上者，三远应上阳，近比九四，与初二同德，志在上行而丽乎大明，以上进之志与众同，被众所允从，其悔所以亡也。初六罔孚，四未信也；六三众允，人皆信也。允者，信也。六三不得中正，独得"顺"，以顺上向明之志得顺，在晋体得顺则得进，以能进而晋，故众所允，人皆信。得顺而得晋，成为晋卦显著之特征，之所以得顺而得晋，在于夬刚升华化晋体坤地，夬卦五阳包括内卦的乾体之刚齐升华，化为晋体成坤地，为晋卦坤地之来由，坤主顺，而载众，当得顺，则得坤德，以坤德通乾性，故而能得乾体的刚健向上之势，也是得顺能晋之所在。古人云"谋从众则合天心"便是以顺德而得众允，众皆信而孚德充实，自然能上行。

九四以不中不正居四爻，不得其位，不得其位而居之，为贪据其位者，之所以贪据其位，在于九四居高。九四以窃高位，贪而畏人，犹鼫鼠伎穷，盖危道也。鼫鼠，蝼蛄，穴居之物。鼫鼠者，求而未必能；晋如鼫鼠者，以求晋而窃居高位，又贪而畏人；鼫鼠为穴居者，反登高位，以此喻不正者将显贵，失得正者晋之晋道。九四阳刚，居坎有暗，又执艮之坚，为居位不当者。晋之道，以顺而丽乎大明，尤以柔进而上行得晋，下体三阴虽不正但能顺，因顺乎晋道而能得志上行，九四非柔又非顺，如鼫鼠之穷而不得遂，失顺而丽乎大明之时义。

六五以柔居尊位，以阴居阳，本当有悔，然而以大明在上，下皆顺从且附其离明，故其悔得亡。阳主躁而阴主静。三五阳位，以阴居之，能节其动，故辞不称晋而皆曰悔亡。六五为晋体大明之主，不患其不能明照，而患其用明太过，又去一切计功谋利之心，无失得之累，以道自任，则往吉而无不利。至于察察，失委任之道，故戒以失得勿恤，以道自任，得之自是，失之自是，曾不以介意小人患得患失，为恤义。六二与六五皆中正，六二受兹介福，福自外来，六五中正受福，福自德来。言受为明德昭著以德被而受；言福乃因大德而有大福。

上九阳刚居上晋，处刚进之极，故取角为象；刚极则有强猛之过，进极则有躁急之失，所谓刚极则生亢龙之悔，进极则有壮趾之凶，故晋其角者，乃危道也。以刚而极之进，为失中之进，以晋其角而处危，维独用于伐邑，则虽厉而吉且无咎。伐四方者，为治其外；伐其居邑者，为治其内；言伐邑，谓内自治。角者，取艮类角，上九居晋之极，为角之象，之所有角象，在于晋其角者，以角为晋，必有所用其触也。角，以善触而言攻，古人以角为兵甲之应象；上九晋角，有乱国之应。

之所以有征伐，在于邑国逆乱，同室操戈，故而内治其私，以处高而不亢，处危而能吉无咎。晋好柔而恶刚，好顺而恶乱，故九四、上九皆以厉言之，四进而非其道，故为鼫鼠，上已穷而犹晋，故为晋其角。上九之所以伐邑，在于值无可进而进时，以伐邑治内，使内顺而晋。

　　纵观晋卦，以明出地上阳"进"立象，以柔进为义，以大明取德，以得顺而得晋。六爻四柔二刚，以柔顺为善，以刚猛为戒，是故阴多吉而阳多厉；下坤体三爻皆顺而上行，卦中四柔皆晋，而九四以刚据位有晋如鼫鼠之象，六五自四而升，得其晋主，唯五以主明、顺下、得公三者执正大之晋道，吉无不利。在卦中，初六贞吉无咎，六二贞吉受福，六三允升悔亡，九四鼫鼠贞厉，六五吉无不利，上九晋角贞吝。值上九时，用制讨伐违制之举，既是晋体德化有方，又是晋体文明之兆。

第四十七讲　明夷卦——避祸藏志而向明

　　明夷卦，坤上离下，为明入地中昏暗有夷之象。离主明，坤为地，日入地平而明灭，为明入地中的明夷之象，明夷主暗，为明夷之主体，虽暗但有内阳隐其中。明夷反晋，明入地中为明夷，明出地上为晋，晋者明盛，日照当空，万物进长，明君在上，群贤并进；明夷无明而昏暗，日入地中，明伤昏暗，万物夷伤，暗君在上，明者见伤。明夷主暗，卦中上六为暗之主，不明反晦，使暗而犹暗，五爻皆被所伤，为明夷至暗之时、位，虽暗至深至重，但亦主明而不息。

　　内阳隐于明夷之中。明夷之精神因内阳隐之而归虚，外阴体的阴妄为实，使明夷之世，道与时违，内阳归虚隐而不见，唯圣贤与君子能洞明。内阳精神与外难因位域差太大而极不平衡，使其在暗众眼里并无内养精神，精神体与外难体中间在于无明重重包裹，无明包裹内阳精神，故而有明夷之难；反之，处明夷之难的暗众无法见其内阳精神。

　　明夷有三大"难"系统，以昏蒙草昧与刚强众生居明夷而蒙大难，为明夷之难的主体。暗众群体居明夷因以欲当政而堕落自伤，成明夷的主体之难；处明夷德政与教化难；君子艰贞且正志难。

"利艰贞"。艰者，在于明夷难体的时局所限。明夷大难，无论是行精神，还是践德政，皆是艰辛、艰苦甚至艰危之路；贞者，大正之道也，必守正不移，此为内阳精神的大义所赋予。正因为有抱元守一之精神，亦有成其大畜体、升体、大壮体的养正之功，还有内刚化外政使全大体而教天下人同德的崇高理想，这三者一同才赋予了利艰贞的意义。"利艰贞"成为明夷体的显著标签，首要地便在于明夷言大难，且此难尤其是君子难行，明夷六伤，皆伤在君子身上，也是文王与箕子应难的原因。

明夷六伤。为大阴诛阳、昏蒙诛明、迟钝诛志、否塞诛序、险困诛身、大过诛位的明夷六伤，以伤于君子，亦为明夷君子六伤。大阴之体的暗众，因无明亦无志，以种种昏蒙和难以教化，使君子行善政与德教在他们当中无发力之处，以"诛"的方式示阴暗众对待阳君子的态度与方式，也因为"诛"式讨伐，独照昏昧。

文王与箕子应难。文王有羑里之厄，箕子有箕子明夷，皆是以圣贤、君子之身而应难。文王，为周文王，姬姓，名昌；周朝奠基者，文王之贤，不言而喻：作为"易经三圣"之一，对易学有开创性的贡献，有上古"圣贤之君"的美誉，是"内圣外王"的典范。箕子，名胥余，是商纣王的叔父，帝乙的弟弟，官太师，因其封地在箕，故称箕子，箕子与微子、比干史称"殷末三贤"。

"内文明而外柔顺"。内阳文明因体世界不同，并不显像在明夷体中，故内文明以内在精神隐而不见。为何有"隐"的状态出现呢？既在于明夷体的明入地中，又在于内刚化外政之"化"，以化之功的转化，隐而不见，只以内阳表示与阳文明世界的联系。

"君子以莅众，用晦而明"。君子法明入地中应明夷大难之象，以莅众而察治，察在于以明察晦，治在于以明治晦，使其由晦向明，有明则能治明夷之无明。莅者，察看与治理，《孟子》云"莅中国而抚四夷"，便是君子的莅众之道。察晦，在于查明之所以晦之因，再以"明"治之，使其有明，而察晦在于莅众，要走察众之所需的群众路线，只有从群众中来，才能治其晦。君子的莅众之道，在于通过临众之察而重在治，治众之难，方是从大正到正大而全大体之志，也唯有进善政，化德教于众，才能实现执天道行王道之治理。

初九以阳居离体，既处明夷之始，又去上最远，为见伤之始，见伤即避，有飞而垂翼之象。九为阳，在最下，为阳明反而上升者，故取飞象。昏暗在上，伤阳之明，使不得上进，是于飞而垂其翼，垂其翼，不言夷，为尚未伤，言夷于左股，言已伤；阳在下，有明，以敛翼而下飞，实为避祸之象。君子以明垂翼避祸，为佯装而求全。立飞鸟垂翼之象，以喻君子不食之事，君子谏言，三日不受，臣子义尽，三日不食，为义犹存；有攸往，以远害也，应垂翼避祸之象，为君子以明见之将有必伤，故避之；主人有言，自暴弃也。盖可以不食，而不可以不去，去之义重于己之食。

六二以至明之才，位中正而体顺，以六居二处之至善，柔顺之至文王以之，为文明之主。值明夷阴暗伤明而言伤之时，六二至善亦不免为其所伤，君子知伤必将终能违避，当伤而未切，如夷左股，尚能安顺以处，犹去马之势，不用其行。夷于左股，为肬股之伤；用拯马壮，不用其行，顺处为常，为遇强而示弱以避祸。足，在于行，而股在胫足之上，于行之用更为迫切，夷于左股，伤害其行犹深。二以明居阴暗之下，所谓吉者，得免伤害而已。二之所以免伤害在于自免有道，拯壮健之马，则获免之速而吉，用拯之道使马不壮，以顺处为常。

九三刚居阳位，在明体之上，处文明之极，又处刚而进；处离上伏坎中，值外暗内明之际，应上六暗主，其志有向明除害，擒获首恶之象。九三以明之极进应上六暗之极，至明居下而为下之上，至暗在上而处穷极之地，正相敌应，有以明去暗之势。然明夷已久，暗已成常态，南狩之志不可以操之过急，故有不可疾贞之戒。夷于南狩，用内明以进，南在前，为明方，田猎进南，以前进欲除害而曰南狩；大首，谓与九三敌应的暗之魁首上六，得其大首，为除恶首或首恶，上六虽非君位，但居上位暗之极，以暗之主谓之大首；不可疾贞，为不可速，为不可速成亦不可速进，而利艰贞。

六四以阴居阴，既在阴柔之体，又处近君之位，是阴邪小人居高位，以柔邪顺于君者。初、二、三均在暗外，至四爻则入暗中，暗随远近高下之位不同，越近上六则越暗，六四虽入暗，但比之六五迫暗之犹近，以柔正之当位入暗尚浅，犹可得意于远去。入于左腹，以柔邪顺从的隐僻之道深交于君，因结上且交之深，得其心，以此获心意。从近五之位言四，四为五的心腹重臣，入于左腹，伤之深亦交之深，皆值居暗之时位，明夷之心，在于忠且勇，值暗之时，此种忠勇为愚忠蠢勇，比干招祸，便由此出。于出门庭，既信之于心，而后行之于外；虽言于出门庭而不避害，实则出而行遽，以避终被暗所伤害。

六五值坤体，又履君位，居至暗之所，承至暗之主，虽尊而不能成主，正之则势不敌，救之则力不能，去之则义不可，成明夷之处位最难者，唯以中位而正其志；正志者，箕子之象也，六五迫近上六，为阴暗伤明之极者，唯箕子正志能济之。箕子虽被位所伤，但能贞正其志，以内贤将志隐伏其心，箕子明不可息，在于贤于内阳，正应下体文明。

上六以阴居坤之极，亦为明夷之极者，不明其德以至于晦，五爻皆为其所伤，失道已极，始则处高位以伤人之明，终必至于自伤而坠厥命。上六为至高之地，明在至高，本当远照，明既夷伤，故不明而反昏晦，上六有昏晦至极。本居于高，明当及远，如照四国，为初登于天之象；乃夷伤其明而昏暗，后入于地而失则。四国者，五爻居上六之内皆被伤，独九三不伤反有刚壮之进，故成四国；又以"四国"言四方，犹指天下。本上天却入地，为商纣王之写照，与其同成写照的便是比干、箕子等诸贤，与之反衬的为文王之圣贤。

明夷卦，以明入地中取象，以"伤"立意，以"正"为体，以"进"为用，以内文明隐于内，暗众柔顺于外，虽应明夷之难，但终显内阳化外政的治理之功。全卦、爻以文王、箕子而引史证辞，举明夷"利艰贞"之卦德。上六象暗主，本执暗，且自耀其独明，而伤他明，故爻皆被其伤，而各存避祸与济夷之道。下三爻以明夷为句首，四五明夷之辞在句中，上六不曰明夷而曰不明晦，上六不明而晦，在于五爻之明皆为其所夷。初九夷其羽翼，在伤之初，以垂翼而避祸，类微子用行，显其明与智；六二夷其肱股，六二用拯，乃文王守柔而示顺，亦为避祸而自守之道；九三用内明以进，夷于南狩而得大首，力能正则正，类武王用明；六四夷其心腹，深交于君，类比干以忠勇守艰；六五以贤切近暗主，处位最难，正之则势不敌，救之则力不能，去之则义不可，唯独明不可息，类箕子守贞；上六暗主不明反晦，本上天却入地，类商纣失道，终亡国。故而君子居明夷之世，当健明德以通内文明而享用纯粹精神，以精神济阳功，进志从人正走向正大，以内刚化外善，用晦向明，治天下皆能大明，师法诸圣贤，就算灭其身亦不失其正，虽入地却上天。

第四十八讲　家人卦——正家而伦序正位

家人卦，巽上离下，为风自火出而家人之象；家人者，以成家之共体而先家内之道，其次治家人之道，再在治家人之道基础上见伦序之道。以成家之共体先家内之道，为成"家"与"家人"之法，言治家人之道，为家之政也，而言伦序者，为家教也，以家政治其家，以家教与共走向天下，这便是家与天下通过"家人"的纽带关系。以成家见家人，以家人之位序知天下之共构而见天下，故而平天下在于治家，德教天下在于家教以德。

从履六礼婚嫁齐家而有家，再从夫妻共成正位之主体，得"家人"，此为成家与家人之法；而养家人、正家序、履伦理为家之内事，之家之内事为家政。家人之成，在乎得位正与行进正，而得位正与行进正为依"渐"卦履渐进之道，以此"利贞"之美为治家人奠定贞正之基础。养家人在于养正，以什么养正呢？以利贞之道，行法、礼、德三养，如此养之，家人才能得其所养，亦才能言行有恒。当家人得法、礼、德三养则自然得正，天下之正者，无外乎法、礼、德三者且三位成序，家人得正，在得正的过程中，需履位才能正，故而"位"是养家人、正家序最重要的法则。离开"位"之法则，则无以谈养家人、正家序、履伦理。家内之道，得"位"则养，亦据"位"才有家人的人伦关系，以"位"的尊卑上下，行法、礼、德之养，才为执家政得法。得位并履位才是正家序之法宝，才能以家之正位主体，纳内外、上下、左右而成家人之序，言"序"必依位而履位，不然则无以成序，同时得位则能得治序之法。

正是由内出而及于外的秩序生发之道，为由男女之体，履六礼婚嫁齐家而有家之共体，再从家之正位得家人之序，依家人之序走向天下伦理之共体。

风自火出，以小家之礼、德内出，及于外成伦理共序，便是家人卦呈现的伦序之道。由男女之个体履礼成家，以家人见礼而成礼，再以家之共体履礼成家人之序，由家人走向天下共体而发乎外，从而产生了伦理共序的过程，也呈现了思修齐与平天下的关系。家人以礼之成，使无礼而被伤于外之人归家，再值父母之亲，夫妻之义，家人履位序而亲比之专诚，使家成为既可身安，又能心安的理想之所。所谓"齐乎巽"，言万物洁齐于巽方，尤其是在家人卦，巽居内成齐家之家人。

"利女贞"，利女子正固而行贞正之道。之所以言"利女贞"，既在于女为成家且正位之基，女之正固是家道发迹之本，又在于以正德和养正之家教重点在教女。前者以家的正位之体，言女之用。有"女归"婚嫁，才能齐家，从而以夫妻之共体成家之正位，这是家人、正位之基石，自古家道之盛衰，莫不起于妇人，故女之正固是家道发迹之本；女正位乎内，则主家政，其孝顺双亲、哺育子女等家礼、家德莫发乎于女，礼与德者，因共序于性，而显柔性，正与女之阴柔应合，故而女为承载了家礼、家德重要践行之人，也是为何言女正位乎内的原因；

内者，外之基；柔在内而阳在外，以阴阳互根之理，以阴为基而生阳，使阳气发乎外，把家礼、家德再发扬出来，来共识家人之人伦与道德。

"女正位乎内，男正位乎外"。在家人卦中，六二坤爻主内，九五乾爻主外，二五中正相应，正如乾男坤女而合德；乾坤合德，在于有德，自从"渐"履婚嫁之礼始，以德礼之道，位次之道，健德于内外；而齐家之道，正是行内德健于身、外德进于位之时，既健德治君子，又以治君子而进位正邦。从治家之道推而行之于外，便有治天下之道，正是内理人伦，外通王道。男以阳正位乎外，在于家序已正，在家人共体里，正位已明，则应履"位"而安位，如何安位呢？以长幼尊卑安上下，以亲比安左右，再履位之礼序，安法、礼、德三者之序，至此有家道成。内理人伦，外通王道，便是正家与天下定的直观表达。内理人伦者，则既以"人伦"治家人之道，又以依"人伦"之正序而正家人之序。

初九刚明，处有家之始，亦处治家道之将始。治其有家之始，能以法度为之防闲，则不至于悔矣。闲者，谓防闲法度，以家法防在治之将始。治家为治乎众人，以法度严之，则防止失长幼之序、乱男女之别、伤恩义、害伦理之事发生。能以法度闲之于始，而不放任其性，是至悔亡的原因。治家从防闲法度，法在前，履法在后，履法则见礼，从法并知礼则有妇德。

六二柔顺中正得位，与九五正应，以阴应阳，尽妇人之义，为女之正位乎内者。妇人之道，巽顺为常，以顺其妇德本分之事，则是正固吉祥之事，妇人的职责所在，若能在于家中馈食，安于饮食，且能专诚供祭，则得妇人之正，故曰："无攸遂，在中馈，贞吉。"遂者，取乾之往行；无攸遂，示不敢有所专也；中馈者，酒食，祭祀之用鱼、苹、藻。六二以中正当位承阳，顺也；上正应九五，亦顺；顺之又顺，故曰"顺以巽"，而"顺"恰恰是妇人之德，以柔性显顺德，再以当位之顺，行治家之顺德，故而大吉。以柔顺处中正，妇人之道；妇人居中而主馈者也，故云中馈。

九三刚正，以刚居刚而不中，在内卦之上，为主治乎内者；以阳居刚而不中，虽得正而过乎刚者，治内过刚，则伤于严急，有家人嗃嗃严厉之象。妇人受到重责，虽悔厉但获吉。若治家过严，骨肉恩胜，严过故悔，故必悔于严厉；虽悔于严厉，未得宽猛之中，然而家道齐肃，有严之所在，使人心祗畏而正家法、家礼，则为家之吉；相反若妇子嘻嘻，失于放肆，则终会见其羞吝。嗃嗃者，严厉之貌；嘻嘻者，放肆之貌；嘻嘻者，嗃嗃之反。

六四以巽顺之体，得其正位，六四以当位之位，承阳又应初，为得其安处之义。六四与初九正应，阳在下主义，以阴居阴而在上位主利，为有福于家之象；之所以有富家之象，在于巽顺于事而由正道，能保有其富。富者，福也。富从何来？在于初九以法度严之，从妇德治之，履法有度、积德有常则生福报。

九五刚健中正，下应六二之柔顺中正，以刚处阳在外，又有持家有道之六二顺于内，以阴阳相济和内外同德，使九五成为治家之至正至善者。王者，五为君位，以"王"言；假者，至也，极乎有家之道。九五身范既端，降福于家，远应六二，近比六四，当一家之主，以感格其家而治家有成。《象辞》以严正为吉，在于九五以治国的法、礼、德之崇尚而尚家严，正是严才有序，才独显人伦之位，亦才有法可依，在初九言法，以阳爻处处言妇女从法治家，便是取阳爻之严。

上九以刚居上，在卦之终，为居家道之成者，故极言治家之本。

既然言家道有终成，必然有诚信严威，无诚信严威则无终吉。治家之道，非至诚不能及，故必中有孚信，以诚方能致常久，而众人自化。非至诚不能感格，无威严不能通志，不诚则上下相欺，众事不立，不严则礼法不存，渎慢易生，有孚威如，得其终吉。

纵观家人卦，夫以严为正，妇以顺为情，贯穿诚之本而履家法、家礼于家之治道中，成其正家之主旨，且有孚威如之家，既能治家之成，又能致长远。初九以防闲法度治在家之将始，以家法执事，正是正固之举。六二以柔顺中正而安分家德，之所以有诸多得正，在于正应九五之威严，严而有正，阳正且阴能顺，也是六二之所以柔顺所在；阳正，正在治家本理和伦理本序之正，阴顺，顺在治家之家政、家德、人伦皆正，得正而顺。九三刚正严厉，以嗃嗃之貌对笑乐嘻嘻，治家道以齐肃，使人心祗畏而正家法、家礼，严立家之法度，正家之伦理，并非伤恩义，而是严在当时，恩义于长久。九四治家有功，使其大富，而致富之因在妇德正固，为初九履法有度、积德有常而积福报修持在前，成其以德养家，使其富而有实。九五身范既端，以感格其家而盛德至善，九五明以执事，以阳严阴，不仅治小家有成，却以治家之成推而广之，由内而及外而治国，成其正家而天下正。上九以诚为本、以严为用而治家道有成，再以有孚威如而思治家之久远，所谓齐家之道，以诚为本，以严为用，依礼德之序，履位而贯穿其中，有孚威如之家，则能致长远。

第四十九讲　睽卦——治睽违使志相合

睽卦，离上兑下，为上火下泽同体而睽异之象。卦体以离兑同居睽体，虽居同体，但离火炎上，兑泽润下，火居上而上行，水处下而下行，其性相违；离者中女，兑者少女，二女同居，所归各异，不仅其志不同行，还以乖张之性情乱其和合，位不正又心志各异，虽有家，但不能不顾其家，以家道穷于内和乖张见于外成睽。睽者，以睽违、睽乖、睽外成义，睽从目，目有同而睽视不同，目不能相视同一物，乃心志各异所致；对内穷其家道，对外背离有异，穷于内见睽违，发乎外见背离。家道穷于内并乖张见于外乃成睽之因，以离兑同体而成睽体。

"火动而上，泽动而下"。睽卦以离上兑下成卦体，离火居上且炎上，泽水处下且润下，炎上与润下之性相违，又以上下卦体之别使炎上者处上不能就下，润下者居下不能合上，以上下卦体之"位"别而顺承相违之性，使其上下二体行背离之道。火炎上与水润下的相违之性乃火、水之本性，其本性相违到二体相背离，被"睽之时用"所赋予，以"动"成用，假以睽时，使其能明见二体之背离。火水相违之性在内，而背离之情状见于外，从内违到外离的过程，正是以"动"

成用；动者，性之使然，离之火性与泽之水性必被本性所主，动而不居之变易乃万物之性，动而炎上与动而润下，才能有上下"位"之别，动为内因，炎上与润下乃物相，正是性相用三者一体而贯穿其用。以二女同居之体言"动"，乃女子欲动的乖张之性情，情欲多动且心各有归属，使其二离逐渐分离，睽乖乱其和合，两柔失位又以乖张乱志，在内穷家道，乱位序，丧礼序，在外志不同行而能见背离于外。

"二女同居，其志不同行"。顺承离火与兑泽之性，睽以二女同居成体，离为中女，兑为少女，中少二女同处其"家"，两柔皆失位，女居其家而失其位，则不能正位而正家，家道以"位"正，位不正则家道不能兴，此为存于内之睽违，有此睽违必然家人无法和睦，被"睽之时用"所赋予必然家道穷矣。二女主内外，无法正男女之正位，所动必然失礼、失序，且"动"皆为行其私欲，非顾家正家之正行，故而二女同居一体又两体相背离。

"说而丽乎明，柔进而上行，得中而应乎刚，是以小事吉"。卦中六五居中，下应九二，以柔主事，柔进而上行且得中，得中而有应，所以得吉。兑主悦，离主明，柔进上行得离明以照，足以明其固执乖张之性情，阴柔之女得明而悦，乃睽中而得明同与悦同，六五柔中应九二刚中，柔主乎刚且用刚，故而可在背离之体合其睽违，柔不主大事，用刚行小事，则能得吉。柔进上行之动，得中而应刚，乃全大体之行，对比各自乖张主事生背离而言，能相应而合，实属幸事，此乃睽中所存之同。离兑二体之应，乃睽之大体中所存爻位之应，乃睽大而同小，故而只能小事。小事有应，大事相违，乃睽体之格局，故而只能从睽体中行其有应之小事，行小事而不行大事，既在于大事因志相违而不能成，又在于小事可控而不伤及大体，睽体必有家道穷之小事可行，但家道不兴之事关乎伦序之大体，则要制其小事免伤大体。

"男女睽而其志通也"。男女处体，本有其正位，乃以正位正家之谓，当男女睽违，除位不正外，必有其心志不同，睽卦之所以睽违，在于二女穷家道于内并乖张见于外，所思所想不同且志不通。以男女替二女言睽，必然要纠其失位而睽，男女有别于二女，二女皆阴而不正必失位，男女则可正其位。男女纠睽违必先正志，再通其志，正志在先，在于确保其"志"有正，非各自性情之私欲，通志在后，乃以"志"通其行正，此乃正家道，正位序，正礼序之正行。位正且志通则能将睽体所失之事纠正，以正志来正睽违，乃治睽取同之明。

"睽之时用大矣哉！"睽有时义，亦有时用之义。睽之时义，在于睽体从内违到外离的过程，需睽时所赋予再以动成用，从内存火水相违之性，到背离之情状见于外，要以"动"成用且动而有时，家道并非一日可穷，乖张之性情亦不能一日致两体离散，皆需"时"所赋予，无睽时则不能见二体离散，无离散之体见于外，则不能见睽而取同。睽之时乃睽体内之时，在睽体内可见因"时"不同所致的家道穷而睽违之变化。睽之时用，乃睽体必行其用，无论是成体之时用，还是治睽求同之用，皆有时用义。时用，乃待时而用，且用而需时；待时而用，乃用其二女性情之动，用而需时，乃治睽求同需赋予新的体、时、位，使其在新体、时、位条件下能变违有同。时用与时义的区别便在于时义只需顺承其特有属性而顺延"时"之发展，时用以其"用"则能变易其体、时、位，使其卦体进入新的卦体阶段。"君子以同而异。"君子法火泽同体而违异之象，应明睽同之理而治睽。

初九居睽之初，在卦之下，必安静以俟之，宽裕以容之，刚动于下且无应而有悔；然初九阳刚，在阴柔睽乖之时能心存悦道，与人合志而同德相应，则悔亡，故而有丧马勿逐而自复之象。方睽之时，乖离未深，犹丧马之失未远，若逐马则马将愈逐愈远；然亦必见恶人，然后可以辟咎。马者，阳而能行，九四阳刚且有志，故为有阳而能行者，但处睽体有睽违时则不能行，为丧其马；然九四与之有睽合之遇，是勿逐而马复得也，初九与九四睽合的过程中，必然见其"恶人"，所谓恶人乃阴柔而乖异者。

九二阳刚居中，上应六五，阴阳正应，乃君臣主宾之道，居睽之时，乖戾不合，必委曲相求而得会遇，二以刚中之德居下，上应六五之君，道合则志行，成济睽之功矣。在睽之时，唯九二独遇六五之主，故曰遇主于巷。《象辞》所谓"得中而应乎刚者"，便是九二与六五之应。处睽必有乖戾不合而违离之虑，虽有应，但不能以应合睽，必定以刚胜柔而合，刚胜柔必屈柔，而柔又处尊位，二应五，遇四为滞，五应二，有三为阻，二五相与，必有委曲相求之义。

六三居二刚之间，后为二所曳，前为四所掣，柔被刚侵陵处不得其所安，阴柔于平时且不足以自立，况当睽离之际乎？三与上九正应，欲进与上合志，而四阻于前，二牵掣于后。故而有"见舆曳，其牛掣"之象。舆曳者，向后牵引；牛掣者，向前拖拉；舆曳与牛掣，在后者牵曳之矣，当前者进者之所力犯也，故重伤于上，为四所伤，而有髡劓之伤。其人天且劓，天者，髡首（髡：音昆，乃剃发之刑）；劓者，截鼻也；三从正应而四隔止之，三虽阴柔处刚而志行，故力进以犯之，是以伤也，天而又劓，乃言重伤也。

九四以阳居坎体之众，为睽孤无助者，四处无应且处二阴之间，坎体易陷，故而所居非安，危厉无需多言；九四以阳刚之德，值孤立无与之际，必以气类相求而合，是以遇元夫也。睽孤者，乃无应之谓；

遇元夫，乃得初九；交孚者，乃同德相交而生孚信。夫者，阳之称；元者，始也，始乃初九，处九有善；四处位过中，从睽时而言，乃睽已生背离之时，九四之处境不能比初九居睽初之时，故有睽孤陷落之象；四与初以同德而相与，值睽乖无应援之时，同德相亲比，必然际会而遇；当同德相遇之时，必然至诚相与而交孚。

六五柔居尊位，以阴居阳且当睽之时，而有悔；六五居中得应，比四应二，得贤人九二为应，又有九四为辅，而悔亡。厥宗，其党也，谓九二正应，乃同族同宗之谓；噬肤，噬啮其肌肤，而深入之也。睽之诸爻皆以睽离为义，二五相应而能睽合，肤者睽之浅，噬则合之深，乃"得中而应乎刚"，君臣之合如此，可往而有为，故言"往何咎"。

上九以阳刚处睽之极，与三正应待其合，奈何六三无初有终，需睽之时用方能得合，在三尚未与其合时，上九呈睽孤的状态，上九睽孤，六三为二阳所制，而己以刚处明极睽极之地，又自猜很而乖离也，进退皆睽，愈至其睽，是生豕、鬼、车、弧、寇之群疑也，上九之所以生群疑惑，在于上九处离之上，乃用明之极也，明极则过察而多疑，多疑则难合。上九见六三如豕之污秽，又背负泥涂，所谓见豕负涂，乃见其有污也，上九以刚明见六三之污，则恶之，既恶之甚，则猜成其罪恶，乃上九刚暴多疑之性，上九猜疑六三之事，乃捕风捉影毫无根据，如见载鬼满一车，或言六三罪恶之"鬼"，有满车之多，鬼本无形，而见载之一车，则言其以无为有。载鬼一车，以无为有也。

纵观睽卦，值睽违而生背离之睽体，内卦皆睽而有所待，外卦皆合而有所应。初丧马勿逐，至四遇元夫，有初四同德相合；二委曲以求遇，至五厥宗噬肤，有二五得中而应刚之合；三舆曳牛掣，至上遇雨，以睽之时用而合；六爻皆取先睽后合之象。

第五十讲　蹇卦——处蹇需反身修德

　　蹇卦，坎上艮下，为山上有水艰复有险之象。坎险与艮阻并行于蹇体，使处蹇而居难，与其他卦体言难不同，蹇难主言险，遇险而艰，艰则难行，难行则进退维谷。虽言进退维谷而难行，但处蹇有利与不利，利西南而不利东北，利见大人之德，利正固而吉祥。西南者，坤之方位，西南坤方而平易，有坎险而不陷反而水地亲比，化坎水为亲，所以利西南；东北者，艮方，艮山崎岖，体止而险，且水不润上，无法化险，所以不利东北。蹇体主言险难，对比屯体、困体、否体、明夷体……言难不同，蹇体之难在于险难，且险难成势，内外迫之，使其艰而难行，难上加难。

　　"利见大人"是振济蹇难之良策，在于以大正之德，固守贞正。之所以言"利见大人"，便是能知蹇体之难而不犯难以穷困其身，所谓识时务而见险能止，在于大人之德。"见险而能止，知矣哉"，见险而能止者，处蹇难之时唯大人也，唯大人具阳刚明德，知难而解难，知者明也，大人治明德以知。蹇难之时，险与阻并行而困，唯以利见大人而济难。大人知难更知守正，凡处难者，必在乎守贞正，以大正之道而坚固其守，若遇难不知难之何在，且不能固其守，则将以身犯险而困其身，自招身祸。在蹇体之九五，刚健中正，有大人之象，且与二正应，卦中自二以上皆得正位，有居贞之义。故卦体以"利见大人，贞吉"，从"盖见险者贵于能止，而又不可终于止；处险者利于进，而不可失其正也"来济蹇难，既知险而避险，又居正位而健德。

"利西南，往得中也。不利东北，其道穷也"。为居蹇难而行蹇之指南。在蹇卦之体，险在前，居蹇难则不易冒进，这是遇险、居险的行动之前提；当以"利见大人"治明德以知济蹇难后，故而能行、能往；但如何行蹇而进，必须有行蹇之指南。正是有处蹇、知蹇、行蹇之过程，才有卦辞与《彖辞》言"利西南，不利东北"之区别，卦辞以西南属地而平易以及东北属山而险阻来言处蹇难之状态，而《彖辞》以阳先阴后、阳进阴退来言行蹇的先后、进退之凶吉。卦辞在于描述蹇难之势呈在何处，《彖辞》在于以进退言明行蹇之凶吉。蹇险在前，应知险退而居后，不可进而居先，利西南，在于退复自治为安，也符合大人以贞正之德固守自安之理，且西南得朋，既得朋就在于能助朋脱蹇难，利于君子反身修德而正位济难，以得朋之当位，行振济蹇难正邦之政。

"当位贞吉"。正是以利西南之行蹇，以此"往得中"而行，得六二柔顺之中德与九五刚中之德，此两者，正是卦中之"大人"，两者"大人"正是卦中当位之人，且卦中自二以上皆得正位，又能引"大人"及其他正位君子共同振济蹇难，以居贞的大正之德，而当位贞吉。

"君子以反身修德"。反身，在于自求；孟子曰："行有不得者，皆反求诸己。"处蹇体为反思蹇难和身困之难，而自求脱难之道；修德，在于既健明德又治能助朋脱蹇难之政德，更是以居蹇险、居困难而知见修的必要性，以处困的德之辨，依治君子九德系统而反身修德，使其能脱蹇难以及诸难、诸祸，能助他人脱难并教他人有德。思蹇难，以利见大人之贞吉，从大人处健明德以知蹇难之状态，既知险与阻在何处，又知行蹇的指南要义，最重要的是要明晰之所以能济蹇难而行蹇，在于大人有德。大人有明德以知蹇，又有大正之德以位，故济蹇难而行蹇的要点，在于有德。

蹇难在于见险且阻，以不能蹇行而有行难，呈进亦难，退亦难，难中有难的状态；相比处蹇之见险与行难，而身困之难多在困卦，困卦之体坎刚为兑柔所掩，为阴柔掩刚的光明掩蔽之象。知蹇，行蹇，在于先识蹇，继而能执蹇，执蹇之要，既在于处蹇时如何在往来之间抉择，君子当不为其来蹇，而为其来誉；又在于如九三一样能反身修德，正是因为修德之朋与阳德裕养之朋，才使处大蹇时能有众朋以相助，皆在于反身修德能济蹇难之要义。

初六以柔居下，处难之始，居止之初，当蹇之时，以阴柔无援而进，其蹇可知，虽言往进，但四不接引，为时不我与，不宜往进入蹇。而宜静待固守之。往者，进也；来者，非进而处也；誉者，通豫，安乐之谓，取艮之止；待者，以静守而言往与来之时机。

六二柔顺中正，正应九五，居中履坎正在险种，故蹇而又蹇，虽言与五相应，但五亦在大蹇之众，致力于蹇难之时，其艰蹇至甚，故为蹇于蹇也。虽无力以济蹇，但执心不违，志匡王室，亦无失也。二与五相应，因同是中正之人，而上下同德，被九五中正之君所信任，故谓之王臣。正因有王臣之谓，二以王臣之责，志在济君于蹇难之中，其蹇蹇者，非为身之故，虽不能济而胜蹇，但其志义可嘉，故称"其忠荩不为己也"。震为主，艮反震，故为臣；王臣者，志匡王室之臣。坎坚其心，艮坚其节，为爻中王臣蹇蹇之象。躬者，言自身，取象艮之身，艮主身，坎象弓，成"躬"字。故者，原因，为艮之由。尤者，取坎象言过失，其卦中坎象，三爻皆失位，为过失之象。

九三以刚居正，处下体之上，以刚居阳位，三与六为正应上阴柔而无位，不足以为援三，又遇四、五为滞，故上往则蹇。九三为执艮体之主，见险而能止，下比初与二，为下二阴所喜，故来为反其所，反则稍安。来者，下来也，求诸己；反，还归也，反身修德之谓；内喜，为不滞于物而喜，修德有成之法喜，以修德之成的自在而喜。之所以有内喜，便在于求诸己而反身修德，德养成于内，而有法喜自在。反者，以艮之反观而言自省。自反，犹言修德也。为何能喜？离为火，火主喜，反身修德，阳德裕而成阳火以喜。

六四阴柔之才居正位，困于两坎之间，往不能独济，来不能安身，前往艰难，回归亦难，往来皆难，且阴柔之才不足济蹇。六四之所以往蹇，在于往则益入于坎险之深。来连，与初相敌而承九五，与至尊相连，流于上而忘返于下，为来连之象。六四虽有入坎险之深的往蹇之难，但六四当位，乘承皆阳，阳为实，故以当位之位而交于笃实。何谓往来？上进则为往，不进则为来，以来对往，往则入蹇，来则有誉。初六位居最下，无可来之地，谓之不来，不来则止于本位，能止本位则去险最远，其止最先，尤其合《象辞》言"见险而能止"，初六虽阴柔但以"知"而显有智。六四往不足于济蹇，来又不能安身，迫于两坎之险势间。

九五居尊，为蹇之主。故凡言大蹇者，为九五至尊之蹇难。九五下应六二，皆持中正之德而相亲，故有济君之臣；同时，九五尚中正之德于政，故天下之民皆如朋来而相助。朋者，同门曰朋，以坎之坤地水共师而同师门，坎坤如水地亲比，为朋之象；节者，以艮言制悦；

中节，为以中正之节来治蹇。虽言至尊之蹇难，实则言邦之大难，蹇卦九五有君之位德，以大德君临天下，以邦、民之难，视同己之难。

上六以阴柔居蹇之极，冒极险而往，往无所之，所以蹇也。不往而来，来就九五，且亲比九五，与之济蹇，使上六得阳刚之助，助其志坚而吉，从五求三，则有硕大之功。其"志在内"者，以上六比九五，九五居内，上六能见九五济全卦之志；"以从贵"者，为上六得九五之助，至尊能助，有助之大，既有尊位之位贵，又有率众人济蹇的众之贵。

纵观蹇卦，初六以"往蹇来誉"，要义在于静以待时，固守远难；六二以"王臣蹇蹇"，立匡济之志，且尽王臣本分之责；九三以"往蹇来反"，反以修身，最能得朋，也最得处蹇之要义；六四以"往蹇来连"的当位笃实之性，为正邦立命；九五以"大蹇朋来"，从朋来助之大而知君德施之恩，继而以身作则，进以经纶，匡治天下以求脱蹇难；上六以"往蹇来硕"，亲比九五又求三之阳德以援，退以从贵而宣扬德政。六爻以处蹇、知蹇、行蹇的居蹇法则而治全体之蹇难。处蹇之时，在于能知蹇势，明了蹇之难在于"势"迫之，知蹇势方能以"知"蹇而寻求出蹇之道。处蹇之责，既知安身立命之责，又知反以修身之要；济蹇之事，进以尽经纶之本分，退以从贵而能宣君德。

第五十一讲　解卦——破郁与正序复生

解卦，震上坎下，为雷雨交作而患难缓解之象。震者雷动，雨者坎作，以震出于险外使难缓而散，以雷雨之象呈难解之义。在解卦，震有雷霆之威动，离以光电示明，坎有云雨之欢，使雷电动闪于天际，内以离火照其明，云雨得时而交作欢畅，使得成雷雨交作的解之体；得雷雨交作之当时，雷继以震动，雨则灌养生育，雷动使积郁得以舒展，雨作使万物得以生养，以此成郁发并新生的解之用；以解之体行解之用，成解之大义。解卦以雷雨交作立象，以患难缓解成义，以破郁交气为解之思想，以难体缓解、破解、解散、生息、尽解为解难之过程，以雨灌涤浊气以及阳动成舒健之新气机，再健德以序，使生息休养与生机到来而成解之实。

解义之缓解者，为"缓"成其主旨，在于诸难势皆去，无塞难之势迫之，亦无否难之势塞之，此种全凭天之气运和法之气数以降，乃难极生变之兆，但"缓"义过程缓慢，之所以缓慢在于无解难之内在主体交感并迎合天之气运，只能以大"势"缓图之，故而难体之转变亦然缓慢。解义之破解者，以"破"成其主旨，破为出震之破以及震出而郁塞之破。解义之解散者，以"散"成其主旨，散因"破"行郁塞使气机舒畅而难散。解义之生息者，以"息"与"生"成其主旨，否既已解，难既已散，当休养生息，息者自静也，以静养而养邦、民，以静守而健阳德，息愈久则阳愈裕，亦正是生机到来之时，同时也以新生"解"旧体，使缓解、解散之解难义更深刻。平易安静是难解后第一要义，诸难深重，早已不堪其重负，或早已民不聊生，既已解难，就当休养生息，不再以动成民祸。解难之时，求震之动，安解之时，当求静以养，且君子以静求真阳亦忌妄动；当安解与休养多时再言"动"时，则为君子谋位以政，且是阳道之政。所以"息"必处以静，当以静为休养生息之要义时，方得养之机。

解义之尽解者，以诸难"尽"解，新体乃生成其主旨，值解难时，破郁交气为解之思想，所交之气为以君子真阳之气交感天之气运与地（法）之气数，目的在于天地人合德，以阳德出震而破郁；值新体已生时，亦言交感得气，所交之气为生气，雷雨生发之气以及劳作勤养之气，目的在于以四时气象之规律，劳而作之，作而新生之，以诸多新生自然解答了诸难是否尽解之问。

"解，利西南，往得众也"。西南者，坤之方；以坤之方见广大平易的坤之体。西南为可固守自安之地，立于难初解而休养生息的安生之所，此为难得之所；继而西南为固守贞正之德之地，为有德之地；因有德以及可利安生，故而西南能得朋，为得朋之地；西南有德亦得朋，正是君子以振济塞难立正邦之志，并通天下君子之志之时，故而有君子之同；有众君子之同，必是德化之所。所以西南以厚德与载物之方，既有君子处塞难反身修德而健德固守，又有济难正邦之志，以此厚德能得众君子之同；再以得朋之众聚，以利于生养之气机，驭得朋之当位而德化苦难之人，以此既得休养生息的安生之所，还得德化众人的德化之功，这便是卦辞与《象辞》皆言"利西南"之所在，因解动于险外，诸难当解，故不复言东北之不利。

"有攸往，夙吉"。西南以厚德与载物之方，既是休养生息的安生之所，又是因德化而得朋之地，正是君子当作为之时——使民安解与使正序复生——行平易之事。使民安解便是安民之政，使正序复生便是修复治道之政，此两者是解体最见功之事，"往有功也"正是如此，而行此功之策略便是行平易之事。君子师雷雨交作而患难缓解之象，宜广施恩仁，以平易之方以行赦免小过、宽简大罪的宽简之政，从而赦过宥罪，既安解生息，又安怀人心。

初六阴柔居下，值难解之当时。虽以柔处下，但患难既解，以柔居刚，以阴应阳，故而何咎之有？初与四正应，为有阳以济应，处解体，用安解之道以宽仁，与小人为伍之人皆得到了宽宥，包括阴柔之初六，诸难初解，虽处之安平，但犹不忘反身自省。初六无咎，在于能休养生息，又能以情志抱君子，有心向阳。

九二以阳刚得中之才，中正刚直，上应六五之君，为君所用，二以处险之中知险之情，既得重用，又尽阳刚匹夫之责，而尽解诸难。田者，以取禽言打猎；获者，田猎而得，谓能变化除去之；三者，坎数阳功；狐者，指卦之三阴，时之小人，亦为隐伏之祸患；黄，离中色黄；矢者，箭矢，喻直物；黄矢，谓中直也。二比初三，应六五，取信三柔，是田获三狐之象。猎获三只狐狸，赢得黄色箭矢之赐，利正固吉祥。田者去害之事，狐者邪媚之兽，群邪不去，君心一入，则中直之道，无由行矣。

六三阴柔居下之上而失正，处非其位，有下民之象；乘凌九二君子，犹负重小人在下以负荷。而且乘车欲窃高位，必招强寇至而掠夺。

六三以不正之质，居至贵之地，是小人在君子之位，故招寇盗夺取。负者，背负也；乘，车乘，君子之器也；六三居坎承震，是"负且乘"之象，更是小人窃君子之位也；致者，招引；寇者，盗贼；致寇至，是生灾祸。解卦之六三为德不配位之范式者，六三以阴柔之才不正之质，取非分之位，本气质卑下，非在上之物，反而欲据其位，成其德不配位，且又无可称位之才，正是"德不称器，才不适位，尸位素餐，国之贼也"，必然羞吝，在于久窃其位必然遭君子耻笑，不恒其德必然为人所夺。一国之政，任用之人，若不辨贤否而任之，以至为众人所夺而致寇戎之害，这也是之所以言"贞吝"的原因。

九四以阳刚之才居上位，以居位不当又承六五之君，有大臣之能；近比之于三，因其阳刚和大臣之所属，容易被小人所附丽。拇者，足趾，取震象，谓阴柔之小人；朋者，六五也；孚，值阴阳际而言信。纾解大脚指，必解去小人之附丽，然后孚于其朋，才能呈孚信。

六五以柔居尊位，虽柔，但中而应刚，有君子之德，以君子之德履君子之位，当为解之主，谓人君之解。从六五而言，居其位，有其德，故能振危解难；全卦唯四五言"解"，四能解小人而执君子，使"朋至斯孚"，五能解诸难亦安解体，以"孚小人"而验其能。得刚中之道，必然有刚中之应，六五应二，二为阳既当用，必以阳能去小人，以二之用来正君心，亦正君行。

上六阴柔履居高位，且居于比尊高之地，因非天子而曰公；公侯射下高墙上的隼鸟，以此获之而无不利。隼，鸷害之物，指上之阴而言，象为害之小人；墉，墙，指上之位而言内外之限。上六在外卦之上，以射于高墉立象，"下坎为弓，互坎为矢，互离为隼，上震为动，坎离共爻，呈射隼之象"。公者，公侯也；射者，射杀也；隼，鸷禽，喻六三小人；上六曰隼，九二曰狐，皆小人之喻也；墉者，城墙也。

　　纵观全卦，一卦六爻，去小人之象居其五，原因在于解塞险之难，多依天之气运，当天之气运以降，以雷雨交作之威而破郁交气，诸险、塞之难自当缓解，再以有为之德政施之，便无大患。治解道之难者，在于治否势之小人，小人之所以能成否难且难治，便在于小人害其正道，以欲行为身之利而大肆追逐，妄作非为乱其位序，又以好欲多行败亡之政，在既得利益的引诱下，民众多愿与小人为伍，故而习气深重难改，且小人奉君、窃位之丑径依然在解卦中横行。初六虽正应九四，当有阳之利，但初以享宽仁之政自休养之，值阴阳合德而亲君子便是德治之功，其功既在平易的宽简之政，又在九四以刚执柔政而得孚，使得两相其美。值九四位时，九四以"远"解初六，以"斥"解六三，使小人去之，以政德、私德、治诚之光明，深得解之大义。六五君子以"有孚于小人"使小人自退。九二田以获三狐深中六五怀仁之心，上六射隼于高墉防强寇成难以去小人。全卦以君子治小人之德政，呈现小人被德化而小人自退的过程，小人自退说明小人有心向明，心气已然与君子之政交通，亦可改否难之过而自新，以此独立操守反身修德。小人被德化而自退之现象说明，平易的宽仁之政政德已出，以解道行王化之道的教化已成，修复治道，正纪纲，明法度，健之以法→礼→德三者成序的正序亦可来复，通天下君子以济否世之志也已交感而通，其德树光明值解道已重见光明。

第五十二讲　损卦——损欲奉德而固阳

损卦，艮上兑下，为山下有泽损下益上之象。损卦之众，坤地震动，则震而成山，有山之势，兑云降雨，损山成泽，而成山下之泽，山下有泽成损之象。山高泽深，泽处山根，剥其山体，使山益高，而损下益上；又泽在山下，其气上通，气为泽生，山体草木得气润而长，为损其泽气而益其山上；损卦下三爻皆有上应，亦为损其下而益其上。从取象而言，为损泽之深而益艮之高。损下益上，损内益外，从修身健德而言，为损欲奉德之象。

"损下益上，其道上行"。其道上行者，有山势上行、泽气上行、求应上行、阳气上行而成损益之道。因损泽深而益艮高，故有其山势上行，山势上行，为剥损其下厚，使其山高，山高则泽卑；卑者，丑行陋习，无以颜面相见者，高者，因损陋习而积成德行也，山势上行为遏制嗔怒、止息意欲之行渐有成山之效。泽气上行以润山，使山上草木丰盛而不被雨剥，使其山能完整山身，为君子完诸其身的立身之喻；泽者，生水气之源，而生水者，为兑云以降雨而有水，水气来于上而复归于上。求应上行，损卦下三爻皆有上应，求应者，为志气上进，为损陋习必益德，也为欲健德必从下损以修身而求诸于上德，志气上进，君子之道，立于身而言志在进邦以图施政有为。阳气上行，自复卦修身一阳来复始，其君子之道立于阳气升固而复反，阳气上行者，为君子之道固升；其嗔怒与贪欲皆为消耗阳气之陋举，损益之修为，为损阴必益阳；正是以遏制嗔怒、止息意欲的方式固阳，阳道固且阳气上行于天，便能睹天运法度而治明，山体愈高喻阳气愈盛。

"损而有孚"。损之道必有诚孚，以诚孚治其信德。"山泽通气，男女有情，六位相应，所以有孚"。无孚之损，称为虽损又还，不能益德，故欲言损见益，必然先治有孚之信德，见孚见益才成损道，损而有孚为修身健德必损而达其本，健而有其根，方能成损道，虽损又还，为明知故犯，恶之甚也，非君子之明，也非君子之信。同时，言健德，必有损信消息回馈而成德。成损道而健德，故曰"元吉"。损道者，必有减损之实，当减损的对象为嗔怒与贪欲之阴习，必然会"无咎"，也由此可见，减损之道为可贞正之正道。

"利有攸往，曷之用，二簋可用享"。利祭祀之往，其告庙之物，以二簋盛之可进献。二簋盛之者，为治损之诚信。曷者，同谒，为进谒，告之义；"艮象宗庙，震主告，告庙之象。"用者，物用，取坤象；二者，为坤数；簋者，礼器；《礼记·乐记》云："簠簋俎豆，制度文章，礼之器也。"用享者，进献也。

初九以阳居下，上应六四之阴，初九应四为心志相合，值损下益上之时，为阳上行，故速辍所为之事而往，无咎。初应六四，遇三为滞，如其身疾，虽可速往，但必有所酌损。已者，止也，结束之义；事者，祭祀，郑玄注："事，祭事也"；遄者疾、快速；酌者，择取也，郑玄注："酌，犹取也。"

九二刚中居阴位，志在自守，不肯妄进，不减损而反增益。二上应六五之君，六五居尊且以柔行中道，征者，行也；失其贞正而凶，守中则贞；弗损，为不自损；益之，为益其六五之上。上九处损之极，损极则益，故有不损反益之象，得正固乃是不损反益之吉祥所在。上九居位之极，下应六三，一人行则得其友，无人多意多之私欲横行，故以其正应得吉，又乘五应三，利有所往，可大行其志。得臣无家，为因公而忘私。臣者，臣民也，取艮乘坤之象，所以言得臣，坤者顺归也，故有人心归往。家者，取艮象，以艮化坤而言，艮化坤而无艮无存，故言无家。

自六三以上三阴并行，三阴处一阳上而一阴下，呈现三人同行则减损一人，一人独行则遇友之象。六三应上九，为得友之象。

六四应初，遇六三相嫉生疑而为滞，影响其相应相合而成疾，待初九遄往，以损其恶疾，解其疑滞，而获喜。疾者，病患，取巽之弊为象，有以震对巽，而能损其疾；喜者，为兑之悦。初六与六四解有疾象，而六四言疾，为见阳为滞，立于阴为疾；初曰"遄往"，四曰"使遄"，实际上为以阳济阴，以阳损阴疾，非初六酌损之自损，而是前往损六四之疾。为何在初言酌损呢？为要牺牲初九之阳气，损阴疾必耗阳，这是初六需要酌虑的地方，但既然言"遄"之速，说明损其疾之所为刻不容缓。

六五以柔顺居尊，虚己而下人，虚其中而应阳刚之二，为虚中自损而益天下。朋者，古代贝壳货币，五贝为一串，两串为一朋；龟者，以取艮象，言惩忿而窒欲不食之象；弗者，不也；违者，违背、背离也；上者，上天也。十朋之龟，以卜而决，虽龟筮不能违众人之公论，"谋从众则合天心"，非鬼神佑之，而为众益之佑，因合天道，而天佑；所谓"弗克违"，为因众合而天佑之。

上九处损之极，损极则益，故有不损反益之象，得正固乃是不损反益之吉祥所在。上九居位之极，下应六三，一人行则得其友，无人多意多之私欲横行，故以其正应得吉，又乘五应三，利有所往，可大行其志。得臣无家，为因公而忘私。臣者，臣民也，取艮乘坤之象，所以言得臣，坤者顺归也，故有人心归往。家者，取艮象，以艮化坤而言，艮化坤而无艮无存，故言无家。

在损卦，因取象而使惩忿窒欲贯穿整个卦体和爻体，可见损之又损是修身之迫切需要，非某爻之重任，当值损者，应知损之大义。言修身是因为嗔、怒、爱欲、贪求……皆为人之身欲，损其身上陋习与贪求，是修身之要义，欲者，意多言欲，值六三当损之时，当损一人，为损之有法，而六五当益之时，又益之有度。损之有法与益之有度为窒欲修习之损其多欲、克其己欲之范式。损下益上者，丑行陋习为阴，凝重下沉，不仅要损，还得受泽水侵蚀使其习气剥落，使习气不再沾染与污染自身，才有德之高洁，益上者，因损道而有益道上行，呈山势上行、泽气上行、求应上行、阳气上行之德升之兆，实为修身之功。

言修身必然损疾，何为疾？疾为有病在身，不治则有亡身、亡命之祸，故除身之疾病，使身体健全、健康在谈修身健德之先，若因疾而损身，则失去修健之本；若把嗔、怒、爱欲、贪求……等人之身欲定义为陋习，那么言"疾"，则是较嗔怒与意欲更重之"欲"，此种疾、欲如病随身，不治则有亡命之祸，故损疾重于惩忿窒欲，并行于先。

在损卦以初九阳刚遄往损六四之疾，以下益上，立于初九言损他疾，立于六四为因损己疾而益己身，初九有损者，为损其位，因初九需离己位而前往为六四损疾，故而初九阳未被损，反而因去六四之疾，使损体顺畅，能与其相应。修身先损己位，是损卦修身言损疾之要，居位则会被"位"所牵绊，或因位而无法为六四去疾，六四疾不舒则无法有应，整个损体便无法行其上行之势，因此在乎己位与贪恋己位皆为大害。也正因初九以阳舒六四阴欲之疾，关联整个卦体阳道上升之势，故而初九有去恶之责，不能居功，反之修身亦然，处损卦，损疾为损之首责，损疾必然得阳以养，而阳裕必然上行，使"其道上行"是山泽言阳气升发的自然法序。从初九离己位前往为六四损疾而言，初九既损己阳，又损己位，看似得不偿失，但他却以己位与己阳，能去他疾，损自身而益他体，这便是君子的匹夫大责，也是君子之于邦体的重要所在。表面上看既损己阳又损己位，实则初九与六四为心志相合之应，初九为六四损疾事件，为阳气在正确的阳气路径里——阳气经络里运行、舒发，初九阳气并非有损，反而因损疾之善而又得善之阳德；阳气生发而有裕，作用在于循环，言固守而非死守，其阳气在正确路径里如端循环，便是阳善之道，初九便是如此，虽离己位，但因阳损阴疾，实则为以阳布政，行阳善之道，为何阳裕则有善，且一定要言善，便是此理。

德者，性也。从养正止学来说，内在无明染浊导致的堕落根本，让我们无法在当下的生命状态下去主导先天之因，也就是说无法从止堕落的前提入手，也无法从无明染浊的先天之因去解决消耗的根本，那么就要求我们在当下的生命状态中，找到那个转换枢纽——德，认清德的阴阳法则属性，积不善之失德，阴气加重，会加剧精气神的消耗；反之，正德升阳——积善厚德则会蓄养精气神，损修固阳，以阳裕而健德，从而以改变六识因缘能量体的结构，把对健德之损修做在当下，使其因损而益，因修而裕，让德之修不再成为空谈。在执妄迷失图与正坤返乾修真图中有一个连接转动的"中轴",其真相便是"德"的阴阳法则属性的转化。执妄贪着则失德,内证阳蓄则厚德。所以"以德而证"是一切最广阔的视野和转化的核心中枢,无有超出此等精妙与直达根本的。

第五十三讲　益卦——益阳裕德行益道

益卦，巽上震下，为雷风相益而损上益下之象。在益卦中，坤者地，以地载众、载物；震者，雷动也；巽者，以入收气；为地吐气而巽收纳，终成雷霆，风自天来，雷自地发，而成益体。益体者，风雷相益而万物生发，"阳变而为阴者损也，阴变而为阳者益也"，损上益下，以下厚而上安。益者，增益，资益，器满水出而溢，器者震，水者坤，风者巽木，为乘木而顺风行舟，故利涉大川，又"九五居尊，中正应二，以上惠下，利益万物，动而无违，故利有攸往也"。

益卦中坤之成，为乾损一刚变而成坤，为以刚益坤柔，坤成且顺，有损上益下之象，又初阳应四，阳富在下，为藏富且增益于下，坤成则民归，民归于下，有藏富于民之象。无疆者，无有穷尽，在坤卦言"德合无疆"，在益卦因损上益下且民富而健德。自上卦而下于下卦，正是以上而增益下，为益之本体。

"中正有庆"。在益卦五以阳刚中正居尊位，二亦以中正应之，二与五皆得中正，为以中正之道增益上下，九五得阳而居天下，故益者益天下也，天下民富得归，民富受福为益有实体，故福益有庆。此庆，庆于民之自发，也庆于君之有德。由此可见，益卦虽言损益，损上而益下，实则皆益，民居下富而益，君居上健德而益，因中正之道大行而皆得其益。

"其道大光"。大光者，为损益之道大光、增富于民大光、中正之道大光、修身健德大光、积善改过大光。"损益，盛衰之始也"。因损益而有盛衰者，损其恶行陋习，则德健而盛；益其阳刚，则阴疾自衰，故而有借损益而行固本之道，本固则德厚，德厚则善多，善多则民来归。自以损益之道言修身健德，当值益卦可见修德既在己身，又在行善，大善在于泽民，其德自健，且有德果。

"木道乃行"。下震上巽，皆木之象，木遇水成舟，雷风化雨而成水，水成以行木，又以坤顺而行，为顺行。言木道者，取象巽，既有巽木当益后的生发之状，又有木乘水的舟船之利。因生发之益而言天施地生，因乘木有功而言利涉大川。

"日进无疆"。日出而万物进益之象，为益卦以"日"言阳之卦眼，阳者济阴之道，修身损习之必须，阳者德也，积善德果之兆。震动为德动，巽柔为善柔，皆为善进德健之大兆，善进德健普益于民，故曰"无疆"。

在卦中，乾损一刚而变柔成巽，故巽成为天施；震承坤体，犹地所生，故而形成雷风相搏，万物生发之益象，此益，因天地法序参与其中，故"其益无方"。其益无方之因，在于健德之阳积蓄于九五，积善之柔积蓄于六二，上有德而下有善，以日进无疆之德、善，成其益无方之大象，其益因德与善行，皆有实体，非精神之兆，故而民悦。民者，天地之造化，天地益而成人，造化者，天时地利人和备具，方能益，故"与时偕行"。

助益之道。从天地生化之功以及万物生发的大益之象，当得助益之道。以天地大益之主体，师法天地以法序助益之，立损修益德的治君子之益体助益之，行借舟船之利修善而成其"益"善之体助益之，以此三者交相助益，以益阳裕德的德之裕，化益为教，见"其益无方"而大得益，使其成最能交相助益者，成其凡益之道，与时偕行之功。

初九阳刚居下，与四应且被四所任，利用所任兴办大事。作者，震起之象，大作，以震起而行耒耜之利。耒耜何来呢？为益卦取象耒耜，震为犁，坤为田，巽为风，震起惊蛰，艮为种子，故有随惊蛰雷起而大行耒耜之利。行耒耜之利者，民也，民居下，是受益之主体，民受益则德政有为，且君上不与民争利，此为民大作之大时机，故曰"元吉"。初九之富不光是为损上益下而受益，其积德行善之功定要亲力亲为，才能厚德。

六二虚中处下，体柔应五，以居下而受上之益，其象"或益之十朋之龟"与损卦六五相同，帝者，帝出乎于震；自外来者，言九五也。六二中正虚中，能得众人之益，为求益，而求益之道，非永贞而安能守。六二以柔居刚，柔为虚受，故为虚中求益，二与五应，五尊且刚，又有惠下之心和惠下之德，故而六二益善为有阳应而固守其阳，以补身虚而益。

六三不中，阴柔失正，为不当得益者，故而当以治其诚信而行中道，用圭璧以通信达诚；圭者，圭璧，为礼器，《周礼·春官》曰："以玉作六瑞，以等邦国：王执镇圭，公执桓圭，侯执信圭，伯执躬圭，子执谷璧，男执蒲璧。"何为"益用凶事"？为以凶警善，凶事者当知凶因，从而积德行善以改其恶。

六四当益时，既与下应又近君，虽未得中但居正。六四虽阴但能益下，又因非君位，故不敢自专非中但执中道其事，以告之于公而显无僭越之心，以此坦诚之心，天下皆顺从，顺则益也，上益君，下益民。为依者，上承九五而益其志也；迁国者，下顺初九之民而行其事。六四益志，虽言益志实为从志，从君之志，六四近君能睹君治益而益天下之大志，位虽非中但执中道其事，实则代君践志，代君行大事者，为行大善之举，故而有德。告公者，为获信于上下，使君信亦使民顺，为治其明德与信德。

九五居中得正，值益体而损上益下时，有信而施惠于民，天下大受益道之福，在益体，九五当位，又有六四承之，六二应之，二与四又共坤体，益志有成，益道大行，民皆交孚来惠君之德。惠者，怀恩，推恩也，《书》曰："皇天无亲，唯德是辅。民心无常，唯惠之怀。"故，不问而元吉可知。九五之益善，为因益惠天下而为至善，天下受大福，故天下之人无不至诚爱戴益之君，惠我德者，善去而德来，君行大善而民益之，故民能惠我德，此种惠益天下之通理，不问便知元吉何在。

上九以阳居益之极，非能益于他人，反而求益之甚，故人所共恶。六三与上九皆有凶象，言益凶，非执其凶事而行凶，为以凶事行警戒之实，明凶何在，当以凶事为戒。

所谓损益者，常理为损阳益阴，以阳之刚使阴富足，从德之裕而言，皆因阳足才能得其要义。所谓损阳益阴，在益卦为乾损一刚而益坤阴，以此成其益卦体，从复卦始，育阳与固阳皆是言修身健德之核心，言损阳益阴者，应该理解为损其阴去而固其阳来，使其阴阳自身转化，相互富足，阳者非损且蓄阳得固，阴者以阴转阳而富足，阳道裕才是振济之方。在损卦九二以不变其所守而固阳，并以己固阳之道益六五之志，从而使自身阳固又益六五。这也是为何言固阳之道仍是损卦得失之本，因无言固阳之道，则无以言损益，使其损而失去损之基，益而无益之体。损卦九二以己身固阳之道并行奉君之实，成为君子奉君之范式，这也是治君子在损卦与益卦的最佳落处。也正因如此，阳道足，其阳才能散播其阳利，才能以阳裕之阳利得见大家，继而进尽善积德之大志。

在损益二卦，以损益之道，通过言修身、修善、裕阳、益凶、益志……而达健德之最终目的。正因唯德能通所有、能济所有，健德成为治君子之范式，这是发乎德性之"元"而利永贞之首要之事。损者益之，益者损之，以损卦和益卦共同呈现了治君子的立身修习与处世行善之要义；修身立身重在己身，改过行善政重在入世。而损之道，既以惩忿窒欲之损而重修己身，又以教化之益，教人执损道修德而益他人，成其入世之阳政，虽"益"有益卦之体言益，但损体以损之道德修，自有损体之益，如六四因损疾而益身，九二以不变其所守而守阳益上，更有"损下益上，其道上行"阳气上行之大益。言损之大益则有善，君子之道，立于修身继而进志以图施政有为，为积善有方。

善政者，以一政之善益四方之民，故有善之大，善之大则有君子之道大。益善而谋善政者，有益卦九五为典范，九五之益善，使天下受大福，既有惠下之心又具惠下之德，有如此之大善，便有日进无疆之德健。虽睹大善切莫丢小善，能成其大善者，需如九五当位，有位之高、位之大，才能确保善政之大，而损、益卦体者，唯九五一人耳，故修身健德更在乎小善，小善者，修身正己之善，遏制嗔怒、止息意欲便是善，能行大善者为天运择之，虽然其中有因果之理，但立小善之修习，而发行大善教化之宏愿，正是君子尽善积德之志。

第五十四讲　夬卦——共决建制思久安

夬卦，兑上乾下，为泽上于天扬于王庭之象。乾圆兑缺，为圆而有缺，成夬之字形。夬者，决也，以刚决柔而有决性。以大观决明夷，为决前有俯仰之察观，再以中正以观天下而有正决；以中孚决明夷，以正志求孚同应得信之孚信感应过程，而有决信；以夬决涣，决去在上一阴并履刚建序，根除决患，而有刚决。在夬卦，五阳决一阴，为以刚决柔，三月为夬之消息数，三月者，万物皆去故出新，为以夬决新，出新当依革决之象；以夬决革，以革之去故革除宿疾，以革之取新而建序。在夬决之中，乾为马，兑主锐，有快马疾行且锐意进取之象，实为行夬之当决应速决，而有决之速。

"扬于王庭"。扬于王庭，夬决之象，兑为口，以口言扬说，王庭者，朝堂之象；为扬说国之大事，使待决于朝堂，经过朝堂之决，而夬于王庭。待决于王庭之事均为国之大事，小事无需王庭之决；待决之事一定关乎大众利益，而有决之大，又关乎长治久安，有决之重。以决之大和决之重，决定了需在土庭共决，共同商议决策，以此赋予了决之公共性。在待决之前，必先"扬"待决之事，使待决之事有经过共同商议的决策过程，再"扬"决策之成果，使决果能发挥治理之效用。

"孚号有厉"。以通告、呼号之"扬"呈待决之事。孚者，孚信，诚信也；号者，通告，呼号。在王庭上诚信地通告小人之险，发乎警戒危惧之呼号。待决之事，以"厉"而有危，需警戒危惧；何事有危厉呢？为小人之险，从明夷的暗众阴小群体，以及致涣祸的涣小人，尤其是经过豚鱼之祸而危害的涣体，小人之危厉不言而喻。通告与呼号是"扬"的方式，通告"扬"于公众视野，让大家对小人之险有目共睹，既扬明夷之难，又扬涣散之祸，而且处夬体的小人之险，尤其危厉，在于此等小人为阴小之首领，居上位且握有实权，此等罪魁祸首是众小人逐妄趋利以及无风起浪之根，且"首领"统众阴，是众阴小群体之所以能无法无天之"保护伞"，虽然以宗庙礼制之务实正风气而止涣，但治涣济难必定要找到根本然后除根。"孚号有厉"便是让大家共同目睹祸患的根源以及根本，以孚号之扬区别涣小人的无风起浪，煽风点火，在于"孚"则有诚，诚而有据，能通告于王庭，让大众见证。

决之因。在王庭上诚信地通告小人之险，发乎警戒危惧之呼号，让大家共同见证祸患的根源以及根本，把阴小之首领和众阴小群体以"扬"的方式展露在王庭上，以待共决。此为待决之事，亦为之所以决于王庭之因，引起明夷六伤之难以及豚鱼之祸，伤及两个卦体，牵连德政系统，尤其中伤君子而为祸正道之罪大恶极，既有待决之大又有待决之重，必定决于王庭，既关乎生死存亡又关乎长治久安。

"刚决柔"之共决。五刚决一柔，赋予了决之公共性。五刚者，为上下内外之刚，亦为六爻中的五爻，从数量上，为多数决少数；从性质上，为以刚决柔；从决之内容上，五刚经过共同商定，从决性上下功夫，找出了以"制"之刚来决祸患，从因上入手，从根上根治，以"刚"性成制，以制之共序来决，而有决之全面。以制礼成刚、吏制成刚、刑制之刚三者共成德决之刚，以五刚决一柔之公共性，以制之共序的全面性，"扬"在王庭上共决，将诸多性质、内容等皆扬于可以言说且孚有实据之表面，决之公开亦决之公共。

"柔乘五刚"之决果。以决之公共性在王庭共决，而有柔乘五刚之决果。"柔乘五刚"为一阴乘五阳之上，阴虽上但履刚序，其决果便是完成了以制之刚限上权。阴爻乘阳爻为逆，逆则不顺，虽上位却不能顺下，为不能使上权顺下，故而为上权被刚所限。刚如何限上权呢？履制则刚，制者，共序之制度，以共序之制限之，非私限，为以刚性之制度限，且以共序之全面性，适应于所有。当上柔不再以上权顺下，不再成为祸之首，便成为五刚决去一柔，以"去"而除祸患之根，亦以"去"而达去故取新之治理。

"健而说，决而和"。德决以和道成就决文明。健者，乾体德健；说者，扬说，宣告，尚口非尚武，兑德悦和。五阳息一阴，上下两体皆以德为体，为依德而决和，和者，心悦诚服之和；再以刚健之性决阴，非对抗之刚而暴决。为依德而决和，便是夬卦之和道，"决而和"之和道决定了从大正走向正大之王政是德政而非暴政。决文明从德决之道和"决而和"之和道自夬卦走出，从患难之治理走出文明。

"君子以施禄及下，居德则忌"。君子观泽决于上而注溉于下之象，师法夬卦体根除宿弊而恩泽万民，君子以施禄及下聚德，布恩泽布于生民。"德"为夬体德决之道的首要属性，赋予了决之精神和决之条件。决制之建，需明德与志德；明德，明唯制能根除弊政，拯济明夷与根除涣散；亦需为生民立命之志德，从关乎生死存亡之际，寻求长治久安之法，值明夷与涣难，无大志无以致通，更无以通天下君子之刚。制成而德大，以"制"正风气又正风化，当位者依制履政即健政德，民众履制亦能健德，制之德大，于无声无形中厚生着一切，方入王化之政的正途。

初九阳刚居乾体之下，处夬之始，以刚健向上而犹进，在下而居决时，壮于前进，是急于用夬而躁于进动者。前趾，谓行进，值夬决而决于行，若行而宜则有决行之正确，往而不胜，则有决行之错误，往之胜负以决之对错言。往而不胜，又急躁进动，故为咎，咎在行进之动与往决相反，往决之决，应行而适宜为佳，当往而不胜则是往决之误。九居初而壮于进，为躁于动者，但往而不胜，有决之误，值夬决而有决之误，故有不胜之戒。在初九之所以有决行，在于以阳觉阴妄，阳刚之才有济难之心，故而有行进，虽得夬时却无夬势，以生咎之得，往而不胜，为任大力小。

九二阳刚处中居柔，有刚而不过刚，且以中道使刚柔相济，处夬之阳决阴、君子决小人之时，不可忘戒备，故能忧惕号呼以戒不虞。能知戒备，得处夬之至善。虽莫夜有兵戎，亦可无患也。惕者，惊惕也；莫夜者，黑夜；戎者，兵戈；恤者，忧虑也。《象辞》言"孚号"，为夬体有危厉之处，二以刚中之德觉知危厉所在，故以惕号知戒惧。刚中居柔，能忧惕呼号，可免小人乘间抵隙之忧。九二以必胜之刚，决至危之柔，内怀兢惕，而外严诫号，虽莫夜阴伏之时有兵戎，亦不足虑矣。

九三刚居阳位，居下体之上，又处健体之极，为刚果于决者，当夬之时，成为用决之过急者，有违"决而和"的决和之道，易生伤烦之凶。九三处众阳之中，独与上六为应，五阳决一阴，唯三应于上，众阳疑其应系而不能夬，故夬夬然以明决阴之志。頄者，颧骨，九三艮爻，艮为面。壮于頄者，动之极也，因伤于面故有其伤重，重在人皆能见之，所谓壮趾之痛，人或不闻，壮頄之伤，人皆见之；伤重在于与小人有应，决而用壮，因系私小人则恐将失和于众阳，若决又将与阴失应和。独行，乾之行，亦为君子刚健之志。遇雨，应上六，上六为成兑之主，泽上于天，故称雨；以其适值而非本心，故称遇。若濡，外有沾衣之累；本非濡也，而迹类之，故称若。有愠，内生愤恨之心，或观其迹而不察其心也，故称有愠。

九四以阳居阴，不中不正，居则不安，行则不进，刚决不足，欲止则众阳并进于下，因进势不得安，犹臀伤而居不能安，欲行则居柔失其刚壮，不能强进，故其行次且。臀者，髀底，兑象器皿，四居兑之下，故为臀象。《说文》云："臀，髀也。"又云："臀，股也。"巽为股，故臀取巽象。肤者，艮之肉，兑对艮，则无肤。夬伏剥，剥之六四，剥肤以戕，为无肤之象。行者，取乾之行。次且，趑趄，进难之状。牵者，引而向前，《说文》曰："牵，引前也。"羊者，群行群居之物。牵羊，祭礼。乾承兑，乾为行，兑为羊，是谓牵羊。兑之坎，兑为刀，坎为血，是谓杀羊。言，兑金主言。不信，坎之疑。兑之坎，是闻言不信而聪不明也。九四处当夬之时，闻孚号之言不能入于耳，王庭之昭、有厉之号、君侯之告皆不能入于耳，闻言不信，为聪不明，悔之所由生。因为有悔，故而不能安坐。

九五刚阳中正居尊位，独比一阴，又比而不亲，为决阴之主。九五处当决之时，以切近上六之阴有当决之位，如苋陆然。若夬而决之，刚而不暴，合于中行，则无咎矣。苋陆者，即马齿苋，多年生草本植物，柔脆易折，为感阴气之多者，其根至蔓，虽尽取之，而旁根复生，也以此言小人之类难绝如此。九五比上六，上六居说体而卦独一阴，阳之所比，一阴未决，乾道尚未光大。夬夬者，重夬也，以重夬言夬之当明，亦当速决。五以尊位之重决一阴，于情于理都应决之，还应统领众阳刚合力决之，然五比上，以比之有情，最易令人对其决阴之诚生疑，故以"夬夬"言速决，以决明志，方能举中行之德。

上六居夬之极，独一阴处穷极之地，又被五阳所必决，其道将废，其势几尽，居穷极之时，党类已尽，无所号呼，终必有凶。经夬卦扬于王庭的德决之道治夬，使五阳决一阴，所决之阴就在上六。在夬卦用决，到底决了上六什么呢？为五阳刚君子，以扬于王庭之共决，产生了德决之制，以夬制之刚，决了上六小人之道。虽然是阳决阴，刚决柔，但五阳只是参与决阴之人，而真正决上六的是夬制，以履制的刚性准则，决了上六之道，而上六尚小人之道，当上六被决，则小人道消，君子道长。上六的无号之凶在于之前的应系和拥戴，皆被夬制所限，在夬制面前，无法一呼百应。

第五十五讲　姤卦——履德制不正之患

姤卦，乾上巽下，为天下有风柔遇刚而姤之象。姤者，遇也，一阴主内而遇五阳，使五阳听命于外而成姤体。姤体之成，为阴以"姤之时义"渐长成柔主，柔与刚以阴阳盈虚转换之"时"遇而成体，因时成，其阴从气、形、质而长，渐盛而成形且居位在姤之下，值时而生有位而成。姤者，风行天下而风物德化，使阴遇刚并浸刚体而生不正之姤，阴长而阳消，姤之不正，长在乾，成在姤体，却害在德性，以"时"成轴，阴妄逐渐遮挡心性，形成了周乾而易坤的乾→姤→遯→否→观→剥→坤执迷妄失过程，成其柔道牵乾、迷失道坤的柔遇刚之姤义。

姤卦立"女壮，勿用取女"为戒。女壮，一阴生而有位，居下自是而长，渐以盛大而成壮，女之所以壮甚，在于一女而遇五男，五男刚壮，故而女亦刚壮，以刚壮反衬女壮。一阴独当五阳为姤阴之势，而女壮之质在于女阴居内且主内，并主一卦之体，而成姤壮之时。姤之下阴自乾体而生，乾者四月之卦，姤为五月之卦，从四月到五月便是阴成有位之时。姤已非正，女壮故不可取，所以戒之。

勿取女。女主姤，阴柔之见多不明，故勿听取阴柔不正之言，阴本就害阳侵正，若再以不明不正之见主之，只会加重不正的发展趋势，使其产生不正之祸变。取者，娶也，勿娶女之义，女渐壮且主内，若娶姤之女，则失男女之正而致家道伦序不正；渐卦与家人卦主婚嫁，乃以婚嫁言礼序，从礼序入伦理正序，使其养正，为正序养正而行嫁娶，非娶姤之女壮之女。姤之"女"，以阴犯阳正，渐壮而敌阳，此敌为伤食之敌，将侵阳体夺阳位，姤虽一阴甚微，但微而有位，且有渐壮之势，不可取，又务必戒之。

"不可与长也"。既不可使姤之阴势长，又不能与姤之阴长期以处。姤以阴为主，且势渐长而盛，必以阴犯阳体，使阳不固，姤体本有不正之姤祸，若与阴长期以共则被阴浸，而发生时位与卦体之转变。不正之姤到不正之祸发生，亦是失志再失正且长期累积所致。"不可与长也"是对"勿用取女"的再次敬惕之戒，此戒是将生不正之祸之戒。

"天地相遇，品物咸章也"。从姤言天地相遇，在于从姤远见坤。姤体从乾体生阴而来，且阴之势因"时"而不可拔，阴妄生于妄识且主于首脑，经过气形质的浑沦状态后，阴成形、成体，而渐生爻位，成一阴遇五阳之姤体，姤体以阴妄主姤，以不正主姤体。阴渐盛而长，值"时"而成不同体，乃至有周乾而易坤的乾→姤→遯→否→观→剥→坤执迷妄失过程发生，从阴妄之势长，便能见坤，以此言天地相遇，乃从姤远见于坤，虽言远见，却是以势长而见。阴从乾始，至坤全阴而终，天地相遇以阴柔渐长为路线，以时为轴，形成执迷妄失之过程。虽然柔道牵乾、迷失道坤，但见姤之不正，更应见德文明之同，见乾文明品格。姤之文明品格被乾体赋予，这是姤体仍有五刚成体之所在。

"刚遇中正，天下大行也"。姤体遇阴，使阴主姤，继而以阴遇刚成其姤体之姤义，但姤体以承继乾文明之姤同为主体，五刚之中，仍有二五之刚居中正，以中德主姤，虽不正有祸，但阴弱祸小，柔遇刚尚有"时"，故而正大的德化之风正从姤体施行，以正大之事业来正不正之姤。虽不正将有祸，但固正则能防祸，如同震卦言失志之戒，却是值震时应师震而升志，使大器能大用。

"姤之时义大矣哉！"姤以时成，言时，又值时，在时轴上有位而成姤体，故而姤以时、位、体备具而成卦。时者，为成姤之主轴，姤之阴，长在乾，阴从气形质的过程长成而有位，成长在乎时，阴之质与阴之位皆以"时"成，正是阴之质与阴之位成，才成其姤体，姤体成方有柔遇刚之势，姤因时义方成其姤义，尤其是周乾而易坤的乾→姤→遯→否→观→剥→坤执迷妄失过程，从乾到姤的开端赋予了"时"轴之起势。故而姤之时，既是姤成体之时，亦是执迷妄失之大时。正是这个姤之小时，成了其柔道牵乾、迷失道坤的心性被阴妄遮挡之大时，亦是细妄流注之妄识如何阴长而盛大，成昏蒙坤众而乾坤颠倒失明之过程。

值姤有不正之阴，众阳皆有制阴之任，以正散伏阴，以正固去不正之姤，故而以正固制阴成己命，五阳正固且制阴者，以履德制来施德化之政，以制之刚而制不正之阴，从而发布政令，昭告四方，使众皆能自察其弊，自觉其阴。

初六以阴处姤下，为一阴之位，正因阴有位，故为阴长而渐盛之时。阴有位且渐长而盛，以此遇阳使阳渐消退，故制阴当制其微而未盛之时。既制阴更应正固其阳，阳固不退则阴无可乘之机。"系于金柅"为正固其阳，不受阴牵。金者，乾之金性之体。柅者，止车之物，柅止轮动之木，止之以金柅，又系之以金，为止之固也。豕者，阴躁之物。羸弱之豕，虽未能强猛，然其中心在乎蹢躅。蹢躅，徘徊不进之貌。羸者，瘦弱。虽阴而柔微，但羸弱的猪也要确信其不能前行。处姤之初，从金而不从阴，方能正固，梐所以止车，以金为之，其刚可知，既止之以金梐，系之使阳能固，又防阴微之进，以最易忽视的阴微之物喻之，在于得察阴微之进。

九二刚中，遇初六不正之阴。在姤言柔遇刚，以"遇"为道，他卦初正应于四，而九二遇姤阴，能包而有之，使其不应九四而有遇于宾，令邪不逸于外。相遇之道，主于专一，二之刚中，遇固以诚。初六主事，九四谓宾，四与初虽有应而不应，在于初与四不遇，初遇四有二阳阻滞，是不利宾之谓。包者，通苞，苞茅，苴裹，青茅捆束，祭祀之时，利用缩酒，求神之降。鱼者，阴微之物，鱼豕皆阴物；阴物之美者，阳之于阴，其所悦美，故取鱼象。宾者，外来者，九四居上，外来者谓宾。二与初密比，二阳遇初阴，若能固蓄之，如包苴之有鱼，遇而有包则无咎。二与初遇，以包有鱼之象，制阴使不遇于众。包苴之鱼，岂能及宾，谓不可更及众人，故包而固之；初阴不正，能包而有之，使邪不及于外。"包"，包容之于内，以包而制之，制之使阴邪不得逸于外。

九三过刚不中，下不遇于初，上无应于上，居则不安，行则不进，如臀之无肤；然正位居体，既无所遇则不为制阴之责所牵，亦不被阴邪所伤，故虽危厉而无大咎也。次且者，趑趄，犹豫不前的进难之状。九三之所以其行次且，在于值姤遇之体当志求遇，阳体又有制阴之责，虽非其任，但欲前往而制之。而初之遇在二，与二密比，志求遇前往则将受辱，不往则失制阴之志，故而次且不安，然知险能止，反而无阴之牵而无挂碍，使处危而无大咎。

九四当姤遇之时，居上位而失其下，本与初正应，当遇而不遇，由己之失德。四之所失，在于位不中正，以不中正而失下民，故而有凶。包者，所包蓄者；鱼者，所美也。初四正应，而阴遇于二，不及于四，以"包无鱼"喻之，失其所遇，犹苞茅里没有鱼，亡其所有而凶。当应而不应，当遇亦不遇，居位不正，失其正应下民。包无鱼，既失民而无鱼，又不能包鱼制阴而失职，失称位之德。九四无位又无称位之德，故而有凶。九四失应道在先，四以正应初阴之位而不应，不能以阳应阴而援阴，失应道；继而又失遇道，值姤遇时，不能与初应，使初从二比近，以正应之责失遇道。在姤遇之体失遇道，则失位又失道。

九五阳刚居中履正，与阴本无遇，然值阴长而盛时终将遇，五以阳刚中正主卦于上，而下防始生必溃之阴。夫上下之遇，由相求也。九五以至高而求至下，犹以杞叶而包瓜。杞木高而叶大，处高体大而可以包物者杞，阳物高在上，为九五之象。瓜，阴物在下者，甘美而善溃，初六也。以杞包瓜者，为以刚包柔，防始生必溃之阴。用杞叶来包瓜，文采隐含其中，应天时而陨落。九五下无应，为非有遇也，然姤以"柔遇刚"而主遇，以遇道言阴长，故终必有遇。鱼与瓜皆阴物，二与初遇，言包有鱼；五与初无相遇之道，犹以高大之杞，包在地之瓜。含即包，初含蓄不露，一旦瓜熟蒂脱，虽始生而必溃，则自杞坠地。九五阳刚中正，以德化主政，故行静而待之，而初之阴长而盛，为妄动之物，五为尊主，与阴无比应，得卦"勿用取女"之义，自既正固，又能防危，以含晦章美，静以待之，以制阴之任而修德回运转时运，待天时既全而瓜熟蒂落。夬卦　阴乘五阳，阳战阴而用决，乃德决之道；姤卦五阳据一阴，阴战阳故用包，将欲止之，乃静待时变。

上九以刚居上而无位，为至刚而在最上者角也，以刚为最上，为角之象。上九处姤之穷，不与阴遇，不能制阴，故可吝。与初无遇，然姤其角者，速求其遇，以角言触，在于求遇，遇本非正，不遇不足为咎，又以身处事外，不遇亦无咎。相比九三之不安，上九因居上而与阴隔绝甚远，值阴姤不正之时，如避世之士，超脱事外，虽有制阴之心，但已无九三那般强烈的愿望，不能救姤不正之时而亦身不乱，保持己身刚正，虽吝于道，却无咎于身。

第五十六讲　萃卦——聚气凝神行萃正

　　萃卦，兑上坤下，为泽上于地萃而聚之象；萃者，聚也，水聚于地而成泽，泽上于地而有地承载，地承水，水性润下，则有水入地而行兑收之实，兑者主秋，有收杀之性，以收成取，为以收之势成取之性，在二气交相应并相与的气聚过程中，以二气交一气之萃聚，使二者变一成其"收"义。收者，正是守之道，取者，正是固之道，收者兑金主收，取者坤众以取，收、取相兼而成其萃。兑泽，巽草、艮根、坤地，为水草丛生，萃而有乱；之所以有乱象，在于类序萃聚后，未有在类聚的基础上再类分，未有后集之萃而有乱；故萃，要有萃聚后再类分之后集，此为萃之新序，萃聚而出新，才是萃之所以使君子志同而谋政之所在。

　　"王假有庙"。假者，感格，为感通并相应彼此而相与，以萃的收、取相兼之义而达于彼此；彼者，宗庙也；此者，以神明之用的崇德之道；以感于"庙"而达于精神。萃收，为通过"王假有庙"而收神；萃取，以收神再取专诚之信　　取信，再以收、取相兼而言德，聚人心需立宗庙以收涣散，治坤众需德政以取天下臣服。萃卦与涣卦皆言立庙，尤其以涣卦尚宗庙之道，为立萃聚而收、取涣散之精神，疲乏之精气，以治于"精神"而有诚而专、敬取德、外气入而收取、神明外用感格天下之用。

"用大牲吉"。"大牲"，古代供宴飨祭祀用的全牛，《说文》曰："牲，牛完全也。"《周礼》曰："掌牧六牲。"六牲者，牛羊豕马犬鸡也。大牲，谓坤牛、兑羊、兑豕。凡小事不用大牲。

"利见大人，亨，聚以正也"。君子类聚以志求，进而求位，而言"利见大人"。君子之类，经过聚气凝神的正固之利，阳已裕且德已固，可以称位君子进而求位，萃聚君子行分类以集，再以正固阳刚之才已具擢拔之资，之所以在泰卦言"拔茅"便是如此，当一切交感至交通，君子萃其养正，有志征向邦积极之当时，正是行擢拔君子以就其位时。利见大人之谓，从君子之资、才而言君子进位之吉凶，正是言明萃而正之风尚。之所以有萃正，在于"聚以正也"；从萃气之固守，再萃同而类聚，又以萃聚再行萃集之类分，使君子以类，贤才当聚，正逐渐形成了萃集而正且走向泰而通之过程。

"君子以除戎器，戒不虞"。君子观泽上于地萃而聚之象，在发生萃聚而未产生类分之集以导通之前，有泽水汇聚的百流泛滥之乱象，乱则易生祸，祸大则易聚众成师，因萃而所以致争乱，故而必然以除争、去戎、用器、萃正来治萃乱，使其有萃正之序。

萃之道。萃卦以享宗庙立象，以物、人、深之聚呈萃义，以得萃孚明气聚之正和诚而专之感通，以得萃正明崇德之治道，以得萃顺明厚德以为凭，以萃孚、萃正、萃顺之萃义大要，从聚气凝神的正固之利行萃正之教。在内，以凝神聚气的洁静精微之感履咸正之序；在身，以同气相求之应行同人于门的君子之类聚，结正固天下的君子朋党，且志在当位有政；在政，以通宗庙、神明之感通，行崇德的萃正之政。萃道，在于养之利合正之序；以心神驭气之正，以气养神志之正，以志进而求位之正，有当位以政而健序之正……从萃气之固守，再萃同而类聚，又以萃聚再行萃集之类分，逐渐完成君子以类，贤才当聚的尚君子、尚贤、尚德之萃聚；当萃正之序从否乱失序、物之类序、萃聚而集序逐渐养成，由萃集走向泰而通的过程也逐渐从萃道而成。以萃体履萃集之序，以此体察一而洞察万取类比象，正是以萃正之序见天地万物萃聚之道。

值萃道应以守心之静而固德恒守，从萃乱、萃夺、萃聚而至萃正之过程，皆是萃之表象，要有斩妄去欲之利器——聚气凝神有正固之利的萃之道，使心不乱而固萃之德。以萃道感通君子并激励君子，使君子以聚气养德得萃道以养社稷，并跟随九五作以"元永贞"之精神作"修思永"的思量，找到真正能凝人心、摄众志、收魂气、崇德治、感鬼神之治国大器。

初与四正应，本有情以相孚者也。然初应四而隔于二阴，遇二三为滞，应而不能合，又以阴柔居萃之始，相孚犹浅，是有孚而不终，志乱而妄聚之类。初若能顺上之命而往，从刚阳之正应，号呼并求正应，行而往，则握手之间破涕为笑，则无咎矣。孚者，诚信，言萃之孚，卦中艮之笃实言信，"真实无妄，始终不息，表里不杂，谓之诚；徇物无违，四端百行，必以其实，谓之信"。以萃之孚信言萃聚当诚而专才能聚之义；不终者，无果，初应四但遇滞，虽应但不能合而无果；乃乱，因被阴惑而使心乱；乃萃，众阴之类聚；乃乱乃萃，群阴之萃，因无阳主志则聚而无主；一握者，俗语一团也，谓众以为笑也；若号，为初呼号九四恶待四正应——顺九四之命、待九四之应也；四应初，应而能合，则御萃之权，使初能萃正之命，当在四；故四为治能使其一握为笑之人。

二虽阴柔而得中正，虚中以上应，二应五而杂于二阴之间，恐不能终其孚，必牵引以萃。二与五为正应，当萃者也，九五刚健中正，诚实而下交，当萃聚之时，苟推诚相与，虽相远又在群阴之间，必相牵引则得其正萃。之所以有正萃，在于五居尊位，有中正之德，二亦以中正之道往与之萃，二之志合君之德，以此君臣和合则能共致萃道。引者，援引，二与五为正应，以五之阳引二之阴；孚者，乃笃实之信也，二五皆居中正，五阳则笃，二有志则实；禴者，为薄祭，禴祭为四时之祭最薄者也，六二坤体得离之气，有禴祭之象。虽禴之薄祭，亦可感通神明。六二以治孚德的专而诚引萃；爻辞言"利用禴"便是以祭言萃之专诚，且对应《象辞》言"用大牲"，《象辞》与爻辞皆言祭，目的在于"引"，以祭祀之专诚而引萃聚，所谓凝人心、摄众志、收魂气、感鬼神之器正是如此。

六三阴柔失正不中，上无应与，欲求萃于人，而人莫与，唯往从于上。六三求四以萃，由于四非三之正应，又非其类，是以不正为四所弃，欲与二为类，但二自有五引孚，且得其中正，三以不正又被二所不与，无法类其同而萃。三求四且类二欲萃如，但为四与二弃绝而嗟如，不获萃而嗟恨，之所以嗟恨，在于求萃不得而困，唯往而从上六阴极无位之爻，亦小可羞矣。

九四之才，阳刚失位，九四上比九五，下比众阴，为得其萃者。之所以得其萃，在于当萃之时，上比九五而得君臣之聚，下比群阴而得下民之归聚，以得上下之聚，正是萃之义。九四居位不当，无尊位而得众心，犹有震主之患，故必大吉而后可以无咎。比卦五阴比五之一阳，萃四阴皆聚归五与四之二阳，但五萃而有位，四虽能萃，但非有尊位，如益之初九，在下位而任厚事，亦必元吉而后可以无咎，故四必克尽大吉之周全，尤其是周全萃政，以鞠躬尽瘁而无僭越之嫌。

九五阳刚，居中履正，当萃之时而有其位，以天下之尊，萃天下之众，故而成萃之主，比之九四之大吉九五有尊位，更有治萃之道，还有中正之德，以此三者无有可比之优势君临天下，没能孚众使天下服，则有悔，当虑天下民众之为何不能全部萃归，以此修元永贞之德，则悔无。所以九五尤其要固德，固可无咎矣。

上六处萃之终，阴柔无位，求萃而人莫之与，其穷至于赍咨而涕洟也。赍咨者，嗟叹；涕者，眼泪；洟者，鼻涕。上乃孤孽之臣子，值萃极将散，而不得所萃，上六以阴柔小人处兑之高位，天下孰肯与？不得已以"赍咨涕洟"极言怨艾求萃之情，求萃不得，不安所居，忧之深，虑之甚，为被困于萃之时位，为人恶绝，不知所为。

纵观萃卦，初六孚浅又遇二阴为滞，虽正应四，但不能合而无果，以柔且小之见识成萃乱之因，最终初以至诚之孚信，使转机发生在"一握"之间，把不合无终之无果变成必合之喜。六二以治孚德的专而诚得九五引萃，居中正应又以"利用禴"之薄祭表其至诚之心，以得孚得萃而感通得萃。六三不正，上近九四与下类六二求萃，皆求而不得，失利嗟叹，唯为以时义而相从九四，乃得无咎。九四上比九五得君臣之聚，下比众阴得下民之归聚，以上下之聚得萃，然而居位不当，无尊位而得众心，犹有震主之患，必克尽大吉之周全，尤其是周全萃政，以鞠躬尽瘁而无僭越之嫌；九四得萃之大吉，非一般小吉可言，九四便是有器且用器治萃道之人。九五以位得萃，既有尊位，又有治萃之道，还有中正之德，以此三者无有可比之优势君临天下，没能孚众使天下服，故而以"元永贞"之精神作"修思永"的长久意识，既恒其德，又有以萃道安天下之心。上六萃极将散而不安所居，不得已以"赍咨涕洟"极言怨艾求萃之情，萃而后已，能补其过。

第五十七讲　升卦——升志得时位阶序

升卦，兑上震下，为地中生木而积小高大之象。升者，进而上也。升言进，再以进言上。之所以进，为因升而进，而升在于德蓄有蓄果而升，德蓄的蓄果以刚健笃实继而行健有而成，故而言进，在于升之实，而升，在于德蓄有果，且衡量这个"果"有成是以刚上而升的状态成果。所以进以升为义，升以蓄为基，以刚为根，以德蓄行健为动态，呈其升而上义，而进便是升而上在德蓄而有成，君子升志而进位，德政通泰而升序的表现。更多时候升为内在阳刚之性，而进为外象状态。如地中生木中，木之长为进在外象上的呈现，而地之所以使木能长，为地以德生育，因德而升长，故升表内在，而进言外象。

以升义来释"进"，在于升从气萃聚而升，历经萃聚、正固、颐养、蓄德等过程，而整个过程为气以"升"贯穿，最后显现出"进"的状态，故无升不言进，而进必有升。在卦中以前进而言南征，大人南面而听天下，君子升志并得行其志，利南征，故言"南征吉"。"征"往则行祭祀，全性以荐，得其升卦之专诚。

"上"。刚上曰升，从德蓄行健之成曰刚健，刚健是成大畜之要，而健是以刚为基再蓄德行健的状态，以刚为基再行健，则成其"上"。

故而"上"必表蓄果，又基于蓄果而表升象，还表升而进的升位，因升位之位确立"上"，是升言位域与品格之所在。刚上曰升，以"上"承接刚与升的临界状态，来言位域之差别，以此在升卦主德位法则。

"生"。在升卦的德位法则里，以"上"来确立位，位之上曰位域与品格之升，位之下曰根，曰基，曰刚。在大畜卦因蓄果有成而亨通之"天"，在升卦且成"地"，以彼时天与此时地的位域差别，呈现精神升域。升卦之生，扎根德土，依养而长，以进而成，以志升成其高大。升卦之德土，从蓄果，依升象；升卦之养，为依精神升域之精神，君子升志之志以及德政升序之善政三者之养分；升卦之成，以地中生木之木成，进升之外象，以志行贯穿大人之体，进升之位；终以循序渐进的阶序之"小"养与德积，而成其精神升位之高大。

"元亨"。升卦之所以得元亨，在于以坤地之德通乾天之性，而坤地之德又为大畜因德蓄之成的乾性蓄果所化，德厚化地，使升卦受德惠恩，成其能升之因，又以坤之德生育万物。德大能载者，坤地也，以厚德载物而成其升卦生育之德，地中生木之"生"，无坤生地载则无以成。无萃不养，无颐不蓄，无大畜不升，是能成其"亨"通之路径。

"勿恤"。升卦言勿恤，在于自有贞吉在内，之所以不言贞吉，或戒之以危、厉等，在于无有危、厉可忧，更合大贞吉而无虑。

"柔以时升"。在卦中，巽从坤顺，柔不自进，以二五相应，五以坤之顺而伏乾之健，乾性以明使柔得以升，柔顺其升道而进；君子之进，得柔时，升柔位，顺其升道，成君臣际会而道济天下。柔以时升，为在升卦得时又得位。升得"时"，首先得萃正之时，萃得其时，则能观其所聚，而天地万物之情可见；其次得颐之时，颐道养正，天地养万物，圣人养贤以及万民，以正居颐时，则颐之时大矣哉！再得德蓄而刚上之时，成其利涉大川之大正，以蓄果之成，养在升体，使升得其时。从萃而聚，聚而序，序而泰，泰而治，治而养，养而正，正而蓄，蓄而通，通而升的过程，便是以"气"升所贯穿，而气无养不成气，以颐养之正"气"成其养小体、全大体之实，故而在颐卦有"颐之时大矣哉"之感叹，升得颐之时，为得其养正之大；继养正之时，再得蓄德之刚健笃实，以日新其德，得其大畜之"日"时。故而集萃正之时，颐正之时，大畜之时三者，以气、神合德，成其升得其时。升得"位"，君子升志进位，以"用见大人"之利，得其"位"之当位，再因德蓄为基，升得其时，使升之"位"有称位之能，得其称位，升卦君子巽以顺德，进位积善政、由善政蓄德，成其积小以高大之升，健德有实而得其配位。以当位、称位、配位的德位法则属性，升而有养德之笃实。

"用见大人"。二五相应，乾离志同，大人居尊位，德化养物物进而升，升以德积，故而用见大人。用见大人，君子升志得位，既得志之伸，又得位之展。大人得君子，得其能，得其德；君子得大人，得其善政，又得其通乾坤之明。何以有"用"？为君子进位又当位的凭借之器，此"器"大器曰德、身器曰志、外器曰政，以此三者为用，以此为用，见尊位大人，以得时、得位之得，使自己成非尊位之大人。君子见大人，大人又何以知君子？大人用明以知、用贤以治、用志而合；君子从贤处治学有成，为从贤处而来，贤治君子，有贤引荐大人便知君子。

初六主巽，以柔顺居下，上承于九二之刚，巽之至者，四无应援，不能自升，顺承二阳而获信，初六位下，乃木之根，得地气以养，而有木之升。二以刚中之德，上应于君，当升之任者。允者，信从也；

初之柔巽，信从于二，信二并从之，值升卦而同升，乃大吉。初六之所以能升，在于居巽下犹木之根，扎根于地，使根地而能养，升卦以地中生木取象，初六便为木之根，木欲长而不扎根则无法高大，故木高大之根本和基础便是扎根在地中，能得地之德滋养，方有外在的长势。

九二刚中，上应六五，为"刚中而应"，值升卦言升，以柔为善，以得时、位为善，二以刚言升，为得其中位和居巽时，刚中而应，应五而见大人，升卦以见大人为大吉大利，但二仅言无咎，在于二以阳而从阴，刚以事柔，非进身之顺道，但二以得中见诚，且有见大人之利，故而无咎。禴者，四时之祭最薄者也。九二有喜，在于以得位再治诚，更在于得位而安位序，贤之升，非冒进而升，而是履礼序而升，九二见孚治诚便是履礼序之道，贤有贤位，君有君位，两者有位阶之别，值升卦得阶序之道，方为得升道。

九三以阳刚之才，正而且巽，进临于坤，阳实阴虚，而坤有国邑之象。上皆顺之，复有援应，当升之时，登高不倨，临深不畏，进无疑滞，以是而升。虚者，大丘，《集韵》曰："古者九夫为井，四井为邑，四邑为丘，丘谓之虚。"邑者，城邑；疑者，猜忌。升卦诸爻皆有吉凶之占，且皆以吉为主，可见升卦的卦体与爻皆吉而勿恤。九三独无吉之占，在于值升卦皆履位序而升时，九三勇进而无所疑畏，九三以阳且刚勇进，为升之大势，与柔以时升之义反，故其辞非尽善，但勇刚以升，虽非善但亦无凶，升卦言志升，九三以志而升，虽无吉亦无凶。

六四柔顺之才，上顺君之升，下顺下之进；六四以正位居体，上承六五，从君王之事，下接九三，顺贤人之升。六四爻义与随上之义类同，皆言王用此人，以享于山川。王者，取震象，以震为往而类君

下卷一卦爻德学精义

483

王；雷动百里，声所至而相附，又以雷言诸侯之应。亨者，通享，祭器之象。六四居近君之位，值大升之时，其位不可复升，犹能升者，唯同君之志，故六四守位而升志。六四上升近君，则无位可升，下升天下之贤，则使贤能进位而升。

六五以柔居尊，以阴居阳而的正固，当升之时，以登天子之阶而吉。五之质本阴柔，需守贞固才能得吉，五之所以吉，在于信贤不笃，任贤不终，任用刚中之贤，辅之而升，犹登进自阶。九二阳在下，正应五，五能用贤而汇升。阶，天子登阼阶以临祭祀，而阼者，为主人阶。六五升尊位乃得时而升，升至五而极，为大得志者，二五相应，贤臣辅在下，柔以时升并登于位极。六五得时而生，时者，巽木已成于内，处坤中而在外，正是木长而成贤，坤中而德厚，坤地有德，而坤之中犹有德，两德齐备需待时才能成，而"德"在升卦为积小以高大，小积大成需时，当得"时"的条件备具，则得升道。六五升阶，既是阶之位序所赋予，又是履礼序。贞吉升阶，升而有序，故以阶言之，为阶之位序所赋予，而履礼序，谓宾主以揖逊而升者，有三揖三让而后升阶之说。

上六阴柔，居升之极，昏冥于升，为知进而不知止者。已在升之极，是昧于升进之理，若能知时消息，自消其进亢而退，不更求进，乃利于升正在理。冥升者，用明已极，复入于幽；豫上乐极，故冥豫；升上进极，故冥升。九三勇进，上六冥升，处升卦，皆知进而不知退，九三勇进在于还能升，而上六入于冥还能求进，皆是乘升卦之志，可见升卦之教化已深入人心，尤其是以积德之政训导全体，激励君子，收到奇效。积小以高大，上六处卦之终，正是入高大之体，展德积之厚之时，但仍勤于自治，不敢以盛满自居，故而有冥升之利而无困穷之失。

在升卦，初六以"允升大吉"，孚诚以升，有升之根，而合志之进，如木之长，根深才能高大；九二"孚乃利用禴"，禋于神而求升进之福，以喜自内生，而有庆自外来，为有喜之进；九三"升虚邑"，正而且巽，上顺且有援应，值当升之时，进无疑滞，为不疑之进；六四"王用亨于岐山"，以先王登岐山祭祀之象，言以诚敬之，正是六四下接九三，以顺贤人之升，上承六五，从君王之事，为顺事之进；六五"贞吉升阶"，以柔履尊而登天子之阶，为大得志之升，五二相应，柔以时升，而登于极，贞吉升阶，升而有阶序，为大遂志之进；上六"冥升"，上六阴柔居升之极，以知进不知退，升于幽深之域，利于正德而不息之升，为不息之进。

阶序之道。卦中六五爻言"升阶"，阶者，为天子登阼阶以临祭祀，履步登阶以上，在卦中亦言位阶，以位阶之序值升，而有阶序之道。虽然升阶之象言六五，但阶序，取升卦之升义以及诸爻升且履位之状态。以序言阶，在于升而有道，阶序是升道的重要内容。在升卦，时、位阶有阶，尤其是为什么有升，必然得时或得位，或两者兼有之，就在于它之一种基于位的礼序，升而有序，正是升卦文明的写照，亦是德文明非常重要的一环，升卦言德，德蓄刚上而升，便是德文明升华且文饰的呈现。正是阶序之道，赋予了升卦以及诸爻吉而勿恤之占，尤其是"柔以时升"义下得时与得位，以精神升域、君子升志、德政升序之升法，将阶序之道呈现的淋漓尽致，且最终形成以阶序之升道，教化君子知德、识德，继而顺德，以积小以高大之训，促德文明升其品格。

第五十八讲　困卦——辨质见修而解困

　　困卦，兑上坎下，为泽中无水之象；困卦中坎如室，巽者木，为室中生木而当困，所谓"穷而不能自振"，穷者，道穷也，因交困缠绕而道穷路尽。为何有困？卦体坎刚为兑柔所掩，为阴柔掩刚的光明掩蔽之象；卦中亦有九二为二阴所掩，四五为上六所掩，为小人掩君子之象。卦体与卦中皆有君子为小人所掩蔽，正当穷困之时，又从兑缺、巽资、坎食可知，君子穷困者，无位亦无食，所谓"行而无资谓之乏，居而无食谓之困"正恰当。在困卦，坎险兑说，处险而说。为何有处险而说之象呢？为光明虽被掩，但光明尤在，只是被掩蔽而已，并未被黑暗彻底转换；君子虽被小人所掩，只因小人当道使君子身居穷困，无位而无食，但君子之质地尤在；这便是处困而不失其自通之道，故而有"困亨"之象。在卦体中，二、五刚中，有"大人"之象，为处困而履正体之人，大人者，刚中而当位。明困象而自有处困之道，在穷困之途仍具自通之明，此为大人处困之道，为身困而心志亨。心亨者，明也；志亨者，有自振身德脱穷困之志。

　　有言不信者。兑主言，信者，伸也，为申、伸义，因穷困之屈以致伸。有言不信者，为君子之言小人不信，小人当位，故而君子之言不能伸，君子所言何者？言处穷困而守正之道、言修身以德脱穷困之志，君子之言小人不信，非君子失信德，而是小人无明德，小人无明德致使君子言之大义不能伸达其义，故而言不信；亦有小人之言，君子不能采信，小人之言不过以小人之眼前得利而同流君子，不能采信，使小人之言不能伸，小人之言若在君子处得以伸，则君子与小人同流合污，而无有贞正之道和大人吉之象。面对道不同不相为谋的君子与小人之道，只能曰不可尚口，总之，口未启则词穷便是此义。

困而"无咎"，原因何在？在于虽处困但有出困之道，而出困之道便是以困卦交困的状态，言明辨质见修之道，使君子以立身、立位、立礼之重而治德，从困卦开启治君子九德系统之始；既知处屯、处蹇、处困之难因，又知济难之道，故而言"无咎"。

困而得志。处困体之难，以辨质见修而得君子修身健德之志。困卦为兑金坎水，兑金生水，故兑金为生水之精，而水之精为志，故言得"志"。处困境而得修身健德之志，以此"志"济困而通，故而出困有道，再者兑主言，以君子之志而言，并通天下君子之志。之所以能通天下君子之志，在于修身健德治君子，能使君子之质地纯粹，使君子以德之健而称位君子。之所以言济"通"，在于自困卦治君子九德系统之始，可通九卦所呈的治君子过程：即困→复→损→益→恒→井→巽→履→谦过程。其"通"在于通修身健德治君子的路径，亦以此路径通称位君子之成。从蹇、困之难的外在困象，到通达治君子之成果，正是困而得志贯通所有，而促使其有"志"的原因在于德之辨，所辨明的德之本因，故治君子九德系统乃是解困之法和脱难之路。正是因为有德性本来的大明之体在，才有立"志"济困的光明在，亦才有治君子九德所在的健德之路径。

君子以致命遂志。致命者，知其困境辨而明达德性之本因，为处困之天命；遂志者，遂达修身健德治君子而济困脱难之志。命者，天命也，以巽称命；遂者，成就，遂达，取巽之顺；志者，兑金生水之精而言志。之所以言天命，便是处蹇、困之难，要必知其导致困因（外在因、内在因、本因）的本理，明此本理为处困而追求之天命，而遂志便是成就能解困和脱难之志，而遂达此"志"的路径便是治君子九德系统。所谓致命遂志，便是处困而辨质见修，从因上着手，一切围绕"德"之本因修而健，历经治君子九德系统，使其有称位君子之成。

初六以阴柔居下，又处坎险之下，为处困之底且暗险尤甚之象。臀者，物之底，取象巽之股；株者，枯也，株木为无枝叶之木，其枝叶被兑金所刑，又凋落于坎冬；入者，巽入也；幽谷者，坎象之深暗之所。为坐于枯木之下，进于昏暗之谷，伤而不能行，不仅暗尤甚且不能自济。为何坐困于枯木之下？为臀部受刑杖，伤而不能行，困而不能自济，必引援以助，而助之者九四也，初六与九四应，九四虽与初应，但九四失正不中，且困于金车，又有二、三为阻滞，上下与明暗两隔，难成入幽谷之行，不得相见，故而不能济初之困；三者，坎之数；岁者，巽木之星，亦为岁星；不觌者，离为目，兑为伤，为目伤不觌，觌者，相见也。所谓三岁不觌，为既不能自济又无引援以助，为终困者，故而言"幽不明也"。

九二以刚中之才处困，因刚中之德而得其酒食，反而被酒食之欲所困。酒食者，人之物欲；绂者，蔽膝，缝于长衣之前；享祀者，祭祖曰享，祭天曰祀。意为以酒食以享、着朱绂以祀，方有处困之福庆。以刚中之德安其所，则不被酒食之欲所困；若不安其所，以犯欲而征，则以失刚中之德而自取凶悔。从九二处困可知，在困之时，利用享祀以志通神明，强其心志，使其健德而有处困自通之明。

六三以阴柔不中正之质，居阳用刚，又处险之极，为山石所困，屈居蒺藜之中之象。石者，坚重难胜之物，以四位三之前，犹如立山。三上进被在上二阳所阻，二阳如山石坚重而难胜，谓困于石。蒺藜者，有刺而不可据有之物，古代监狱周围种满蒺藜以困犯人，常以"蒺藜"指代监狱。宫者，安居之所；妻者；宫室之主，所安之人。三上无应，为不见其妻而失其妻配。

九四以不中处困，虽阳，才德却不足以济困，既不能济己困，又不能济人困；九四与初六正应，初六被困于下，又为九二所隔，无法振济初六出困。来者，巽入为来；徐，安行之貌；金者，兑为金；车者，坎为轮，车象；金车，为车之华贵象；五在四之上，四进则见掩而羞，退则遇阻，尤如困于金车，来徐徐，舒缓而行不敢决进，为行不过之象。

九五以尊居中处困，受劓刖之刑，为赤绂所困，中正而居兑，处困而通以脱困，利用祭祀，以其济困天下之诚而获福。劓者，割鼻，为艮伏，葛藟蔽于上，伤于上；刖，断足，为震伏，蒺藜掩于下，伤于下。九五刚中，上被柔所乘，下为刚所比，有上下皆伤之象，如同受劓刖之刑。虽受劓刖之刑，但却言困于赤绂，在于下已伤，而赤绂无所用，为天下不来之义，天下不来则无法同人君一起济困，故九五虽有济天下之志，但困于天下不来，赤绂无所用，可见五不以己困，却以天下处困而困。虽言天下不来，但九五刚中与五道同德合，必相应徐徐而来，为始困而徐有喜说之义。

上六处困之极，困于葛藟与臲卼缠束而动摇不安，所谓缠束者，实为多重缠绕交困，又以动辄有悔实则无所不困。葛藟者，藤萝缠绕之象；臲卼者，危动之貌；上六居兑之主，因无所不困而尚口乃穷，但困极而通，若能去缚远危，以此心无挂碍征而行之，则有吉象。世事牵绊缠绕苦不堪言，不如抽身随清风。上六之困为极困，也为困之极，困于葛藟为无比交困，凡是能成困因者皆缠绕交织在一起，不仅如此，还尚口乃穷，无以言表。

纵观困卦，困以柔掩刚立象，主体光明被掩蔽，君子被小人掩蔽，以致君子穷困道屈，无位亦无食，虽自有困亨之通，但也是困因交加，立身与处世艰难。在初六困于"株木"，又有刑杖加身，如同入于幽谷而无天日，既不能自济又无引援以助，以"三岁不觌"终为其所困；在九二困于"酒食"，为被物欲反困，虽刚中却才德不足以济困；在六三困于"蒺藜"，不仅身困进退两难，且又失其妻配，名辱身殆，唯死而已；在九四困于"金车"，被名物所困，不能且又不思上进；在九五困于"赤绂"，被整体时势困局所困，且有劓刖之刑伤其尊面，伤其位序礼制；在上六困于"葛藟"，为处困之极，多种困因皆缠绕交织，还尚口乃穷，身心皆苦闷至极。

辨则明。困穷而通，德辨而明，处困当知治困之道。从处困的外在因、内在因、本因以及呈现困象的因果之道可知，其困象，只为健德与否之表象；德，方为济困、济通之本，唯德能通所有，能济所有；除此以外，其他皆为面对具体困境的解困之法，非通行且究竟之道。辨质见修者，为辨明本质而知处困本因，从因上着手，以此健德而修持，方能道行中正，大志可遂，这便是从困卦德之辨到复卦德之本的结构所在，而呈现德本以及言健德修持之道者，正是复卦。

第五十九讲　井卦——以井道养民资治

井卦，坎上巽下，为木上有水而汲井之象。井者，穴地而出水之处，以巽木入乎坎水之下而上出其水的汲井之象，立"井"义。巽者，木器，取水之器，以巽入于水，可汲而上。何为井象？为经纬交织，阡陌纵横而成井字象，南北谓经，东西曰纬。在井卦，坎者水，为方，兑者坑，方形水坑，人工凿成，以此制井。因井为市，是井之用，谓以井养人，也有"八家共汲一井"之说，为依井而有井地。

"改邑不改井"。邑者，城邑，《左传》曰："凡邑有宗庙先君之主曰都，无曰邑。"《周礼》云："四井为邑。"改者，更改，改革；兑主金，金曰从革。所谓改邑不改井，为国都可以迁移，王制不可轻易，以此"以喻王道之行，国不异政，家不殊俗"，取井养之义，以井言用之不能减损，其王政应养民、益民；不改井者，为养民之王政不可更改。改邑不改井，王无异制，臣无易节，犹井之体。

"无丧无得"。以井无盈涸，示其井养可久。丧者，为坎之失，因取而失；得，为兑之取，因汲而得。井之能养，为井有养德，有以井养人可长久之义，也喻王政应取井之德，以政而能养行恒常之道。以无丧无得言取与得，令其无丧者，为政之实效，令其无得者，为政之本分；"无"在于以"井"政养民虽有成，但不能居功，以政养民为德政之必须，能谨小慎微无过错就好，哪里敢有"得"之言。

"往来井井"。为邑人往来，汲用井水。往来者，人众也；井井，汲水于井。汲水于井而使往来井井者，为以井之用能养。以往来井井言所及者多，以喻井养之道有大。井能养者，重以德惠人，井能惠人，且所及者多，为德能服众之义。

"井养而不穷也"。立于井之体、井之德、井之用言德之养地。井之体者，修身健德治君子之主体，行而健者，乾体也，在于性健；用于德施，而言德政之体。井之德者，井之能养，为井有养德；井者，方形水坑，人工凿成，犹言人修身健德过程，井之所以能养，在于井有水，为阳足德裕而成水，阳足复刚呈金性，金能生水，故德为生水之源。井之用者，健德而养德，再以德养人。井之所以能成德之养地，乃是因德裕善行而外得之地，为因德而获，是德位分封的自然形式，为德裕且固的自然所得，流溢于外的表现。当健德之内健不懈，阳蓄反复，故井养而不穷。以外得之地，言内健之奋，内健之不穷，尤其是立于外言内之所得。以外得之地，井养他人而不穷，从入世之世德而言治世之要，治世亦然健德，使其德裕，健德政而普世。

"汔至，亦未繘"。汔者，水涸，取离象；至者，通窒，为窒塞不通；繘者，井上汲水的绳索。汔至，井水干涸，失井养之道。"羸其瓶"，羸者，败也，为拘累缠绕之象；瓶者，汲水之器；为钩羸其瓶而覆之。汔至未繘，为井失其用也，而羸其瓶，为器失其用。

"君子以劳民劝相"。劳者，勤劳也；劝者，勉励也；相者，治理也。木入水出，为汲水之象，从井汲水以养，谓井养；君子观汲水与井养之象，应勉励贤达，养民资治，如此可井养不穷，使民不争。井能养为井恒常之用，其用之不竭，蓄之不盈，才是井道恒常之道，可要想井之养无有穷已，必知来水之路，所谓吃水不忘挖井人，犹是如此，健德使其金能生水，才有其水源。君子以劳民劝相，必要立己之健德之利，警教他人当健德以自养或"掘井"养他人，才能治民以明，使民皆有健德而自耕之地，惠民以德，不如使民自健其德，立德本明其德性，为比善政之善犹甚。

初六阴柔在井之下，与四不应，是无水之象，无水则不能济；井之下，为泥之象，泥污者，为有井而不可食。食者，饮用也；初不应四，上无应援，四为兑主，又巽反兑体，成不食之象。禽者，鸟兽也；"旧井无禽"因有井不能食用，禽兽亦不往来。井，以能养而不养，因井泥不食，井泥不食，谓邦政无道，旧井无禽，谓贤人隐遁。旧井者，曾经能养，因失修而废不能养，堕政也。

九二刚中，为有泉之象，上无正应，下比初六，以阳刚之才居下而不上行，犹如瓮敝而水就下。谷者，泉眼，井谷者，井中出水之窍，井能出水，则非泥井，故井可食。井之道，为上行有功，而井谷者，失井之功，以就井下而失功。鲋，或以为虾，或以为蟆，井泥中微物耳。射，注也，瓮敝漏，如瓮之破漏也。鲋者，小鱼、虾、蟆等，为水中阴物，类初六；射者，水下注；如谷之下流注于鲋。瓮者，瓦罐也；敝者，破败也；漏者，泄漏也。射鲋者，水浅犹不能汲，汲亦无所得；瓮敝漏，失瓶之用，水反漏下。九二阳刚之才，本可以养人济物，而上无应援，故不能上而就下，是以无济用之功。如水之在瓮，本可为用，乃破敝而漏之，个为用也。虽言无济用之功，但并不言悔咎。

九三刚正，以阳居阳，在下体之上，为以可济用之才而可食，虽可食却未见食用，而有井渫不食之象。渫者，淘井去污。井水淘净，清洁却未见食用，路人为我恻怛痛心，井下为泥，不可食，但井上则可用，九三以居下体未得其用。井渫不食，谓君子在野。九三君子之志应上六，其志在上，为汲汲上进之象。"可用汲"，为才德已盛，修与健皆成。井渫可汲，乃见王者之明，明者，取坎之聪，

六四阴柔居正，处外卦而非泉之象，上承九五之君，因性柔才薄而不能广济，虽不能广济，但可自守其位，以修业健德补其不足，犹井甃可使井不污不废，因修治得无咎。甃者，以瓦甓垒井，使井坚固；修者，整饬、修治。井甃，修治井壁，以修治其失养而复其能养。

九五阳刚中正居尊，为有泉之象。冽寒之泉，可为人食；冽者，甘甜且清洁也，井泉以寒为美，井泉有美，为井道之至善也。功及于物，为有德者居其位，是君德之至善者。

上六居井之终，应三亲五，有井道之大成，大成者在于井以上出为用，居井之上，便有井可用，有水可食，且汲水完毕，不加井盖以掩蔽，以治其有孚。收者，汲取也；幕者，蔽覆也，为取而不蔽。

值井卦，君子有井可食，且有立足之井地入世，为立于身德之健而行外善以养人、养物，以井能出水言勤健修德有成，以"井养而不穷"德善大焉。外善之"地"，要立井、渫污、修井、汲水等过程，才能有水可食，以井养人，立井者言善者，并非欲立则成，也要经历井泥不食、井渫不食以及瓮敝漏、羸其瓶的艰难过程。井泥不食者，应修上进之心，井渫不食者，应淘井去污，以健德取善之志自奋向上，并持续损益之道，使其陋习退、阴疾消，谓之渫井去污，实则使身心清洁，清洗过多的欲念、杂念，使其专使裕阳与益善之事。除此以外，还得有瓶瓮之汲水之器，井水处下，无器不足以上达，虽井谷者，上

无汲引之人与上汲之器也亦不能食。修井者，为立善政向善；修井者，要有井可修，有井者要先"掘井"，必将健德自耕而行恒。井出水，要有上汲引之人与上汲之器，上汲引之人者，要依王者之明，能擢拔健德与有德君子，使其从下而上能进位，继而当位，所以要广泛引援以助，不光是图明王赏识与擢拔，而要自建行善政之途径。善养者，九五也；善成者，上六也。九五治善而有井洌寒泉，井洌寒泉甘甜可食，便能养人。养人者，善之践也；九五治善而履善，在九五有井道至善与君德至善，这是促使在上六"井收勿幕"而善成的主因。其井洌寒泉，井以上出为成功，未至于上，未及用也，故至上而后言元吉，元吉者，汲取皆不掩不蔽，使其往来井井，为施养无穷之象，井水常有，则有恒益居常，为益善而善大，以能养而养之大曰元吉，此时善才有善功。

德者体也，井者用也，体用一如，治君子方能制胜。德之地者，修身养德之地与善政自耕之地。修身养德，以井出水而自汲自养，并非单以井"水"养之，而是师法井之为象与井之大义，以井器之用、井水之养、立井之善、井地之德以及井善之德大养、广养之。"井"能大养、广养除自健"养"德外，还因井之王道属性而成善政自耕之地，为立井德而行外善养人，以井养人，使井成外善之"地"。值井卦，君子有井可食，且有立足之井地入世，可治"井"而惠人，言"往来井井"，使至井者皆得其用，皆可养，"井养而不穷"者德善大焉，以此进位立世，以当位之利行善政。

第六十讲　革卦——从革新到建革序

革卦，兑上离下，为泽中有火金火锻炼变革之象。兑泽在上，离火在下，火燃则水干，水决则火灭，为水火虽相处但不相容之象，犹二女共处一室，虽相处却心志不相通。不相容、不相通而又要相处，则必生变革以取新来容、通，泽中有火，恰是火炼泽金，火炼而出真金，而金性又生水，以充泽气，以此相循而融通与共，以救危亡。火炼出真金，从泽水生金，既有水之革变，又生金之革新，不容不通则变，出新取新则能循环与共。革之发生是在水火不相容、二女志不相通的前提下，是基于泽火之大体而变，故革要遵其革理与革法方能生出革果，从革体而言，革有泽、火先存，为有其原有秩序与文明积累，虽言革始于序而革于序，但革的推陈出新，必经过变革之路径，通过变革之路径而生变革之法，在没有产生和获得革同就直入全面推倒的序革，是十分危险之蠢革。

革卦取"水火相息"与"二女同居"象。水火者，革卦上体的泽水与下体之离火；息者，处也，泽水居上而水性润下，离火居下而火性炎上，水大则水灭火，火大则火涸水，实为水火难以相处不得息之象；处革便要解决水火如何相处就息，但水火相克为其本性，故处革必言变革，以取虽相克但能相就之道。二女者，泽为少女，离为中女，中少二女合处一卦，二女者，性柔，既无识大体之明，又无兼听以就明之智；少上中下，少不经事又居上，使中而有怨，郁火而未发，虽相处但其归各异，在于其志不同而不相得，处革便要解决二女虽同居但志不相通，志不通，则无法以志同而志心于邦，不但不能济邦，还会因志不相通而使既有秩序有否塞之弊，日久便成蛊乱宿积，以深重难行而受其困，邦体要前行，便不能不变革。处革要从"水火相息"与"二女同居"两处变革寻求使相克能相就以及居同志亦同的解决方法，从而革除弊病，去除否塞不通之蛊乱宿疾而通泰一新，以革新之力，为邦体注入新活力和动力。

"巳日乃孚"，以巳日取孚信，在于以巳言孚，取"巳日"之象，以及"巳"之度，又言革信与革时。革者，处革当取革信于先，革时，为当革之时方能革，不能强革为祸。孚者，信也，以巳言信，正如"日信出信入，南北有极，度之稽也。月信死信生，进退有常，数之稽也。列星不乱其行，代而不干，位之稽也"所说，以度、以数、以位言信当如日、月、列星般有序，以信之正序来言革始于自然法序之革序，又以革序之于法序之正，言革信之正，有革信之正，才能取革信、采革信、就革信。"革而当"，为以革之当仁不让而有变革之正当性，以革之正当性而有革法、革时、革度之恰当性。

"文明以说"。革体随革之进程先后有两"说"，为在革之初有行革蒙的启蒙之劝说，以及在革果产生后行革悦之文说。在革体，兑言说，又主悦，行革蒙与行革悦皆有说，又有悦。行革蒙之说，以革蒙启发他人必言说，尤其是对三不信之大众群体，对革义、革理、革之策略不信或存疑者，皆需行蒙道晓之以理而启发之，故主宣说；行革悦之说，当正确而恰当的革之策略产生、革果取得后，革悦之说便随之产生，此为参与变革之大众广为宣说。宣说必以正，否则若任由二女乱说，则有蛊乱之嫌。

"大亨以正"。在革体言大亨必重元亨，无元亨则无革体之大亨，革之元亨者，以"革始于自然法序合天地自然之理"来言道法本序之"元"，唯此革之正义、正理，能大行其革变的贞正之道，有此"元"亨为前提，革体才有大亨之基、之本，这是革体先于变革之先的前提。

"治历明时"，为君子以治法序之知而健明德。历者，示天地法序之历数，以日月星辰各行其度，亦各有其数，皆为示之以自然法序，君子观四时之象，以历法裁定并推演天地之革数，既授人时，又可以此历数察革时，实则以治"历"而明法序之要，法度之质。虽言治，但在于言知，又因知而明，故治历明时正是君子健明德之时。君子以治历明时，从治历而知历，以知而察，以察而明，以明通法序之本，德性之地，从而明德彰显。以"顺乎天而应乎人"之天时、地利、人和齐备而生革，再以革变出新，以新序治于邦，从而新民，是谓以革政行德政。

革以始于自然之序，而有革之明，以大君子之明察革时、究革理而行革，是革具元亨之要义；再以革夬扬于王庭，以决策之公共性和合法性，在革专、革度上以革而当带动大众群体参与变革，因革同使其成为变革之主，而成其革势，从专革到一视同仁之法革，再到革新制度并走向序革之路，从而完成"革，始于序，而革于序"的变革之路径。革则出新，以革之出新新民，以革之新序序邦，使邦民在新序下革志，邦民皆以大同之志向邦、济邦、正邦，使其革政成为新民之德政，德政既施禄及下惠及于民，又以革化风气行德教之道，既正序于邦、健德于民，又使小人革面。以"文炳""文蔚"文明特征之文说沉淀成就革文明，并以革文明促德文明之健。

初九处革之初，居初无应，未可有为，为革时、革位、革才皆不具，故不当有革，反而要以"巩用黄牛之革"之象来坚确固守。巩者，固也，取象承巽以束之，变艮以止之；用者，乾之用也；黄，中央色；牛，坤象也；革，包束之物，坤之皮也。巩用黄牛之革，谓以中顺之道自固，不妄动也。初九虽阳，但居下无位，比于六二，上无正应，处变革之初，革时、革位、革才皆不具，唯中顺自固而守成，以待革时成熟。

六二柔顺中正，上有刚阳之君为应，同德相应，皆中正无偏私之情，恰逢"巳日"之时到，对比初九无革时而言，现革时已到，二与五相应，二得五革夬之权势相援，二之位有顺而无违，故革位具备，二为文明之主，事理皆明，得其革才，故革时、革位、革才皆齐备，正是革机到来之时，故"乃革之"。征者，以乾之行健而征，乾阳刚且明，言"征"为明征，且具征之健，是发生变革正义性和正当性的写照，征行则有嘉庆，故而革之无咎。六二变革的特性为专革，六二以先革使其变革呈自下而上之革势，二五虽相应，但于五而言为臣，通常臣道不当为革之先，能以革之初地成其先革。

九三居离之极，位兼乾离，又变体出震，自任刚明，却以过刚不中之才躁动于革，故存"征凶贞厉"之戒。但处已有变革之革体，居下之上，又睹水火相息之否难，事苟当革，岂有不革之理，但自任有刚明之才，躁动而妄为，因无孚而人皆疑之，使其有"征凶"之实。无孚，则当治孚，以"革言三就"之慎，改易言辞，反复稽考，而后申命告之，始能孚于人。革言，犹当革之论，兑主言，为言而有辞，巽反兑，则革言；就，取艮之成。审察当革之言，至于三而皆合，则可信也，言重慎之至，以三就之合而治乎，则有信使众所信，如此则可革。对比六二之专革，九三以居下体之上，位兼乾离，又变体出震，既有下体之位，又连上体，而有连而同之势，故以此带动变革的同革之势。

九四以阳居阴位而有悔，然革势已从下体进上体，又值水火之际，以九居四之刚柔相际，以此革用行革，故能悔亡。以"有孚改命"而有革之盛。改者，取兑之金，巽出新；命者，政令、天命；志者，以心言志，为心之所之；兑反巽，则改命，正是革而行之当时；信者，笃信，因改命信志生笃信。九四之所以有革之盛，在于革才、革时、革势、革任、革志、革用等可用于革之条件齐备，且革已过中，已有变革初期的初步检验，而变革已经深入法革之同，革之大势已成，上体与下体皆进入革势，以"革而当"而有革之盛况。

九五阳刚中正居尊位，大人之气象，以大人之道，革天下之事，故而成革主。虎者，大人之象，大人者，万民之主，乾也；孚者，信也；炳者，明著，取离象。虎，百兽之王，乾也；变，以兑之金言改、易；虎变，夏希革而秋毛毨也。九五王道之心。九五位尊而无位之忧，经过专革、法革、革之大盛，革出新之变革过程，亦无革时之忧，九五龙虎大人之象，如虎之文采，无革才之忧，正是九五以大人中正之道，变革天下之机。又值九五信有天下，同时使天下孚信，信德昭著，事理炳着，正是顺天时，应人心，随时求变而革之。九五以新天下之民为任，大求革而善以及大新民之王道之道。

上六阴柔居革之终，革不可以过，亦不可以有行。变革进入"文蔚"之变，言君子之变革，如豹皮之文理，细密翔实，其文蔚然；平民因变革出新被王化，改其观而顺以听命。豹者，上应艮爻，艮者，熊豹之属，以此言君子之类别；文蔚者，豹之文密茂而成斑，其文蔚然。对比九三躁动于革"征凶贞厉"，上六"征凶贞吉"，谓事之已革者，宜保变革之时局，持盈新守成，不宜复变。大人虎变，君子豹变，言君子之质地，以类相应。虎之文，其文炳然，豹之文，其文蔚然，皆事理昭然，革之成事既易辨，革之大理又易懂。正因大人虎变、君子豹变之正革，才有"小人革面"是王化之成，王化之道广被天下，以此新天下之民，继而使其革新之新序成其风俗，小人革面成其风尚，便皆能在新秩序下顺以听命，齐心向邦，继而进志正邦。

第六十一讲　鼎卦——立鼎制器凝使命

　　鼎卦，离上巽下，为木上有火而正位凝命之象；坤二，坎三，震足，坎耳，以此三足两耳，成"鼎"之象。鼎者，以木从火，析木以炊，烹煮之具，主烹饪以养。鼎者，有王权之象，曰王鼎；又以鼎重不易之象，以鼎曰法来法治天下；王者，法者，皆国之重器，皆是鼎之物象所喻。鼎之为卦，取象立器，以初六下因象足，三四五有实类腹，六五象耳，上九主弦，以此全鼎之体，故而以取"象"成鼎；当有鼎器之象成，又取鼎器而立象延伸其义，使鼎成国之重器，礼器，养贤之器，命德之器……以此成鼎卦，在鼎卦中，离为火，巽为木，乾为金，兑为水，木入火中，熔金成水，乃铸鼎之象，成"鼎"之卦体，取象成鼎，取鼎器立象，在成卦铸鼎立卦体，以此全"鼎"体，全在乎象，由象入，又由象出，由象传，又由象承；总之，以"象"全圣人"以通神明之德，以类万物之情"的作易之道，尽以鼎卦呈现，他卦亦法如是。

　　"圣人亨，以享上帝"。圣人以其亨，以仰俯天下之察，观鸟兽之文与地之宜，近取诸身，远取诸物，取象、立象、成卦、再言象立意等，均是以象通本末，本者，乃通性之本，末者，为达末之用。亨，

德学释周易七十五讲

502

通也，古通"烹"，以煮物；天地之象、鸟兽之文、地之宜、诸身之物等，皆是圣人所烹之物，也是象所出之处，更是道与性无处不显达之处，既以物烹，又以物通，以性→相→用的本末相成、文质相资，无处不显达其性，这便是圣人之所以成圣之所在。从治世而言，养道、贤道、法道、序道、德道等皆王道之重，必以祭祀天帝之诚，以及礼用太牢之尊来行王道，方为王道之鼎器。

"是以元亨"。凡言元亨者，必言及道体德性之本体，无本体之元，无以言"元"，圣人以性→相→用的本末相成，从本立象而成用，故而有元亨，也处处见元亨。卦体亨通则能进贤，利"柔进而上行"，为以贤举鼎并成贤、养贤，天下便以鼎之重而顺鼎，鼎为器象之物，乃王道象征，实则天下以顺鼎而顺王道，王道非王者一人之霸道，而是关乎人人之常道，故人人皆重之。

立"鼎"象，健君子使命、王道使命、文明使命、德位使命、道德使命之五位使命，以此通天下大同之志，无外乎以"鼎"则天道、缘民情、鼎立法、凝正命。所谓"君子以正位凝命"，必治通天道之明及万物之性，以俯仰之察，缘民之所需，再法鼎之象立法之正序，以正立法养民、养贤、养序、养礼、养德、从而正位居体，以此文明之健来教化安民，使人人皆能成明鼎而知鼎的鼎象君子，从而以其大乘之心，有为天下而无不为。正位者之"正"，为刚、柔君子皆能进位而当位，并治称位之政，得与位相配位之德；并非柔性不能为君子，当文明扬升的位域已过否与泰文明，太多的卦体以"柔进而上行"使柔性君子当位且履尊位，太多的六五君子，如离卦治离明文明且忧天下的大善君子便是如此。正位，在于上能明天道之正，中能行王道之正，下能化万民于己身而行善政。

君子正位凝命必当思患而预防之，言思患预防。为何言思患而预防之？王器之大，法鼎之强，使王过于刚强，必丧其耳聪目明，仅一人贤明不能立鼎，因鼎有三足耳。二和五虽位正，且上下相应而能成生化，但当其位、安其位，若不能正位，如二之于五不能正己命，虽有当位之卦体且能成既济之功，但祸患在日久。

六以柔居鼎之下，为鼎趾之象，上应九四，趾而向上，成颠之象；鼎趾颠倒，利于倾秽纳新，巽反兑，口而朝下，利出否；值鼎之初，犹未有实，而旧有否恶之积，颠倒而出之，则为有利。"得妾以其子，无咎"，六阴居下而卑，以巽从养而从上，故为妾；得妾，以下顺上而得其新人，得良妾且用其生子，使君王有后，社稷有主，母以子贵，使无过咎，又九四失位，所得其子为庶出之子。否者，以污秽言恶；悖者，逆乱也，以坤伏巽顺，故曰"未悖"；从者，巽顺以从；贵者，乾金成贵；初应四，以下应上，为以阴应阳，故曰"从贵"。以初六取新而完整言说了去故取新过程，"鼎颠趾"是初六之位况，"利出否"以倾秽则去旧秽，曰去故；虽倾覆鼎使其能倾秽，但未悖其鼎的鼎立与受盛之道，当纳新食，又不悖其烹饪之用。"得妾"为得妾之新，在于更新其序，令所得之妾有位，曰更新；以得妾言更新，是基于去故而言更新，若旧秽占据其位，则无新位有妾，妾室虽卑贱，但不悖其"妾"位之位，出身位卑在前，妾得新位在后，以后得位之尊而取前卑。"以其子"的生子之新，曰出新；君有其子，则后继有人而社稷有主，母以子贵，妾之后位有尊以洗前卑，其子虽为位卑之妾所生，但不悖其子能传家承鼎。故而初六以去故→更新→出新之过程，完整言说了去故取新过程。

九二以刚居中，与五相应，上从六五之君而得其正，得正且阳刚有实，为鼎有实之象。仇者，古同"逑"，取六五也；疾者，患恶，以五乘刚而疾；即者，就食也。六五乘刚，四阻二应，为"我仇有疾"之象。二应五，遇四滞塞，不能顺遂而食，必将慎往，为"不我能即"之象。但终究五应二为正应，五以尊为大，行鼎之能事，能"终无尤"而得其"吉"也。从初六尽倾倒旧秽鼎中本空，到五中虚，以两相虚位来尽待圣贤，可谓贤器际出，亦可知其诚之又诚。然我仇有疾，遇四相妒，怀璧其罪，正是因为遇四相妒而滞塞，使不我能即，不能进而遂食，故慎往之，正是因慎之又慎，便行慎中自守之道，而得其吉。

　　九三以阳居巽之上，刚而能巽，其才足以济，以阳居鼎腹之中，为本有美实者，然以过刚失中，越五应上而与五所应不同，以居下之极虽承上卦文明之腴，虽有雉膏之美，但过刚不中又失应于上，使其塞而不行，犹鼎耳方革而不可举移，有美味而不能就食。然以阳居阳，阳刚得正，苟能文明自守，则阴阳将和而雨降，日月相交而后遇，乃终能失其悔，初虽不利，而终得吉。革，兑金言革；耳，兑象，为六五，鼎以耳贵，鼎耳即六五；塞者，为不通，以互《大过》而塞；其行塞，为三不应上；膏，甘美之物，乾之肥亦或兑之泽，象禄位；雉，离也，以雉指五也，有文明之德，故谓之雉；雉膏，喻贤德，三有才用而不得六五之禄位，是不得雉膏食之；方者，始也，取坎之象也；亏者，为亏食，取兑之损；悔者，晦也，坎主暗昧；亏晦，日月相食而亏晦。

　　九四以阳居上，因近五而为任重者，下应初六，初六以倾倒之象应之使四失其任。四近五，有大臣之位，为任天下之事者。鼎折足则倾覆，覆公上之竦，鼎足折断，打翻王公美食，形体沾湿。折者，兑之毁；足，四应初，为折足之象；履者，倾倒，取巽反兑。公者，王侯，取乾或震；铉者，鼎实，三阳为实，而四适当其盈，盈则有倾覆之象矣；形，取艮之身；渥，沾湿，取兑之雨。九四以折足而覆铉之危成危鼎，九四又危在何处？四以阳应初，在于初未有鼎实，故因颠趾而出否，出否去秽自然有益无弊，而四已有鼎实，若折足而覆铉，打翻的是王公的美食；同时，九四居大臣之位，大臣任事当天下之任，任用贤才，然所用初六为非人，才德皆不具而不胜其任，任人唯亲而不唯贤，以至于覆败，其凶可知，蔽于所私，德薄知小，其才能称位其位，其德不能配其称位，以其形渥、其身危、其道凶，使其成危鼎。

六五以虚中履尊，而有中德，五在鼎上，有"耳"之象，鼎之举措在耳，为鼎之主，五之中德为离明之中，黄离之色，故云黄耳。黄者，取离之黄离之色；耳，兑之象，指六五；黄耳，因中德而使离明以照呈黄离之色；金者，坚刚之物，取乾金之象；铉，举鼎之物，取巽象；金铉，二有刚中之德，阳体刚，中色黄，故为金铉。金铉者，处鼎之外，则上九象之，若贯于鼎中，则九二当之。五应九二，诚以礼贤，贤进使鼎"中以为实也"，之所以中以为实，既在于五文明得中而应刚，又因二为刚明之大贤，实中居巽体而上应，使相应至善，鼎体养贤有大成。六五居中应中，不至于失正，但以柔履尊，质本阴柔，故戒以贞固于中。

上九以阳居阴，处鼎之终，鼎以上出为用，故上九有鼎功之成。九虽刚阳，但居阴履柔，使刚而不烈、柔而能坚，呈刚而温玉之状态，故有玉铉之象。六五承上，君王尚贤，鼎功大成；上九以刚柔适宜，动静不过，来居成功之道，是以大吉而无不利也。鼎功之成何在？为有以烹养贤、以贤养正、以正立法、以法正序、以序命德之功，以及"鼎"的君子使命、王道使命、文明使命、德位使命、道德使命五位一体之使命之成，可谓功成极大，有独为鼎盛之说。以器言序，在于以正序能节制所有，使其"刚柔节"。言"节"者，大行其生、克、制、化之能事，使其刚柔、动静皆相互节制而平衡，最终使各安其位，各履其序，如道法自然般既周行不殆、独立不改，又履正序而常自然。

第六十二讲　震卦——立震器当知修省

　　震卦，震上震下，为洊雷而动之象。卦中一阳动出二阴之下，震而奋发，其象为雷，震取雷象言大养，雷成于天地而养万物之长，雷有养育万物之德；震取动象言刚健，雷以奋发行健而养君子之志且通万物之序，雷有上入大法序下潜构新序之功，故而以生化之功和养之大德，成鼎器。震犹言法序，且有致通根本法序与属性法序的通道，故既有体，又立用，体用皆备而成天地之大鼎，烹精气神使万物能食并知其所食，以此引养、引食而致源，而知震为传德承序之重器。震以起势、起气、起神、起礼、起德之起，根于道体德性之圣德，以传德为上，又根于道法本序之刚健，网通大小秩序而定序督职，以承序为主。在鼎器之用上，引宗法入国器，以长子传国家，继位号，继王者之大统而定国之礼序，从法序到成礼序，皆以鼎立纲常而用，方不违礼背德而不招祸。

　　"亨"，震体立"亨"为卦德，在于震有致亨通之能。震之起，依时、依位而起势，履法序而起震，有阳气蕴藏且贯穿成势、起势、受势而出震之过程，在阳裕刚足的起震之机里，便得雷势出于地而升于天之亨通。此为雷以气贯而亨通的模型，以此为模型推广之，震网通大小秩序之间，皆有震以精气贯而得亨通之道。虽体性与法序随位域不同而显象不同，但此贯通模型是一致的。正是震以阳裕刚足致亨通之内核，而行定序督职之能。亨通之本，便是大小秩序的贯通于洞明，且在行亨通过程中，使其精气裕足而有神知，以大德知小用而谓神。震之所以亨通的本能在于得神且由精气贯通，而得神与精气贯通正是阳裕刚足之表现；至于震如何起神显象，乃德位所主。

震有得神且精气贯通而阳裕刚足之内核，方有各种致通之能。以震之刚动，破郁出震，化风施雨，以风雨齐施、阴阳交感而养万物，使万物得其所养而亨通。震之气，贯通天地，而有地气升于天之亨通，又以此助君子升志之亨通。知雷起势，雷势皆由气贯，从阴到阳，皆德之所生，法之所呈，以精气随震出亦随震入，有来往万物之亨通。震气贯雷，雷之震动，震惊百里，以雷震之威，凝起涣散之神，以震崇宗庙之道而有治涣散凝精神之亨通。雷尚时，震尚位，皆出乎于礼，达之于礼，以震起礼，以震通礼序，而得道法礼序与宗庙礼制之亨通。震为长男，震以传德承序之重言长子，制震成礼而安家国，得礼器之亨通。震大威足，以震之惊惧，使人见己微小而知敬慎修德，得严身德和知反思之亨通。

"震来虩虩，笑言哑哑"。当震动雷来，则恐惧不敢自宁，以虩虩然而旋顾周虑。虩虩者，顾虑不安之貌；虩者，蝇虎，捕食苍蝇的小蜘蛛；蝇虎捕食时以周环顾虑而不自宁。震来虩虩，以震之大威德，使人惊恐并知惧，在于警示失礼丧德之违震行为，知惊惧者，便能以谨小慎微而致福，之所以能致福，在于谨小慎微不失礼丧德而积身德于日常致福；震来虩虩与震通气而得福，震之惊，能凝神聚气，可以止妄动而通震气，使福从气生。当能知惊惧和通震气，值震来时则保其安裕，故笑言哑哑。哑哑者，笑言和适之貌；之所以笑言哑哑，在于能知惧，更能从知惧中知法度且循法度，所谓"后有则也"便是有知礼守序之明于内，方能笑言和适处于外。

"震惊百里，不丧匕鬯"。雷震动之大，惊及百里之远，人闻雷而惊惧，远人惊恐，近人知惧，唯宗庙祭祀执匕鬯者，则不至于丧失。匕以载鼎实，升之于俎；鬯以灌地而降神；致其诚敬，而祈享诚神之心。不丧匕鬯，以长子主器取象。长子主器者，礼序之用也，以礼成器而言序，乃大用也。

震以雷言祭享，在于崇诚敬之道。以雷震之威，凝起妄动涣散之神，乃立祭享之礼。震成礼器，以雷享之，既聚祖、人之精神，以承祖考而尊卑且有序，又以雷的惊惧之能，治涣散凝精神，从而凝人心、聚众志。长子主器，乃取长子相继而承礼序。国君在外时，长子可监守宗庙社稷，并主持祭祀，谓"出可以守宗庙社稷，以为祭主也"。守宗庙，享社稷，安家国，皆器大之用，震之为器，要以小致远，方能通震义。故君子师震立器，宜恐惧修省而不违礼背德，且守于礼，健其德，固守刚阳以待时来通震气而致远。

初九以阳明之德，居震之始，以一阳动出而成震主。震主处震，知震之所动，亦知震之来去，故而以"震来虩虩"处之，周旋顾虑，虩虩然不敢宁止。初九震主是能先戒惧与最能戒惧者，故而虩虩哑哑。虩虩，知惊惧，哑哑，致震通；虩虩知惊惧，以谨小慎微致福而不至于居功；哑哑致震通，知震之大器且知大用，之所以哑哑然在于明震之表象后有天地自然之法度，且法度深而广远，只有寄远志由震致通，方能穷震之理，寄远志而不至于丧志。

六二居中得正，以柔顺中正足以自守，以不求而守正自获，为善处震者。六二乘初九之刚，敌五之乾，则必有财货之失，故当震来而有"亿丧贝"之危厉。亿丧贝，乃敌六五，虽丧贝，但勿逐，逐则丧失所守中道，跻于九陵，求全生也。来者，坎之归也，比下应下谓来，比上应上谓往。厉者，猛、危，因坎险而危。亿者，度也，又同"臆"，为，坎占艮卜之推测。贝者，所有之资；跻者，升也；九陵，为陵之高也；九，震卦《河图》数。逐者，往追。七者，震卦《洛书》数。二七合火，火居《洛书》少阴之位，少阴生离震，离二而震七。七日，天地气运生变之数，阳气七日来复。以震来之厉，度不能当，必丧其所有，则应量势巽避，故升至高远避以自守，度宝货之可丧而丧之，固守而勿逐，事定则必得其所。值贝丧之时，当守其中正无自失，勿逐七日得，乃自得，得中正之德。六二乘初九之刚，不可安处，故亿丧贝，往而跻于九陵，登九陵之高，见百里之远，以勿逐自守而思得失；得失者，所谓失之东隅，收之桑榆，失贝则能得正，不为失。

六三阴居阳位，位不正，于平时尚且不能安，何况处震时居不正，故震惧而苏苏然。苏苏，神气缓散而自失之状。若处震而知惧，若因震惧而能行，去不正而就正，则可以无过。眚者，过错也。行无眚，因恐惧所以修省。六三当震时而惧益甚，因惧震威而精神涣散，而有震苏苏之象。苏苏然者，非胆小怕事而被嘲讽，反而因敬惧而行，持身无妄，不做违礼背德之事，而得无眚。震之威在于临震而知行，行有规范，则惧规范，若违规范，则要改图。

九四以刚处柔，不中不正，处柔失刚健之道，陷溺于二阴之间，不能自震奋，故云遂泥。遂者，无反之义；泥者，滞溺也。以不正之阳陷溺上下重阴之间，欲震动却莫能奋起，以阴陷阳失阳裕刚足之震，大失震道。未光者，失志使志不能光亨。九四以阳处上卦之下，本有遂震得震之义，却陷溺于二阴，以意想不到的方式入难。纵观震卦，九四以一阳动乎四阴之中，四阴耗阳，使尚未阳裕刚足之位，更无以蓄能，更无以成势，初九得震，九四从震变坎，由此陷溺。

六五居中而处震之时，无时而不危也；虽以阴居阳，无当位之正，然以柔居刚又得中，以中德自守，故无所丧而有事。二居下震之上，故称来；五居重震之上，故称往来。往来厉，二五之厉，震之恐惧也；亿无丧，二五之亿，震之修省也。天下之理，莫善于中，六二六五皆得中而不失正，凡二五不当位之诸卦，多以中为美，以中为正；相比得位之三四，因不中而常有过，故中常重于正位。五往来之动，上往则柔不可居动之极，下来则犯刚，是往来皆危之位，然五以中德化解尊位的动之危，可见中德是位之大器，有中德虽有危不至于凶。联系卦辞而言，无丧，因匕鬯在手；有事，以为祭主；可以守宗庙社稷为祭主，故无丧有事。

上六阴柔处震极，惊惧之甚，志气索索，视瞻徊徨，中无所主，而有索索矍矍之象。索索者，消索不存之状；矍矍者，惊慌四顾而不安定之貌。婚媾者，以联姻亲而谓同动，上六居震之上，为众动之首，又值震雷大动，乃畏邻戒而不敢进。震惊得索索发抖，恐惧得惊慌四顾。奈何如此？为上六失志，而导致志气索索，视瞻徊徨，以阴柔不中正之质而处震动之极，又失志而行，故征则有凶。惊惧之甚，在于志不固而心乱，继而又以失志的状态征行，而致凶。震之及身，乃于其躬，不于其躬，谓未及身。

第六十三讲　艮卦——安止内欲得止道

　　艮卦，艮下艮上，为重艮止极不进之象；阳止阴上曰艮，一阳止于二阴之上，阳自下生而上升，阳升极而止；阳下二阴凝重，下陷不生阳而阳无根当止，阳止则阳之升象亦止。艮反躬，阳在外，阴在内，有背象；艮为门阙，有庭象，艮体互震且次震，震行艮止，先继行再言止，乃以止言以静止动。言止者，乃静止、止蓄、安止之义；二阴在下，凝重且陷，阴静而止动，阳自阴出，阴静则阳无根而止，阳物生发之所亦静，阳静则止上进之动，以此阴阳皆静而止，故取静止。阳进则蓄，阳无生化之根则蓄势亦尽，故阳动之蓄乃止，故取止蓄。人之背乃不动之躯，不动则无欲也，然眼、耳、鼻、舌、身、意皆行欲，以内外动静之所，言内欲不动则外境不入，以安重坚实之守言内外兼止，是以行其庭不见其人，而虚其心也，故取安止。

　　艮卦取重山之象，山隆坤地而坚实于地，乃安重坚实不动之义，取不动之山以静言止，乃安于静而不动欲，为止欲极而不进欲，之所以此处言止欲不言其他之止，在于艮卦亦取背象，人身善动而唯背不动，取背象更重以静止动，以众体之动（眼、耳、鼻、舌、身、意）对比不动之体，要以不动止动，曰艮其背，乃取背不动之象止全身动象，以背言之，在于背象乃阳在外，阴在内，以此喻内外之欲，故以重山之象取背义，乃安止内外之欲。

艮卦取门庭象，门庭乃人活动之所，以艮止义言行其庭不见其人，在于安止人身活动之所，取人身之动言欲，如何安止其欲呢？人自私其身则有我见，且执我见，一切欲皆在于有我，人身活动而欲动更甚，且内动而不自知，故欲重而不知止；以艮义言门庭，乃安止欲动之所，其"所"便指内欲外身生发之处——我执与我见之欲，正因有我执与我见之欲，才继续传导眼、耳、鼻、舌、身、意皆行欲。安止欲之所生处，以安重坚实之不动来止内欲，熄一切妄念之根源，断我见舍我执。无人我之见，则虚其身而实其真意，虽动而无欲生，念其即觉，觉照私欲而不见出处，使其门庭豁然开朗，了了分明。

艮卦取死象。为何要熄一切妄念之根源，止内欲之所生呢？在于艮卦取死象，身无阳气生发且阳气已然止蓄则死，阳止且阳入二阴之所，亦乃死象，乃魂入幽冥也。相比其他患、祸、灾、难而言，大多言身困或身外之艰险，而艮卦所言之难乃人死身灭之大难；导致此大难之因在于内欲横生却不自知，任其妄奔流而不止，让各种妄因累积，继各种患、祸、灾、难之后，祸患尤甚，最终身死魂入幽冥。面对人死身灭之大难，要知晓大难之根本，导致大难之本因，从因上入手，以艮背义，取门庭象，以重山坚实不动之功，言安止内欲，从艮之全体，来止其根源，得止道精髓。

艮卦以"动静不失其时"言取时得时。居艮卦爻知动静之大时予消息之卦时，阴阳法序乃周乾易坤的乾→姤→遯→否→观→剥→坤执妄迷失过程与正坤返乾"坤→复→临→泰→大壮→夬→乾"正阳进德过程，前者阴主大时，后者阳主大时，从而随阴去阳来与阳去阴来之消息而有刚柔之动静。无论是阴主执妄迷失之大时，还是阳主正阳进德之大时，此"大时"乃自然法序之时，在自然法序面前，人力有限，无力抗争，只能在大时行时则行，乃知法序之时，顺其自然法序，不用蛮力与顽力抗争，凭借艮卦之止道，明动静而有所作为。当阴主大时时，更不得行妄逐妄，否则各种妄因累积，无明沉陷，最终只有人死身灭的死路一条，故而要在阴之大时以静行止，且安止内欲来止其根源，方有明智之举。当阳主大时时，要顺其阳复刚反之消息，用阳刚得真意，以此照看妄念，用阳刚来制止阴妄之疾，方得时行时止之精髓。

知动静之大时，要健明德识法序，知消息之卦时，要节制欲望止生发之欲。故而艮卦以非大时止消息卦而通所有大时，尤其是时行时止之道，更切中执妄迷失与正阳进德的过程，当执妄迷失的大时发生时，要行止道止阴妄，忌妄动，当正阳进德大时发生时，要行蓄道以阳刚制阴妄。艮卦不以"战"而战在自身，不与大时为敌而战，战在明德而知时行止。

止道光明。居艮卦要行时行时止之道，尤其是从安止内欲来止其根源，当无欲来乱其心，则得止得安。"艮其背，不获其身"乃无外物也，"行其庭，不见其人"乃无我亦无意也，以此安止欲之所生处，熄妄念，断我见舍我执，而有止道光明，此光明为心地无欲而自光明，乃真如放大光明。所谓外物不接，内欲不萌，如是而止，得时行时止而安其内欲之道，故而居艮得无咎。观易之全体，各种患、祸、灾、难层出不穷且居难深浅不一，止难之根本，既在身不动而不困身，又在内欲不动而止其祸根。正如孟子所云"养心莫善于寡欲，其艮其背之谓乎？"

君子以思不出其位。君子观重艮行止之象，当行止道来安止内欲，知时位而不越时位，明哲保身；艮卦以言自然法序之时立戒，警示不用蛮力与顽力与自然法序抗争，应知位守位，以防陷入更糟糕之难体而难以脱离。

初六以阴柔居艮初，为艮趾之象。六在最下，乃足趾之象，趾，动之先也，身欲动而足先行，故以"艮其趾"，言止动在于止之初也。欲动之事，行动则失正，若以止道处之，乃处止之初，当止则未至失正，故而无咎。阴柔之欲患，止于始，犹惧不能止于终，初六阴柔难以正固，若不能止于始，更不能止于终，唯有止于初方能止于终，故而戒以利在常永贞固，乃提醒要始终不忘止道。

六二居中得正，乃得止道者。二爻居于下艮之中，故有腓象，腓者，小腿也，股动则腓随，腓之动乃随上动；二虽中正，而体柔弱，上无应援，上行而不见拯，不获其君，不得不随而动，故心不快。二之行止非得自由，只能以中正之道，拯救三之不中，以此勉强随之而动，故不得行其志。艮卦二三四爻成坎，坎为心，故曰"其心"，坎为箭矢，艮为手，此箭脱手而去，箭去为快，而谓"快"。

九三以刚居下卦之上，虽不中却成艮之主。限者，腰胯也，以腰胯分隔身上下之际；夤为夹脊骨，正与心相对；列，峙也。峙其脊骨，而不得为艮背之象者。九三以过刚不中，以上下二体观之，则处交际之地也，当限之处而艮其限，则不得屈伸，是确乎止而不复能进退者也，人之所以能行其庭，在于能动，当上下判隔，则如列其夤矣。列绝其夤，则上下不相从属，言止于下之坚也。咸、艮皆以人身取象，凡人心属阳，体属阴，艮卦唯九三一阳居中，故以三为心。人两卦直心位者，皆德非中正，若一以随为道，则随之者亦失其正矣。九三爻恶动以为静，心犹火，可扬而不可遏，扬之则明，遏之则熏矣。

六四以阴居阴，时止而止，故为艮其身之象。六四出下体之上，在上体之下，是身之象，以阴柔而不遇刚阳之君，故不能止物，唯自止其身，使四肢不妄动，时止而止，故无咎。

六五本以君位可主天下之止，然阴柔之才不足以当此义，止在上，五只能取辅义，辅者，面颊也。艮其辅，止其言语也，言止语，非默而不言也，由言以推行，乃言而有序，艮于辅，言不妄出而有序也，言若轻发妄动则无序，妄动无序则有悔；止之于辅，则悔亡。

上九以阳刚居止之极，又成艮之主，乃至坚敦厚之笃者。敦者，笃实也，上就在兼山之上，山刚健笃实，乃厚之至也，故为敦艮。之所以言敦艮，在于艮背，艮趾，艮身，艮辅者，皆止而不迁，所谓能止众止。敦厚之止，乃止在笃实之性，当性能止妄，则身妄当止。居止之极，能敦厚于终，得止道之至善，所以吉。咸、艮取身为象，咸以四为心，故五为背而上为口，艮以三为心，故四为背而五为口，其位皆缘心而变者。二之腓兼股为一象，故与咸三俱言随。

第六十四讲　渐卦——渐进升华写伦序

　　渐卦，巽上艮下，为山上有木之象。渐而进，依次序而进，为进而有序。在渐体，止下顺上，进而不速，缓进之义；巽艮两体，阴上阳下，阴阳交合而得位正，处卦体中又有二五中正，阴阳相应而行进正，正因为有其正序，故女愿归，男愿娶，得家正。渐卦以鸿雁设象，以女归立意，而女归出嫁成家又必依"雁"为礼，以独特的雁礼，言婚嫁之礼序，为依礼有序而不越序，卦中以干、盘、陆、木、陵言渐进之序。

　　"女归吉"。渐卦取女归立意，归，女子出嫁曰归；嫁女曰归适，返家曰归宁。观其渐体之象，有离为日，巽主落，坎在西，艮为山，日将落西山，正是黄昏亲迎，进行婚礼之时；巽为女，艮主因，艮承巽，而成"姻"字；离主附，坎为归，有女乐归附，婿曰昏，妻曰姻，合而成婚姻。之所以取女归象来言渐进之义，在于男女和合成婚，以齐家在进位于朝之先，以先后不乱而履其次序，也是《大学》言正心、修身、齐家、治国、平天下之次序，依次言正其心，健德而修身，男女和合而齐家，齐家后进位于朝。

　　"利贞"之言，在于以女归，言得位正与行进正。男女之事，正应速动有悔、渐进则无咎，和合之先在于交感与思量，男女嫁娶与齐家之事，始于意，成于礼，守于正，以正固诸德而取吉祥之大义，既然齐家成进位之基，又肩负繁衍子嗣，传家承德之重任，必然重伦序之重，而行贞正之道。在嫁娶与齐家之事中，得位正就在于女得其妇位名正言顺，故而能乐意归附男子，并守其妇德；行进正就在于婚之六礼，必得履礼而行正，故而使女能进位居家。若涉不正则当戒。

家人言正位，"女正位乎内，男正位乎外"，正位之得，在于以渐进履礼序，才有得位正与行进正，成为在家人言正位之基础；内外者，在家男女之序，柔而顺于内，阳而刚于外，正是以阳护柔弱，以阴柔根护而出阳，正是男女互正而互家之义。在家人卦，以"利女贞"言利女子正固。家之成，在于"女归"成其家而齐家，自古家道之盛衰，莫不起于妇人，故女之正固是家道发迹之本。以"渐"成"家人"，依渐序成就家人之道。在家人卦中，六二坤爻主内，九五乾爻主外，二五中正相应，正如乾男坤女而合德；乾坤合德，在于有德，自从"渐"履婚嫁之礼始，以德礼之道，位次之道，健德于内外；而齐家之道，正是行内德健于身、外德进于位之时，既健德治君子，又以治君子而进位正邦。

渐之"进得位"。因行渐进、渐长、渐养之道，从"女归"婚嫁成家而进，此"进"为进而向邦，进而向邦在于志，君子以向邦之志而进，继而进得位。之所以能进得位，在于以身德与家德之成，进位向邦得位。"进以正"在于婚嫁礼正，成家正固家德而有家德正，以此渐正之道，进得位以求，求以位政、位德来止邦，则"可以止邦也"。以进而正进得位，在于有家以及有德，故家人之体、健德之正、履礼之正三者为进邦之基，从而形成了私（个体）→家（婚嫁成家与家人）→

国（邦体）→政（德政）之渐进之路。

伦序之道。以渐进、渐长、渐养之义，师法能使其"渐"而动长的动静二相之理，以法入序，以"家人"之归序、"颐"之颐养次序、"升"之阶升之序、"大壮"蓄而大之序谱写万物相生相依、相克相存之自然伦序。

"家人"之归序，以渐言"女归"，为男女依礼婚嫁，女归男而成家，男女归家而成其家人，在家人以"父子之亲，夫妇之义，长幼之序，尊卑之等，内理人伦，外存王道，家人之大义也"之体，因女子正固、乾男坤女合德，而有家序正，再以家人归德，行言而有教、教而以德之恒常之道，而正家序，君子辨物居方，则君君、臣臣、父父、子子，各正其位而守其道也，正家而天下定矣。

初六以阴居下，上复无应而失位，君子始进于下，犹雁之在水；小子欲涉水求婚，而无媒不交，有媒妁说合，则无咎。干者，涧也，取坎水，艮山，两山之水，干也；小子者，未婚少男；厉者，谓涉水，以涉水言求婚；有言者，为媒妁之言。渐诸爻皆取鸿象，鸿之为物，至有时而群有序，为不失其时序；大曰鸿，小曰雁。雁，往来有时，长幼有别，先后有序，每飞不远，取雁象言渐进之义，《仪礼》曰："大夫执雁，取其候时而行也。"鸿渐于干，如女归男，得其所栖之地。

六二中正，上应九五，鸿渐于磐比之鸿渐于涧，又渐进之义，而坡，渐不求速，为进之安裕者。磐者，石之安平者；饮食者，以坎之兑，言酒食入口；衎衎者，从容的和乐之貌；素者，巽之白为素；素饱，谓不劳而食，无功而禄。鸿雁进于山坡，有饮食和乐之象。二与五以中正之道相应，犹鸿渐于阪，不为徒饱而处之安平，故其饮食和乐衎衎然。饮食者，颐也。合欢之象在于牙车、牙辅之动而进食，吃之快，食之有乐才有朵颐之欢。六二饮食衎衎然，以从容和乐之貌，不行大快朵颐之事，以气定神闲而求安平之享，正因有此，而成颐养之道。

九三阳刚，居渐之时，志将渐进，上无应援，当守正以俟时；三在下卦之上，位艮体之终，犹鸿进至于陆。六四以阴居上而密比，阳所说也，九三阳处下而相亲，阴所从也。二爻相比而无应，相比则相亲而易合，无应则无适而相求，故为之戒。陆者，高平之地；夫，阳体，九三之谓；妇，阴体，六四之谓；孕，取离之大腹言怀胎；育，震之生而有育；离象坏，艮反震，故妇孕不育也。坎为盗，坎化坏，又遇离兵，故利御寇也。坤，顺也，二三居正，亦顺；艮之坤，二三亲比，为"顺相保"也。三若不守正而与四合，是知征而不知复。若以不正而合，则虽孕而不育，盖非其道也。

六四阴柔居正，进而据九三阳刚之上，而九三上进则不能安处于四之下，所以四之位非可安居之地，如鸿之进于木，而木渐高，处不安之状，鸿之趾连，不能握枝，故不能栖于木；然得其"桷"（横平之柯，取坎方巽木象）而能安处，又以四能顺巽，上从九五，而可自安，因顺之又顺，故谓"顺以巽"。初六涉水求婚，因媒妁而合，故在言"合"；六四鸿之进木，在横平之柯得其所，故在言"安"，而合与安，皆婚嫁与成家之道。婚嫁之合，在于良禽择木而栖，这是以"女归"言婚嫁之所在，非男娶女为主，而是女择安居之家为先；有良禽在，君子相时而动，动而求，求之以诚，是健其诚德，若无诚德之本，则女子无有"安"可言；媒妁者，传信达意之使者，既在于言之有信，更在于以信言德，传信达意满足了女子求安之心，则能促成求而合。男女之合，始于求，进于礼，执其婚之六礼，履而行之，则成男女嫁娶与齐家之事，有家方能言安家，履礼正才能使女能进位居家而正固其德。

九五居尊，六二正应在下，为鸿渐于陵之象，二五虽中正以应，但为三四所隔，非能遂遇，而成三年不孕之义。然二五毕竟中正而应，中正之德同，终不能夺其正。三比二，四比五，皆隔其交者也。未能即合，故"三岁不孕"。徐进，则必得其所愿，之所以能得其所愿，在于以不正而敌中正，只在一时，而中正久在，故久则能胜，胜在以正且徐进。九五虽终得所愿，但也有三年不孕之象，最终如愿在于以正而胜。之所以言胜，在于从九三御寇而来，九五御寇在于以渐进之道御天下，虽有隔滞，不能使其和合而通，但也只在一时，所以要持以正。

上九益进，升进到至高之位，且出乎常位之外，在人则超逸常事之外，在鸿而言达于至高其羽毛可用为物之仪表，因可贵可法而有吉。贵在于升至虚空之云路，而有通达无阻蔽之"逵"，《尔雅》曰"九达谓之逵"，为达之至高，升之至高又因空中有仪，自然贵不可言；法在于进退可法，进退有序而不乱序。上九示升华之道有三：为位之高、贵之华、境之极。位之高者，九进而达，九达而逵，直至通达无阻蔽，相比干、盘、陆、木、陵而言，是升之至高之言；贵之华，其羽毛可用仪而显贵，鸿之羽，华在外，以逸于空中仙风十足，能用"仪"示物，皆高贵也；境之极者，因超乎常位与超乎常事，而处无为境，进位言政，皆在有为，位之极在于九五，九达而逵为升至至高，以超乎常位则离常位，是进位之极，位之极则升无为境。上九为何会有升华之象？此升象，是九三乃至下五爻妇德、家德、序德养而盛、盛而壮的必然结果，上九之阳的羽仪，是健德之褒赏。从伦序而言，九三从乱伦序到归伦序，九五以尊位御天下，得偿所愿的便是天下伦序正，而上九之升华，正是以无为境升入法序境，正是伦序的最高表达；升华者，必渐进而长，必正伦而序之，方能因德盛而有华贵之仪。

第六十五讲 归妹卦——乱正当知守正位

归妹卦，震上兑下，为泽上有雷而雷震泽动归妹从之之象；归妹者，归者在"妹"，妹从男而归于人，非长男来取，乃少女以说而动且动而相说的动而不当之体。雷震而泽动，震者，长男，兑者，少女，男动于上，而女从之；少女从长男，以说而动，动而相说成归妹体，使归妹卦贯穿了"男动而女说，又以说而动"的归妹过程，亦呈现了从正到不正之过程。取之正，在渐卦，妹自归而不正。在归妹卦，正是因为明了何为婚嫁正礼，才知妹自归不正的失礼与失时之所在。归妹，动而不当，为"动"与"不当"两者，两者皆非正，从而导致两相失正，妹自动于男先来归，既失礼，又失时；礼与时，皆位也，凡言"正"者，皆贯穿了位正，归妹卦以失礼正与失时正两者，成其归妹不正之主体。归妹以归者在妹之不正，乱位乱正，以动而不当之双凶，成其归妹乱正之祸。且祸患事关伦理风尚与礼制大体，伤及礼制与德政，故危害大矣。

"征凶"。归妹卦以"征凶"立戒，却是以归妹乱正失德有凶之戒而言正德之必须。归妹卦有凶，在于归妹失礼与失时不正，成其乱正之祸。征往而动，从自媒自荐之归，到生情欲于内，皆是"动"之患，以动之患，招凶。凶者，动则凶，位不当亦凶，乃双凶并至之占。双凶并至为归妹之凶，而危害伦理风尚和礼制大体之凶，乃从归妹卦之双凶发展成乱正之大凶，由小及大，由浅渐深，故而卦辞立"凶"为戒，不能任其小患"征"往成大祸，再生内外之乱。

"无攸利"。归妹动而不当的自归求合之举，实属乱正失德，故而并无所利。以归妹卦之双凶以及乱正之大凶为前提，其"利"便无从生发。归妹征凶且无攸利，非归妹一身之患或一家之祸，因祸序害理在深层，在大体，看似男女行欲有得，实则乱正而无得，且让正大之道失德。虑之深，推之远，坏极必有复通之理，应"止"不正而通正。

"归妹，天地之大义也"。归妹，男女阴阳交感且婚配，天地交而万物得生息，男女合而子孙可孕育，乃万物繁衍之类，故而从生育与生息而言，归妹可与天地同功，之所以归妹要得正，这是蕴含在天地生育与生息之内的位序。

位不当。在归妹卦，艮之少女非偶，侄娣非正配，若为妻而行则凶，以娣乱姒之正位是归妹乱位、乱正之所在。乱位在于艮之少女乘震之长男，为"柔乘刚"之位，居乘位却动于男先，成其"说以动，所归妹也"。失礼与失时之失，言凶也好，言乱正也罢，均为位不当所致。卦中柔乘刚，柔悦而求进，意欲以媵夺嫡，必越其妻之正位，便是以位不当再乱正位，则尊卑之序、家人伦理之序皆乱。

"君子以永终知敝"。君子观雷动泽感与阴说从阳之象，明归妹之不正，见婚嫁礼制之正与家人位序之正，知其始之不正，必终其不正而大正，成其以归妹之象来以小言大，以始见终，所谓"永终知敝"而是从"敝"知如何治敝，当归妹之敝端与败坏之处，能止而治之，则能见不正之终，大正之始。归妹以乱位乱正成其祸，且祸患事关伦理风尚与礼制大体，有伤德政，故君子睹归妹动而不当之祸，必以"止"通正而治之。而"止"者，既是止女说而先动，又是止女惑男生欲。归妹之终始，正是正位序、正家人之序的呈现，亦是从归妹之乱位之不正，可见天地位序之正，以此以小见大，以"正"来振民，使民众皆能明礼序之正，行婚嫁与家人之正。当归妹体阴阳得正，尊卑礼序得正，便使正道能同蛊体般"天行"得常。

初九居下而无正应，为娣之象；娣为柔，而初九阳刚，其阳刚在娣，为娣的贤贞之德，故而初九有德配位。初九之娣，能正德行，为娣之贤德者。初九之娣以其娣之当位，正当位之德行，得配位之德，以当位而配位，又能处卑顺而称位初九，正是以当位之位，配位与称位之德，得其大贤正。娣者，姐妹同嫁一夫，姐姐称姒，妹妹谓娣，所谓"女子同出，谓先生为姒，后生为娣"。女子谓女兄弟曰姊妹，而唯滕己之妹则谓之娣，此便是姊妹与娣之区别，古之嫁女者，以侄娣从，自适而下，凡谓之娣。跛能履。娣贱而卑下，虽处位贤贞，有配位之德，但仅能承助其君而已，因非正室，故所为有限，故而言跛。跛者，腿瘸，跛能履，在于行虽不及远，但可自善其身，守娣位，尽本分，故而能行。跛之所以能行，在于娣居下为顺，处卑顺而有贤贞之德，全在守其娣位。归妹全卦以乱位而乱正，初九以守位而得配位之德，虽跛却能行；又因娣可依礼继承正室，广继子嗣，以全姻亲，是象辞言"相承"之所在。故而虽跛有凶，但能变征凶而为征吉。

九二阳刚得中，为女之贤正者，上正应六五，反阴柔不正，为动于说者也。九二贤正，六五阴柔，乃女贤而配不良，九二虽贤，不能自遂以成其内助之功，当不能成其内助，尚可以得中来善其身，如眇者虽不能及远但尚能视。"眇能视。"眇者，一目失明而偏盲，视野不能及于广大，但尚能视。九二与六五正应之言，贤女配不良，虽为贤内助，但因主弱而不能成其助；九二阳刚有明，又得中德，故九二不能因不能成其助而妄动，只能以明守其本位，守其幽独之操，不夺其位，而曰利幽人之贞。幽者，隐幽，坎也。东曰旸谷，西曰昧谷，南曰明都，北曰幽都。幽人，幽居之媵，抱道守正而不偶者。初跛二眇，取兑之毁折象，兑毁震足故跛，兑毁离目故眇。言男女相合者，凡以阴应阳者，为女之有配者，以阴应阴以阳应阳者，为女之无配者，若以阳应阴，为虽有应而反其类，比之无应者更甚，乃女之有配而失配者。九二正应有配，却非良配，犹如失配，配之而不终。然九二刚明，五虽不正，二必执中德而守志，以幽人之贞抱道守正，虽失所仰望，但尚能视。

六三居下之上，阴柔而不中正，为说之主，本非贱者，以失德而无正应，女之不正，人莫取之，故为欲有归而未得其归，未得所适，而反归为娣之象。须者，妾室，女之贱者。初九居下，为娣，六三居下之上，不仅非娣，且阴柔而不中正，又为兑说之主，为动奔而无德之女。无德之女，无人取之，以妾随嫁，后改作娣随嫁。在媵制婚姻中，若女君亡故，妾不可继承正室，而娣可相承，可依礼继承正室，广继子嗣，以全姻亲。若以妾身则曰"未当"。妾之未当与娣可相承对比可知，六三失位、乘刚、无应，处位不当，若归妹以须，则承事不当，两相不当，使六三行不顺，故本宜须而反归以娣。只有反归以娣，才能反未当而得当。三不中正而无应，故取象于女之贱者；位不当，德不正，又以阴柔乘刚，故而行不顺，以说求归，妄动非礼，上不应与，无有聘，不可以为人配，人不之取，但反归而为娣。在归妹全体，唯下卦无应，有娣之象，上卦无应，则并无娣之象，故在四为"愆期"，在上为"虚筐"。

九四以阳居上体而无正应，贤女不轻从人，故愆期以待所归，成其愆期以待所归之象，所以愆期者，在于女以贤明之德知己之所愿，为九四有明；又有九四许嫁由己而不由人，就算愆期亦待其所归，为九四有志；九四以明志双用而待所归，守其本位，成九四守位之范。九四居上体，居巽之高位，高贵其心。室家之道，非得履礼而婚姻不成，又待得佳配而后行，九四执阳刚之志，静待其时。阳刚在女子为正德，乃贤明之象；无正应，而未得其归，过时未归，故云愆期。愆者，错过；愆期者，误期也。九四之女子以贤明之资，居贵高之地，愆期有时而待归，以明志双用守位；女子守位，配贤贞之德，便能得正，使归妹之不正得正，以守位止其乱位，成其归妹终始之功，使初九与九四皆成守位之典范。

　　六五柔中居尊，为妹之贵高者；下应九二，为下嫁之象，至尊之妹，必归于夫，乃人伦之正，王姬下嫁，自古而然。六五尊贵之女，尚礼而不尚饰，贵德而不贵饰，为帝女下嫁而服不盛之象。帝女下嫁而服不盛，以尚礼崇德而足为天下表。帝乙，乃商朝第三十代君王，文丁之子。文丁诛杀季历，使商周交恶，为化仇隙而亲邦交，帝乙嫁妹于姬昌，成其"帝乙归妹"之典故。君者，女君，帝乙嫁妹，女君服饰不如娣盛，六五尊贵之女，尚礼而不尚饰，故其袂不及其娣之袂良。袂者，衣袂；良者，美好；月望者，阴之盈也，阴盈则敌阳矣；几望，未至于盈也。帝乙归妹，正婚姻之礼，明男女之分，贵女以阴尊而谦降归之，唯谦降以从礼，乃尊德尚。娣之袂良，虽衣袂光鲜在外，但不及女君位正，其君之袂不如其娣之袂良，乃为君尚女德，五之贵高，不以衣袂之华美为盈极，而以德高为盈。从六五而言，贵高之女，降尊屈贵得其正应，帝乙归妹之美谈，不仅使商周舍仇隙而重归于好，还犹以推礼崇德比娣之袟良。娣之袟良虽华美在外，但女君正位之美更盛，六五正位不以衣袟之华美为盈极，而以德高为盈，成正位又正德之典范。

上六以阴柔居归妹之终，居而无应，为女归之无终者；爻辞先女而后士，罪在女，曰士曰女，以约婚而不终，未成夫妇。妇者，所以承先祖，奉祭祀，嫁而未行，见庙礼则不称妇，爻辞言"女"，在于不能奉祭祀则不可以为妇矣；士，娶而未行见庙礼不称夫。古人婚后，要杀牲取血，祭祀祖先，行庙见之礼。震有虚筐之象，兑羊象，上与三皆阴虚而无应，故有"承筐无实"与"刲羊无血"之象。夫妇行庙见之礼而刲羊无血，无实无血，祭礼不成，必无所利。夫妇共承宗庙，女承筐无实，妇不能奉祭祀，士刲羊无血，夫不能承祭祀。刲羊而无血，亦无以祭，谓不可以承祭祀主宗庙，不能奉祭祀，夫妇则当离绝无终。

纵观归妹卦，以妹随嫁立意，且妹有说而动自媒自荐，以娣犯姒之正位，乱正位有凶，卦辞、《象辞》以柔乘刚与位不当言凶，且双凶并至，并由小及大，由浅渐深，发展成乱正之大凶，故而卦辞立"凶"为戒；而爻辞却以初九与九四的守位之典范，以及九二与六五的正位之典范，使不正得正，反征凶而见征吉。无论是守位还是正位，皆"止"其归妹成祸之不正，当归妹之祸从根源上和根本上得"正"，使不正得正，从失礼到正礼，从失时到成其时，以治归妹之功，全其归妹终始之大义。爻中六三失礼与上六丧德而不得其正，其凶依然，六三无应以须，反归以娣，失礼未当；上六无应虚筐，丧德无血，离绝无终而无利。在归妹卦，要知其不正之始，及时行"止"道，使其不正能终，大正能始，尤其要以归妹之小，见位序之大，见礼序之大，见时序之大，见天地法度与法则之大，以全归妹通天地之大义。

第六十六讲　丰卦——行德政丰大天下

丰卦，震上离下，乃雷电皆致行丰而警示之象。为卦震者动，离者明，震动于上，明照于下，乃明而动，动而能明的致丰之道；虽然"动以明"能致丰，但在震离同用行丰道之际要兼顾雷电警示，对丰而无实以及尚大假丰，乃至与民争利和害民之危丰，要有中丰之明。上体震与下体离，震离同用而有功，下体离明以照，使天下得德政之明而能丰，德政治丰得体，使其生德而出震，以震之功动于上，而行王道德丰，故而丰卦以民众富丰大、德政制丰大、天下人健明德光大、王与王道德丰大四种丰大一体而成致丰之道。故而丰卦之德，乃下政上达而生德，亦是震动于上之因。

"明以动"。丰卦主明，以离明照下行致丰之德政，待德政有功生德而出震，再以震离同用而同功，乃明以动的丰卦之体。明照于先，震动于后，明照于下，震动于上，下者万民居下，离明德政以照，必然先确民，在丰卦丰民为万丰之先；王者居上，下功上达生德才能确王之德，王有功与王之德必在万民之后，此乃丰卦先后与本末之道。故而丰卦言丰，必然先确民丰，以治民丰而富有之功，才有见丽明之德生于民体而出震，丰卦震之德乃民确之，用民丰确于下，乃丰而有实。当王者行致丰德政使民丰而富有，则可继震离同用，而求德政制丰大，天下人健明德光大，王与王道德丰大。

"丰，大也"。大者，以多、广、壮之丰大成丰，收获之多，遍应之广，富足之壮，乃大之谓。丰之大，更要遍应广大，能遍应广大者，乃"制"与"序"也。王行致丰之道丰民，乃广应万民之大，此乃丰卦待丰的万民之体，围绕这个万民之大体，如何使其万民致丰，以及在致丰的过程中如何治丰，才是丰卦应该建立的秩序。当万民皆得其丰大，必然有善政盛大，善政盛大则有王者之功，王德震动于上，使其丰卦上体有德高明足之广大。虽然言其丰而大，若无万民丰实确其下，则无上体德高明足之大。

"亨"。丰卦立"亨"为卦德，乃丰卦之体明足以照，动足以亨。明照致亨，震动更致亨。丰主明，离明之德政使下民丰而富实，民富则亨，丰卦取日中之明，日中之明可照幽隐，连幽隐亦能照则有照之广大。震动致亨，丰卦之震动，乃下确上之动，下以明政致丰，民丰确离明德政之功，而上达出震，自下而上之震动，乃上下皆贯通也，故而行亨。震动于上，离电在下，雷电并行可清丰之弊，雷电之威，威在惩戒，使不正得正，使不通能通。

"王假之，尚大也"。乃行王道而致丰大。王，往也，震主治，离主明，震离同往而治之，以此确王道，所谓"王者，往也。天下往之谓之王"便是言治道之法，乃行王道而治；王者，乃丰卦治道确立者，崇尚王道之王，确立法制之明政，以及丰大之德政者。"假"，乃治道之用，王行德政之王道用于治丰体。"尚大"，崇尚丰而"大"，以尚大言明高民众富丰大，而求德政制丰大，天下人健明德光大，王与王道德丰大；同时赋予"大"有立制又立德而大之义，以制遍应所有而立制大，以有德深且广而大，立德大。故而丰大之"大"，乃以王道全天下而成其大。

王不能越其大。丰卦尚大，在丰卦能极天下之光大者，唯王道能达之，王道非霸道，故王不能越王道而自大。丰体有雷电并至之象，乃确立法制乃治丰之明政；虽然说雷电并用其威，但丰卦之政，多用离电之明，雷威慑在上，但不行震，离电在下，以离明照刑罚之清明，乃以"折狱致刑"之法治行在先，丰卦致丰之德政，先立法治。建立健全的法制成为丰卦基础之政，才能确保能致丰且言丰大，尤其求德高明足之"大"，必有法制之基，不以法治清刑狱，丰卦乃多故之丰，谈何言"大"。王亦不能超脱法制之外，王亦敬惧雷电之威，方能示范天下，在离明照天下的同时，天下人亦能明察王是否越法制而自大。

"勿忧，宜日中，宜照天下也"。丰卦以明主丰，明足以照与动足以亨乃丰体之兆，故而在丰卦皆求明，亦皆求出震，日中之照，乃明足而能照幽隐，照幽隐则能取幽隐之故。用法制清幽隐，则能清丰卦多故之患，卦中下三爻皆明而无咎，在于有法制之明，上三爻皆暗，在乎震有威却不在乎明，反而以不明而有凶；由此可见，下层民众尊法，而上层不尊法尚明却尚威，威者，权势也，乃以权势凌驾于法制之上，此乃丰卦深忧之事。

"君子以折狱致刑"。丰大之"大"，乃以王道全天下而成其大，丰大言"大"反而要先以法治务实，在求德高明足之"大"之前，要先富民，确民丰在先再求丰大于后，方有丰卦正丰之大明。丰卦以雷电并至立象，在行致丰的路上，立雷电警示，警示丰而无实以及尚大假丰之故。欲成其王道丰大，必然先立法治，再健全法制，以法之"制"广应民众，从而"折狱致刑"执其法。立法制的雷电之威明，让丰体在"日中必昃"明不足的情况下，仍有体制之大明，且明足以照致丰大之路。

初九以阳居明之初，与九四虽旬而相应；旬者，均也，乃皆为阳之谓；初九明之初，九四动之初，位则相应，用则相资，故初谓四为配主。故而雷电皆至，明动相资，以致丰之道而有丰之象。初以四为配，四以初为夷，自下并上曰配。在初不言丰，在于丰之初尚未丰，虽有明动相资的致丰之道，但尚待丰时；旬者，有均义，亦有时义，十日为旬，十日者，谓数之盈满也，言初与四其德相符，虽居盈满盛大之时，可以无咎，待丰时到，以此而往，则行有所尚，之所以有尚，在于同德相遇，以志通而致亨。处丰之初应从过灾之经过生忧患之心。

六二中正居丰，以离之主而成至明者。上应六五柔暗，六五阴柔不正，为非能动之者，以离明之主应非动之君，成丰蔀见斗之象。蔀，乃障蔽，掩晦于明也。大其障蔽，使日中见昏，若往而从之，则必被昏暗之主反疑，故曰"往得疑疾"。凡言往者，皆进而上，初进而上，刚生明，遇阳四而有尚，二以阴居阴，又所应亦阴，柔生暗，故往而增疑疾。日中见斗。斗，北斗，黄昏而始见，言斗乃昏而见斗，斗以昏见，见斗则丧明有暗，故不得丰之时；二虽至明之才，但以昏见斗而不得丰之时，故不能成其丰。治疑疾必以孚诚感发之，所谓"有孚发若"便是如此。

九三刚居阳位，处至明之极，三居明体又阳刚得正，为本能明者，却反暗于四，在于所应阴暗而致使自身亦暗。三应于上，上阴柔无位又处震之终，震之终则不能动，乃止其动，无动则不能明动相资，三虽有明但无动以援，成孤明而不能用丰。丰之道，必明动相资而成，三有明却无动以援，故而不能成其丰。"丰其沛，日中见沬"。沛，一作旆，谓幡幔，其遮蔽之能甚于蔀矣，九三之蔽，又甚于二四者，爻取日中为昏义。沫，星之微小无名数者，见沫，阴遮蔽更暗才能见小星，乃暗如夜之谓，九三以明值丰之时而遇上六，乃日中而见沫者。右肱，上六无用，如人之折其右肱，人用右肱而折，其无能无力可知。九三有明因无动以援成孤明，故而不可大事，不能震离合用而有丰之功，不仅不能致丰，还有损己身，九三视上六为己身，且有右肱之重。

九四以阳居震之初，阳刚失位又为动之主，以大臣之位遇阴暗柔弱之主，当丰而遇暗主，岂能致丰大乎？故而为丰其蔀。九四丰蔀见斗，非有中正，故而日中见斗，当盛明之时，反昏暗。蔀者，周围掩蔽之物，周围则不大，掩蔽则不明。九四近比于五，故亦云见斗；正应亦阳，故云夷主。初四皆阳而居初，是其德同，又居相应之地，故为夷主。九四虽遇暗主，且日中见斗，但下就同德初九则吉，同德相辅，其助有大，何况以明助动，成其"明以动"之丰义，乃得吉之所在。

六五以阴柔之才成丰之主，质虽柔暗，若能来致天下有明，则有庆誉而吉矣。六五昏弱，唯有任用六二章美之才，则有福庆，可复得美誉，六二文明中正，便是章美之才也。章美，六二之谓；来章，尚六二之贤也。六二以五为蔀，乃五在上而暗，六五以二为章，为二在下有明；六二言往，五阴暗则往而疑，六五言来，二文明则来而章，二五以来而章往来交合，成丰体章明之象。二与五虽非正应，在丰体尚明动相资之时，五若用二之章美，而不生疑，则有庆誉而吉也。从有疑疾到来章有庆，可见五终将致明，并明而能用，从六五虚己下贤引二来章可知，明之用终从下升上，使六五有明而发挥明动之功，若五无明，则不能用六二章美之才，二往五反受疑，只有五自健明德，明知己弱必用二之贤，才能虚己下贤成其往来交合之用。《彖辞》所谓勿忧宜日中者，便是六五暗弱之忧虑终消，六五终将以日中之明与二离明大照，六五终明在于居中，以柔中之德再健明德，且能资其章明以自助。当六五有明，则行来章有庆之举，《彖辞》言"王假之"乃王假二之用且用而有功。

上六以阴柔居丰极，处动终，为明极而反暗者；上六以阴柔之质，居丰之极，处动之终，亢然自高，乃丰其屋之象；丰其屋，所处太高也，蔀其家，在于动而居不明也；上六处阴柔而自蔽，远离明而蔀暗，居高亢而躁动，是丰屋蔀家而窥户无人象也。上六以阴柔居丰大，却处无位之地，高而无位自然亢然自高，自绝于人，人谁与之，而有"窥其户，阒其无人"之境。丰大其屋，乃反以自蔽之象，无人不觌，乃障蔽之深而自绝于人。窥者，窥视，由内向外，由暗向明，窃视之；阒者，寂静，动极则止；觌者，相见也。上六阴柔失刚健，不仅不能当丰大之任，反而高其屋舍，大其家室，使其空寂无人，三年不能相见。至于三岁之久，乃不知变；不觌，谓尚不见人，亦知不变也。六居卦终，有居变迁善之义，三岁不觌，终不能迁善，不能如六五可渐明。

第六十七讲　旅卦——健全法制得正旅

　　旅卦，离上艮下，为山上有火而羁旅又正旅之象。山止于下，火炎于上，山止其所安使失居而迁，火行又不能居，只能违去不处而成旅体。旅卦以刚明之旅和柔暗之旅两"旅"成义，柔暗之旅，乃柔暗之众，遇山止其所安，火行又不能居，值山上有火，不得不行羁旅；刚明之旅，乃刚明之有德君子，以刚行健而发志，以明生离而有功，以诚明合功生丽明而正旅。柔暗者羁旅，刚明者正旅，羁旅又正旅正是刚柔与明暗在旅卦呈现的两种完全不同的境遇，柔暗者，失去所安且迫行羁旅，实则应灾，刚明之人无灾，反而出诚于内又主丽明于外，以艮离同体而明上加明；羁旅与正旅两义之别，便在于是否有德，刚明君子有德，以正旅而升华，柔暗小人无德，以羁旅而堕落，从而在旅卦呈现堕落与升华的位域差别。在旅卦有丰旅合用之卦事，实则君子与小人因德位差别而分道扬镳，各行其道，亦呈现两种截然不同的治旅之道。

　　"小亨"。旅卦以小亨立卦德，在于旅卦以止丽之明解决了诸多治理难体，尤其是羁旅与正旅的两种走向。

　　"柔得中乎外，而顺乎刚"。卦中六五柔中主旅，六五居离之中而丽乎外，乃"柔得中乎外"也。六五得离之中且顺乎上下之刚而生丽，离明之所以能"丽"，在于刚明君子有刚明大德，有刚明大德的刚明君子正是六五上下两刚，此乃居旅体能正旅的关键所在，六五顺乎刚，乃以尊位崇德，且顺其刚明君子的诚明合功之治，以尊位崇德且顺德治，故言"顺乎刚"。六五以中德自守，且有明德知刚明而丽之所在，以柔中之德与上下两刚的刚明之德并行，故而明上加明，大生丽明的文明之象。旅卦六五虽柔，以尊位崇德且顺德治，却是刚明君子。

"止而丽乎明"乃诚明合功能正旅的止丽之明。羁旅之危必要先止，要终止危丰之政在前，再止火势蔓延，方解羁旅之危。以止丽之明解羁旅之危，其柔暗之众必要健明德，只有从内健德，方能与外"止"相合，否则，以外止危丰之政和止火势蔓延，也是解决外在问题而已，内在无明才是最终有危之本因。

"旅贞吉也"。旅卦之所以有贞吉，在于刚明君子正旅而崇德贞正，旅卦六五柔中，唯上下刚明是从，以柔中之德与上下刚明之德并行，使旅卦崇德且顺德治，在乎刚明且以刚明行德治而有文明大象。旅卦之贞，既在于刚明君子行正旅，从德位位域上区别了柔暗众人行羁旅，又在于旅卦以六五崇德顺刚为范，大行刚明之风气，一举摆脱了羁旅之穷困，尤其是君子升华与暗众堕落的分野，使旅体从拨乱反正中得治。旅卦得吉在于小亨之吉，更在于文明分野后，六五以柔性成刚明君子，居柔反刚明的事例说明，德位位域完全可以重新赋予事物的性质。旅体崇德且顺德治，在于正旅得当，守旅之正使旅须臾不离正。

"旅之时义大矣哉！"旅卦下艮上离成体，火在山上，旅之火烧山尚待时，且在卦中乃居艮之上，处山至高地的九三招焚次之伤，处旅之上又居离之极的上致焚巢之祸，九三受上与上九致祸皆需时，且从下体到上体亦有卦时。

"君子以明慎用刑，而不留狱"。在旅卦有羁旅与正旅两义，之所以有羁旅与正旅之别，在于"离"的不同对待，刚明君子见离，乃有明而德照，以刚明正旅使旅体能诚明合用；柔暗小人见离，乃必行羁旅之"火"灾，柔暗之人见"火"则失去所安，背井离乡而行羁旅。

明慎用刑而不留狱。旅卦六五柔君以尊位崇德且顺德治，必然尚明而更加清明法制，其尚法制而治之力必然超过丰卦，柔暗之众畏法如畏火，在于不能得正行其正，刚明君子得正且行正，需以法制保驾护航，便能从旅体诚明合用而全正大之事业。明慎用刑并非不用法制，而是健全法制，使法不私用，更无徇私的可能，旅卦之法制将随刚明君子与柔暗小人分野，而出现治刚明君子"不留狱"的局面，法制明火烛照与君子刚明形成辉映，法制已然成为德政之基石，从旅卦起航。故而法制之建，乃至健全法制，在历经丰卦和旅卦后，终在旅卦随刚明君子诚明合用而全面升华，出现法制之文明大象。

初六阴柔不中，以阴柔之资居卑下之位，乃柔弱无力之人，只能迫而行旅，处旅困而在卑贱，乃所存污下者。旅人卑微，处旅之时，离其居所，致侮辱而取祸殃也。琐琐，猥细之状。初六之所以到处行鄙猥琐细之事，在于以童稚小子之身，行童仆之事。初六才柔位卑，又稚而无知，当旅困之时，致侮辱而取祸殃，所谓"斯其所取灾"，乃行污而引火烧身之谓。上虽应九四，四阳刚且居离体，离火炎上非就下者，故而应四而不能有援，又行旅在身，不能被九四大臣权贵搭救。初六行旅困其身，行污弱其志，身心皆不安，更以稚而无知行事，无大志亦不明"志"为何物，随波逐流，随旅而行旅，得过且过。

六二中正，以柔顺之德，得内外之心。六二中正处位而不使其当，故能保其所有。得就次舍，怀蓄其资财，又得童仆之贞良，乃旅之善者也。即次者，旅所安也；怀资者，旅所裕也；童仆者，旅所助也；即次则安，怀资则裕，得其童仆之贞信，则无欺而有赖。乃行旅处下而得吉者。柔弱在下者，童也；强壮处外者，仆也。六二得位又得中，故而能"即次怀资"；下有初六弱而稚比之，以二视初，乃得童仆之谓，言得者，乃得内外之心而言得，言内者，正是六二之内，乃初六也。之所以言贞，在于行旅既能得童仆亲比，又能以"即次"而旅所安，使在下之童仆随二而安，且即次怀资皆乃正道。

九三刚而不中，居下体艮之上，自视过高，致童仆不忠，故失旅道而焚次丧仆；自高则不顺于上，故上不与而焚其次，乃失所安也。处旅之时，居下者卑，登高者危，九三居艮之上又自高，故而高而危。九三居刚用刚，在下体皆行旅时用刚，故而招焚次之伤。九三以刚居下体之上，则焚次，上九以刚居上体之上，则焚巢；九三与上九两相皆用刚且用高，位愈高，用刚则愈亢，故而所招之祸便愈深。焚次者，刚居高位，失中用刚而不柔，无所容而招焚；丧仆者，上九亦处高且用刚，上无应与，初不顺从，使九三用刚而无所助。九三虽有刚却乃无明智之小人，同六五虽柔却是刚明君子刚好形成对比，也由此映衬了君子与小人位域分野之事，六五以尊位崇德且顺德治行刚明君子之正旅，九三无明智知旅势且用强之刚行柔暗小人之羁旅。

九四以阳居阴，处柔在上体之下，有用柔能下之象，以刚用柔且能下乃得旅之宜。四以刚明之才，为五所尚且顺之，又与初有应，乃在旅而善旅且能正旅者。九四善旅而不旅，不如初六那般随波逐流，随旅而行旅，且以五所尚的刚明之明来正旅。九四以刚明之才，得上下所与，乃旅而得货财之资，器用之利，故曰"得其资斧"。资斧何用？行旅乃多惧之地，乃加斧以自防卫，乃以刚明之明未失戒心。应初而三为之滞，虽居上不行旅，身可安，但心不快也。得资斧，在于防患。九四能处旅而不行旅，在于四居离体，离火炎上而不从下行旅，其才刚明，刚明者行正旅，非柔暗之羁旅，故而可安处之。

六五柔顺得中，居离之中，且上下两刚与之，乃处履之至善者。六五以文明柔顺之德，崇德且顺乎上下两刚，以尊位处旅，因崇德又顺刚，故而能合文明之道，且以尊位崇德顺德治，而治文明有成。射雉，一矢亡；六五射雉而失矢，实乃六五以诚明合用之功正旅，使旅体得文明之象，射雉得雉乃得丽文明，矢亡，乃君子与小人分野之谓。柔暗小人只能羁旅而行旅，唯刚明有德君子能正旅得文明。雉乃文明之物，射雉虽亡矢，乃所费不多，小人终不能与君子为伍，尤其是视离为火，不能正视离为文明，必然随矢而亡。五居文明之位，有文明之德，治履出文明大象，乃行中正文明之道之人。当六二出诚与六五能诚明合用，旅体便以诚明合用之功行止丽之明，而治旅体生文明大象。

上九过刚不中，处旅之上，居离之极，骄而不顺，其亢可知，以取鸟象言飞腾处高而过山之极。九三用山高，上九视九三，用"鸟"飞之高，为较九三而尤为刚亢者。上九高极必危，处离之上，离火有炎上而焚，故曰鸟焚其巢。上九用"鸟"飞高，但鸟飞虽高，但必有栖，所栖之处乃鸟之巢，鸟巢处旅之上，值离火炎上之际而有鸟焚其巢之象。巢，鸟栖而能所安之所；焚其巢，乃失其所安，无所而处；先笑，乃鸟飞高而始快其意，故先笑，为上九居高用高之得意，以为高飞则能免火灾；后号咷，在于火焚其巢，鸟虽能高飞而得意，但鸟巢不能迁，火焚其巢使鸟失所居，依然要迫而行旅；丧牛于易，牛乃顺物，上九用刚失顺，用高失下，皆背"牛"柔顺谦下之德，上九丧至顺之德，所以凶也。

观卦之全体来言，正因山上有火，才有行羁旅之事，卦中柔暗者行羁旅，连九三与上九有刚且用强之人亦受火在而不得不行旅，只有九四、六二与六五能正旅，旅体继丰体，从丰体穷尽而来的旅体，定是先有羁旅之实，才有正旅在后，特别使六二以柔居艮，以中正柔顺之德出诚于内，才是旅卦有羁旅与正旅的分水岭，故六二出诚需时，六五治明顺刚亦需时。旅卦有从丰见旅之卦时，又有从旅振丰之能事，从丰见旅，乃从羁旅走向正旅的过程；从旅振丰，乃正旅治旅后再行法制之治道强丰体。在旅卦有刚明君子与柔暗小人因德位差别而分野之事，六五射雉亡矢，所"亡"之矢乃道不同的小人之类，刚明君子正旅以诚明合用之功治旅体生文明大象，而柔暗小人却畏法制森严如火，行畏惧迁避之能事，实则与刚明君子所主法制分道扬镳。君子与小人位域分野，正是由卦时所呈现的羁旅与正旅治道之别，羁旅之旅应祸履灾，正旅之旅治离明而升华法制文明。

第六十八讲　巽卦——进位节制行善政

巽卦，上巽下巽，为随风而王化无迹之象。巽者，风也，以风入之象言巽体以阳入阴而化阴。巽者，制也，一阴伏于二阳之下，为阴凝而散，以阴潜之而制阳。巽者，消散也，为以阳养善而王化无迹，以无为而能居善。故巽取风入、节制、消散无迹三个层次含义。巽者，入也，以阳入阴而化阴，在巽体有一阴伏于内，"内"者为阴至深的描述，阴寒深故凝滞不通、不动，以阳入而化阴，使阴凝者散之，以阳化阴，在于温养，非急火能成，故入者应微且微而久。如同处启蒙之初，阴凝顽固不化之人难以教化，不可求速。

巽者，制也，以阴节制阳而使阳行阳道；一阴潜于二阳之下有巽伏象，为以阴伏阳。阳入阴使阴散，阴散而阴不消再与阳合德，合则潜之于下，阴者居下也，以阴节制其阳；节者，使阳气少损耗，制者，阳善不足不能广施，以制其不可行大事。以阴制阳之象，为巽申命行事之体。

巽者，消散无迹也，所谓消散者，为阳养人、养物后而散之，为养而不居功，如天地生万物不以生而居生功，善亦如此，养而有成则无迹也，此为无为之大善。善政之功，功在以无为行有为，无为者无迹，教化也，德政以教，则是风入教化之能，故德具也，养德有成。故巽者，俱也，《说文》云："巽，具也。"为巽体以无为之善行有为之政而德具才备。

"利见大人"。为处巽体的立身而进位之象，以进位言利见大人。井者地，井乃地下之所，又取地下泉以用，故居下；巽者风，风行地上，以风入为用，故取上，从井之地到巽之风，为从下而上的进位之象。君子立身修德养外善，需进位以行善政普施之利，无位则无政可施，君子进位者需如井卦汲水一样有上汲引之人，故言利见大人，大人者，对比欲进位君子而言，为当政者和能擢拔健德与有德君子之人。在卦中，二五不应，只能小亨；但二五刚中志行皆行其阳道，巽以阳化阴与以阳教化，皆以阳为大用，故利有攸往；初四柔顺承刚，是以利见大人之象。四为上体之下，非为阴凝者，乃阳化阴后之阴，因得阳利而顺，四知其阳善之功，又明阳命之用，是阳善之政见证者，得利者，又是善政之宣说者。

"重巽以申命"。巽为风，风尊自然法序而行，巽之法序者便是风之命，为尊其法序之号令，风象便是法相。申者，重复也，上下体皆巽，故谓"重巽以申命"，以双重"风"象言自然法序是一切之本，只有遵循而法之，方能制胜，立于卦而言阴、阳、善、政等，也皆有其法度，尤其是居卦体便要随卦体之法，非一成不变之理，尤其是善与政，井之善与巽之善完全不可同日而语，便是此理，故申命者，为明达其理也。所谓"申命行事"，便是明达其天命与使命，而行巽之善政之事。

"刚巽乎中正而志行"。为二五阳刚居中，居中有正，为当位申命而行阳道之事。志行者，志在善，为以阳化阴而养善；志在政，为当位行阳道之善政；志在德，阳道能用，善政得行，风化有成，故而有德。在卦体中，巽与兑皆刚中正，兑有阳之为，巽以阴之为，兑柔在外，以用柔，而巽柔在内，为性柔。从而呈现上施政不违天命与下行事不逆民情，阴阳合德，节制有法，上下皆能通乎情。

巽卦取"巽在床下"之"床"象。床下，房中幽暗之地，阴邪滋生且不易去之地，言床下，为阳善温养阴邪有应去之地，不以位卑而厌弃之，善有大小，而德无强弱，皆行善道以温养而化之，再者，以床下位卑言阳尚弱，只能微入光照难入之地，可见，君子虽进位但君子尚无当位，只能行此卑难微小之事，心中所怀当位而大行善政之理想尚不能实现，只能缓图善政而存固德之心志。床者，卧榻休憩之所，君子虽未当位，但进位不以休眠为主，而以休养为上，言睡而睡有睡功，为内证取阳固气养神之道，无政可施便反身固阳以济阳弱，在巽卦虽言以阴节制阳，使阳免损耗，但君子应知阳出之道，虽积善升阳气，但立于身内证取阳之道方为固阳之正图。君子居床而思固阳，为房中术也，在卦中，以阴伏阳，也取卧榻之侧有妇人伴之，巽柔在内又顺乎刚，为以阴助阳之术，又以阳入阴，而兑者悦，有恒益固阳之夫妇之道齐乎于礼。

初六居以阴居下，巽而不中，处最下而承刚，为过于卑巽者。卑巽太过而无进退之决断，为进退不果之象。进退不果，或进或退，不知所从而志疑。若能用武人刚贞之志而决断之，以此救治志疑之失。疑者，阴也，阴居下而无刚断之能；武人，刚猛决断者，乾也，以乾阳救阴而济疑。进退者，为不知进退所言的犹疑之辞；武人，刚猛勇武之人；贞者，定也，"精定不动惑也"；疑者，犹疑而不决也；治者，救治也。

九二以阳处阴而居下，执刚履阴，意有不安；当巽之时，不厌初六之卑，取信初六，能尽申命行事之道，是以吉而无咎。床者，取巽之艮，止于木，为床之象；史巫，祝史和巫觋，古代司祭祀、事鬼神之人，谓以诚而通神明者；纷若者，以多言谓反复申命。九二取"床"象。

九三过刚不中，居下之上，为非能巽者，用刚乘刚，上下悉巽，频巽频失，频失频巽，失巽道而志困穷，吝之道。频者，反复也，反复布告谓之申命，朝令夕改谓之频巽。频巽为精气耗散而志困穷，以阳温阴而耗阳，阳者精气所结也，阳耗则精气散，精气散而志困，精者坎之精，肾主志，故以此言。阳耗气散故曰吝，这也是真个巽卦阳不足之所在，之所以以阴节制阳，就在于阳不足以行大事，只能以阴节制之使阳专行阳事，同时，频巽者，反复申命也是耗阳之举，既劳顿又反复决策，才至于阳耗气散；之所以频巽在于志穷而无知命之进退。

六四承乘皆刚，阴柔无应，宜有悔，然以阴居阴，处上之下；田者，猎也，取象乾之战；品者，按品次分类也；一等猎物作成腊肉用于祭祀，二等猎物用于燕宾，三等猎物国君自己食用。六四近君以柔巽于上下之阳，如田之获三品，谓遍及上下也；四之位本有悔，以处善而为功。

九五刚健中正而主巽，居中履正又六四承之，为有孚于下、于民，故其悔乃亡。有悔，是无初，为始未善；亡之，是有终，革除积弊而善终。处巽出令，皆以中正为吉，可见九五行有为之政。庚者，更也，为秋有阴之始，"阴无始而阳无终，终则有始，阳之用也，无初有终，阴之用也"。盖甲庚者，阴阳之始也，变化之端者也。甲者事之端也，庚者变更之始。十干，戊己为中，过中则变，故谓之庚；事之改，更当原始要终，如先甲后甲之义，如是则吉也。先庚以申命，后庚以令出，九五先庚后庚者，为求中正而使政善，未有中正者，需革除积弊而使善终。

上九居高处亢，为过于巽者，过巽者穷而不知变通，又丧其资斧而失断。丧者，失去之义；资斧者，善于断割之利器；上九亦取"床"象，虽刚且亢，却因丧其资斧而失正，为何失正呢？在巽以阳行温养为善，以风入教化为正，而上九皆未能行，为亢极行床事而耗散阳气，被阴所伤，不明巽道之所在。

风入教化。风入温养以行阳道教化者，正是以九二之阳化初六之阴，这便是九二取"床"象之所在，床下者，初六也，位卑且幽暗，为阴邪之生和阴凝之地。九二阳入床下，正是风入教化之善行，九二之所以有不安之义，在于并不明温养初六以养善之真实义，反而依靠"用史巫纷若"助其占断凶吉。初六需武人救志，而九二虽阳但需史巫助志以行志。六四是进位之人，既得见大人，又获阳利，田之战用武以除害，获三品，以上下之得而兴利，皆为善之功，善之功，既伐害有得利居功。可见，六四得风入教化之利，且为大利，己不战而能获且居功便是如此，在于处位尽善，己不战在于上下皆有阳可战，六四之上下阳以战，六四便不战而获，居功者，上下以阳行善政，善政到者，尽是六四获利，所以"巽风也，乾天也，风行天下，无微不入，无大不容，无高不登，无远不至，无物不化，田获三品，武功之盛者也"。上九亦取"床"象，上九以阳且亢之质，既未行温养之善，又未履风入教化之政，且不以阴助阳道，反而取阴耗阳，为疲于床事被阴所伤，继而伤处巽之志，大败其风俗也，"丧其资斧"为已经丧失了断欲之利器，其凶可知。

在巽卦，虽言进位但并未得到"大人"擢拔而当位，反而因阳不足只能行微弱的温养之责，只能微入光照难入之"床"地，以行卑难微小之事，只能缓图大行善政之理想。言德之制者，为君子处巽无当位之位而制其志，这个"制"为抑制和限制，这是巽当体所决定的，犹如井体，只能以井养小善，虽有生水之源与往来井井之兆，毕竟受井之限制，非大江大河以能养其大。而巽对于君子欲当位大行善政而言，只能小亨，从巽卦内外可知，多言"申命"，又言"频巽"，还借助武人与史巫决疑，皆表明进位君子尚不能自作主张，尤其是在政见上，君子尚不能舒政而见政，只能听命而行旧政，行他人之政，这也决定了君子只能行卑难微小之政，究其原因在于君子自身阳德不足，非"大人"不擢拔而是尚不能当大任，叫虽进位亦不得志。进入德之制在巽卦内的主体，便是以阴节制阳，既是节制阳耗散的固阳之道，也是阳温阴相辅相成的善政之地。言节制者，唯上九不在节制，而在斩断；上九亢且极，以为阳裕德足，对进位而未当位的施政现状不满，亦不明处巽之理，以为无当位之政以及无权无事便是现状，进而昏蒙贪图享乐，故在上九贪图床事，被阴耗阳而伤。究其原因在于上九既不知渐进之理，又不知治君子之天命与使命，被现状迷惑而失健德之道。在巽卦，申命行事言节制，风入教化言善政，善政之功，功在以无为行有为，无为者无迹，教化也，德政以教，则是风入教化。

第六十九讲　兑卦——用讲习启蒙教化

　　兑卦，兑上兑下，为行讲习说教而生丽泽和悦之象。兑者，说也，以悦与说二义共主兑义，为践行天下皆能丽泽和悦而行讲习之说，以及通过讲习说教使阴受阳利，阳舒阴疾，阴消阳进而生大悦。说者，行讲习于外而健阳善于内，悦者，和悦之情发于内而阳气充盈让喜见于外，呈现善行见于外而阳德生于内的内外互通的和悦状态。在兑卦，一阴进乎二阳之上，二阳照阴而见阴之所有，阳能见阴而阴不能自见，在于阴有妄而无明自见，阴进乎阳上，便能受阳利，二阳盛于一阴，以盛阳舒阴疾，使阴能消欲妄而业轻，阳气充盈阴体，阴体从内得阳而渐明，阴类得阳有明而生悦。阴生和悦在于阴得阳利，兑体阳亦和悦，在于讲习教化施善立德，德裕而悦。无论是阴受阳利还是阳舒阴疾，皆以阴阳和合贯穿和悦生发之过程。

　　兑卦以和悦和说教二义共主兑义，以阴阳盈虚和合于阴阳二体，发生君子与小人互悦而万民皆悦的卦体状态。在和悦生发于外见于色的过程中，必然要经历阴受阳利、阳舒阴疾、阴消阳进这三个过程，也是和悦产生的三个阶段。

　　"亨，利贞"。兑卦以"亨"立卦德，以"利贞"立治道思想。阳舒阴疾乃阴类治君子过程，随治君子身德之转变，阴类得阳与明进，其阳与明进乃健明德过程，伴随阴受阳利，阳舒阴疾与阴消阳进过程，君子身德有修，明德有健，以讲习之明行传道、解惑、授业的讲习之道，将启蒙且治明，励志且正志，养正且教化融为一体，以一卦之力贯通所有卦体，故而能致亨通。兑卦之亨，既有应天道法则之亨，又有广应人心之亨；既有讲习治道之亨，又有德位位域转化之亨；既有立德举善之亨，又有教化民众成君子而立志进志之亨，以一卦之体贯通所有卦体，既见圣人之德范，又见君子有为之善政。兑卦之善，可天地大生且广生之至善。

"刚中而柔外，说以利贞"。兑体一阴居二阳之上，阴悦于阳且为阳所说。卦中二与五皆刚中，乃中心诚实之象，中德刚健，孚诚于内外，正是顺天道接法序而化万物之时；兑之柔在二阳之外，乃接物和柔而顺君子之象，阴悦阳而顺阳，正是阴能悦而使兑体皆悦。刚中而柔外，以正道顺人心而人心皆顺，能顺之因，在于阴能得阳利，阳能舒阴疾，阴得阳能明，从而自顺天理，自健其德，人心皆归德也。

"是以顺乎天而应乎人"。顺天应人乃兑卦之所以主讲习而治的思想，顺天道在于得天地正理，任何卦体言得正与言治理，皆需顺天道正理，且取法并效法天地法序才能顺而治之；应人心在于治道得正，只有依天地正理而治之，人心才能归附，所谓应乎人，在于人心自归附于天道正理，也正是顺天应人之共理才能志通天下君子，使君子皆能响应。兑卦以一卦讲习之思想，贯通所有卦体，必然以天地共理而应所有治道之理，以顺天下所有人心而应卦体之得失。

进德修业。所谓"说以先民，民忘其劳；说以犯难，民忘其死"，正是兑卦讲习思想所主的启蒙治明、励志正志和养正教化三者。通过讲习的方式，为民众正志。兑体不仅无患、祸、灾、难，更是以主悦为主，民众在兑卦之所以安悦，在于兑体有利贞之道主治，君子为民众励志且正志，正是志通他卦之所在。以兑体生和悦之治理，来对比民众尚处灾难待拯济的他卦，亦对比早已超过兑体有建正序生文明大象之他卦，这种比上不足，比下有余的局面，正是君子为民众励志之时，"民忘其劳"在于民众有远大理想，有大同理想的追求，能践行执大正之道→全正大之事业→达天下大同的路径而忘乎劳。

"君子以朋友讲习"。在兑卦，君子通过讲习方式，让小人阴受阳利，伴随阳舒阴疾与阴消阳进过程，阴强妄大之小人阴疾渐消，重业渐轻，以回归常欲而转变为民，又在君子讲习的过程中，启蒙治明，励志正志，养正教化，逐渐被君子引为"朋友"。正是小人到民众，再到朋友的身份转变，既见证了君子讲习之功，又见证了小人在兑卦的蜕变之过程。被君子引为朋友，必与君子志通，且心志相连，更重要的是能够跟随君子学而时习之。君子以朋友讲习，讲习教化从身边做起，让朋友成为志通天下的明志君子。

初九以阳爻居兑体之下，无所系应，是能卑下和顺以为悦者。阳刚则不卑，居下则能巽，处悦则能和，和而不流又行而不疑，所以得吉。所谓"君子和而不流，强哉矫"便是如此。初九阳刚，不比于柔，乃得说道之善，故曰"和"，和者，无乖戾之私，主性情之正，道义之公。

九二刚中，孚诚内充，二比阴柔不正之六三，疑于有悔矣；然二以刚居中，诚实之德，充足于内，虽比阴柔而自守不失，是以吉而悔亡矣。刚中为孚，居阴为悔，九二以孚而说，则吉而悔亡，自守中正健孚诚之德使悔自亡。九二虽与六三同体，但君子和而不同，不与阴类同而不失己之德，且又守中健孚，必然离三远矣。九二以刚中之位，健孚诚之德，得中而发志，乃以诚信发其志，使志行正。所谓"信志"乃健信德而诚天下，使其能志天下，九二孚兑之吉便是生发了济天下之志，故而以诚信内充，令人悦服，乃兑而有德之谓。

六三阴柔不中正，为兑之主，上无所应，反来就二阳以求说，以来兑之象而有凶。来兑者，乃六三就下二阳以求说；之所以有凶，在于枉己非道，就以求说。三居内体，故曰来。六三失位，居两兑之间，故而上下逢迎，阿谀奉承，小人行阿谀之事乃非从正之举，故而有凶。六三主悦，又志在悦，阴之悦，在于从阳听教，通过在君子跟前的学习，从内化阴生阳，在外修持妄行而生悦，非阿谀讨好而悦，故而小人之悦若不发自内心，皆失实诚。和悦之道，不诚则无以立君子之侧。

九四以刚上承九五之中正，为本可决者，但下比六三之柔邪，失位比三，为私所累，故不能决。虽不能决，但商度所说，未能有定，苟能介然守正，疾远邪恶，则有喜。商，斟酌也；未宁，行有疑也；介，两间谓之介，乃以介分限，人有节守谓之介。九四从五，得正，说三，有邪，在五正与三邪之间商度未宁而不能决，这是九四之所以有"疾"之所在，九四之疾既有六三谀佞之小人，又有介于邪害之间不能决。然四终能远小人，以近君之位，刚介守正，守正则不能被柔邪所害，九四有喜，在于从正且除疾，九四从正则柔邪之疾自消。

九五阳刚中正居尊位，密近上六，上六阴柔，为说之主，处说之极，能妄说以剥阳者。九五亲信上六妄说剥阳之小人，故曰孚于剥。九五得尊位而处中正，本有说道之善，然九五以尊位信小人，信其阴而不养其阳，有祸乱朝纲之险，乃危厉之道。剥之为卦，小人剥君子，故谓小人为剥。言剥，乃阴消阳也，孚于剥，乃小人剥其孚信；九五以尊能孚信天下，不亲贤臣却亲小人，孚信被剥，必失天下人心而危厉。所谓"亲贤臣，远小人，此先汉所以兴隆也；亲小人，远贤臣，此后汉所以倾颓也"，正是此理。

上六以阴居兑之极，他卦至极则变，兑主说，愈极则愈说。上六引下二阳相与为说，以引兑处位而求说。所以为兑者，阴三与上而成兑体，三为内卦，故曰来，上为外卦，而曰引。上六下乘九五尊位，九五阳刚中正，使其无所施其邪说，九五刚正不为所动，上六以引兑之姿，行未光之路，在于兑体阳不从阴之故。

兑卦以讲习之明行讲习之道，集各卦启蒙、德政、教化为一体，通过讲习的方式，传道，解惑，授业，启民智于发蒙之际而健明德。教小人修身健德于治君子过程而使小人立身进位，布德政于各卦所崇法、礼、德之政而使制度能立以及正序得建，行振济于阴盛阳消且民众遇祸遭难之时而助涉险困，行养正于进志蓄德颐养正气而行得正大……践行大正之道，全正大之事业，尤其是王化天下德被四方，终离不开讲习之道贯穿所有。所谓实现大同理想，达到德被四野无所不照，德服天下无所不服的德治盛景，正是从君子行讲习之道教化民众开始的，唯有把启蒙与教化"见"于实处，才有天下大同的实施和实践路径。故而兑卦以讲习之明，行使治明的启蒙功能，正志的励志功能以及养正的教化功能，使兑卦以讲习之道贯穿所有卦体，上接天地圣道，下应万民之情，可谓既贯通天地，又遍应民情，能见善行于微小，还见德长于毫末，从而生丽泽和悦之大象。

第七十讲　涣卦——立宗庙以正涣风

　　涣卦，巽上兑下，为风行水上而水遇风涣散之象。巽坎合而成卦，水遇风则涣，巽善行，故有散而远之成"涣"。涣以宗庙立象，涣卦云"王假有庙"，为君王来到宗庙以祭先王；假者，至也；庙者，宗祠也。巽者，主命，言气、魂；坎者，主祭祀，言鬼、精；艮者，宗庙也；涣非言人命终精散神离之"鬼"状，而是以涣的离散之象，取精散神离之义来言人心涣散，离世之人需立庙以收魂魄气，人心涣散之民在于以立庙来聚神并凝人心，邦、民进志迈向大同文明，更需要正精气神；况且逝者为大，何况有功于社稷之先王，行孝道之事，示传承有序，为臣为子之道也。王之所以来宗庙，在于宗庙有大用，王者有德，则民与物皆向往而归；庙以供先人而使气精有寄托，为气与神之归往。建宗庙、来宗庙、行宗庙为王治德服、心服而产生服同之治道。

　　宗庙之道。萃卦以宗庙之道行收神取信之能，之所以能收神取信，在于"庙所以聚祖考之精神，又人必能聚己之精神，则可以至于庙而承祖考也"。聚祖、人之精神，以承祖考。祖、人者，尊卑且传承有序，是人以宗庙建礼序之举。宗庙之精神在于以承祖考取神明外用而感格天下，宗庙以总摄众志而有"精神"象征，此象征意义便是以收神取信之能，行德化天下而感格之王道，为凝人心、摄众志、收神制礼、立德范之王道重器。涣卦主言以宗庙凝人心、摄众志、收神制礼、立德范，尤其是以宗庙之重器，正致涣之"风"气以及正王化之道的"正"气。有此治道，则能"利涉大川"。

承祖考与收神制礼。宗庙以承祖考而立见诚见敬之范，涣难之成便在于涣小人之孚信不文不质且无诚无敬，以声闻过情、华美外扬而浮于表面，这便是行豚鱼简便之法，通"乘木舟虚"之虚妄所在；而以宗庙承祖考，避免豚鱼之简祭了事，以收神制礼行王礼之重典。以宗庙祖、人之传承，而知"祖气"之来格，以祖气之来和萃气之来，以"来"由有根有据，再萃合人心，便是收神；祭祖要诚，感通要专，才能令祖、人精神相通，达感格之用。

涣卦以行宗庙礼制之务实，代替了乘木舟虚以致远之务虚，为以乘木有功而正乘木舟虚可能出现的歪风。乘木之功，以行宗庙承祖考，收神制礼入王礼，以礼制正序之"木"，行摄众志与凝人心而拯济涣难之功。涣卦云"乘木有功"，以木道乃行，言乘木的舟楫之利，而达成利涉大川之愿。木道乃行，以舟楫之利，皆以"木"乘其行，以行达其愿，以愿利天下。

"亨"。涣卦得"亨"之占，在于行宗庙之亨，以享立卦德。以亨作享，通过用享见诚见敬，深示专诚而从孚信得中孚之道，以此得中孚之亨；涣体以凝精神而治于精神，最终能收涣散，立德范行教化，使本涣散之民众因凝与精神而得宗庙治道之亨。

"先王以享于帝立庙"。以先王来谓宗庙之道来之有序，有据可依，非假鬼神以事之。"王假有庙，王乃在中也。"从祀天帝之庙，供奉先王之庙，可见王亦会步先王之后尘，死后进庙以供后世祭享，死后进庙在于有德于邦序，有政功于万民，才能当之无愧，所以宗庙理所当然成为有德与功绩之显征。

初六居涣之初，以涣之始使成涣之时未至，当此之时，顺此之势而亟救之，处始涣而拯之，为力既易，又有壮马，故必马壮而后吉。用者，施行；拯者，以阉割去马之势；壮者，强健；顺者，柔顺而顺承。在涣卦五爻皆言涣，独初六不言涣，在于既处成涣之时未至，又及用壮马而救之有早。初六阴柔，居坎之初，其才不足以化涣险，始涣而拯之，又得马壮。初六承阳，以刚健为体，柔顺以为用，用拯去其野性，顺承其刚健之阳而使马壮，再保其刚健，故初六唯顺承九二之刚健，以刚为体，蓄养其力，以治于未涣，所以得吉。

九二以刚居中，为固本之象，值涣之时，固本得中便安，不仅自安，还与初两相亲比，初视二作马，二视初如几，相互依存，虽处涣而不穷。九二应《彖辞》"刚来而不穷"之言，此刚自外来，得刚且就中，有"取去危就安"之义，成其"奔其机"之象。涣，值涣散而离之时，初之涣未到，而二之涣时已到；言奔者，乃快速，急往也；机者，俯凭以为安，而俯，为就下，类依托之几案；愿者，慎重也。值涣散之时，奔就所安，使其如几案能成为依托，以消其涣而忧悔消亡。处涣之时，又居坎险之中，上无应于，其悔可知，然而九二居中比初，敬慎奔就所安，以平易而度艰险，以阴阳亲比相求，为相赖者，其悔乃亡。

六三阴柔不中，失位，处坎之终，犹未出险，有私于己之象；三处涣，上九应与，且是卦中独有应之爻，六三居阳位，志在济涣得时，以能散其私，止于其身，而得无悔。躬者，困厄也，有困苦不得志之谓；志在外，指上九之应。自六三及以上四爻，皆因涣而能拯涣，故虽处涣，但能拯涣。六三之拯涣在于出有悔之位而得无悔之占，便是因涣而能拯涣。

六四巽顺而正，上承九五而居大臣之位，五刚中而正，居君位，阴阳合同且君臣合力，以刚柔相济成拯天下之涣者。六四当济涣之任而居阴得正，下无亲比私应故而不散其君臣之群，以能辅其君得涣之大善者。四以巽顺之正道，辅刚中正之君，君臣同功，所以能济涣。群者，朋党也；丘者，四周高，中央低，使能聚居而有聚之大，方涣散而能致其大聚。

九五居中履正，以阳刚居尊位，居得其正，履得其中，能出其号令，布德正光泽，以此济涣。且五与四君臣合德，散其德政号令，以中正巽顺之道治涣。九五巽体，有号令之象，此号令如汗，出而不反。汗者，肤腠所出，发乎内里而浃于四体，出则宣人之壅滞；王命如汗，愈疾之汗出而不返，救涣之命发而不收，故曰涣汗。王政号令如汗出，出乎王居而洽于万方。王居，令出之所；涣汗，令所行如汗出。令出于王居为令出自当出之所，济天下涣难之令，当由忧天下之人发出，汗出而不收，非一般朝令夕改之文，而是喻君王德望之重，令出不改，济天下民难之心不改，汗出全身，令行万方，由中而外，由近而远，虽至幽至远之处，无不被而及之，上下依号令而正位凝命。

上九以阳居涣极，为能出乎涣者，远乎伤害，象曰远害，能远害则无咎；上居涣终，去坎陷之害甚远，故其象为涣其血。血，谓伤害，涣其所伤而免于难，言涣其血则去，涣其惕则出。涣之诸爻犹以无系应而言涣且离，涣者离也，要么终离而远涣，要么以离而相连之义治涣而聚。唯上应于三，三居险陷之极，为不能出涣且远涣者，且三以忘身徇上之象而依附于九，以远位而远涣。险有伤害畏惧之象，故云血惕，涣其血则为涣所伤。惕血象恰恰成为远涣之代价，伤而出血以换取免于涣难。上九以阳刚处涣之外，本有出涣之象，却又以居巽之位，使其巽顺于事理而不能不济六三之应，况且六三以忘身徇上而寄系上九，使上九心有牵绊，也是难免出血象之因。

涣之卦体以离披解散之象言涣散之弊病，再以六爻言治涣之法。初六以阴柔居坎之初，其才柔，其处位有险，以"用拯马壮"（阴承阳者阳为体，阳乘阴者阴为用），去其野性，顺承九二而蓄养其力，保其刚健，以治未涣。九二以刚居中，面对涣状，奔走以求而安，以"奔其机"而忧悔消亡，水地亲比，初与二两相亲比，初视二作马，二视初如几，合力以济天下，以治其九二中位之涣危。六三以不中正之才，而阴柔失位，处坎之终未出涣险，以"涣其躬"而止于其身，以躬通穷，为困苦不得志而困其身。"救天下之涣犹治一身之疾"，涣躬之志在于治天下而治其身困。六四居阴得正，巽顺而承九五，以大臣之位，行"涣其群"（私党涣散，公道乃光）成济涣之任者，君臣合力，刚柔相济，以拯天下之涣，天下涣散而能使之群聚，可谓大善之吉，以治之于公而无偏私，得"涣有丘"（丘，聚之大也；涣散而能致其大聚之义）之赞美，九五阳刚中正居尊位，五与四君臣合德，以刚中正巽顺之道治涣，以"涣王居"使信服而从，得其治涣之治道，以济天下之涣，居王位为称，成就其德位之大称位；王以居正位，以德位之大称位，发号新民之大命，救涣之大政，从而汗出则宣气之壅滞，以散小储而成大储，是以能得治涣之治道。上九以阳刚居涣之极，九以阳刚处涣之外，有出涣之象，以"涣其血"（险有伤害畏惧之象，故云血惕）能使其血去其惕出，而出涣远害。

第七十一讲　节卦——立德崇善行节制

节卦，坎上兑下，为泽上有水而行节制之象。节卦以坎水入泽而泽上有水立象，泽所容有限必节水之入，又因水能节而泽能容水，形成上下互节制而又互同体之卦。节，流水归泽要苦节止息，先止其离散，再节其动和节其过，以苦节而成有节之常态。以节行止，在于止涣散之离，使节而合，在止其离散而能合的过程中，节所起的作用为"止"与"治"，以节言止，乃卦时与卦势所赋予，以节言治，乃治道所赋予。节其动乃节其妄动，小人无明随欲而行，若不节制则水溢出泽，妄水乱动而有灾祸，故而制其因妄动导致的深陷，使妄动因节制而回归常动。节其过乃节其水体与泽体两相过常度，泽之蓄水，平则受，满则溢，泽若不能制水则水溢出泽，水若不节其妄动而复归常度，妄动之水则没泽而失泽之体。水泽之体，不节则生祸患，故要强制行苦节。节其妄动，制其过常，苦节其陷，乃节制之思路；节卦以节制之明立德而节又以制行节，乃节卦的节制之道。

"苦节"。强制之节乃苦节，以及节制太过而有身心之苦。在节卦并非单指上六之节，乃贯穿全体的"节"之状态。苦节的目的在于止息，息其欲动从因上止陷，而妄动之"因"乃小人之欲存乎内，妄行被神识所主，再发乎行动于外，若欲动不受节制，则有水过而满溢成灾，其害在外也。之所以行强制苦节，在于小人无自制之能，无明可识神识之妄，亦不能健德转化妄识，内不能息神识妄动，外不能制其所害，只能强制苦节其身心，在强制苦节的过程中，使外受其制，内受其节，以节制之功通过立德而节转化其欲妄。应苦当知苦根，不识真心，认贼作父，执妄迷失乃一切受苦之根本。君子修身健德，内德自健便是洗心革面的过程，从内到外，再从外到内，都是在反复节制欲望，转识成智，以阳德际出而散尽阴妄，当修身健德身德有成，有了立身之本，方不受苦节之苦。

"苦节不可贞，其道穷也"。苦节要知苦根，以及节制的目的，苦节并非常道，乃防止外有存亡之危以及内有堕落之险，才施行的节制之法，要通过非常道的苦节而复归常道，使其能够和君子一样自节，苦节的过程便是修身健德的过程。苦节之所以道穷，在于苦过常则易逆反，过苦逆反，将完全失去节制对的掌控，将与复正的目的背道而驰。苦节乃化危的暂行之道，而启蒙与教化方是持久之道。

"刚柔分而刚得中"。坎阳而兑阴，上体坎为阳卦，下体泽为阴卦，阳上而阴下乃刚柔分，刚得中乃上体坎之九五以刚得中。坎以刚质柔，兑以柔文刚，下兑上坎则以阴入阳。以阴入阳乃行节制的目的，以修身健德转换阴妄，使其阳德际出而生阳刚，以阴入阳说明从外制转入内息，内妄识得息，阴妄得止，从阳正之道便无需他制，亦是从苦节转入常节的关键转换。卦中九五得中而主节，通过节制逐渐达到了以阴入阳的目的，刚主中正，以阴入阳而又以文入质，由文入质则是启蒙与教化显出功用，使苦节终结在讲习教化过程中，也是节制之道从苦节到自节的重大转变，也正是自节之转变，使全卦进入甘节的升华状态，甘美之滋溢出身心内外，使九五能配位节卦大德。

"说以行险，当位以节，中正以通"。兑主说，坎主险，说以行险，乃言节卦有存亡之危以及堕落之险，治节卦之危与险，当以节制之明立德而节又以制行节，立德而节，乃崇德而治节，依德位法则行九五当位之能，以制行节而称位节制之道，从而配位阳刚中正之德，使节卦能从阴入阳而能以制常节，以及发生以文入质的变化。

节卦以"亨"立卦德。节卦之所以有亨，在于节卦以节制之明行节制之道，使节卦能从存亡之危以及堕落之险走出来，脱离危与险，乃节卦节制之功。不仅如此，还通过止险达到了建设制度节制的目的，以优良的制度行节制，乃是建制与建序的范畴，使节卦不仅有能治险，还能通达制度建设，以此升华了节卦的治道文明，这便是节卦中正以通的通达之处。

法序之节与节之德政。"天地节而四时成"乃天地法序之节，自然法序独立不改其常度，周行不离其位序，皆乃天地的节制之道，天地正因有节制，才有形成四时秩序，万物皆在相生相克的变化关系中依存与转化，不过其常，又不离其正，不偏不倚，恰如其分。君子师从天地法序之节，应行制度之节，乃至健全制度而立德政惠民，所谓"节以制度，不伤财，不害民"便是如此。

"君子以制数度，议德行"。君子取天地节制之道，在节卦应以节制之明立德而节又以制行节。制定制度规范，尚法制则健全法制，尚礼制则健全礼制，以制度应万民，法规度量准确并赏罚分明。立制度节制乃制其外，"议德行"乃立德节其内，内外合用。

初九阳刚得正，居节之初，上应六四，为二所滞，不得其时而不可有为，初以阳在下，上复有应，为非能节者。初九在节之初应谨言慎行，以至于不出户庭而无咎。户庭，户外之庭也；门庭，门内之庭。初九阳刚在下，居得其正，非阴柔不正而需节之人，故而可出户庭，但初九不出户庭，在于初九阳刚有明而知通塞，初九上应六四，为二所滞，不得出户庭而行之时，路塞而不能成其应，初九必以刚正行不出户庭而自守之举。初九知通塞。初九以阳正应四乃正应，阳主行健，故初九行上乃为顺应，滞于二，使顺行受滞而不通，九二亦阳且居中，阳刚与中德皆盛于初，使初与四有应，却应而不通，不通在于窒塞。初九既知通塞又知固守，不损其阳明刚正之德，故而无咎。

九二以刚中之质，然处阴居说而承柔，居泽之中，当可行之时，而失刚不正，以无应承柔，知节而不知通，止步于门庭之内。户庭是初爻之象，门庭是二爻之象。九二处阴，则不正；居兑中，则失刚；承柔，则近妄。九二不正且失刚，乃失刚中之德，与九五有刚正而异，不出门庭，在于不从于五，二五非阴阳正应，故不相从，二不从五之正道，则不能节。九二失刚中之德，则凶，又失与九五主节的正道不相合，又得凶。初九在泽地，二在泽中，在泽底者水之方潴，不出宜也，在泽中则当值蓄泄之道，该泄时则泄，不可闭塞而不出。初九应塞可闭之不出，乃行蓄水之能事，二不应塞而亦闭之不出，该泄水反而蓄水，必招水满而溢之凶灾，九二不应道，在于不明蓄泄之道，亦不行蓄泄之举，该泄时反闭，焉有不凶之理。

六三阴柔而不中正，乘刚而临险，处非其位，为非能节者。六三处兑之极，有水溢泽上之穷困，处险又不谨节，说于骄侈，不能自节其妄，失节嗟叹，凶咎必至，可伤嗟也。然以柔处顺，其心痛悔，形于悲欢，能悔则有改过之几，则可无咎。六三进乘二阳，水在泽上，乃处泽溢之时，六三失位而处兑泽之极，是乃溢而不节；但六三有补过之心，补过者，迁善也，六三能迁善，则能立德而节，虽失位且有凶悔，但能立德而迁善，则能节其溢而获无咎。

六四柔顺得正，上顺承九五中正之道，是以中正为节而有节者。六四以柔正承五，故曰安节，以阴居阴，安于正道。六四下应于初，四居坎体，水上溢而无节，就下则有节，六四之节，非强制苦节，乃安于柔顺且安于正道，以柔顺之德顺承九五，又安于九五所主中正之节到，又顺又安，使其能致亨通。六四能致亨，在于顺承于尊位又安节于正道，并且就下与初九相应，初九应四有窒塞不通之弊，而四应九则有节，能使不通之应得亨通。苦节不可贞，节以安节为善，以安节为常在于正道得行，六四之亨乃正道之亨。

九五刚中居尊位，以"当位以节"成节之主。所谓当位以节，中正以通者便是九五以当位之位，行中正制节，以此通天下窒塞，从而天下悦服，人心归往。九五主制度之节而节制天下，使天下万民皆能应制而节；九五以尊位尚中正，乃立德而节，故而九五乃节卦最有节制之明者，以节制之明立德而节又以制行节，创下甘节之局面，天下皆以制节而甘美。

上六以柔居节之极，其节已甚，乃用苦节者。既处过极，故虽得正而不免于凶，固守则凶，悔则凶亡，处极用苦节而守则不知变通，处极而苦穷则自然贞凶。然礼奢宁俭，若以苦节修身，变通而迁善，有悔而终亡。五以尊处中，主制节，故有甘，上位极，不知变通而固守，则为苦。《象辞》曰"节亨"，乃九五以制行甘节，所致亨通；《象辞》曰"苦节不可贞"，乃上六以苦节行之事，得其贞凶。

纵观节卦，以坎水入泽而泽上有水立象，行立德而节又以制行节之事，卦中言通、塞、甘、苦，皆取水与泽互用互制而同体成义。下卦以泽为体，以止行制，故初九与九二皆曰不出，初九曰户，九二曰门，乃节制之关口也；六三处泽上而溢，有溢不能止而悔过，六三曰嗟，知迁善，虽嗟但能悔过。上卦以水为用，以止水流过常行其节，六四曰安，九五曰甘，上六曰苦，乃居水之上体身心状态不一也；九五乃行制节有甘，使六四以承上道而安解，虽塞而能安，乃以制行节使节而能通的缘故，上六苦节，失节道而凶。

第七十二讲　中孚卦——治诚信取信天下

中孚卦，巽上兑下，为风行泽上而诚在其的中孚之象。中孚者，持中正之道，健孚信之德；孚，取孚之破出为义，在于以志正愿，使正信以求而交感；信，取以同达信之质为成其求的正应，以孚求同应的虚实相济，发生感应之通，既通信之本，又通信之实，呈现以孚之破出正求又以信笃应的感应之道。卦中二与五皆阳而有实，在卦之全体则中虚，为卦二阴在内，四阳在外，而二五之阳，皆得其中。以一卦言之为中虚，以二体言之为中实，皆孚信之象，以此"信"使中虚成信之本，中实成信之质。其风之信、泽水之信，以及候鸟之信，皆履时序如期不失信而成信，亦可睹信而知候。

"豚鱼吉，信及豚鱼也"。中孚卦取"豚鱼"立象，豚鱼者，隐微之物；豚者，猪，坎兑同宫，坎为猪，兑亦为猪，《说文》曰："豚，小豕也。"豚者，浮于泥上，言兽之微贱者。鱼者，水之虫，《论衡》曰："鱼，木精。"鱼者，潜于水下，言虫之隐微者；泽水在下，风行之而感于水中，生其木精之鱼。以"豚鱼"隐微之物立象，为不在于物之贵贱，而在以物通诚，豚鱼为示诚、致诚之通道，以借用之物言"诚"是否有信，至信可感豚鱼便是如此。故而以豚鱼简祭示专诚，能从信由达信实的感通过程，找到中孚的孚信之本来，便是立卦之德。

中孚立"豚鱼"，萃与涣皆立宗庙，皆以借用之物行收神取信之能，而中孚立豚鱼犹在言诚，萃与涣又以诚为基，行感格之大用，故以庙尊贵区别于豚鱼之隐微，在于示礼之品格。宗庙多用在祭祀、册命、重大礼仪、议政、卜筮等国家仪礼上，以礼之庄严，象征国家政权的崇高，而非宗庙规格之祭祀，则用享。豚鱼比宗庙，只要以至诚为原则，以孚求之正而达信之实为尺度，豚鱼之享，要比宗庙之仪礼更简洁与简便，同样是器用，宗庙以国器有用之重，豚鱼以微而常见有用之宽广。在感格之用上，豚鱼多言立诚达信，通诚取信的目的最重要，宗庙多言收神制礼，立德范、凝人心最重要，皆是用用享而达孚信的借用之物，只不过建立感应的方式不一样，其取孚信言感应的通道和原理都是一样的。

化邦之道。宗庙乃凝精神、立德范之重器，用之于国；豚鱼乃示专诚、达孚信之利器，用之于简；两者互通，则是轻重皆宜、专诚贯通、孚信笃实的化邦之道，既有国之重器，又有民之利器。中孚之道，大可交通天地，感通神明，小可存乎豚鱼，立于微小却能达孚信之大义，正是以小诚通大德、以大诚范大邦而正邦之礼器。

中孚之吉，吉在持中正之道，健孚信之德；吉在持豚鱼立象，得感格之道；吉在以感格通重器，立于微小却能达孚信之大义而正邦；吉在以孚之破出正求又以信笃应；吉在专诚在小内，感通在大外；吉在有乘木舟虚之利，而有利涉大川之行；吉在以小诚通大德，以大德范大邦。中孚之利贞，从信由达信实之过程，以正和信之笃实贯穿所有，又能通他卦之全部，为易体言利贞之范式。

"利涉大川"。中孚卦之所以言"利涉大川"，既治孚信有成，又得舟楫之利，以感而遂通而无往不胜。其孚信有成，既在于以豚鱼之简祭，祭而能感天地神明，又在于卦体化物之功，卦中三四两柔在四刚之中，阴居内则体虚，体虚则能受，阳得中而诚，阳以诚施，阴以虚受，阴阳相济而成其大体，而且九五中正，以孚诚而无所不达，故而有应天之谓，以诚而求，故能应。舟楫之利者，震为乘、主虚，巽为木、为舟，兑为泽，木在泽上，外实内虚，而成乘木虚舟之象，内虚可载人，外刚则浮于水，以刚柔相济，而乘舟利涉大川。

"乘木舟虚"。从豚鱼之由来，可知身边万物皆可类豚鱼。豚鱼之用，在于至信可感豚鱼，如何取象以及取什么象，只是取木作舟，又以舟之用虚而达实意。舟之用虚便是取象而立意后，其舟之用已完成，用虚反而更利致远。俞琰曰："巽木动于兑泽之上，有乘木之象，四阳在外，而内函二阴，有舟虚之象，舟虚则无沉溺之患，而利于涉险也。"人心中能孚信于豚鱼，则无所不感矣，只要建立示诚之仪礼，致诚之通道，专而诚之敬意，便能随时随地感诚，亦得随时随地之用。在卦中，以"虞""燕"察其志，以"鸣""音"循其声，以"鼓""绝"寻其迹，以"孚""挛"体其愿，皆是立诚而感应之道。观象而立意，立意而通辞，一体同观，分而察之，以"乘木舟虚"之利，利涉大川且孚以化邦。利涉大川在于万物可用感诚，以诚之小，通大川之大，持正道，占凶吉，才能真正执孚诚而无所不达应乎于天。

初九居下，宜静而自守，忌动而应上，处中孚之初，应度其可信而后从，信从而安才能得吉，不然虽有至信，若不得其所，则有悔咎。虞者，先度后安，贤度其信，得其信从之而安，故"虞"不能单取度义，亦不能单取安义，故虞度而后信，信从而安，得信并得安则吉。既得所信，则当诚一，若有他，则不得其燕安；他者，指九二，初应于四，为二所滞，往见不安，静居守常，无意于四，则心不失而志未变。燕者，安裕也；有他，则志不定，人志不定，则惑而不安。初九安处于下，不假他求，宜自安虞，无意于四则吉，故曰虞吉，有意于四则不安，苟变其志，动而求孚于四，则失其安，故曰有他不燕。

九二刚中，有中孚之实，九五亦以中孚之实应之，但不取应，故二成孚之至者，二近比于初，是"鹤鸣子和"之象，孚至则能感通，鹤鸣于幽隐之处而不闻，其子相应和中心之愿相通。二五同道，刚中质朴，心志相通，是"我爵尔靡"之象。鹤者，阳鸟而乐阴，善鸣，取震象；震者，先天为阳，与坤、艮、坎同方，谓阳中阴。鹤之阳鸟，夜半感水之气，益喜而鸣。子者，指初九，初承二，象二之阴，故取父子象。爵者，酒杯，吾，指九二。尔，指九五。靡者，消散。愿者，质朴。鹤鸣在阴，伏幽暗而益喜鸣，夜半鹤鸣，幼鹤回应，其子和之，物相感也。我有好爵，吾与尔靡，意相通也。鹤鸣子和与我爵尔靡，其物相感与意相通，皆感通之随；出乎隐幽而及于远者，同声相应，发乎心意而通于道者，同气相求。

六三阴柔不中正，以居说极，失位乘刚，欲应上而阻隔于四，两阴虽虚中但相处不睦，致阴阳不能唱和，是"得敌"之象。得者，三应上；敌者，对敌，谓上九信之穷者，三应上得四滞其应，应而难合，无与生怨。鼓者，动也；罢者，止也；泣者，哭也；歌者，乐也。震为鼓，艮为止，震艮互覆，是"或鼓或罢"之象；兑为歌，巽为泣，兑巽互覆，是"或泣或歌"之象。六三阴柔主兑，为卦辞"豚鱼"所指，微贱且愚，不能自感，又有"得敌"信穷之应，乘刚不安故不能自主。感于乐则或鼓或歌，感于悲则或罢或泣，人唯信不足，故言行之间，变动不常如此，无论是应物而动，还是感物生心，动息忧乐皆系乎所信。卦中诸爻皆三上有应，有应而动于外，非得孚；人心动于外，则忧乐皆系于物，不能坦然自安，背离了先得安再同应的中孚之道。

六四居阴得正，居近君之位，以正得上信之至，以当孚之任者，成孚之主，为月几望之象。月之几望，为信盛之至。马匹，谓初与四为匹；四乃绝之而上以信于五，故为马匹亡之象。月者，兑主月；既望，主农历十六月相。马者，行之阳物；马匹，意指初九；马匹亡，不能应阳也；绝者，割断；类者，群丑，指六三。初上应四，而四亦进从五，皆上行，故以马为象。四应初遇三为滞，唯绝其群类，近比九五，同道相守，如此则无咎。月既望，以阴位受阳，为四亲于五；马匹亡，无有私群，失初九，远初之象；古者驾车用四马，不能备纯色，则两服两骖各一色，又小大必相称，故两马为匹。绝类上，远六三。得敌匹亡，其道相反，《象辞》言柔在内，柔居内谓信，而爻取义则反其道。

九五刚健中正，履中孚之实而居尊位，下应九二，与五同德，中正应天，孚诚应人，天下信而拱之。处中孚卦六爻唯九五言孚，以中正之德，发至诚至信之心而交于下，其有孚挛如可固结天下，以挛天下之心，故成其九五的成孚之主。挛如者，互相牵系而挛结。九五有孚，在于中正之履尊位，处中诚以相交之时位，既得时位之利，又得有孚挛如之德。九五得孚，以孚感通天下，孚之道，无所不同，亦无所不感，九五以为君之道得孚，上下内外皆以诚信相通，得其专诚在小内，感通在大外，心、物、天下均有孚挛如而一体。《象辞》云"孚乃化邦也"，正是九五挛如固结天下，且通天下君子之志，以孚信同志而化邦之时。

上九居卦之上，处信之终，信终则衰，忠笃内丧，华美外扬，居穷极之地，是无纯诚之心，笃实之道，徒务其虚声外饰，居巽之极，为登于天，鸡非登天之物，而欲登天，信非所信，固守而不知变，安能长久？翰音登天，飞而求显，鸣而求信。翰者，鸡，木蓄，丽于阳而有形，取巽，《礼记·曲礼》云："羊曰取毛，鸡曰翰音。"鸡振其羽翮而后出于声，翰音也。登者，上升，取震上于天，上九居天位而乘艮，是登天象。上九穷极，鸡鸣之声登闻于天，贞凶。翰，高飞也，飞音者，音飞而实不从，皆矫伪为尚，如鸟之飞登于天，徒闻其虚声而已。徒闻其虚声，在于欲盖弥彰而无孚，同样有"音"，九二鹤鸣在阴而子和，上九飞鸣而登天，其道相反。卦以立"豚鱼"为德，以简祭而贵在其示诚之质，翰音登天，声闻过情，掩其质而失所信，违背中孚之道，反其性情则为反其质背弃诚，所谓"文蔽质而文浮华，终于不文；质掩文而质粗野，终于无质"便是此义。

纵观中孚卦，初九"有它不燕"静守得安；九二"鹤鸣子和"同类相应，初九与九二两阳皆明，居中虚之内，以先得安再同应而得中孚之道，得安得专诚，相应从信求达信质；六三"鼓罢歌泣"应物而动、感物生心，六四"丧马绝类"阴受阳光，以四亲五，六三与六四两爻虚中，成并驾齐驱的得匹之象，三四得匹使中孚以虚中而见孚之本，因孚之本而全卦得孚，此为得匹之利，在乎全卦，从爻位而言，三四又成敌，四以"绝类上"亲五远三，以"马匹亡"失初九不能应下阳，但亦志五而孚信是从；九五"有孚挛如"以同道相守而挛系天下，以大志得大孚；上九"翰音登天"华美外扬，掩质失信。九五与上九两阳居外，九五得大孚而上九失孚，从一位大得而又一位大失，可知中孚之道贵在示诚之质，得诚、得志方得中孚之道。

第七十三讲　小过卦——矫正有过求无过

　　小过卦，震上艮下，为山上有雷而声过其常之象；为卦四阴在外，二阳在内，内实外虚，有飞鸟之象。山上之音，非雷震之实，乃飞鸟遗音之声，闻声响于山之高上，却不见其鸟，虽有声但信不实，致使声亦虚，其声虚与信虚而致不实之过。不实者，失孚信也，小过不见震之实信，而闻鸟之遗音，使其阴多实小，感应空虚，徒闻其虚声，不见其雷震之信。飞鸟遗音与翰音登天类同，皆声闻过情，华而不实，且小过伤正更加无孚，无孚而动更加致过。小过者，过之小也，言小必有阴，言过必伤正。小过者，乃以阴伤正，使其动而"过"其常度，失位，过其常度伤正位而致过错，言小过，为过错尚小，未及祸变，伤正尚轻。

　　"小过，小者过而亨也"。小者，阴也；小者过，乃阴过阳也。阴过阳致使阳正失位，本无亨通可言，然正是因有小过之对照，才知失正与失位，以有过求无过，有小过而改之，使阴过阳失中亦失亨得见。

　　"过以利贞，与时行也"。过者，小有过错，以小过伤正与失位之对照，方知守正利贞之好，过以利贞，正是小过卦以有过求无过的利在归正之道。小过卦以有过求无过，必知致过之因，从因上治理，明大时，而治小时，大时者，为阴长阳消之时轴，而小时者，便是小过卦自身，当不可与敌大时，则顺其"与时行"而治其小时之体，亦如姤卦与遯卦，皆有制阴与止阴之法，亦能形成止阴之道。小过有大时亦有小时，大时顺承阴之过使阴过有亨通，小时止阴得贞正，皆为与时行也。

"可小事，不可大事"。卦之二五，皆以柔而得中，阴者小，柔中有德，故可小事，亦利小事；三四皆以刚失位，阳者大，刚失位且不中，无德亦无政，大事不可为，故不可大事，更不利大事。可小事不可大事者，乃小事可有过，小过可济、可改，利在小过可归正而致亨通，大事不可过，大过则伤害犹大，牵连甚大，危害至深，大过成难体而不可济，除变革取新外更无有更改之处。小过是祸，大过成难，所谓祸小易止且易过、难大难止且出入无期便是如此，故可以小过而利小事，不可大过甚至过之犹甚。

"飞鸟遗之音"。小过卦以飞鸟取象，其卦四阴在外，二阳在内，内实外虚，有飞鸟之象，艮主鸟身，巽阳象左翼，兑阴象右翼，以震之动而飞鸟振翅；鸟之飞，其声下而不上，故能致飞鸟遗音之应。飞鸟遗之音乃致小过之因，在于飞鸟遗音之应乃应其空虚，闻声响却不见其鸟，声虽有但信不实，信不实则害中孚；循音辨形，乃虚中又捕影，非君子之信达；飞鸟成象，为阴胜阳，乃以文掩质，声闻过情，华而不实。鸟成象，以阴胜阳，未动先有过，再动又致过，闻声捕影虚而又虚无信实，害其中孚而伤正，过上加过使过而失位。处小过卦，观飞鸟遗之音，不能只知飞鸟，而不识过之因，不知正之度，位之中，卦示以兆，如飞鸟之遗以音，不能只见表象而不达实质。

"不宜上，宜下，大吉"。卦中二五皆阴，以柔中处位，二承阳，下以顺，得宜；五乘阳，上以逆，得不宜；阴在阳中，阴逆，阴在阴中，阴顺，顺则大吉，逆则过之。卦中阴胜阳，为上逆而下顺，观飞鸟之象，上无止戾，翔于天而无所措，下有栖宿，集于山木则身有可安之处，故上逆下顺有因亦有时。拟诸人事，高亢者失正而远于理，卑约者过不远而得正近乎人情，故而宜下大吉，吉在远害得利。高飞过奢有凶，行恭行俭则得吉，舍"翰音登于天"之华美，而就音实信实之孚。

初阴柔在下，小人之象，小人易躁而动，上应九四，四处动体，以动应动，为动而过者，其过如飞鸟之迅疾，动而过常，则飞鸟以凶。初六阴而卑下如山下虫，四飞动在上而有羽，"飞鸟以凶"乃羽虫之孽，虫与羽皆躁疾如是，过之速且远，虫宜伏静在下，羽动亦宜下安身，动而过常，救止莫及。飞鸟，阳之禽而用阳之行，宜下反而动上，宜栖宿安身而飞动于上，且虫鳞之类以其应，亦舍蛰伏而动于上，所以致凶。如何者，奈何也；不知如何，乃无可奈何之谓。之所以无可奈何，在于羽虫不识时宜，更不知动静。

六二柔顺中正，以柔承刚，进则过三四而遇六五，是过阳而遇阴。阳之在上者父之象，尊于父者祖之象。四在三上，故为祖。二与五以柔中之德相应，虽以柔承刚，却不从刚，故过三四而遇五，为过其祖也。所应之五，阴而尊，有祖妣之象。二与五以柔中之德相应，但其位不应，二不应五，离阳远尊，为过祖不及君者；二五又以柔中合德而应，两阴相得，为遇妣遇臣者。曰"祖"曰"妣"者，乃阴阳大小之分。六二不及六五而自得其分，是卜及君，而适遇其臣，不及其君遇其臣，谓上进而不陵及于君，适当臣道，则无咎也。无所不过，故二从五亦戒其过，皆过而不过，守正得中之意，以此得无咎之道。祖妣作阴阳之分，乃阳亢而阴顺之谓，过祖遇妣，是去阳而就阴，去亢而从顺。过其祖，不可大事也；遇其妣，可小事也，适当臣道，则无咎也。孙行而附于祖列，疑其过矣，然礼与位皆要求适得其分，守柔居下，不失臣道，虽无应于君，却未不敢仰于君。

九三以刚居正，为众阴所忌恶者；小过体以阴过阳，在小过失位之时，三以刚独居正，自恃其刚，不肯过为周防，有遇戕害之象；言戕害者，以阴过阳而害阳。九三重刚不中，虽与上六有应，但遇九四以阳滞于其间，是志欲往而身见戕者，必其慎防己过。言防者，为既防己过，又防阴害。防己过，为正己道，在防小人之时，正己为先；防小人，小过以阴过阳成过，故小人多且成群；三于阴过之时，以阳居刚，为过于刚，过刚出小过体，亦戒其过刚，三处位不中，故过刚亦为害。三虽有阴害和过刚之虑，但仍不失正，故无必凶之义，所以言“防”，且能过防则免凶害。过者，过越，超过。防者，预防。从者，远亲，三代之上始谓祖，曰“祖”曰“从”，指上六爻，九三应上六，应而从，上六居远。或者，可能。戕者，戕害。小过卦阴过致过，九三阳过亦或致过，故均只可小事，不可大事。

九四以阳刚之才，以刚处柔，为刚不过者也；当过之时，以刚处柔而过乎恭，乃无咎之道。九四比五迫于君，以阳迫尊，往之有险，往则过矣，故有厉而当戒。九四以失正之位应初则滞于三，弗过遇之，言弗过于刚而适合其宜也，故云“遇之”，谓得其道；往则有危，必当戒惧。勿用永贞，阳性坚刚，故戒以随宜不可固守，应随时顺处且能适时所变。

六五以阴柔居尊位，又当阴过之时，虽欲过为，却不能有为，如密云而不能成雨。六五位尊居高，乘刚失应，不可大作为，乃弋取六二以为助。密云者，阴之气；不雨者，两阴相得，阴阳不和不能雨；密云不雨，乃小过阴气胜阳。我者，彼之对，六五也。西郊，少阴之方，兑也。两阴相得，故不能济大事。公弋取彼在穴。公者，王公，取震王。弋，缴射，谓以绳系矢而射，震为射，巽为绳，弋之象也。取者，射而取之。彼，六五之对，六二也；取彼，乃往而取之，为将有行也。穴，鸟巢，山中之空，中虚乃空也。穴者，处阴居下而虚中者，指六二之位，所以隐伏而在下。五与二本非相应，乃弋而取之，五当位，故云公，谓公在上，公以弋缴而取穴中之物，乃同类相取，虽得之，却密云不能成雨而不能济大事。小过有飞鸟之象，故曰取彼在穴。

上六阴柔居动体之上，处阴过之极，又居震之上，其飞已高，动皆过之，又过而不知止；过动而不能止，以至于极亢，必遭罗网，故曰"飞鸟离之凶"也。弗遇者，不能有遇，或不能以理而遇；过之，阴之极，亦过极。离者，过之远，亦为罗网。灾眚者，伤害曰灾，妖祥曰眚，灾者天殃，眚者人为，皆乃灾祸之谓。亢，过亢，取上六位。上六以小人之身，过而弗遇，必遭罗网。上六应九三，五滞其行，犹鸟飞而无托不能返下，必离缯缴，故而过亢又过远，过而不知止，是当有灾眚也。

纵观小过卦，以飞鸟遗音立象，以过遇不及系其辞，以"不宜上，宜下"立体，以上逆下顺立凶吉，以"可小事，不可大事"行用，虽言"过"，却在于以有过求无过，观其过，却重在时与位，时有未至，位不正，皆"不及"，故处小过，宜守正安本分，以遇正得中行其恭、俭。初与上同为飞鸟之象，初六位卑志高，以"飞鸟以凶"不宜上；上六居亢且处极，以"弗遇过之"不能下。九三与九四以二阳居之，九三过刚居上，不能自下，有戕身之祸，九四居柔能下而无咎，从处位而言，九三应舍应取比，九四舍比取应。六二柔顺中正而承乎阳，为下顺，六五以阴乘阳上，为上逆；六二以"过其祖，遇其妣"，因位制宜；六五以"公弋取彼在穴"，因时制宜。

治小过，必矫其过使其正。致过之因在于阴浸阳之弊，阴盛而阳消致使正固不利，故而止过在于制阴与止阴，止其坏德政风尚的不正之风；又因阴伤正，伤正害中孚，无中孚则乱正，位乱则致小过，止小过之过位，则需矫正过位到中位，行使中道，得中德则无咎。

第七十四讲　既济卦——诸体皆济思豫防

　　既济卦，坎上离下，为水火相交而既济之象。为卦水在火上，水遇火而不涸，火遇水而不灭，在于水火互制互用，水火在卦体以本性制位，再以位制用，使其能各当其用又各安其位。水性润下，火性炎上，水润下得火则能止下，火炎上得水则能止上，水火相交而刚柔正，水火得位，刚柔得正，乃既济卦时、位、体皆得其常度。既济卦因六爻各正其位，而位序井然，以位序得正而既济之名正其他卦体。既济，乃事之既成，济时又能济位，济时在于既济之刚柔恰当其时，济位在于水火各正其位。既济水火定位而六爻正位，位能正，则正序可出，以既济卦济其他卦体，能使八卦以本性制位而生正序，从而依正序得治道。既济卦以正位而正其他卦体，显诸仁，以水火得用而八卦齐用，藏诸用。

　　既济卦以"亨"立卦德。无论是六爻正位之亨、坎上离下相交成体而互制互用之亨、既济有事成得济之亨，还是以既济济其他卦体之亨，乃起于水火定位而由小向大之亨。也恰恰是水火定位在既济卦体发挥的作用，使其亨者小。不曰小亨而曰亨小，在于所亨者乃小事；五刚二柔之卦，通常利小事而不利大事，君强通常不能下贤而君臣合功。亨者小事而不能得其大用，在既济体水火相制相用决定了是否利大事的格局，水火各有其性，以相制来相用的既济卦，便不能完全发挥水火之大用，以相制克制其功，亦能使相害藏匿其中；正因如此，使其既济卦济其他卦体只能行其"配角"或"助力"之功用。在既济卦体中贯穿了未济之体，当时、位不予时，既济之局面亦会反转到未济，使其事成变成不成，有功变成无功，这便是在相制相用的矛盾体下需用豫防之明，时刻关注时与位，否则就不是亨者小，而是有诸事不成的未济之患。

"利贞"。既济卦之所以是既济事能成而不是未济事不成，就在于既济卦既得其贞正，又利正固。正位定序一事，事关重大，且以一卦之利贞，事关他卦是否贞正。

"初吉，柔得中也"。六二柔顺文明而得中，以柔中之德上应九五，以柔善济居下体而成既济之功。便赋予了卦体利贞且亨通之能，六二用柔，正是与君子行健刚柔并济而得正济之功。

所谓"初吉"，在卦中初九得义无咎而吉，初九取狐涉水立象，狐涉水必翘其尾防沾湿尾巴，所谓濡其尾，身见危，便是如此；狐为阴物，狡诈多疑，狐之行皆有不正之患贯穿，其未济卦的未济之患便是不正所致，在于狐类阴妄刚强不识正道，阴而不正且又不从正，而致诸事未济；初九以曳其轮，止其行，乃止不正之行，当曳其轮止其不正之行，便能在初始得正，且又有各爻当位以制诸多不正，使其初见吉。初见吉，在于既济卦行豫防之明，从卦之初始便豫防不正之行，察妄于初始，纠不正于正，止不正于初，再从六二柔中之德，两相用功，以正既济之义。

"终止则乱，其道穷也"。上六以阴柔居卦之终，既居坎险之上，又得濡首之危，两凶相加，使其不仅不能得济，还因陷身濡首无法行健，失明又失志，以大失君子之道而道穷，不得既济之用而治穷。所谓初吉终乱，其治乱相倚又相用，诸卦有物极必反之理，既济亦有未济之变。初为始为本，上为终为末，始吉于锐，在于初九有止患之明，自守而自健，藏锐气于位；终乱于怠，在于上六不能行豫防之明，把祸患终止在未发之初，行怠于日常，违背既济敬慎之义。

"君子以思患而豫防之"。行豫防之能当治豫防之明。豫防之明乃君子九明之基石，豫卦统领君子九明乃明德之高光，而只有做好思患豫防方能在避灾免难的基础上健他明且升华其德。既济卦非求一卦之既济，而是放眼易之全体求诸卦之既济，故而肩负诸卦之卦责，既济以水火互制互用而安位序之象，明其卦义，以昭他卦能济用既济之思想。所谓既济之思想，从安位序来言，德位法则才是济通所有卦体之髓，在德位法则下行德治而生德位治则，使诸卦皆能据"位"而治；从水火互制互用来言，行居安思危慎终如始豫防才是治道之必须，只有在脱灾免难的基础上方能如常地践履正序，方能以正位而正其他卦体，成其德位治则德化天下的大治之功。

初九阳居下，上应于四，处离体而有进锐之志，离火炎上，必汲汲而欲动，然处既济之初，进不已则及于悔咎，故以濡尾而曳轮，轮所以行，倒曳之使不进。以濡尾而曳轮，可见其用力之难，虽难但亦止其行。曳其轮，濡其尾，乃初九止进锐之行，初九止行乃得既济豫防之明。初九处离之下有进锐之志，然值进取之时却曳轮止行，在于兽之涉水必揭其尾，防沾湿尾巴而身体下沉，尽管谨慎如此，但狐类涉水而行，乃阴而不正之行，初九以曳其轮止其行，乃止不正之行。曳轮则车不前，濡尾则狐不济。既济之初，谨戒如是，则获无咎之道。

六二以文明中正之德，上应九五刚阳中正之君，宜行其志。然九五处既济之尊位，事皆既济，不能下贤以行其道，故二有妇丧其茀之象。六二以阴居离之中，故以妇言。茀者，车茀，乃妇人出门以自蔽者。丧其茀，不可行矣。古人乘车，妇人坐乘必有车茀，丢失车茀，则失礼而不可行。六二以柔中之德，自然不违出行当有车茀自蔽之礼，然车茀丢失，则不能冒失礼之险而前行；况且二不为五求用，无君命可促其前行，故而于礼于君命皆决定了六二不得行，如妇之丧茀。勿逐，六二必以中正之道尊礼勿逐，逐则失礼，勿逐则需自守而不失中正；爻有六位，七日则变，乃自守而待时变。

九三以刚居刚，居两离之中，以刚健有为之主而用刚之至，远应上六，既济而用刚如是，乃高宗伐鬼方之事；高宗乃商中兴之君，振衰拨乱，自未济而既济者；鬼方，殷周西北远夷之地，指上六。三年克之，于时久矣，言其久而后克，于事艰矣，时久且艰，故不可轻动亦不可大意；三年，言其济甚难，故应思患而豫防之。小人勿用，戒才、德皆不能济者行师，在于求事既济之成，以及事成侯保济之事。伐鬼方而克之，用时三年，被战事拖累而极度疲劳，之所以累，在于两坎相连而陷战事拖累。

六四以柔居阴，在济卦而水体，故取舟为义。繻有衣袽，豫防之具不离舟车，乃衣袽所以备舟隙也。六四居多惧之地，出离入坎，虽在既济之体，但既济以互制而互用，其相害亦藏匿其中，故而罅漏必生，六四能见罅漏之患，必思未济之事，乃以既济而未忘未济之难也。故而六四为能豫备而戒惧者，当既济之时，以防患虑变为急，尤其是值舟有罅漏之患，备衣袽便是防患，有备而无患便是如此。既济之时，各种事既成条件齐备，能生豫防之心且行有备防患之举足矣，六四值既济如此防未济之患，本应有吉，但因过疑使其生疑疾，便得不偿失。

九五中实有孚，六二中虚有受，故皆取祭祀为义。东邻，阳也，谓五；西邻，阴也，谓二；杀牛，盛祭也；禴祭，薄祭也。盛不如薄者，乃卦时已不同，东阳西阴，言九五居尊而时已过，不如六二之在下而始得时。东邻盛祭，不如西邻薄祭。九五盛极则衰，六二自守虚己有进。所衰者与所进者何？乃德也。九五在凡事可济的既济体中，居功自傲，不知礼敬六二下贤，值既济而盛极时必衰，其德行必有所损，况且既济卦体只能小事得亨，大事尚未进益，九五却不知用治世之贤来谋既济之盛世，必当大失既济之时；反观六二以小失大得之明，自守修持，健德于内，虽行禴之薄祭，但以专诚取胜，自然实受其福。

上六阴柔居险体之上，处既济之极，为狐涉水而濡其首之象。既济之终，穷至于濡首，其危可知，而小人处之，其败坏可立而待也。物盛则衰，治极必乱，乃理之常也。上六处既济之终，既济之道已然穷极，至穷极时，又涉险而濡溺其首，其危厉又有极。所谓初吉终乱，上六必乱既济之体，以至穷极而反于未济。既济终乱在于治不思乱，安不虑危，不能行豫防之明而防微杜渐。以卦时言之，初为始为本，上为终为末；以成卦言之，上为首为前，初为尾为后。九三用甲胄，行兵戈，用刚克强，虽三年克之，但亦陷战事拖累而疲惫至极，事虽既济，但消耗过大，亦损其自身。既济之用，在于互制互用，犹以自制为吉，如初九曳轮止行知自制而自守。

纵观既济卦，以水火相交立象，以"亨"立卦德，以水火互制互用使其能各当其用义各安其位，故而能显诸仁、藏诸用，既济一卦得济，而能济通所有卦体，究其因在于既济卦有安位之能，正位而正序出。履卦确位且以位贯穿诸卦，使诸卦皆能确位序，既济又以安位贯穿诸卦，可谓得其终始，故而既济得其终始之功。纵然既济又功，但仍以戒惧系其辞，在于虽得既济安位正序之功，更应居安思危慎终如始而行豫防之明。

初九"曳轮濡尾"止其动，乃思不正之进而以曳轮止行，明患而行止进，实乃思患预防之明举；六二"丧茀勿逐"缓其行，以事行警惧而受其福，缓其行，行恭敬撙节退让明礼之事，又有自守之修持而得中道；九三"小人勿用"戒其终乱，用甲胄行兵戈终消耗过大而疲惫至极，必须升发刚强锐志方能克强；六四"繻有衣袽"戒其始终，思坎险防陷而行有备豫防，六四能自制亦能履正位，从而能行事先行有备之豫防；九五"实受其福"得既济之时，以尊居既济，行专诚之祭，以中实有孚化解了诸多失时之矛盾，既有思患豫防之功，又有持盈保益之道；上六"濡其首"存危厉，历险而不虞患，则至穷极而反于未济。物盛则衰，治极必乱，既济卦体中贯穿了未济之体，当时、位不予时，既济之局面亦会反转到未济，使其事成变成不成，有功变成无功。

第七十五讲　未济卦——未济当行志求济

未济卦，离上坎下，为水在火下而未济之象。为卦离上坎下，火在水上，火炎上与水下润而不相为用，水火两不相交亦不相济益，故为未济。未济离中六五阴为小，坎中九二阳为大，以此前小后大的立狐之象而取"狐"象。狐为阴物，狡诈多疑，惧雷电之阳正，震雷之大威德在上严苛其乱正乱法序行为，故狐类行战兢之惧。未济者，乃事经过"几济"的过程后仍未成，因时不与、位不当、体有终等因素成其未成之果；时不与，"小狐"未练就老成之小时，又值惩恶制阴之大时，使"阴类"战兢行事，小狐以壮勇冒进之行，反而濡尾，致未济；位不当，未济体上下卦体失位，六爻亦皆失其位，践行诸事最终将因福德不足而未济；体有终，以未济卦列六十四卦体之终，既在于阴类行未济之事本有终，又在于以未济继承其复始之义。

未济之患乃不正之患。未济阴"狐"之类，乃德政难以教化使其从正之类，以及治刑理狱之道难以驯服之类，在经过观卦德化与噬嗑卦刑化后，其阴类亦不从正而致使诸事未济。阴安刚强不识正道才不能从正道，阴而不正且又不从正，才是未济之因，纵然经过"几济"努力之过程，却未走在成事的正确道路上，其方式方法皆与正道相背，故而难改未济之果。未济之果并不可惧，可惧的是阴而不正且不从正之内因，不仅会导致事不成，且在阴类环境中，邪会滋长，恶将复生，致使诸卦皆有履灾遭难之恶果。

未济立"亨"为卦德。未济贯穿了致亨通之理，便是从未济得见不正之内因以及未济应从正而治。未济通"正"理且进志而从正，治阴类健德从阳，才是未济能亨通的关键。以未济继承其复始，乃成其卦体之终始，亦是未济卦亨通之所在，以未济之终启通往既济之始，而得既济必然从正道而合法序，在正道与法序的正确道路上，阴类能顺大观德化而服并健德成为德君子。

"小狐汔济，濡其尾，无攸利"。未济全卦取小狐濡尾而未济成象，小狐者，乃阴类稚嫩者，尚未练就履冰而听的老成本领，乃未得成长之小时，以"小"言之。其壮勇之汔，乃小狐自壮其胆，以无知而盲勇，未能畏慎，故勇于济，再经过几济之努力，仍濡其尾不能济。小狐未像老狐老成而勇于济，乃不知行慎而盲勇，为阴而不明；经过几济仍濡其尾，乃成济的条件未能具备，其时不与、位不当、体有终等因素成其未成之果，乃未济卦体的大局所限，以阴类之属性，在如此不能成济的大格局下，又不能行慎，再多努力也不能突破未济而成卦体，其内外精气神皆被卦体所限，如同卦体封印。

"不续终也"。未济卦诸事不能济，无成事之因，亦无施济之功，阴类趋小利亦难得，初六以阴柔居坎之下，拘于智识不明且力微，始不知行慎，终则必濡尾。终者，果也，以什么样的因种什么样的果，阴而不明的盲勇之识乃行动之因，便造就了不续终之果——诸事未济。

"君子以慎辨物居方。"未济卦水火两不相交亦不相济益，水不能得火用，火亦不能得水用，以不相济之体再行两不相用，可见未济无成事之体。未济不能成事之体，实则贯穿任一卦体中，尤其是在不正致灾祸的发展过程中，是否以正止邪和以阳正阴决定了未济与既济的两不确定性的走向。若行正，则能使不正能正，而灾祸得治，卦体得治道；反之，不能行正，任其不正势长，则灾祸愈发深重，卦体相互关联与转化，使诸卦皆贯穿了未济的因素。故而未济必求济，而求济必从本因上入手，从不正之患治之，使其从正并得正。

初六以阴居下，处险而应四，当未济之初，有应则志行于上，而四居位不正不能援之。全卦以狐立象，又以小狐涉济观其象，以濡其尾成未济之果。初六阴柔居下，如小狐而未长，其智识尚弱，处险而不知，且不能安其居，反而以求应而行，以处险行险应四，四之位又不正，以失正之姿不能济小狐之智，任其小狐渡水，终致其濡尾。小狐濡尾的未济之果里有其未济之因，小狐之"小"乃未得长大之时，且小狐乃阴类稚嫩者，尚未练就履冰而听的老成本领，居成长之小时而妄动，本身就有凶险，有险而不知却要涉险，不以慎行，更不得其行法；初六以阴妄动而行在于应四而动，而四失位，无位可济初六，不能引援济之。

九二阳刚居中，上应六五，为力足以济者；然处未济之时，又身陷坎险，不可以大用，故曳其车轮，不敢轻进，唯恭顺以待时，中正以行，乃为吉也。在他卦九二居柔又得中，无过刚之义，而在未济卦，二以阳刚之才居相应之地，为当用刚者，五尊而柔，若九二不用刚则诸事未济，九二爻有"中以行正"之贞吉，故为力足能济者。九二用刚行中正而济时，犹当尽恭顺之道，故曳其轮，杀其势，缓其进，以此戒用刚之过也。曳者，拖拉。轮者，车轮。曳其轮，乃缓其进势，九二利用刚行中正，但戒其用刚太过。

六三阴柔不中正，失位居坎才不足济，居未济之时，阴柔非能济者，故明言未济征凶。然以柔乘刚，将出乎坎，有利涉之象，行则凶，必出险而后可征。六三未济，为居坎而犹在险；征凶，为力不及再涉险求渡，必遇凶事；利涉大川，有当济之时。六三居两坎之间，言济则进退维谷，唯有承刚应阳以济阴柔，六三上有阳刚之应，若能涉险而往从之，则济矣，故曰"利涉大川"。六三以柔乘刚将出乎坎，必待时而济，居坎易陷，不进则亡，故只当进，进而有阳如大川拦路，看似无路实则可涉，从阳涉大川则是六三可济之道。六三阴柔见九四为"大川"拦路，心生惧忧，实则九四以刚阳大川阻陷，阴易陷而大川不易陷。

九四阳刚失位而不正，以大臣之位近迫阴柔之君，当有忧悔也；然五为虚中明顺之主，使事可施。震用伐鬼方者，震动而使之惊畏也。震者，雷震之威，在于震有大威德，其惊惧甚远。用者，施行之；伐者，征讨；鬼方者，乃殷周远夷之国；三者，三年功成。震用伐鬼方，乃用事之时已至，且九四以大臣之位行事而力能及，故所行有正，正是正固其志而持正施行之时。三年功成，且有赏于大国，乃以既济之成济未济之体。初六濡尾未济之果，乃无成济之善因，且诸阴皆不正而不善；九四行贞正之道，以善因行征伐之正，而得三年成功之济。由此可见，因善则果善，因不正则果亦不济。

六五为文明之主，居刚而应刚，以六居五，亦非正也；然六五得中，虚心以求下之助，得九二阳辅，有刚柔相济之功，以此而济，则无不济也；既得贞正，故吉而无悔。五为文明之主，故称其光，乃离之明。五以光辉之盛，信实而不妄，功德俱足，故吉而又吉。六五失位居中，比四承上应而，取信三阳，有信实而不妄之象。六五贞吉在于有德，无悔在于贞正，有孚吉，在于有刚柔之功，其晖吉，乃从未济得既济而有庆。

上九以刚明居未济之极，刚极而能明，时将可以有为，居未济之极，非得济之位，无可济之理，则当乐天顺命，饮酒自乐，而处无咎之道。若纵而不反，如狐之涉水而濡其首，则过于自信而失其义。何为纵而不反？为居乐而不知节制，放任其饮酒自乐，无担刚之责，则复濡其首。上九有刚明之德，是内有孚也，故曰"有孚"；"有孚"于饮酒，乃知时势而以饮酒应对，上九居明之上，有明之极，有明则识时势，知处未济之极无有可济之理，更知如何应对，故安享无为之乐而应对有为。爻辞先言饮酒之无咎，后又言饮酒有濡首之失，乃时不同而所为不同，饮酒无咎在于有识时势之明，未济不能济时有自乐之道；饮酒有濡首之失在于不知节制其自乐而失孚，处未济之卦，难得有孚，更应惜其孚德而行慎惧之道，不可放纵而致未济陷入深重之难中，未济之终应顺应物极必然之理而返既济，更应时刻反修固德，上九明未济之时势却不明变通之大时。

未济全卦取小狐濡尾而未济成象，取"狐"象要知立狐为象之本义，狐为阴物，狡诈多疑，未济阴"狐"之类，乃德政难以教化使其从正之类，以及治刑理狱之道难以驯服之类，在经过观卦德化与噬嗑卦刑化后，其阴类亦不从正而致使诸事未济。"小狐"未得练就老成之小时，又值惩恶制阴之大时，惧雷电之大威德严苛其正，以行战兢之惧，壮勇冒进，最终因时不与、位不当、体有终等因素成其濡尾之果。内三爻处坎险，初言濡尾，有吝，二言曳轮，有贞，三言征凶位不当，有戒，居坎而诸事未济；外三爻处离明，四言伐鬼方，有赏，五言君子之光辉，有孚，上言饮酒自乐，有无咎，居离而有济。

从未济不能致通既济，阴妄刚强不识正道才不能从正道，阴而不正且又不从正，才是未济之因，纵然经过"几济"努力之过程，却未走在成事的正确道路上。既济初吉终乱，未济则初乱终吉，济于始者必乱于终，乱于始者必济于终，乃终而复始的变易之道，以是始终，易之大义，唯不变者乃尚正道之至理。值未济应进志而志行，亦与震相呼应，师震之大器大用而立奋起之志，唯立从正之志，健德从正，方可从未济致远而达既济。